职业技能等级认定培训教程

机动车鉴定评估师

（基础知识）

中国就业培训技术指导中心
人力资源和社会保障部职业技能鉴定中心 组织编写

中国劳动社会保障出版社

图书在版编目（CIP）数据

机动车鉴定评估师：基础知识 / 中国就业培训技术指导中心，人力资源和社会保障部职业技能鉴定中心组织编写. -- 北京：中国劳动社会保障出版社，2024. （职业技能等级认定培训教程）. -- ISBN 978-7-5167-6668-2

I. F724.76

中国国家版本馆 CIP 数据核字第 2024WL0984 号

中国劳动社会保障出版社出版发行

（北京市惠新东街 1 号　邮政编码：100029）

＊

北京市科星印刷有限责任公司印刷装订　　新华书店经销

787 毫米 × 1092 毫米　16 开本　23.75 印张　386 千字
2024 年 11 月第 1 版　　2024 年 11 月第 1 次印刷

定价：**74.00 元**

营销中心电话：400-606-6496

出版社网址：https://www.class.com.cn

版权专有　　侵权必究

如有印装差错，请与本社联系调换：（010）81211666
我社将与版权执法机关配合，大力打击盗印、销售和使用盗版图书活动，敬请广大读者协助举报，经查实将给予举报者奖励。

举报电话：（010）64954652

编审委员会

主　任： 吴礼舵　张　斌　韩智力

副主任： 葛恒双　葛　玮

委　员： 李　克　朱　兵　赵　欢　王小兵　贾成千　吕红文
　　　　　瞿伟洁　高　文　郑丽媛　陆照亮　刘维伟

本书编审人员

主　编： 赵培全　殷维清

副主编： 张保刚　吕永红

编　者： 刘伟英　肖冬玲　房照兴　王　俊　苗　骥　吴晓芃
　　　　　陈佳伟　李玉娇　王洪佩　宋玲安　李　猛　王　峰
　　　　　吕世进　刘　宇　徐翔飞　刘　琳　任小龙

主　审： 张潇月　孟　磊

前　　言

　　为加快建立劳动者终身职业技能培训制度，全面推行职业技能等级制度，推进技能人才评价制度改革，进一步规范培训管理，提高培训质量，中国就业培训技术指导中心、人力资源和社会保障部职业技能鉴定中心组织有关专家在《鉴定估价师（机动车鉴定评估师）国家职业技能标准（2021年版）》（以下简称《标准》）制定工作基础上，编写了机动车鉴定评估师职业技能等级认定培训教程（以下简称等级教程）。

　　机动车鉴定评估师等级教程紧贴《标准》要求编写，内容上突出职业能力优先的编写原则，结构上按照职业功能模块分级别编写。该等级教程共包括《机动车鉴定评估师（基础知识）》《机动车鉴定评估师（四级）》《机动车鉴定评估师（三级）》《机动车鉴定评估师（二级　一级）》4本。《机动车鉴定评估师（基础知识）》是各级别机动车鉴定评估师均需掌握的基础知识，其他各级别教程内容分别包括各级别机动车鉴定评估师应掌握的理论知识和操作技能。

　　本书是机动车鉴定评估师等级教程中的一本，是职业技能等级认定推荐教程，也是职业技能等级认定题库开发的重要依据，适用于职业技能等级认定培训和中短期职业技能培训。

　　本书由北京运华科技发展有限公司具体组织编写，在编写过程中得到山东省机动车鉴定评估行业协会、北京市机动车鉴定评估行业协会、天津市机动车鉴定评估行业协会、内蒙古机动车鉴定评估行业协会、海南省机动车鉴定评估行业协会、中国汽车流通协会、北京行健厚德汽车技术研究院、天津市硕恒科技发展有限公司、天津市岳华科技有限公司、青岛中德智能制造技师学院等单位的大力支持与协助，在此一并表示衷心感谢。

中国就业培训技术指导中心
人力资源和社会保障部职业技能鉴定中心

目 录 CONTENTS

职业模块 1　测量与计量常识 ·· 1

　培训项目一　计量基础知识 ·· 3
　　培训单元 1　计量与计量单位 ·· 3
　　培训单元 2　计量器具 ·· 6
　培训项目二　测量与误差知识 ·· 12
　　培训单元　计量、测量与误差 ·· 12

职业模块 2　机动车常用材料 ·· 15

　培训项目一　机动车常用金属与非金属材料 ···································· 17
　　培训单元 1　机动车常用金属材料 ·· 17
　　培训单元 2　机动车常用非金属材料 ·· 24
　培训项目二　机动车用燃料、润滑油（脂） ···································· 28
　　培训单元 1　机动车用燃料 ·· 28
　　培训单元 2　机动车润滑油（脂） ·· 45
　培训项目三　机动车用工作液 ·· 61
　　培训单元 1　机动车冷却液 ·· 61
　　培训单元 2　机动车制冷剂 ·· 65
　　培训单元 3　机动车液压油 ·· 67
　培训项目四　机动车轮胎 ·· 77
　　培训单元 1　机动车轮胎的分类与规格 ······································ 77
　　培训单元 2　充气式轮胎的结构及性能 ······································ 81
　　培训单元 3　机动车轮胎的选用 ·· 85

职业模块 3　机动车的结构与工作原理 ······································ 89

　培训项目一　机动车的分类、型号与标牌 ······································ 91
　　培训单元 1　机动车的分类 ·· 91

培训单元2 车辆识别代号	101
培训单元3 机动车相关型号编制规则	107
培训单元4 机动车的标牌	115
培训项目二 机动车总体构造	121
培训单元1 机动车的总体构造与技术参数	121
培训单元2 发动机	127
培训单元3 底盘	149
培训单元4 车身及其附件	176
培训单元5 电器与电子控制系统	188
培训项目三 新能源车主要结构与工作原理	207
培训单元1 新能源车的动力驱动系统	207
培训单元2 新能源车的高压安全系统	225

职业模块4 机动车使用与检测维修基本知识 … 233

培训项目一 机动车使用基础	235
培训单元1 机动车的技术状况	235
培训单元2 机动车的使用寿命	243
培训单元3 机动车的使用性能与评价指标	247
培训项目二 机动车安全技术与环保检测	252
培训单元1 机动车安全技术检测	252
培训单元2 机动车环保检测	260
培训项目三 机动车维修基本知识	269
培训单元1 机动车维护知识	269
培训单元2 机动车修理知识	283

职业模块5 机动车鉴定评估基础 … 289

培训项目一 机动车鉴定评估基本知识	291
培训单元1 资产评估知识	291
培训单元2 机动车鉴定评估概述	295
培训项目二 事故车辆损失鉴定评估基础	305
培训单元1 机动车事故概述	305

培训单元2　机动车损伤修复技术 …………………………………… 317

职业模块6　安全生产与环境保护知识 ………………………………… 339
　培训项目一　安全生产知识 ………………………………………………… 341
　　培训单元1　劳动保护知识 ……………………………………………… 341
　　培训单元2　消防安全知识 ……………………………………………… 355
　　培训单元3　安全管理知识 ……………………………………………… 361
　培训项目二　环境保护知识 ………………………………………………… 364
　　培训单元　环境保护基本知识 …………………………………………… 364

职业模块 ① 测量与计量常识

培训项目 一

计量基础知识

培训单元 1　计量与计量单位

1. 了解计量学分类。
2. 熟悉计量单位制。

一、计量相关名词术语

机动车作为重要的消费品和交通工具，其产品质量、性能、安全等与人民生活密切相关。计量是机动车检验与技术鉴定最重要的依据。

1. 量

量是指现象、物体或物质可定性区别和定量确定的属性。

2. 量值

量值是指一般由一个数乘以测量单位所表示的特定量的大小。

3. 计量

计量是指实现单位统一、量值准确可靠的活动，具有准确性、一致性、溯源性以及法制性的特点。计量可分为法制计量、科学计量和工业计量。

4. 计量单位

计量单位是指为定量表示同种量的大小而约定的定义和采用的特定量。

二、我国的法定计量单位

国际单位制是由国际计量大会（CGPM）采纳和推荐的一种一贯单位制，国际通用符号为 SI。国际单位制计量单位和国家选定的其他计量单位为我国法定计量单位，包括如下内容。

（1）SI 基本单位，有 7 个（见表 1-1-1）。

表 1-1-1　SI 基本单位

量的名称	单位名称	单位符号
长度	米	m
质量	千克（公斤）	kg
时间	秒	s
电流	安〔培〕	A
热力学温度	开〔尔文〕	K
物质的量	摩〔尔〕	mol
发光强度	坎〔德拉〕	cd

（2）SI 辅助单位和 SI 中具有专门名称的导出单位。包括 SI 辅助单位在内的具有专门名称的 SI 导出单位，有 21 个（见表 1-1-2）。

表 1-1-2　包括 SI 辅助单位在内的具有专门名称的 SI 导出单位

量的名称	单位名称	单位符号	其他表示式例
平面角	弧度	rad	—
立体角	球面度	sr	—
频率	赫〔兹〕	Hz	s^{-1}
力；重力	牛〔顿〕	N	$kg \cdot m/s^2$
压力，压强；应力	帕〔斯卡〕	Pa	N/m^2
能量；功；热	焦〔耳〕	J	$N \cdot m$
功率；辐射通量	瓦〔特〕	W	J/s
电荷量	库〔仑〕	C	$A \cdot s$
电位；电压；电动势	伏〔特〕	V	W/A

续表

量的名称	单位名称	单位符号	其他表示式例
电容	法〔拉〕	F	C/V
电阻	欧〔姆〕	Ω	V/A
电导	西〔门子〕	S	A/V
磁通量	韦〔伯〕	Wb	V·s
磁通量密度,磁感应强度	特〔斯拉〕	T	Wb/m^2
电感	亨〔利〕	H	Wb/A
摄氏温度	摄氏度	℃	
光通量	流〔明〕	lm	cd·sr
光照度	勒〔克斯〕	lx	lm/m^2
放射性活度	贝可〔勒尔〕	Bq	s^{-1}
吸收剂量	戈〔瑞〕	Gy	J/kg
剂量当量	希〔沃特〕	Sv	J/kg

（3）国家选定的非国际单位制单位。可与国际单位制单位并用的非国际单位制单位，有11个（见表1-1-3）。

表1-1-3 可与国际单位制单位并用的非国际单位制单位

量的名称	单位名称	单位符号	与SI单位的关系和说明
时间	分 〔小〕时 天（日）	min h d	1 min=60 s 1 h=60 min=3 600 s 1 d=24 h=86 400 s
平面角	度 〔角〕分 〔角〕秒	° ′ ″	1°=60′=（π/180）rad（π为圆周率） 1′=60″=（π/10 800）rad 1″=（π/648 000）rad
体积,容积	升	L, l	1 L=1 dm^3=10^{-3} m^3
质量	吨 原子质量单位	t u	1 t=10^3 kg 1 u=1.66 054×10^{-27} kg
旋转速度	转每分	r/min	1 r/min=（1/60）s^{-1}
长度	海里	n mile	1 n mile=1 852 m（只用于航程）
速度（航速）	节	kn	1 kn=1 n mile/h=（1 852/3 600）m/s （只用于航行）
能量	电子伏	eV	1 eV≈1.602 177×10^{-19} J
级差	分贝	dB	用于对数量
线密度	特〔克斯〕	tex	1 tex=1 g/km
土地面积	公顷	hm^2,（ha）	1 hm^2=10^4 m^2

（4）由以上单位构成的组合形式单位。

（5）由词头和以上单位所构成的十进倍数和分数单位。

培训单元 2 计量器具

1. 了解计量器具及其分类。
2. 熟悉机动车鉴定评估常用的计量器具。

计量器具指能用以直接或间接测出被测对象量值的装置、仪器仪表、量具和用于统一量值的标准物质。

一、计量器具的分类

1. 按结构分类

（1）实物量具，指用固定形式复现量值的计量器具，如量块、砝码、标准电池、标准电阻、竹木直尺、线纹米尺等。

（2）计量仪器仪表，指将被测量的量转换成可直接观测的指标值等效信息的计量器具，如电子天平、压力表、流量计、温度计、电流表、电压表等。

（3）计量装置，指为了确定被测量值所必需的计量器具和辅助设备的总体组合，如里程计价表检定装置、高频微波功率计校准装置等。

2. 按计量学用途分类

计量器具按技术性能及用途可分为计量基准器具、计量标准器具和普通计量器具。

（1）计量基准器具。计量基准就是在特定领域内，具有当代最高计量特性、其值不必参考相同量的其他标准，而被指定的或普通承认的测量标准。经国际协议公认，在国际上作为给定量的其他所有标准定值依据的标准称为国际基准。经国家正式确认,在国内作为给定量的其他所有标准定值依据的标准称为国家基准。计量基准器具通常有主基准、作证基准、副基准、参考基准和工作基准之分。

(2)计量标准器具。计量标准是指为了定义、实现、保存或复现量的单位或一个或多个量值,用作参考的实物量具、测量仪器标准物质或测量系统。

(3)普通计量器具。普通计量器具是指一般日常工作中所用的计量器具,它可获得某给定量的计量结果。

二、机动车鉴定评估常用计量器具

1. 漆膜仪

漆膜仪,又称漆膜厚度仪、涂层测厚仪,如图1-1-1所示,可测量铁、不锈钢表面油漆或镀锌层的厚度,铝、铜表面油漆或塑料薄膜的厚度等。机动车鉴定评估人员通过使用漆膜仪可无损测量金属表面非导电覆层及铁磁性金属(如铁、镍和钴等)表面非铁磁性金属覆层的厚度,从而判断漆面是否为车辆的原漆,进而判断车辆是不是出过事故及事故的严重程度。漆膜仪的计量单位分别有微米(μm)和密耳(mil)两种。

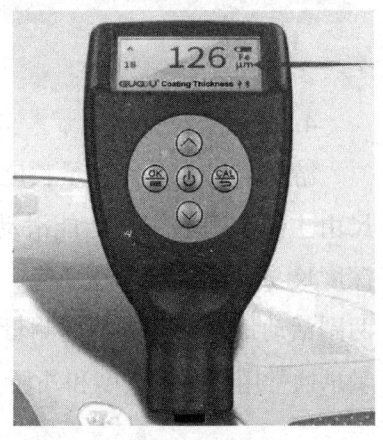

图1-1-1 漆膜仪

2. 胎压计

胎压计主要用于测量机动车轮胎胎压,如图1-1-2所示。胎压单位通常采用磅力每平方英寸(psi)、兆帕(MPa)、千克/平方厘米(kg/cm^2)和巴(bar)。

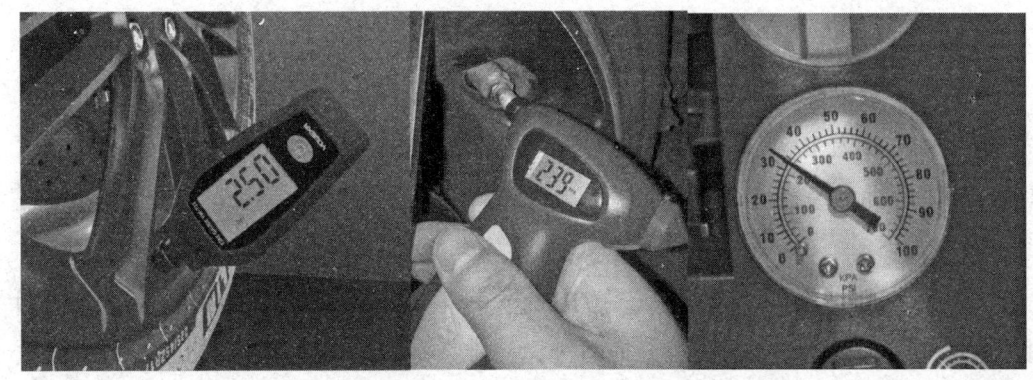

图1-1-2 胎压计

3. 胎纹尺

胎纹尺是用于测量轮胎花纹深度的量具，常用于评估轮胎的磨损程度和安全性能，如图1-1-3所示。胎纹深度单位为英寸（in）或毫米（mm）。

图1-1-3 胎纹尺

4. 游标卡尺

游标卡尺是一种测量长度、内外径、深度的量具，如图1-1-4所示。游标卡尺由主尺和附在主尺上能滑动的游标两部分构成，从背面看，游标是一个整体。深度尺与游标卡尺连在一起，可以测槽和筒的深度。游标卡尺的主尺和游标上有两副活动量爪，分别是内测量爪和外测量爪，内测量爪通常用来测量内径，外测量爪通常用来测量长度和外径。

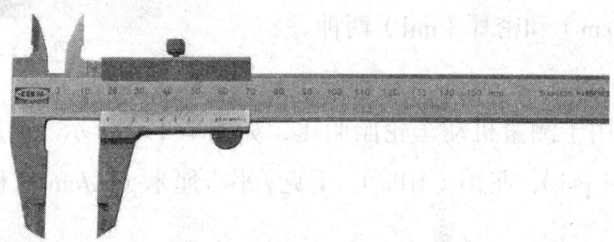

图1-1-4 游标卡尺

主尺一般以毫米为单位，副尺上有10、20或50个分格，根据分格的不同，游标卡尺可分为10分度游标卡尺（9 mm）、20分度游标卡尺（19 mm）、50分度（49 mm）游标卡尺等。

5. 卷尺

卷尺是机动车鉴定评估工作中常用的量具。经常用到的是钢卷尺，如图1-1-5所示，卷尺上的数字分为两排，一排数字的单位是厘米（cm），另一排数字的单位是英寸，1 cm约为0.393 7 in，1 in等于2.54 cm。

图 1-1-5　钢卷尺

6. 刹车油检测仪

刹车油检测仪采用高灵敏度传感器，可检测不同类型的刹车油，如图 1-1-6 所示。测试时只需将探头浸入刹车油中，即可根据测试结果判断刹车油是否需要更换。

7. 蓄电池性能检测仪

蓄电池性能检测仪是检测机动车蓄电池在启动过程、充电过程和用电负荷过程中的性能的仪器，如图 1-1-7 所示。蓄电池性能检测仪具备多个检测功能，包括电池启动能力、启动系统负荷、运行最大负荷和充电系统测试等。在进行电池启动能力测试时，仪器会结合被测电池的电压、内阻、性能和寿命等情况给出提示，用以参考是否需要更换蓄电池或给蓄电池充电。

图 1-1-6　刹车油检测仪

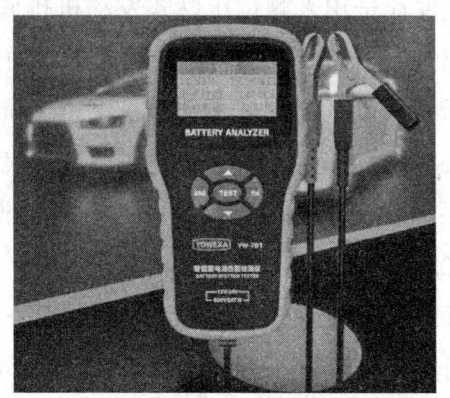
图 1-1-7　蓄电池性能检测仪

8. 冰点测试仪

冰点测试仪，又称防冻液冰点检测仪、冷媒冰点仪、光学冰点仪、冰点测试仪等，如图 1-1-8 所示。不同配置的冰点测试仪，可分别用于对冷却液冰点、防冻液冰点、电池液比重等性能指标的测定。

测量冰点数据的单位主要有摄氏度（℃）和华氏度（℉）两种。其中，摄氏

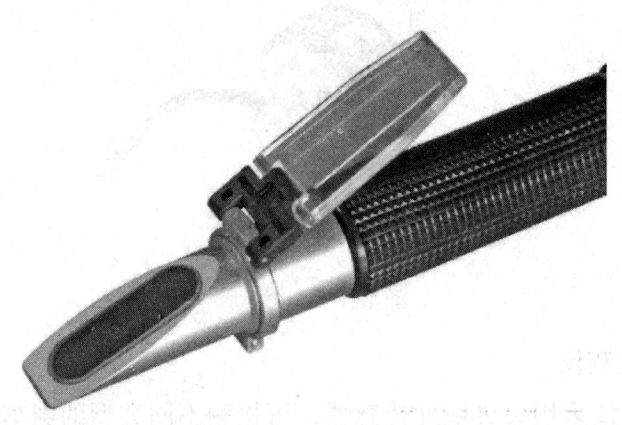

图1-1-8 冰点测试仪

度是国际单位制（SI）中使用的温度单位，华氏度则是英制系统中使用的温度单位。两者的转换公式如下：

$$1\ °F = (1 \times 1.8 + 32)\ °C$$
$$1\ °C = [(1-32) \div 1.8]\ °F$$

蓄电池电池液比重的单位为密度单位，即 g/cm^3，比重是质量除以体积的比值，即单位体积的质量，其缩写为 sg。

9. 烟度计

烟度计是用来测量压燃式发动机排放可见污染物的仪器，如图1-1-9所示。它的测量原理是：一定光通量的入射光通过一段特定长度的被测烟柱，用光接收器上所接收到的透射光的强弱来评定排放可见污染物的程度。烟度计一般由取样探头、测量部件、控制系统和显示仪表等部分组成。烟度计的数值范围为0～10 Rb，空白滤纸的烟度为0 Rb，全黑滤纸的烟度为10 Rb。

10. 万用表

万用表在机动车维修检测中起着十分重要的作用，可检测电压与电阻，判断线路通路、短路与断路，以及判断元器件或总成的好坏。多功能万用表还可以测量温度、频宽比（占空比）、闭合角、转速等，如图1-1-10所示。

（1）电阻测量。将万用表测试项目选择开关转到电阻挡，即可测量电阻值。车上很多电气设备的技术状态可用检测其电阻值的方法来判断，如检查电气元件和线路的断路、短路等故障。其计量单位为欧姆（Ω）。

（2）直流电压测量。将万用表测试项目选择开关转到直流电压（A/V）挡（选择合适的量程），将测试表笔接至被测两端，即可以检查电路上各点的电压

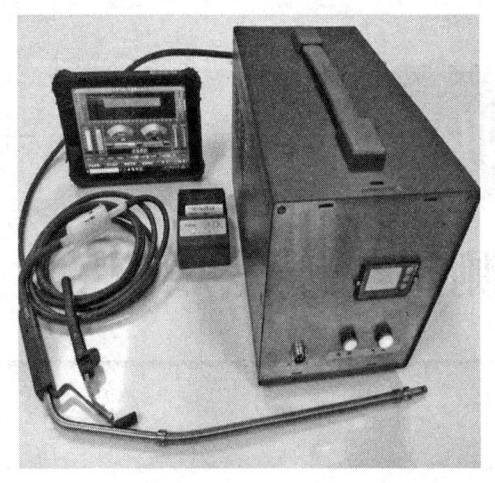
图 1-1-9 烟度计

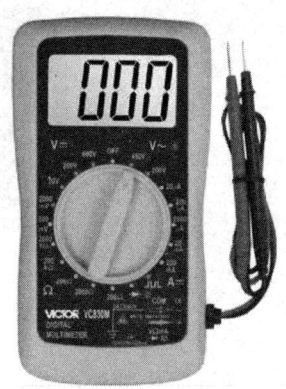
图 1-1-10 万用表

（信号电压或电源电压）及电气部件上的电压降。其计量单位为伏特（V）。

（3）温度检测。将万用表测试项目选择开关置于温度挡，按下功能按钮，将黑线搭铁，探针线插头端插入万用表测温插孔，再将探针端接触被测物体，万用表显示屏即显示被测温度。其计量单位为摄氏度（℃）。

（4）频宽比（占空比）测量。将万用表测试项目选择开关置于频宽比挡，红线接电路信号，将黑线搭铁，发动机运转，万用表显示屏即显示脉冲信号的频宽比。频宽比是指在脉冲序列（如方波）中，正脉冲与一个周期的比值。例如，某信号周期为 4 ns，脉冲宽度为 1 ns，则占空比为 1/4，等于 25%。

（5）分电器触点闭合角测量。将万用表测试项目选择开关置于闭合角挡，选择所测的缸数，将黑线搭铁，红线接点火线圈负接线柱或分电器的低压接线柱，发动机运转，万用表显示屏即显示分电器触点闭合角。其计量单位为角度（°）。

（6）转速测量。将万用表测试项目选择开关置于转速挡，选择所测的缸数，将转速测量专用插头插入搭铁座孔与公用座孔中，感应式转速传感器夹在所测缸高压点火线上，在发动机运转时，万用表显示屏即显示发动机转速。其测量单位为转速（rpm）。

（7）三极管测量。将万用表测试项目选择开关置于 hFE 挡，将三极管插入汽车万用表三极管座孔，万用表显示屏即显示放大倍数。

培训项目 二

测量与误差知识

培训单元　计量、测量与误差

1. 了解计量与测量的联系与区别。
2. 掌握误差的分类。

一、计量与测量

1. 测量的概念

测量是通过实验获得并可合理赋予某量一个或多个量值的过程。测量包括测量原理、测量方法与测量程序三要素。

（1）测量原理。测量原理是测量的科学基础，是指所依据的自然科学中的定律、定理和得到充分理论解释的自然效应等科学原理。

（2）测量方法。测量方法是对测量过程中使用的操作所给出的逻辑性安排的一般性描述。常用的测量方法有直接测量法和间接测量法、基本测量法和定义测量法、直接比较测量法和替代测量法、微差测量法和符合测量法、补偿测量法和零值测量法等。除此之外，测量方法按照其特点和方式，又可分为接触测量法和非接触测量法、动态测量法和静态测量法、模拟测量法和数字测量法、手动测量法和自动测量法等。

（3）测量程序。测量程序是指根据一种或多种测量原理给定的测量方法，在测量模型和获得测量结果所需计算的基础上，对测量所做的详细描述。

2. 计量与测量的联系与区别

（1）测量是以确定量值为目的的一组操作。唯有计量部门从事的测量才被称作计量。

（2）测量仅是为了获取量值信息。而计量不仅要获得量值信息，还要实现量值信息的传递或溯源。

（3）测量是把被测量与标准的同类单位量进行比较，从而确定被测量与单位量之间的数值关系，最后用数值和单位共同表示测量结果。

（4）计量是特殊的测量，是针对计量标准器具和装置的测量，是对计量标准器具和装置的逐级溯源，是用高精度的计量标准器具和装置对低精度的计量标准器具和装置进行检定测量。

二、误差

1. 误差的概念

误差是指测量测得的量值与参考量值之差。测得的量值简称测得值，代表测量结果的量值。所谓参考量值，一般由量的真值或约定量值来表示。对于测量而言，常把一个量在被观测时其本身所具有的真实大小认为是被测量的真值。

2. 误差的分类及特点

根据测量误差的性质和特点，可将误差分为系统误差、随机误差和粗大误差（或称疏失误差）三大类。

（1）系统误差。系统误差指在相同测试条件下，多次测量同一被测量时，测量误差的大小和符号保持不变或按一定函数规律变化的误差。系统误差服从确定的分布规律。

系统误差主要是由于测量设备的缺陷、测量环境变化、测量时使用的方法不完善、所依据的理论不严密或采用了某些近似公式等造成的误差。

（2）随机误差。在同一测试条件下，多次重复测量同一被测量时，误差大小、符号均以不可预定的方式变化着的误差称为随机误差。

系统误差与随机误差的划分是相对的，二者在一定条件下可以相互转化，即同一误差，既可以是系统误差，又可以成为随机误差。

（3）粗大误差。粗大误差是指在一定的测量条件下，测得的值明显偏离其真值，既不具有确定分布规律，也不具有随机分布规律的误差。

粗大误差是由于测量人员对仪器不了解或精力不集中、粗心大意导致的错误测量，使测量结果明显偏离真值。

职业模块 ②
机动车常用材料

培训项目一　机动车常用金属与非金属材料

培训单元1　机动车常用金属材料

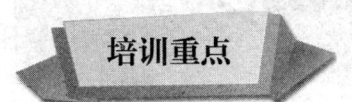

了解机动车常用金属材料的种类、性能及应用。

一、钢

机动车制造中，用得最多的金属材料是钢。钢主要用于制造车身骨架和底盘结构及车身零部件，它们在机动车遇到碰撞溃缩变形的过程中能够吸收震动或碰撞的能量，尽可能减小撞击力对车身的损害，极大地提升了机动车的安全系数。

机动车车身常用的钢材有：无间隙原子钢、烘烤硬化钢、高合金钢、双相钢、热成型钢等。

1. 无间隙原子钢

由于碳、氮含量低，加入一定量的钛、铌使钢中的碳、氮原子被固定成为碳化物、氮化物或者碳氮化物，从而使钢中没有间隙原子的存在，故称为无间隙原子钢，即IF钢。IF钢具有非常优异的深冲性能，被广泛应用于形状特别复杂、应变量大的车身覆盖件，如侧围外板、后轮罩内板、前翼子板等（图2-1-1）。

2. 烘烤硬化钢

烘烤硬化钢又称BH钢（图2-1-2），由IF钢种演变而来。BH钢所含钛、铌含量不如IF钢高，这使BH钢中存在着一定量的间隙原子，这些间隙原子对其冲压性能无影响或影响很小。BH钢经冲压后要进行喷漆和烤漆，在烤漆过程中，BH钢中的间隙原子与烤漆发生时效反应，使其有固溶强化的过程，在其成形后强度增加。BH钢兼具强度和可成型性。BH钢通常用于制造前后车门外板和行李箱盖外板。

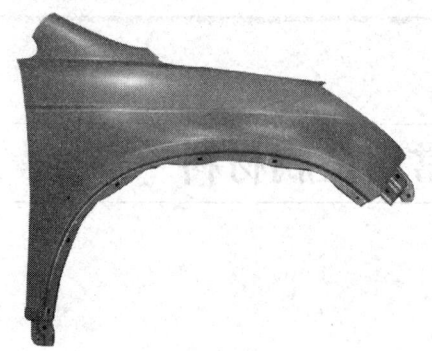

图2-1-1 翼子板

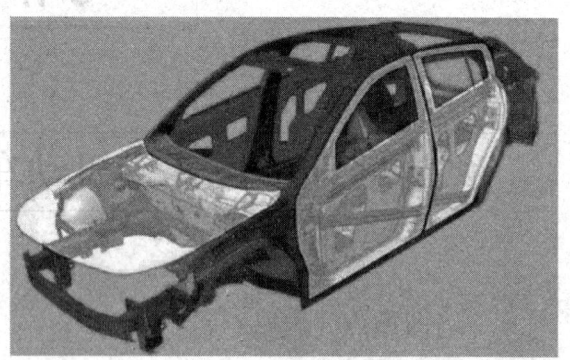

图2-1-2 烘烤硬化刚

3. 高合金钢

高合金钢是在普通碳素钢基础上发展起来的。为了改善碳素钢的性能，在碳素钢中加入一种或几种合金元素，加入的合金量超过碳素钢正常生产方法所具有的一般含量时称为合金钢。当合金平均质量分数低于5%时称为低合金钢，合金平均质量分数在5%～10%的称为中合金钢，合金平均质量分数大于10%的称为高合金钢。高合金钢强度适中、加工性好且经济适用，通常应用在机动车A柱前边梁封板后段、前纵梁外斜撑梁下板等位置（图2-1-3）。

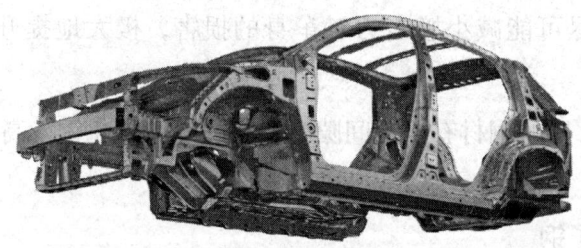

图2-1-3 高合金钢

4. 双相钢

双相钢是指低碳钢或低碳合金钢经过临界区热处理或控制轧制工艺而得到的主要由铁素体（F）和少量马氏体（M）组成的高强度钢（图2-1-4）。双相钢在具有高强度的同时，还具有良好的延展性，是强度高、成形性好的新型冲压用钢。双相钢可以用于机动车车身、车门、车顶、车厢等部件的制造，具有较高的强度和韧性，可以提高其安全性和耐久性；还可以用于发动机罩、底盘、悬挂系统等部件的制造，可以减轻机动车质量，提高燃油经济性。

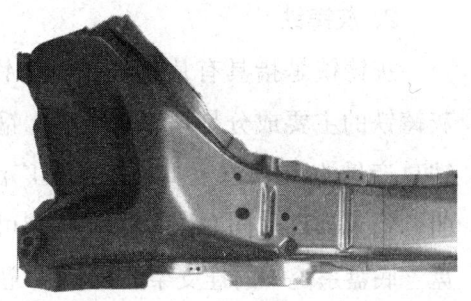

图2-1-4 双相钢

5. 热成型钢

热成型钢是指将钢经过950° C的高温加热之后一次成形，又迅速冷却形成的钢。这一冷却过程全面提升了钢的强度，使其屈服度达1 000 Mpa，每平方厘米能承受10 t以上的压力。用热成型钢制造机动车车身，在车身质量不变的情况下承受力可提高30%。热成型钢主要用在机动车的前围板横梁、A柱上下加强板、B柱内板和加强板、中央通道、前后座椅横梁、车门防撞梁、后防撞梁等位置（图2-1-5）。

图2-1-5 热成型钢

二、铸铁

铸铁是工业生产中最为重要的材料之一，由于具有性能和成本方面的诸多优点，在机动车制造中占有一席之地，常用于制造气缸体、曲轴、活塞环、变速器外壳、后桥壳等零件。常见的铸铁有白口铸铁、灰铸铁、可锻铸铁、球墨铸铁、蠕墨铸铁、合金铸铁等。

1. 白口铸铁

白口铸铁是指在结晶过程中没有石墨析出，断口呈银白色的一类铸铁，简称白口铁。白口铸铁的组织中含有较多的游离渗碳体，具有很高的硬度（一般在HB500以上），但性脆，多用于制造抗磨损零件。

2. 灰铸铁

灰铸铁是指具有片状石墨的铸铁，因断裂时断口呈暗灰色，故称为灰铸铁。灰铸铁的主要成分是铁、碳、硅、锰、硫、磷，是应用最广的铸铁，其产量占铸铁总产量的 80% 以上。灰铸铁被广泛应用在发动机领域，如发动机缸体、缸盖、曲轴箱等部件。同时因其强度高和可塑性强的性能，常用于制造制动系统的制动盘、底盘系统中的挂支架、传动系统中的齿轮、轴承等部件。

3. 可锻铸铁

可锻铸铁是由一定化学成分的铁液浇注成白口坯件，再经退火而成的铸铁。可锻铸铁有较高的强度、塑性和冲击韧度，可以部分代替碳钢。可锻铸铁适用于制造一些形状复杂、强度和韧性要求较高的薄截面零件，如后桥壳、轮毂、制动踏板、钢板弹簧支架等。

4. 球墨铸铁

铁水经过球化处理而使石墨大部或全部呈球状（有时为团絮状）的铸铁，称为球墨铸铁。由于球墨铸铁中的石墨呈球状，使其对基体的割裂作用降低，基体可以充分发挥自身的性能，因此，球墨铸铁的力学性能比灰铸铁和可锻铸铁的力学性能都高，而强度、塑性、韧性与相应组织的铸钢差不多。此外，球墨铸铁的屈强比（屈服强度与抗拉强度之比）比钢高，疲劳强度大致与中碳钢相同，耐磨性优于表面淬火钢。石墨的存在使其具有与灰铸铁同样良好的切削加工性、耐磨性、减震性和铸造性能。铁素体球墨铸铁的拉伸强度可达 500 MPa，韧性也较高，多用于机动车制造底盘零件，如轮毂、转向器壳及盘、制动蹄、制动室支架、牵引钩、前后支承座弹簧衬套、曲轴、摇臂、发动机摇臂等。

5. 蠕墨铸铁

蠕墨铸铁又称紧密石墨铸铁，其物理性能和铸造性能介于灰铸铁和球墨铸铁之间，适合制造强度要求较高和要承受热循环负荷的机动车零件，如气缸体、气缸盖、排气歧管和制动鼓等。

6. 合金铸铁

在灰铸铁或球墨铸铁中加入一定量合金元素的铸铁称为合金铸铁。加入合金元素后可使铸铁具有某些特殊性能，如耐热、耐酸、耐磨等。根据加入的合金材料及其性能的不同，合金铸铁可分为耐热铸铁、耐磨铸铁和高强度铸铁等。在机动车上，进、排气门座及排气管密封环等一般用耐热铸铁制造；气缸套和活塞环一般用耐磨合金铸铁制造，以高磷系列的合金铸铁为主；活塞环一般是用含钨、铬、锰的高磷耐磨铸铁制造；柴油机曲轴、连杆及主轴承盖等，则一般用高强度合金铸铁制造。

三、铝合金

纯铝因其强度低、切削加工性差、可焊性差等特点，在汽车工业中使用较少，而铝合金因其强度高、质量轻等特点，在汽车工业中被广泛应用。铝合金是在铝中加入适量的硅、铜、镁、锰等元素后组成的合金。

铝合金的质量较轻，且具有较高的强度和韧性，常用于制造轮毂。目前，越来越多的铁制发动机壳体逐渐被铝合金制发动机壳体取代，在一些高端车型中，用铝合金打造的车身也已经出现，但受制于成本问题，并没有大面积广泛应用。常见车用铝合金有铸造铝合金和变形铝合金。

1. 铸造铝合金

铸造铝合金简称铸铝。其种类很多，常用的有铝硅系、铝铜系、铝镁系和铝锌系等合金。压铸件比普通铸件具有更高的强度和尺寸精度，以及更小的表面粗糙度值，且压铸可铸造形状复杂的薄壁零件，生产效率高，铸件质量稳定。铝硅系合金是最常用的铸造铝合金，俗称硅铝。这种合金有着优良的铸造性能，同时还具有比重轻、抗腐蚀性能好、力学性能较好等特点，广泛用于制造形状复杂、要求有较高强度和耐腐蚀性的零件，如风扇、离合器壳体、前盖、主动板、气缸盖盖罩，挺杆室盖板，离心式机油滤清器底座、转子罩、转子体、外罩、发动机活塞等。

2. 变形铝合金

变形铝合金中溶质的含量小于其最大溶解度，在加热时会形成单相固溶体，具有良好的塑性，变形抗力小，适用于各种压力加工。可分为防锈铝、硬铝、超硬铝和锻铝等。

（1）防锈铝。防锈铝属于铝锰系和铝镁系合金。其强度适中，塑料性优良，耐腐蚀性好，且具有较好的抛光性，光泽可长期保持。主要用于制造耐腐蚀性好的容器及车辆装饰，以及受力小的结构件、铆钉等。

（2）硬铝。硬铝分铝铜镁和铝铜锰两类合金。这类合金通过淬火、时效处理可以显著提高强度。由于密度小，强度与密度的比值较高，故名硬铝。常用于制作铆钉、蒙皮等。硬铝的耐腐蚀性比纯铝差，因此使用时常在表面包一层纯铝，以提高其耐腐蚀性。

（3）超硬铝。在硬铝中加入锌形成铝铜镁锌系合金，经淬火、时效处理，其硬度超过硬铝，故称为超硬铝。其耐腐蚀性较差，使用时表面要包一层纯铝，以增加其抗腐蚀能力。主要用于制造飞机上的一些构件。

（4）锻造铝。其化学成分和硬铝相似，能通过时效处理来提高强度。在加热状态下有良好的塑性，可进行热变形加工。锻造铝有较高的强度，用于制造飞机零件。

四、铜合金

纯铜呈紫红色，具有良好的导电性、导热性、耐腐蚀性和塑性，但纯铜的强度不高，硬度较低，且价格高，因此一般不直接用其制作各种构件，常用的是铜合金。在机动车上只有个别部件需用纯铜，如气缸垫、进排气管垫、轴承垫片、一些管接头、制动管、散热管、油管和电气接头等。常用的铜合金可分为黄铜、青铜和白铜三类。

1. 黄铜

黄铜是以锌为主加元素的铜合金。按化学成分的不同，黄铜又分为普通黄铜和特殊黄铜。

（1）普通黄铜。普通黄铜仅由铜和锌两种元素组成，常用于制造机动车散热器分水管、汽油滤清器滤芯、化油器零件、管接头、垫圈、螺钉等。

（2）特殊黄铜。在普通黄铜中加入其他合金元素所组成的合金，称为特殊黄铜。常加入的合金元素有锡、硅、锰、铅和铝等，分别称为锡黄铜、硅黄铜、锰黄铜等。特殊黄铜用于制造机动车耐磨损的零件，如转向节衬套、钢板弹簧衬套、离合器与制动蹄轴衬套等。

2. 青铜

除了黄铜和白铜（铜和镍的合金）外，所有的铜基合金都称为青铜。按化学成分的不同，分为锡青铜和无锡青铜。

（1）锡青铜。锡青铜是以锡为主加元素的铜合金。它有良好的强度、硬度、耐腐蚀性和铸造性，铸造收缩率是合金和有色金属中最小的，适用于制造形状复杂、壁厚较大的零件，如轴承等，以及各种扁圆弹簧及铜丝网。机动车上常用其制造轴套垫及轴承垫。

（2）无锡青铜。在铜合金中不加锡元素，而是添加铝、镍、锰、硅、铍、铅等元素，这些青铜称为无锡青铜或特殊青铜。无锡青铜具有高的强度、耐磨性及良好的耐腐蚀性，有的特殊青铜还有高的导电性、导热性和热强性，因而是锡青铜很好的代用品。无锡青铜可用于制造机动车的轴承、衬套等。

五、轴承合金

轴承合金是用来制造滑动轴承的材料。轴承是支承轴并保证其正常运转的零件，因此，轴承合金应满足以下基本要求：具有足够的强度及硬度，以承受轴颈较大的压力；具有高的耐磨性、低的摩擦系数，以减少轴颈的磨损；具有足够的塑性和韧性、较高的疲劳强度，以承受轴颈的交变载荷，并抵抗冲击和振动；具有良好的导热性、耐腐蚀性及小的膨胀系数；具有良好的磨合性，使其与轴颈能较快地、紧密地配合。

为满足上述要求，轴承合金的理想组织应由塑性好的软基体和均匀分布在软基体上的硬质点（一般为化合物）构成。常用的轴承合金有锡基轴承合金、铅基轴承合金、铜基轴承合金、铝基轴承合金等。

1. 锡基轴承合金

锡基轴承合金是以锡为基本元素，加入适量的锑、铜等合金元素组成的合金，又称为锡基巴氏合金。这种合金具有适中的硬度、低的摩擦系数，并有较好的塑性、韧性、导热性和耐腐蚀性。常用于制造高速、重载下的重要的轴承。

2. 铅基轴承合金

铅基轴承合金是以铅为基本元素，加入适量的锑、锡、铜等合金元素组成的合金。其特点是强度、硬度、韧性均低于锡基轴承合金，但其摩擦系数较大，且价格较低，因此，使用时在可能的情况下尽量用其代替锡基轴承合金。这类轴承合金一般用于制造中等负荷的轴承。

3. 铜基轴承合金

铜基轴承合金是以铜为基本元素，加入适量的锡、铅、锌及磷、锰等元素组成的合金。铜基轴承合金的优点是：具有良好的润滑作用，摩擦系数低，抗压强度、疲劳强度、硬度、导热性及耐热性都很高。因此，可用于制造承受高载荷、高速度及高温的轴承。

4. 铝基轴承合金

铝基轴承合金有铝镁锑合金、低锡铝合金（锡的平均质量分数为6%左右）和高锡铝合金（锡的平均质量分数为20%以上）。前二者的塑性、韧性等力学性能良好，且屈服强度较高，因此负载能力较强，主要用于低速柴油机等制造轴承，而高锡铝合金具有较高的疲劳强度，良好的导热性、耐热性、耐磨性、减摩性和抗腐蚀性，因此广泛用于制造汽车、拖拉机、内燃机等的部件上。

培训单元 2　机动车常用非金属材料

了解机动车常用非金属材料的种类、性能及应用。

一、塑料

塑料具有耐腐蚀性强、耐磨、硬度高、塑性强、成本低等特点，机动车近 50% 的结构件都用到了塑料材料，如车辆仪表板、方向盘、旋钮开关、空调出风口、门把手、安全气囊、大灯、反光镜等，如图 2-1-6 所示。此外，由于塑料的质量较轻，也越来越多地用于车体和发动机的制造，如前后防撞梁外壳等。常见的车用塑料有聚乙烯塑料、聚丙烯塑料、ABS 树脂塑料、聚碳酸酯塑料等。

图 2-1-6　机动车塑料零部件

1. 聚乙烯塑料

聚乙烯塑料是汽车工业常用的材料之一，因其柔韧性和耐腐蚀性较好，在机动车内饰件中得到了广泛使用（如门板、地毯等）。聚乙烯塑料不耐高温，因此，无法用于制造发动机盖、排气管等部件。

2. 聚丙烯塑料

聚丙烯塑料具有良好的强度和刚性，常被用于制造前、后保险杠和车轮防护罩等部件。

3. ABS 树脂塑料

ABS 树脂塑料的强度和硬度高，且耐折性和耐冲击性较好，因此被广泛用于机动车仪表板、门板、座椅等内饰件的制造。

4. 聚碳酸酯塑料

聚碳酸酯塑料是一种性能优异的高级塑料，常用于车灯、后视镜等部件的制造。此外，因其具有优异的透光性，还可用于制造机动车面板等部件。

二、橡胶

轮胎是行车安全的重要保障之一，而轮胎的主要材料就是橡胶。世界上约75%的天然橡胶用于生产车辆轮胎。不同类型的橡胶轮胎可以保证行车的舒适性和燃油经济性，甚至关系到车辆的安全性。另外，其他一些重要部件，如雨刮器、减震垫、密封圈、软管和皮带等也是由橡胶制成的。橡胶分为天然橡胶、合成橡胶、再生橡胶等。

1. 天然橡胶

天然橡胶是指以天然橡胶为生胶制成的橡胶材料，具有优良的弹性、较高的强度、优异的抗疲劳性和良好的加工性能，但耐老化性、耐候性、耐油性和耐溶剂较差。

2. 合成橡胶

合成橡胶中有少数品种的性能与天然橡胶相似，大多数品种与天然橡胶不同，但都是高弹性的高分子材料，一般均需经过硫化和加工后才具有实用性和使用价值。合成橡胶一般在性能上不如天然橡胶全面，但也具有较高的弹性、绝缘性、气密性以及耐油、耐高温或低温等性能。

3. 再生橡胶

再生橡胶是将硫化胶的边角废料和废旧的橡胶制品经过粉碎、化学物理处理后,消除硫化胶的弹性,恢复其塑性和黏性,重新再硫化的橡胶。再生橡胶对于环保和生产资料的再利用有着重要的意义。再生橡胶的强度低,硫化速度快,操作比较安全,并且具有良好的耐老化性,加工容易,成本低廉。

三、玻璃

玻璃在汽车工业中最主要的用途是制造挡风玻璃,可以防止眩光和保护车内乘员安全。目前,前挡风玻璃以夹层钢化玻璃和夹层区域钢化玻璃为主,能承受较强的冲击力。玻璃也用于制造机动车的导航仪屏幕、反光镜、倒车镜、镜头等部件。此外,玻璃纤维也被用作机动车上的绝缘材料。常用的有钢化玻璃、区域钢化玻璃、夹层玻璃、中空玻璃、塑玻复合材料等。

1. 钢化玻璃

钢化玻璃是普通玻璃经过高温淬火处理的特种玻璃,即将普通玻璃加热到一定温度后,迅速冷却进行特殊钢化处理而成的玻璃,具有温度急变抵抗能力高、强度高等特点。

2. 区域钢化玻璃

区域钢化玻璃是分区控制钢化程度的安全玻璃,主要用作机动车的前挡风玻璃。在受到冲击时,玻璃的局部碎裂为细小的碎块,中部则破碎成大块。在临破碎之前能保证玻璃有一定的能见度,使驾驶人有短暂的时间进行应急处理,从而减小其受到的伤害。

3. 夹层玻璃

夹层玻璃是在两片或多片玻璃之间夹一层或多层有机聚合物膜,经过特殊的高温预压(或抽真空)及高温高压工艺处理后,使玻璃和有机聚合物膜永久粘合为一体的复合玻璃。夹层玻璃的安全性高,比其他种类的玻璃更具防振性、防爆性及良好的隔音效果。

4. 中空玻璃

中空玻璃是用黏结剂将双层或多层平板玻璃的周围粘接在一起,使玻璃之间形成中室的一种特殊玻璃。根据需要可选用普通透明玻璃、着色玻璃、镀膜玻璃、夹层玻璃、钢化玻璃、热弯玻璃等作为中空玻璃的基片。中空玻璃具有隔声、隔热、保温、不结霜、不产生凝结水,以及吸收紫外线的作用,在高档客车的侧窗上应用广泛。

5. 塑玻复合材料

塑玻复合材料是由一层或多层玻璃与一层或多层塑料材料复合而成的玻璃，可用于机动车风窗，安装后其面向车内的一面为塑料层。当玻璃破碎时，塑料层可以降低玻璃碎片对驾驶员和乘车人的伤害。塑玻复合材料只用于一些高档车辆上。

培训项目二 机动车用燃料、润滑油（脂）

培训单元1 机动车用燃料

培训重点

1. 了解车用汽油的特性、牌号及技术要求。
2. 了解车用柴油的特性、牌号及技术要求。
3. 了解机动车代用燃料种类及优点。

知识要求

一、汽油

汽油按其用途可分为车用汽油、工业汽油、航空汽油、溶剂汽油。车用汽油是汽油机的主要燃料，在短时间内由液体状态蒸发成气体状态，并与空气均匀混合，形成良好的可燃混合气，平稳、快速地燃烧，完成对外做功，同时燃烧过程不能产生气阻、爆燃、腐蚀机件等现象。车用汽油这种满足汽油机工作需求并保证汽油机正常发挥其性能的能力，称为车用汽油的使用性能。

1. 车用汽油的特性

（1）适宜的蒸发性。车用汽油平时呈液态，而在发动机燃烧室内燃烧时，是在气态下进行的。也就是说，车用汽油在燃烧前必须有个蒸发过程。

若车用汽油具有良好的蒸发性，就能够迅速被气化并充分地混入空气中，从而使得可燃混合物的燃烧更为迅猛，实现彻底燃烧，使发动机更轻松地启动、更迅猛地进行加速，在不同的工况下保持平稳，降低车用汽油的消耗。若车用汽油的蒸发性较差，将无法满足发动机需求，从而导致发动机无法正常运行。然而，若其蒸发性过好，则会导致许多问题。例如，储运时能量流失、发动机的空调系统容易出现阻塞、电喷发动机的电池容量超负荷等。因此，为了确保发动机的正常运行，必须控制车用汽油的蒸发性。

（2）抗爆性。抗爆性指车用汽油在汽油发动机气缸内燃烧时不产生爆燃的性能。爆燃也称为敲缸，是由于发动机气缸内的可燃混合气在没有达到正常点火条件的情况下，因高温和高压而导致部分或全部可燃混合气提前自发燃烧的现象。这种现象常发生在压缩冲程中，此时可燃混合气的温度和压力都很高，使得火焰传播速度加快，形成的冲击波会撞击发动机的气缸壁和活塞，造成振动并发出尖锐的敲缸声。

车用汽油在汽油机中的燃烧有正常燃烧和不正常燃烧两种情况。正常燃烧的特征为可燃混合气被电火花点燃后，在火花塞附近形成火焰中心，火焰逐渐向未燃的可燃混合气扩散（传播速度为 20～50 m/s），气缸内压力和温度上升均匀。不正常燃烧的特征为形成多个火焰中心，火焰传播速度快，气缸内压力和温度上升急剧。其中爆燃是常见的不正常燃烧之一。

（3）氧化安定性。汽油在常温和液相条件下抵抗氧化的能力称为汽油的氧化安定性，简称安定性。车用汽油在储存和使用过程中会出现颜色变深、生成黏稠状沉淀物的现象，这是车用汽油安定性不好的表现。安定性不好就容易发生氧化反应，生成胶质，使车用汽油的颜色变深，产生沉淀。

车用汽油中的不安定成分是车用汽油变质的根本原因。车用汽油的变质除与其本身的化学组成密切相关外，还和许多外界条件有关，如温度、金属表面的作用、与空气接触的面积等。温度对车用汽油的氧化反应有显著的影响，在较高的温度下，车用汽油的氧化速度加快，诱导期缩短，生成胶质的倾向增大。与不同的金属接触，不仅可使车用汽油颜色变深，还可使胶质的增长加快。在各种金属中，铜的影响最大，其他金属如铁、锌、铝和锡等也都会使车用汽油的安定性降低。

（4）腐蚀性。车用汽油在使用、运输、储存过程中，不可避免地要同金属接触，为保证汽油机和储运设备正常工作并保证其使用寿命，要求车用汽油对贮油容器和零件没有腐蚀性。车用汽油中引起腐蚀的物质主要是其中的活性硫化物、有机酸、水溶性酸和碱等非烃类物质，这些成分对发动机燃料供给系中的许多金属零件会产生直接或间接的腐蚀作用。评定车用汽油腐蚀性质量的指标有硫含量、铜片腐蚀试验、水溶性酸碱和硫醇性硫含量等。

（5）清洁性。车用汽油的清洁性主要是指车用汽油中是否含有机械杂质和水分。合格的成品汽油是不含机械杂质和水分的，但是在储运及使用过程中，汽油不可避免地会受到外界污染。车用汽油中的机械杂质会堵塞喷油嘴和机油滤清器。如果机械杂质进入燃烧室，使燃烧室积炭增多，会加速气缸、活塞和活塞环的磨损。车用汽油中如果含有水分，在低温下易结成冰会堵塞油路，甚至造成供油中断；另外，水分还会加速车用汽油的氧化，加速机件腐蚀。

2. 车用汽油的牌号

目前，我国车用汽油执行《车用汽油》（GB 17930—2016）标准，车用汽油的牌号是按照汽油的抗爆性评定指标研究法辛烷值大小划分的，牌号越高，说明其抗爆性越好。车用汽油（Ⅳ）按研究法辛烷值分为 90 号、93 号和 97 号三个牌号，车用汽油（Ⅴ）、车用汽油（ⅥA）和车用汽油（ⅥB）按研究法辛烷值分为 89 号、92 号、95 号和 98 号四个牌号。

车用汽油（Ⅳ）、车用汽油（Ⅴ）、车用汽油（ⅥA）、车用汽油（ⅥB），各牌号的技术要求分别见表 2-2-1、表 2-2-2、表 2-2-3 和表 2-2-4。

表 2-2-1 车用汽油（Ⅳ）技术要求

项目		质量指标		
		90 号	93 号	97 号
抗爆性： 研究法辛烷值（RON） 抗爆指数（RON+MON）/2	不小于 不小于	90 85	93 88	97 报告
铅含量（g/L）	不大于	0.005		
馏程： 10% 蒸发温度 /℃ 50% 蒸发温度 /℃ 90% 蒸发温度 /℃ 终馏点 /℃ 残留量（体积分数）/%	不高于 不高于 不高于 不高于 不大于	70 120 190 205 2		
蒸气压 /kPa： 11 月 1 日—4 月 30 日 5 月 1 日—10 月 31 日		42~85 40~68		

续表

项目		质量指标		
		90号	93号	97号
胶质含量/（mg/100 mL）： 未洗胶质含量（加入清净剂前） 溶剂洗胶质含量	不大于 不大于	30 5		
诱导期/min	不小于	480		
硫含量/（mg/kg）	不大于	50		
硫醇（满足下列指标之一，即判断为合格）： 博士试验 硫醇硫含量（质量分数）/%	 不大于	 通过 0.001		
铜片腐蚀（3 h，50 ℃）/级	不大于	1		
水溶性酸或碱		无		
机械杂质及水分		无		
苯含量（体积分数）/%	不大于	1.0		
芳烃含量（体积分数）/%	不大于	40		
烯烃含量（体积分数）/%	不大于	28		
氧含量（质量分数）/%	不大于	2.7		
甲醇含量（质量分数）/%	不大于	0.3		
锰含量/（g/L）	不大于	0.008		
铁含量/（g/L）	不大于	0.01		

表2-2-2　车用汽油（Ⅴ）技术要求

项目		质量指标		
		89号	92号	95号
抗爆性： 研究法辛烷值（RON） 抗爆指数（RON+MON）/2	不小于 不小于	89 84	92 87	95 90
铅含量/（g/L）	不大于	0.005		
馏程： 10%蒸发温度/℃ 50%蒸发温度/℃ 90%蒸发温度/℃ 终馏点/℃ 残留量（体积分数）/%	不高于 不高于 不高于 不高于 不大于	70 120 190 205 2		

续表

项目		质量指标		
		89号	92号	95号
蒸气压/kPa： 11月1日—4月30日 5月1日—10月31日			45~85 40~65	
胶质含量/（mg/100 mL）： 未洗胶质含量（加入清净剂前） 溶剂洗胶质含量	不大于		30 5	
诱导期/min	不小于		480	
硫含量/（mg/kg）	不大于		10	
硫醇（博士试验）			通过	
铜片腐蚀（3 h，50 ℃）/级	不大于		1	
水溶性酸或碱			无	
机械杂质及水分			无	
苯含量（体积分数）/%	不大于		1.0	
芳烃含量（体积分数）/%	不大于		40	
烯烃含量（体积分数）/%	不大于		24	
氧含量（质量分数）/%	不大于		2.7	
甲醇含量（质量分数）/%	不大于		0.3	
锰含量/（g/L）	不大于		0.002	
铁含量/（g/L）	不大于		0.01	
密度（20 ℃）/（kg/m³）			720~775	

表2-2-3 车用汽油（Ⅵ A）技术要求

项目		质量指标		
		89号	92号	95号
抗爆性： 研究法辛烷值（RON） 抗爆指数（RON+MON）/2	不小于 不小于	89 84	92 87	95 90
铅含量/（g/L）	不大于		0.005	
馏程： 10%蒸发温度/℃ 50%蒸发温度/℃ 90%蒸发温度/℃ 终馏点/℃ 残留量（体积分数）/%	不高于 不高于 不高于 不高于 不大于		70 110 190 205 2	

续表

项目		质量指标		
		89号	92号	95号
蒸气压/kPa： 11月1日—4月30日 5月1日—10月31日			45~85 40~65	
胶质含量/（mg/100 mL）： 未洗胶质含量（加入清净剂前） 溶剂洗胶质含量	不大于		30 5	
诱导期/min	不小于		480	
硫含量/（mg/kg）	不大于		10	
硫醇（博士试验）			通过	
铜片腐蚀（3 h，50 ℃）/级	不大于		1	
水溶性酸或碱			无	
机械杂质及水分			无	
苯含量（体积分数）/%	不大于		0.8	
芳烃含量（体积分数）/%	不大于		35	
烯烃含量（体积分数）/%	不大于		18	
氧含量（质量分数）/%	不大于		2.7	
甲醇含量（质量分数）/%	不大于		0.3	
锰含量/（g/L）	不大于		0.002	
铁含量/（g/L）	不大于		0.01	
密度（20 ℃）/（kg/m^3）			720~775	

表2-2-4　车用汽油（ⅥB）技术要求

项目		质量指标		
		89号	92号	95号
抗爆性： 研究法辛烷值（RON） 抗爆指数（RON+MON）/2	不小于 不小于	89 84	92 87	95 90
铅含量/（g/L）	不大于		0.005	
馏程： 10%蒸发温度/℃ 50%蒸发温度/℃ 90%蒸发温度/℃ 终馏点/℃ 残留量（体积分数）/%	不高于 不高于 不高于 不高于 不大于		70 110 190 205 2	

续表

项目		质量指标		
		89号	92号	95号
蒸气压/kPa： 11月1日—4月30日 5月1日—10月31日			45~85 40~65	
胶质含量/（mg/100 mL）： 未洗胶质含量（加入清净剂前） 溶剂洗胶质含量	不大于 不大于		30 5	
诱导期/min	不小于		480	
硫含量/（mg/kg）	不大于		10	
硫醇（博士试验）			通过	
铜片腐蚀（3 h，50℃）/级	不大于		1	
水溶性酸或碱			无	
机械杂质及水分			无	
苯含量（体积分数）/%	不大于		0.8	
芳烃含量（体积分数）/%	不大于		35	
烯烃含量（体积分数）/%	不大于		15	
氧含量（质量分数）/%	不大于		2.7	
甲醇含量（质量分数）/%	不大于		0.3	
锰含量/（g/L）	不大于		0.002	
铁含量/（g/L）	不大于		0.01	
密度（20℃）/（kg/m^3）			720~775	

3. 车用汽油的选用

（1）车用汽油的选择。车用汽油的选用主要依据机动车发动机的压缩比，机动车发动机的压缩比越高，所需使用的汽油牌号就越高。可在机动车的使用说明书中查到发动机的压缩比和生产厂家推荐的汽油牌号。

（2）车用汽油使用的注意事项

1）发动机经过长期使用，其燃烧室内会产生积炭、缸体内水套会产生积垢，积碳和积垢会使发动机压缩比等发生变化，增加爆燃率。因此，如果发动机压缩比变化导致原牌号汽油不能满足需要，可考虑更换汽油牌号。

2）若环境气温和气压变化较大，车辆易发生气阻。对此，应加强发动机散热，使油管和汽油泵隔热，或者换用饱和蒸气压较低的汽油。

3）车辆在高原地区，可换较低辛烷值汽油，或适当提前点火。

4）不同牌号的汽油不能混合使用，也不可将汽油与煤油混合使用，因为煤油的挥发性和抗爆性差，会引起爆燃和严重破坏发动机润滑，导致发动机损坏。

5）不要使用长期存放或变质的车用汽油，否则结胶积炭严重，对电喷发动机的影响很大。同时尽可能加满油箱，以避免蒸发损失。

6）车用汽油易燃、易爆、易产生静电，使用中需注意安全。

7）选用车用汽油应重视质量，质量低劣的车用汽油不仅影响发动机的使用性能，还会使其动力性变差、排放高、油耗大，严重的会使发动机零件损坏。

二、柴油

柴油和汽油一样，是从石油中提炼出来的，也是由碳、氢元素组成的烃类化合物。柴油为压燃式发动机（即柴油机）的燃料。由于高速柴油机的燃料耗量（50～75 g/MJ）低于高速汽油机的燃料耗量（75～100 g/MJ），因此，大型运载工具使用柴油机的日益增多。柴油机广泛用于载重货车、公交大客车、铁路机车、发电机、拖拉机、矿山机械、建筑工程机械、船舶、军用坦克等。

柴油可分为轻柴油和重柴油，轻柴油的沸点范围为180～370 ℃，重柴油的沸点范围为350～410 ℃。转速在1 000 r/min以上的高速柴油机使用轻柴油，转速在500～1 000 r/min的中速柴油机和转速低于500 r/min的低速柴油机使用重柴油。目前，柴油机多为高速柴油机，所以使用轻柴油。

1. 车用柴油的特性

（1）发火性。车用柴油的发火性是指其在柴油机中的自燃能力。如果发火性差，会引起柴油机工作粗暴。车用柴油的发火性可用十六烷值评定，与汽油的辛烷值类似，十六烷值也是用两种发火性差异很大的烃类作为基准物对比得出的数值。柴油机的转速越高，燃烧速度越快，对十六烷值的要求就越高。另外，十六烷值越高，车辆就越容易启动。但是十六烷值也不宜过高，否则车用柴油的低温流动性、喷雾和蒸发均会受到影响，致使燃烧不完全，降低发动机功率，增加油耗。国家的相关标准规定轻柴油的十六烷值不得小于45。

（2）蒸发性。车用柴油的蒸发性对柴油机工作有重要的影响。车用柴油的蒸发性好，柴油机的启动性能就好，燃烧完全，不易稀释润滑油，油耗较低，积炭少，排烟较少。但若车用柴油的蒸发性过高，则会影响贮运及使用安全性，柴油机工作容易粗暴。车用柴油蒸发性的评定指标有馏程和闪点等。

车用柴油馏程的测定方法与车用汽油基本相同,测定项目有50%、90%和95%馏出温度。50%馏出温度越低,说明车用柴油中的轻质馏分越多,柴油机越容易启动。90%和95%馏出温度越低,说明车用柴油中的重质馏分越少,燃烧越安全,不仅可以提高柴油机的动力性能,减少机械磨损,避免柴油机过热现象,还可以降低油耗。

(3)低温流动性。车用柴油的低温流动性是指在低温条件下车用柴油维持一定流动状态的性能。随着温度的降低,车用柴油的黏度会加大,此时若车用柴油的低温流动性不好,在低温下会逐渐失去流动性,从而影响车用柴油在油管和滤清器中流动,使供油量减少甚至中断,导致柴油机不能正常工作甚至熄火。所以,为能按柴油机工况需求可靠地供给燃油,要求车用柴油应具有良好的低温流动性。

车用柴油在低温条件下流动性变差是受组成车用柴油的烃类中的石蜡的影响。在低温条件下,石蜡结晶析出,形成石蜡晶体,随着温度的进一步降低,结晶现象加剧,且各结晶体间开始聚集,形成结晶网络。结晶网络的产生使车用柴油的流动阻力增加,导致其流动性变差。如果这种结晶网络延展到全部车用柴油中,车用柴油就会失去流动性。车用柴油低温流动性的评价指标为凝点、浊点和冷滤点。我国评价车用柴油低温流动性采用凝点和冷滤点,日本采用凝点,美国采用浊点,欧洲国家采用冷滤点。

1)凝点。车用柴油在一定的试验条件下,冷却到液面不流动时的最高温度,称为车用柴油的凝点。

2)浊点。车用柴油中开始出现混浊的最高温度称为浊点。车用柴油出现混浊是由于温度的降低使车用柴油开始析出石蜡晶体所致。含蜡愈多,车用柴油的浊点也愈高。

3)冷滤点。车用柴油在规定的条件下冷却,以2 kPa的真空压力进行抽吸,每分钟通过过滤器(每平方英寸363目)的车用柴油不足20 mL的最高温度称为冷滤点。

(4)黏度。黏度是指液体在外力作用下发生移动时,在液体分子间所呈现的内部摩擦力。黏度是评价车用柴油流动性的指标。黏度越小其流动性越好,黏度越大其流动性越差。车用柴油的黏度也会随温度的变化而变化,这称为柴油的黏温性能。一般是温度升高黏度变小,温度降低黏度变大。所以,表示柴油黏度时必须标明温度。

黏度有动力黏度、运动黏度、条件黏度之分。评价车用柴油的雾化和蒸发性时，采用的是运动黏度指标。运动黏度表示液体在重力作用下流动时内摩擦力的量度，其值为相同温度下液体的动力黏度与其密度之比，单位为 m^2/s。对汽车油品来说，通常采用单位 mm^2/s。车用柴油规格中规定测定 20 ℃的运动黏度。

运动黏度影响车用柴油的流动性和雾化质量。运动黏度小，流动性好，但黏度过小，会使柴油机供油系统的柴油漏失量增加，影响供油量。运动黏度大，则喷出油束射程远，喷雾锥角小，油滴直径大，雾化质量差，导致混合气形成不良；运动黏度小，则喷出油束射程近，喷雾锥角大，油滴直径小，但喷出的油束形状与燃烧室形状不适应，同样会导致混合气形成不良。

（5）安定性

1）分类。车用柴油的安定性包括储存安定性和热安定性。

储存安定性是指车用柴油在运输、储存和使用过程中保持外观、组成和使用性能不变的能力。储存安定性差的车用柴油，最明显的表现是颜色变深和产生胶质。使用颜色变深的车用柴油，易导致滤清器堵塞、喷油器喷孔被黏结堵死、活塞组零件表面形成积炭和漆状沉积物，影响柴油机的正常工作。

热安定性是指车用柴油在柴油机的高温条件下及溶解氧的作用下发生变质的倾向。夏季，储存车用柴油的油箱中温度很高，车用柴油进入供油系统受柴油机温度的影响，温度会进一步提高；另外在机动车行驶时，油箱中的车用柴油不断地振荡，加剧了车用柴油与空气的混合，使车用柴油溶解的氧气达到饱和程度。在这种条件下，车用柴油中的不安定组分就会在金属的催化作用下急剧地氧化，生成氧化聚合物。这些生成物在喷油嘴上、燃烧室壁、气门和活塞环处生成积炭，会使柴油机磨损加剧；同时还会在喷油器针阀上生成漆状沉积物，造成针阀黏滞，并形成积炭，使喷雾恶化，甚至中断供油。

2）评价指标。柴油安定性的评价指标有碘值、色度、氧化安定性、实际胶质和 10% 蒸余物残炭。

①碘值。为了增加柴油的产量，商品柴油多是直馏柴油与裂化柴油组成的调和柴油，因而必须控制不饱和烃的含量，其控制指标为碘值。在加入过量碘的乙醇溶液与试样产生作用后，用硫代硫酸钠溶液滴定剩余的碘，以 100 g 试样所能吸收碘的克数表示碘值，再根据碘值的平均分子量计算出试样中不饱和烃的含量。

②色度。即油品颜色的深浅，用色号表示。色度可直观反映油品安定性的好坏。

③氧化安定性。氧化安定性指 100 mL 车用柴油在规定条件下氧化后所测得的总不溶物的质量，以 mg/100 mL 表示。

④10% 蒸余物残炭。10% 蒸余物残炭是指将柴油馏程试验中馏出 90% 后的蒸余物作为试样，经强烈加热一定时间让其裂解后所形成的残留物。残炭值为残留物含量与原试样质量之比。10% 蒸余物残炭反映柴油馏分的轻重和精制的程度。10% 蒸余物残炭值小，说明柴油馏分轻，精制程度深；反之，则说明柴油馏分重，精制程度浅。

（6）腐蚀性。车用柴油的腐蚀性主要是由车用柴油中的硫化物和有机酸等成分产生的。车用柴油中硫化物的存在，尤其是硫含量过大时，会对柴油机产生较大危害，直接影响发动机的使用寿命。车用柴油中的有机酸，除对机件具有腐蚀作用外，还会使喷油器头部和燃烧室积炭增多，喷油泵柱塞副磨损加剧，进而导致气缸活塞组件磨损加剧，使柴油机喷油恶化、功率降低。车用柴油腐蚀性的评价指标是硫含量、酸度和铜片腐蚀试验。

（7）清洁性。车用柴油的清洁性是指车用柴油中不应含有机械杂质和水分，燃烧不产生灰分等。

1）灰分。不能燃烧的机械杂质和溶于燃料中的有机酸、无机酸和盐类经过燃烧后所剩余的物质，称为灰分。这些物质沉积在燃烧室中会加快气缸壁与活塞环的磨损。国家有关标准规定商品柴油灰分应不大于 0.01%~0.02%。

2）水分。车用柴油中含有水分过多时，不仅在冬季会结冰引起供油系统堵塞，还会加速有机酸对金属的腐蚀，所以应当严格控制水含量。国家有关标准规定商品柴油中水含量应不大于 0.03%（体积百分数）。

3）机械杂质。车用柴油中含有机械杂质，除会引起供油系统堵塞外，还会加剧喷油泵的柱塞和柱塞套、喷油器针阀与针阀座等精密件的磨损，甚至造成喷油泵柱塞和喷油器的针阀卡死。因此，车用柴油中绝不允许存在机械杂质。

2. 车用柴油的牌号与选用

车用柴油按凝点分为六个牌号，分别为 5 号、0 号、-10 号、-20 号、-35 号、-50 号。选用时主要考虑环境温度，并应遵循以下原则：

（1）根据车用柴油适用地区风险率 10% 的最低气温选用柴油牌号。风险率 10% 的最低气温应高于柴油的冷凝点在数值上高于其牌号 3~6 个数即可满足选用要求。各牌号柴油的适用地区见表 2-2-5。

表 2-2-5　各牌号柴油的适用地区

柴油牌号	适用地区
5 号	风险率为 10% 的最低气温在 8 ℃以上的地区
0 号	风险率为 10% 的最低气温在 4 ℃以上的地区
-10 号	风险率为 10% 的最低气温在 -5 ℃以上的地区
-20 号	风险率为 10% 的最低气温在 -14 ℃以上的地区
-35 号	风险率为 10% 的最低气温在 -29 ℃以上的地区
-50 号	风险率为 10% 的最低气温在 -44 ℃以上的地区

（2）在气温允许的情况下尽量选用高牌号车用柴油。有些车主认为选用的牌号越低越安全，对车越有利。其实不然，首先由于低牌号车用柴油凝点低，其炼制工艺复杂、生产成本高，所以其价格也比高牌号车用柴油贵；其次由于车用柴油中凝点越低的成分燃烧性越差，燃烧滞后期越长，越容易发生工作粗暴，所以在气温允许的情况下应尽量选用高牌号车用柴油。

（3）注意季节、气温变化对用油的影响。在季节性变化较大的地区，应该特别重视用油的选择，以确保其符合当地的环境要求，并及时调整用油的牌号，以确保机动车的质量和使用寿命。

3. 车用柴油的技术要求

目前，我国车用柴油执行《车用柴油》（GB 19147—2016）标准，为强制性国家标准。车用柴油（Ⅳ）、车用柴油（Ⅴ）、车用柴油（Ⅵ）的技术要求分别见表 2-2-6、表 2-2-7 和表 2-2-8。

表 2-2-6　车用柴油（Ⅳ）技术要求

项目		质量指标					
		5 号	0 号	-10 号	-20 号	-35 号	-50 号
氧化安定性（以总不溶物计）/（mg/100 mL）	不大于	2.5					
硫含量/（mg/kg）	不大于	50					
酸度（以 KOH 计）/（mg/100 mL）	不大于	7					
10% 蒸余物残炭（质量分数）/%	不大于	0.3					

续表

项目		质量指标					
		5号	0号	-10号	-20号	-35号	-50号
灰分（质量分数）/%	不大于	0.01					
铜片腐蚀（50℃，3h）/级	不大于	1					
水含量（体积分数）/%	不大于	痕迹					
机械杂质		无					
润滑性 校正磨痕直径（60℃）/μm	不大于	460					
多环芳烃含量 （质量分数）/%	不大于	11					
运动黏度（20℃）/(mm²/s)		3.0~8.0		2.5~8.0		1.8~7.0	
凝点 /℃	不高于	5	0	-10	-20	-35	-50
冷滤点 /℃	不高于	8	4	-5	-14	-29	-44
闪点（闭口）/℃	不低于	60			50	45	
十六烷值	不小于	49			46	45	
十六烷指数	不小于	46			46	43	
馏程： 50% 回收温度 /℃ 90% 回收温度 /℃ 95% 回收温度 /℃	不高于 不高于 不高于	300 355 365					
密度（20℃）/(kg/m³)		810~850			790~840		
脂肪酸甲酯含量 （体积分数）/%	不大于	1.0					

表 2-2-7 车用柴油（V）技术要求

项目		质量指标					
		5号	0号	-10号	-20号	-35号	-50号
氧化安定性（以总不溶物计）/(mg/100 mL)	不大于	2.5					
硫含量 /(mg/kg)	不大于	10					

续表

项目		质量指标					
		5号	0号	-10号	-20号	-35号	-50号
酸度（以KOH计）/ (mg/100 mL)	不大于	7					
10%蒸余物残炭 （质量分数）/%	不大于	0.3					
灰分（质量分数）/%	不大于	0.01					
铜片腐蚀（50℃，3 h）/级	不大于	1					
水含量（体积分数）/%	不大于	痕迹					
机械杂质		无					
润滑性 校正磨痕直径（60℃）/μm	不大于	460					
多环芳烃含量 （质量分数）/%	不大于	11					
运动黏度（20℃）/(mm²/s)		3.0~8.0		2.5~8.0		1.8~7.0	
凝点/℃	不高于	5	0	-10	-20	-35	-50
冷滤点/℃	不高于	8	4	-5	-14	-29	-44
闪点（闭口）/℃	不低于	60		50		45	
十六烷值	不小于	51		49		47	
十六烷指数	不小于	46		46		43	
馏程： 50%回收温度/℃ 90%回收温度/℃ 95%回收温度/℃	不高于 不高于 不高于	300 355 365					
密度（20℃）/(kg/m³)		810~850				790~840	
脂肪酸甲酯含量 （体积分数）/%	不大于	1.0					

表2-2-8 车用柴油（Ⅵ）技术要求

项目		质量指标					
		5号	0号	-10号	-20号	-35号	-50号
氧化安定性（以总不溶物计）/（mg/100 mL）	不大于	2.5					
硫含量/（mg/kg）	不大于	10					
酸度（以KOH计）/（mg/100 mL）	不大于	7					
10%蒸余物残炭（质量分数）/%	不大于	0.3					
灰分（质量分数）/%	不大于	0.01					
铜片腐蚀（50℃,3h）/级	不大于	1					
水含量（体积分数）/%	不大于	痕迹					
润滑性 校正磨痕直径（60℃）/μm	不大于	460					
多环芳烃含量（质量分数）/%	不大于	7					
总污染物含量/（mg/kg）	不大于	24					
运动黏度（20℃）/（mm^2/s）		3.0~8.0		2.5~8.0		1.8~7.0	
凝点/℃	不高于	5	0	-10	-20	-35	-50
冷滤点/℃	不高于	8	4	-5	-14	-29	-44
闪点（闭口）/℃	不低于	60			50	45	
十六烷值	不小于	51			49	47	
十六烷指数	不小于	46			46	43	
馏程： 50%回收温度/℃ 90%回收温度/℃ 95%回收温度/℃	不高于 不高于 不高于	300 355 365					
密度（20℃）/（kg/m^3）		810~845			790~840		
脂肪酸甲酯含量（体积分数）/%	不大于	1.0					

三、机动车代用燃料

1. 醇类燃料

醇类燃料主要是甲醇和乙醇。

（1）甲醇。甲醇是一种无色易挥发的燃料，有毒，饮用后能致人失明甚至死亡。甲醇自燃点为 464 ℃，热值较汽油低，辛烷值较高，抗爆性好。甲醇作为汽车燃料既可单独使用，也可与汽油混合使用。如单独使用，需要通过提高发动机的压缩比来提高发动机的性能；如混合使用，甲醇可占 15%～20%，发动机无须大改动。

（2）乙醇。乙醇俗称酒精，常温下是液体，容易挥发、燃烧。乙醇自燃点为 423 ℃，热值较汽油低，辛烷值较高，抗爆性好。乙醇作为汽车燃料的使用方法与甲醇类似。

醇类燃料来源广泛，价格较低，甲醇与乙醇均可由植物发酵得到，甲醇还可以从天然气和煤中制取。醇类配置成的混合燃料与汽油混合气的热值差不多，但醇类燃料汽化潜热大，进气管温度较低，易使混合气雾化不良，导致发动机启动困难。此外，醇类燃料的冰点低，使用安全；燃烧速度快，排气污染小。但与汽油混合易分层，对发动机腐蚀作用大，而且由于醇类燃料易吸水，容易破坏发动机润滑。

2. 压缩天然气

天然气主要来源于油田，是地表下岩石储集层中自然存在的、以轻质碳氢化合物为主体的可燃气体，无色、无味、无毒、无腐蚀性，主要成分是甲烷（CH_4）。天然气作为汽车代用燃料，发动机无须做较大改动，因而是较为理想的汽车燃料，也是世界公认的"环保燃料"，已受到越来越多国家的重视。天然气不易液化，需要经过压缩液化后使用。压缩天然气具有如下优点：

（1）抗爆性能好。压缩天然气中甲烷的马达法辛烷值（MON）为 140，大多数天然气的 MON 值为 115～130，因此具有很强的抗爆性。

（2）燃烧完全。天然气本身是气态，可完全燃烧，且不结炭，使热效率提高 10% 以上。

（3）对环境污染小。汽车使用天然气作燃料与使用车用汽油作燃料相比，其排放物中一氧化碳减少 97%，碳氢化合物减少 72%，氮氧化物减少 39%，二氧化碳减少 24%，二氧化硫减少 90%，苯和铅等粉尘减少 100%，噪声降低 40%。

（4）资源丰富。我国天然气地质资源储量非常丰富，应用前景十分广阔。

（5）经济性好。使用天然气作为机动车的燃料，其燃料费用是车用汽油的2/3，由于天然气的着火极限较车用汽油宽，有利于燃烧气混合，可提高使用天然气汽车的燃料经济性。加上燃料燃烧完全，无结炭、无爆燃，延长了机动车的使用寿命，使其维护成本仅为汽油车的70%。

3. 液化石油气

石油气是从石油的开采和加工中得到的可燃气体，主要由丙烷、丁烷及其他气体混合而成。石油气通常经过加压使其液化后储存在高压容器中使用，即液化石油气（liquefied petroleum gas，LPG）。液化石油气作为车用燃料具有以下优点：

（1）抗爆性能好。液化石油气的辛烷值在110左右，而车用汽油的辛烷值则在90~98之间，所以液化石油气的抗爆性能较好。

（2）对环境污染小。液化石油气中氢含量大，硫、氮等杂质少，且不含芳香烃，而且燃烧完全，一氧化碳和微粒等的排放极低，因此，对环境的污染较小。

（3）延长发动机使用寿命。使用车用汽油作为燃料时，因车用汽油不能完全气化而形成液膜，会稀释并冲刷运动部件的润滑油，使运动部件润滑情况变差，加快零部件的磨损。同时，进入曲轴箱的汽油会稀释润滑油，导致润滑油黏度下降、性能变差，加速发动机摩擦部件的磨损。液化石油气由于呈气态，不会出现使用汽油时因形成液膜而带来的一系列危害，从而延长了发动机及润滑油的使用寿命。

（4）低温启动性好。液化石油气主要成分丙烷的沸点为-42 ℃，试验证明，在环境温度为-30 ℃时，液化石油气汽车无须采用特别措施仍可顺利启动。

4. 氢燃料

氢在地球上的蕴藏量极为丰富，是一种极有前途的能源。氢用作燃料具有热值高、热效率高、排气污染小、发动机磨损小等特点。用氢气作燃料存在的主要问题是生产成本极高，而且携带和储存非常困难。目前，氢作为环保能源，被广泛应用于机动车动力电池的设计与应用中。

5. 电能

用电能供电的机动车叫电动机动车。电能作为二次能源可从风能、水能、核能、热能和太阳能中获得。

培训单元 2　机动车润滑油（脂）

培训重点

1. 熟悉发动机润滑油的功用、种类、选用方法。
2. 熟悉齿轮油的功用、种类、选用方法。
3. 熟悉润滑脂的功用、种类、选用方法。

知识要求

机动车在正常行驶中会产生零部件的磨损。为了减缓磨损，减少车辆的故障，最大限度地发挥机动车的性能，延长机动车使用寿命，就需要借助各种润滑材料。按照组成和作用部位不同，常用车辆润滑材料可分为发动机润滑油、齿轮油、液力传动油和润滑脂等。

一、发动机润滑油

发动机润滑油又称内燃机润滑油（图 2-2-1），由石油中的重油精制加工而成，主要用于发动机、齿轮、气缸、活塞、连杆等部位。

图 2-2-1　发动机润滑油

1. 发动机润滑油的作用

（1）润滑作用。发动机在高速运转时，润滑油被发动机润滑系统送到各摩擦表面形成油膜，使金属间的干摩擦变成润滑油层间的液体摩擦，从而减少机件的磨损，保证机件的正常运转。

（2）密封作用。在发动机内部运动部件的间隙（如气缸和活塞之间的间隙）内附着的润滑油膜能起到油封的作用。

（3）冷却作用。在发动机工作时，发动机润滑油不断从气缸、活塞、曲轴等摩擦表面上吸取热量并把它传导到其他温度较低的零部件上，其中一部分热量通过油底壳或机油散热器等外部机件消散到空气中，而大部分热量传导至与冷却水接触的气缸壁上，经冷却水降温。

（4）洗涤作用。发动机润滑油在循环过程中，能把黏附在摩擦表面上的杂质带走，当发动机润滑油通过机油滤清器时，这些杂质被截留在滤清器中，而发动机润滑油回到发动机中继续发挥洗涤作用，这样反复循环可使机件保持清洁并正常运转。

（5）防锈和消声减震作用。金属表面吸附润滑油膜，能防止酸性气体和水对金属的腐蚀。发动机内部机件表面的油膜不仅能减轻发动机工作时的冲击负荷，还能降低金属与金属间的震动与噪声，使发动机平稳安静地工作。

2. 发动机润滑油的性能

发动机润滑油经常与发动机的高温、高压机件接触，工作环境温差较大，最高可达 300 ℃（气缸内），低时只有 80~90 ℃（曲轴箱内），此外，还要遭受水汽、酸性物质、灰尘微粒和金属杂质的侵扰。因此，为保证发动机在工作中得到正常润滑，对发动机润滑油的使用性能提出了以下要求。

（1）黏度。黏度是衡量发动机润滑油性能的首要指标，也是发动机润滑油划分使用范围的主要依据。若发动机润滑油的黏度过大，油的内摩擦力会相应加大，发动机润滑油间运行消耗摩擦功率较大，导致低温下发动机难以起动，发动机有效功率下降，燃油消耗加大；另外，油品泵送性恶化，润滑油循环速度变慢，在单位时间内流过摩擦表面的油量下降，使冷却及洗涤效果下降。若发动机润滑油的黏度过小，则不易在摩擦表面形成足够厚度的油膜，零件得不到正常的润滑，会加大零件磨损；同时密封性能差，气缸容易漏气、稀释、污染润滑油，降低发动机功率；此外，高温时容易燃烧蒸发，加大发动机润滑油的消耗。

我国润滑油规格中采用动力黏度和运动黏度（100 ℃）。动力黏度表示液体在一定的剪切应力下流动时内摩擦力的量度，其单位为帕斯卡秒，用 Pa·s 表示。

动力黏度主要用于评定油的低温黏度，而润滑油黏度等级通常按 100 ℃时的运动黏度划分。

（2）黏温性。润滑油黏度会随着温度而改变，温度越高黏度越小，温度下降黏度上升。润滑油黏度与温度的关系特性叫黏温性，黏温性是衡量发动机润滑油性能的一个重要指标。

发动机润滑油的黏温性用黏度指数（VI）表示，黏度指数越高，表明油品受温度的影响越小，其黏温性能越好。为提高发动机润滑油的黏温性，通常在低黏度的润滑油中添加黏度指数改进剂（增稠剂），使之能适应在较宽温度范围的使用要求，这种油称为多级油。

（3）氧化安定性能。氧化安定性表示润滑油储存及使用过程中对氧化反应有一定抗性。发动机润滑油在使用及储存时，一旦接触空气就易产生化学反应而导致润滑油变质。为了延缓发动机润滑油的氧化变质和延长其使用寿命，一般要在发动机润滑油中添加多种具有较好特性的抗氧化添加剂。

（4）抗泡沫性。发动机润滑油在油底壳中，由于曲轴的强烈搅动和飞溅润滑，很容易产生气泡，而且发动机润滑油中其他的添加剂也会使其产生泡沫。含泡沫的发动机润滑油润滑性能下降，同时易使机油泵抽空，导致故障。

（5）抗磨性。抗磨性是指润滑油在运动部件间形成油膜，防止金属之间相互接触的能力。发动机具有高转速、大负荷的特点，为了保证发动机润滑油有可靠的抗磨性，减少发动机内各运动部件之间因摩擦造成的磨损和功率损失，通常会在发动机润滑油中加入适量的抗磨添加剂，以增强机件吸附油膜的能力，形成一层高熔点的有机油膜，减少机件磨损和摩擦损失，提高其抗磨损的能力。

（6）抗腐蚀性。发动机润滑油在发动机高温、高压和有水分的工作条件下会逐渐老化。发动机润滑油中的抗氧化剂可抑制、延缓油品氧化，减少氧化产物，但不能从根本上消除发动机润滑油的老化。发动机润滑油老化的主要原因是发动机润滑油氧化后会产生无机酸，无机酸属弱酸，但在高温、高压和有水的环境下会腐蚀金属。特别是高速柴油机使用的铜铅、镉银和镉镍轴承，抗腐蚀性差，发动机润滑油中含有微量的酸性物质就会引起严重腐蚀，使其表面出现斑点、麻坑，甚至整块金属剥落。

（7）清净分散性。所谓清净分散性是指发动机润滑油能将发动机机件表面生成的胶状物、积炭等不溶物分散、疏松，使其悬浮在油中，不易沉积在机件表面，同时能将已沉积在机件上的胶状物洗涤下来的性能。清净分散性能良好的发动机润滑油能使这些氧化物悬浮在其中,通过机油滤清器将氧化物过滤掉,从而减少发动机气缸壁、活塞及活塞环等部件上的沉积物,防止因机件过热烧坏活塞环而引起气缸密封不严、发动机功率下降和油耗增加等问题。

发动机润滑油的清净分散性通常是通过在发动机润滑油中添加清净分散剂来提高的。目前常用的有金属型清净分散剂和无灰型清净分散剂,它们不仅具有良好的清净分散效果,同时还有良好的抗氧化性能。

3. 发动机润滑油的分类

(1)按黏度分类。采用含字母 W 和不含字母 W 两组黏度等级系列,含字母 W 的一组单级内燃机油为冬季用油,是以低温启动黏度、低温泵送黏度和 100 ℃ 时的运动黏度划分黏度等级,可划分为六个低温黏度等级,等级号为 0W、5W、10W、15W、20W、25W;不含字母 W 的一组单级内燃机油为春秋和夏季用油,是以 100 ℃ 时的运动黏度和 150 ℃ 时高温剪切黏度划分,可划分为八个高温黏度等级,等级号为 8、12、16、20、30、40、50、60。

一个多黏度等级发动机润滑油,其低温启动黏度和低温泵送黏度应满足系列中一个 W 级的需要,同时,其 100 ℃ 运动黏度和 150 ℃ 高温剪切黏度应在系列中一个非 W 级分类规定的黏度范围之内。黏度牌号有单级油和多级油之分。任何一个牛顿油可标为单级油(含 W 或不含 W)。一些经聚合物黏度指数改进剂调配的油是非牛顿油,应标上适当的多黏度等级(含 W 和高温等级),即含 W 黏度等级和高温黏度等级,并且两黏度等级号之差大于或等于 15。例如,一个多级油可标为 10W-30 或 20W-40,不可标为 10W-20 或 20W-20。一油品可能同时符合多个 W 级,所标记的含 W 级号或多黏度等级号只取最低 W 级号。例如,一个多级油同时符合 10W、15W、20W、25W 和 30 级号,黏度牌号只能标为 10W-30。

(2)按特性和使用场合分类。每一个品种由两个大写英文字母及数字组成的代号表示。第一个字母"S"代表汽油机油,"GF"代表以汽油为燃料的、具有燃料经济性要求的乘用车发动机油,第一个字母与第二个字母或第一个字母与第二个字母及其后的数字相结合代表质量等级。第一个字母"C"代表柴油机油,第一个字母与第二个字母相结合代表质量等级,其后的数字 2 或 4 分别代表二冲程或四冲程柴油发动机。每个特定的品种对应按《内燃机油分类》(GB/T 28772—2012)规定的黏度等级。

1)汽油发动机润滑油。我国汽油发动机润滑油常见的品种代号、特性和使用场合见表 2-2-9。

表 2-2-9 汽油发动机润滑油常见的品种代号、特性和使用场合

品种代号	特性和使用场合
SE	用于轿车和某些货车的汽油发动机以及要求使用 API SE、SD 级发动机润滑油的汽油发动机。此种油品的抗氧化性能及控制汽油机高温沉积物、锈蚀和腐蚀的性能优于 SD 或 SC 级润滑油
SF	用于轿车和某些货车的汽油发动机及要求使用 API SF、SE 级发动机润滑油的汽油发动机。此种油品的抗氧化和抗磨损性能优于 SE 级润滑油,同时还具有控制汽油发动机沉积物、锈蚀和腐蚀的性能,并可代替 SE 级润滑油
SG	用于轿车、货车和轻型卡车的汽油发动机及要求使用 API SG 级发动机润滑油的汽油发动机。SG 级润滑油质量还包括 CC 或 CD 级润滑油的使用性能。此种油品改进了 SF 级润滑油控制发动机沉积物、磨损和油的氧化性能,同时还具有抗锈蚀和腐蚀的性能,并可代替 SF、SF/CD、SE 或 SE/CC 级润滑油
SH、GF-1	用于轿车、货车和轻型卡车的汽油发动机及要求使用 API SH 级润滑油的汽油发动机。此种油品在控制发动机沉积物、油的氧化、磨损、锈蚀和腐蚀等方面的性能优于 SG,并可代替 SG 级润滑油 GF-1 与 SH 相比,增加了对燃料经济性的要求
SJ、GF-2	用于轿车、运动型多用途汽车、货车和轻型卡车的汽油发动机以及要求使用 API SJ 级润滑油的汽油发动机。此种油品在挥发性、过滤性、高温泡沫性和高温沉积物控制等方面的性能优于 SH 级润滑油。可代替 SH 级润滑油,并可在 SH 以前的"S"系列等级中使用 GF-2 与 S 相比,增加了对燃料经济性的要求,GF-2 可代 GF-1
SL、GF-3	用于轿车、运动型多用途汽车、货车和轻型卡车的汽油发动机及要求使用 API SL 级润滑油的汽油发动机。此种油品在挥发性、过滤性、高温泡沫性和高温沉积物控制等方面的性能优于 S 级润滑油。可代替 S 级润滑油,并可在 S 以前的"S"系列等级中使用 GF-3 与 SL 相比,增加了对燃料经济性的要求,GF-3 可代 GF-2
SM、GF-4	用于轿车、运动型多用途汽车、货车和轻型卡车的汽油发动机及要求使用 API SM 级润滑油的汽油发动机。此种油品在高温氧化和清净、高温磨损以及高温沉积物控制等方面的性能优于 SL 级润滑油。可代替 SL 级润滑油,并可在 SL 以前的"S"系列等级中使用 GF-4 与 SM 相比,增加了对燃料经济性的要求,GF-4 可代 GF-3
SN、GF-5	用于轿车、运动型多用途汽车、货车和轻型卡车的汽油发动机及要求使用 API SN 级润滑油的汽油发动机。此种油品在高温氧化和清净、低温油泥以及高温沉积物控制等方面的性能优于 SM 级润滑油。可代替 SM 级润滑油,并可在 SM 以前的"S"系列等级中使用 对于资源节约型 SN 级润滑油,除具有上述性能外,更强调燃料经济性、对排放系统和涡轮增压器的保护以及与含乙醇最高达 85% 的燃料的兼容性能 GF-5 与资源节约型 SN 相比,性能基本一致,GF-5 可代 GF-4

2）柴油发动机润滑油。我国柴油发动机润滑油常见的品种代号、特性和使用场合见表2-2-10。

表2-2-10 柴油发动机润滑油常见的品种代号、特性和使用场合

品种代号	特性和使用场合
CC	用于中负荷及重负荷下运行的自然吸气、涡轮增压和机械增压式柴油发动机及一些重负荷汽油发动机。对于柴油发动机具有控制高温沉积物和轴瓦腐蚀的性能，对于汽油发动机具有控制锈蚀、腐蚀和高温沉积物的性能
CD	用于需要高效控制磨损及沉积物或使用包括高硫燃料自然吸气、涡轮增压和机械增压式柴油发动机以及要求使用API CD级润滑油的柴油发动机。具有控制轴瓦腐蚀和高温沉积物的性能，并可代替CC级润滑油
CF	用于非道路间接喷射式柴油发动机和其他柴油发动机，也可用于需有效控制活塞沉积物、磨损和含铜轴瓦腐蚀的自然吸气、涡轮增压和机械增压式柴油发动机。能使用硫的质量分数大于0.5%的高硫柴油燃料，并可代替CD级润滑油
CF-2	用于需高效控制气缸、环表面胶合和沉积物的二冲程柴油发动机，并可代替CD-Ⅱ级润滑油
CF-4	用于高速、四冲程柴油发动机及要求使用API CF-4级油的柴油发动机，特别适用于高速公路行驶的重负荷卡车。此种油品在润滑油消耗和活塞沉积物控制等方面的性能优于CE级润滑油，并可代替CE、CD和CC级润滑油
CG-4	用于可在高速公路和非道路使用的高速、四冲程柴油发动机。能够使用硫的质量分数0.05%~0.5%的柴油燃料。此种油品可有效控制高温活塞沉积物、磨损、腐蚀、泡沫、氧化和烟尘的累积，并可代替CF-4、CE、CD和CC级润滑油
CH-4	用于高速、四冲程柴油发动机。能够使用硫的质量分数不大于0.5%的柴油燃料。即使在不利的应用场合，此种油品可凭借其在磨损控制、高温稳定性和烟尘控制方面的特性有效地保持发动机的耐久性；对于非铁金属的腐蚀、氧化和不溶物的增稠、泡沫性以及由于剪切所造成的黏度损失可提供最佳的保护。其性能优于CG-4级润滑油，并可代CG-4、CF-4、CE、CD和CC级润滑油
CI-4	用于高速、四冲程柴油发动机。能够使用硫的质量分数不大于0.5%的柴油燃料。此种油品在装有废气再循环装置的系统里使用可保持发动机的耐久性。对于腐蚀性和与烟尘有关的磨损倾向、活塞沉积物以及由于烟尘累积所引起的黏温性变差、氧化增稠、润滑油消耗、泡沫性、密封材料的适应性降低和由于剪切所造成的黏度损失可提供最佳的保护。其性能优于CH-4级润滑油，并可代替CH-4、CG-4、CF-4、CE、CD和CC级润滑油

续表

品种代号	特性和使用场合
CJ-4	用于高速、四冲程柴油发动机。能够使用硫的质量分数不大于0.05%的柴油燃料。对于使用废气后处理系统的发动机，如使用硫的质量分数大于0.0015%的燃料，可能会影响废气后处理系统的耐久性和/或机油的换油期。此种油品在装有微粒过滤器和其他后处理系统里使用可特别有效地保持排放控制系统的耐久性。对于催化剂中毒的控制、微粒过滤器的堵塞、发动机磨损、活塞沉积物、高低温稳定性、烟炱处理特性、氧化增稠、泡沫性和由于剪切所造成的黏度损失可提供最佳的保护。其性能优于C4级润滑油，并可代CI-4、CH-4、CG-4、CF-4、CE、CD和CC级润滑油
农用柴油机油	用于以单缸柴油机为动力的三轮汽车（原三轮农用运输车）、手扶变型运输机、小型拖拉机，还可用于其他以单缸柴油发动机为动力的小型农机具，如抽水机、发电机等。具有一定的抗氧、抗磨性能和清净分散性能

注：SD、SC、CD-Ⅱ和CE已经废止。

4. 发动机润滑油的规格

在我国现行的有关标准中，规定了SE、SF、SG、SH、GF-1、SJ、GF-2、SL、GF-3、SM、GF-4、SN、GF-5共八个级别的汽油发动机润滑油的品种。同时规定了CC、CD、CF、CF-2、CF-4、CG-4、CH-4、CI-4、CJ-4共九个级别的柴油发动机润滑油品种。

（1）汽油发动机润滑油的规格。汽油发动机润滑油的质量等级及其黏度等级，见表2-2-11。

表2-2-11　汽油发动机润滑油的质量等级及其黏度等级

质量等级	SE、SF	SG、SH、GF-1、SJ、GF-2、SL、GF-3
黏度等级	5W-20、5W-30、5W-40、5W-50、10W-30、10W-40、10W-50、15W-30、15W-40、15W-50、20W-30、20W-40、20W-50	0W-20、0W-30、5W-20、5W-30、5W-40、5W-50、10W-30、10W-40、10W-50、15W-30、15W-40、15W-50、20W-30、20W-40、20W-50

（2）柴油发动机润滑油的规格。柴油发动机润滑油的质量等级及其黏度等级，见表2-2-12。

表 2-2-12 柴油发动机润滑油的质量等级及其黏度等级

质量等级	CC、CD	CF、CF-4、CH-4、CI-4
黏度等级	10W-30、10W-40、10W-50、15W-30、15W-40、15W-50、20W-40、20W-50、20W-60	0W-20、0W-30、0W-40、5W-20、5W-30、5W-40、5W-50、10W-30、10W-40、10W-50、15W-30、15W-40、15W-50、20W-40、20W-50、20W-60

5. 发动机润滑油的选用

发动机润滑油的品质直接影响发动机运行性能的发挥，影响发动机工作状态和发动机主要零部件的磨损及其使用寿命。特别是高性能发动机，由于发动机转速较快，工作条件苛刻，因此发动机润滑油的品质至关重要。发动机润滑油选的得当，发动机的动力性、经济性以及使用寿命会得到提高。否则，不仅不能满足发动机的使用要求，还会造成发动机过早损坏。

（1）根据发动机工作条件的苛刻程度选择发动机润滑油的质量等级。由于汽油发动机与柴油发动机工作条件不同，所使用的润滑油也不相同。选用发动机润滑油时，应严格按照说明书的规定选用。若无说明书，可根据发动机性能和使用地区的气温情况，兼顾质量等级与黏度等级等方面进行选用。

1）汽油发动机润滑油质量等级的合理选用。汽油发动机润滑油质量等级应根据发动机的压缩比及附加装置进行选择。汽油发动机工作条件的苛刻程度与发动机进、排气系统中有无附加装置及类型有关。

2）柴油发动机润滑油质量等级的合理选用。柴油发动机工作条件的苛刻程度用柴油发动机的强化系数表示。柴油发动机的热负荷和机械负荷是影响润滑油质量变化的主要因素。柴油发动机负荷越大，工作温度越高，工作强度越大，柴油发动机的工作条件就越苛刻，因此对柴油发动机润滑油的质量要求就越高。

（2）根据季节、气温、工况和发动机技术特性选择发动机润滑油的黏度等级。在确定了发动机润滑油的质量等级后，应选择合适的黏度。黏度过大或过小都会导致能源浪费、磨损增加等。

1）根据使用地区的季节和气温选择发动机润滑油的黏度等级。发动机润滑油的黏度等级应根据发动机工作的环境、温度来决定，冬季和寒冷地区应选用黏度小的单级或多级发动机润滑油，以保证发动机在低温条件下容易启动；夏季或全年气温较高的地区应选用黏度较大一些发动机润滑油，以保证其在高温状态下能维持足够的黏度。

2）根据工况选择发动机润滑油的黏度等级。重载、低速和高温下应选用黏度较大的发动机润滑油，轻载、高速应选用黏度小的润滑油。

3）根据发动机的技术性能选择发动机润滑油的黏度等级。新发动机应选用黏度相对较小的发动机润滑油，以保证其在磨合期内能正常磨合；使用较久、磨损较大的发动机，则应选用黏度相对较大的发动机润滑油，以维持发动机所需的润滑油压，保证正常润滑。

6. 发动机润滑油使用注意事项

由于发动机润滑油对发动机的使用性能和寿命有很大的影响，因此，使用时应注意以下几点。

（1）正确选择发动机润滑油的使用等级，对发动机正常运行至关重要。遇到下列情况之一者，使用等级应酌情提高一级：车辆长期处于停停开开的使用状态；长期低温、低速行驶；长时间在高温、高速下工作；在灰尘大的场所工作；满载拖挂车长时间行驶。

（2）一般使用等级较高的发动机润滑油可代替使用等级较低的发动机润滑油，但使用等级较低的发动机润滑油绝不能代替使用等级较高的发动机润滑油，否则会导致发动机过早磨损和损坏。

（3）应注意使用的地区或季节的变化，及时换用适宜的黏度级别。使用中应尽量选用多级油。不同黏度等级的发动机润滑油不能混用。

（4）应结合使用条件按质换油。换油时应在较高温度下进行，并将废油放净，同时必须注意严防水分、杂质的混入。

二、齿轮油

一般将手动变速器、后桥齿轮传动机构和转向机构使用的润滑油称为齿轮油，自动变速器使用的润滑油称为自动传动液、自动变速器油、液力传动油。齿轮油对齿轮传动机构主要有减少摩擦、减少磨损和冷却零部件，以及缓和震动、减小冲击、防止锈蚀及清洁摩擦面脏物的作用。

1. 齿轮油的工作条件

齿轮油与发动机润滑油相比，其工作条件有两大特点。

（1）承受压力大。齿轮在啮合过程中，齿与齿间的接触为线接触，因而啮合部位的接触压力很大，一般齿轮的接触压力达 2 000 ~ 3 000 MPa，而双曲面齿轮因相对滑动速度快,齿面接触压力就更大,可达 3 000~4 000 MPa。所以,齿轮啮合部位的油膜极易破裂,导致摩擦和磨损,甚至引起擦伤和胶合。

(2)工作温度不高。齿轮油基本不受发动机热源影响,油温的升高主要是由于传动机构摩擦产生的,并且随周围环境气温和行驶中外部空气冷却强度的变化而变化。一般齿轮油的工作温度在 120~130 ℃,双曲面齿轮由于滑动速度快,工作油温相对高些,车速较高时可达 160~180 ℃。

2. 齿轮油的性能

(1)极压抗磨性。为了适应现代机动车功率越来越大、车速越来越高的需要,某些高级小轿车、越野车大都使用准双曲面齿轮来减小车身高度,使其能适应高速行驶。准双曲面齿轮传动过程中齿面压力达到 3 000~4 000 MPa、啮合齿面间内相对滑动速度达到 450 m/min。准双曲面齿轮在这样的高压和高速下处于边界润滑状态。此外,车辆在重载荷的启动、爬坡或者遇到冲击载荷时,齿面接触区有相当大的一部分处于边界润滑状态。这要求齿轮油能够在较高负荷时仍然保持足够厚度的油膜。齿轮油黏度增大对承载能力有利,但是黏度过大摩擦损失也会增大,因此齿轮油中通常会添加极压抗磨添加剂。

(2)热氧化安定性。齿轮油抗高温条件氧化作用的能力称为热氧化安定性。氧化使油的黏度增大,生成油泥,影响车辆齿轮油的流动;氧化产生的腐蚀性物质会加速车辆齿轮油对金属的腐蚀和锈蚀。氧化生成的极性沉淀物会吸附极性添加剂,使添加剂随沉淀一起从油中析出,沉淀会使橡胶老化变硬,沉淀覆盖于金属零件表面时,又会影响其散热。所以,齿轮油中还应加入抗氧剂,使其具有良好的热氧化安定性。

(3)黏度。黏度对齿轮油来说至关重要。黏度大可以保证齿轮在弹性流体动压润滑状态时形成足够厚度的油膜,从而使齿轮有足够的承载能力并减少齿面的磨损。但是黏度过大会使循环润滑变得十分困难,使齿轮运动搅拌阻力增大,以致产生热量造成动力损失。同时,黏度大的润滑油流动性能差,挤压出的油膜得不到及时自动补偿和修复而会加剧磨损。

(4)抗腐蚀性。齿轮油中所含的极性添加剂会与零件表面金属反应生成有机膜,以防止在重负荷时油膜破裂引起擦伤,增加极压性能,但极性添加剂又会造成铜或铜合金的腐蚀。因此,齿轮油中还需加入防腐剂,保证齿轮油兼有极压性和抗腐蚀性。

(5)抗泡沫性。抗泡沫性是指齿轮油在强烈搅动的条件下,抵抗泡沫生成和及时消除泡沫的能力。如果齿轮油生成的泡沫能及时消除，则不会影响正常工作；如果形成较多的泡沫并且不能及时消除，则会发生溢流或磨损等现象。因此，齿轮油应具有良好的抗泡沫性。

3. 齿轮油的分类

（1）按齿轮油的黏度分类。《汽车齿轮润滑剂黏度分类》（GB/T 17477—2012）规定，本标准采用含字母 W 和不含字母 W 的两组黏度等级系列。前者以低温黏度达 150 000 mPa·s 时的最高温度和 100 ℃时最小运动黏度划分，分为 70W、75W、80W、85W。后者以 100 ℃时运动黏度划分，分为 80、85、90、110、140、190、250，见表 2-2-13。表中含字母 W 的表示冬季和低温下使用的齿轮油，不含字母 W 的表示常温和高温下使用的齿轮油。

表 2-2-13　汽车齿轮润滑剂黏度分类（GB/T 17477—2012）

黏度等级	最高温度（黏度达到 150 000 mPa·s）/℃	运动黏度（100 ℃）/（mm²/s）	
		最小	最大
70W	−55	4.1	—
75W	−40	4.1	—
80W	−26	7.0	—
85W	−12	11.0	—
80	—	7.0	＜11.0
85	—	11.0	＜13.5
90	—	13.5	＜18.5
110	—	18.5	＜24.0
140	—	24.0	＜32.5
190	—	32.5	＜41.0
250	—	41.0	—

（2）按齿轮油的质量分类。目前国际上广泛采用 API 使用分类法，它按齿轮形式、载能力和使用条件的不同，分为 GL-1、GL-2、GL-3、GL-4、GL-5 和 GL-6 六个级别。我国现行车辆齿轮油的分类依照《车辆齿轮油分类》（GB/T 28767—2012），见表 2-2-14。

表 2-2-14　车辆齿轮油分类

品种代号	油品名称	使用说明
GL-3	普通车辆齿轮油（SH/T 0350—1992）	适用于速度和负荷比较苛刻的汽车手动变速器及较缓和的螺旋伞齿轮驱动桥
GL-4	中负荷车辆齿轮油（GL-4）	适用于速度和负荷比较苛刻的螺旋伞齿轮和较缓和的准双曲面齿轮，可用于手动变速器和驱动桥
GL-5	重负荷车辆齿轮油（GL-5）（GB 13895—1992）	适用于高速冲击负荷、高速低扭矩和低速高扭矩下操作的各种齿轮，特别是准双曲面齿轮
MT-1	非同步手动变速箱油	适用于在大型客车和重型卡车上使用的非同步手动变速器。该类润滑剂对于防止化合物热降解、部件磨损及油封劣化提供保护。这些性能是 GL-4 和 GL-5 要求的润滑剂所不具有的 MT-1 没有给出乘用车和重负荷车辆中同步器的和驱动桥的性能要求

4. 齿轮油的选用及使用注意事项

（1）齿轮油的选用。齿轮油应根据质量级别和黏度牌号进行选择。质量级别要根据齿轮的型号及工作环境选择；黏度牌号的选择，要以工作最低环境温度为依据，以传动装置最高工作温度为标准。

1）根据齿轮的工作环境选择质量等级。一般进口轿车、中外合资轿车和大负荷货车的驱动桥准双曲面齿轮接触压力大于 3 000 MPa，滑动速度超过 10 m/s，油温为 120~130 ℃，工作环境十分恶劣，必须使用重负荷车辆齿轮油（GL-5）；而接触压力小于 3 000 MPa，滑动速度在 1.5~8 m/s 之间的驱动桥准双曲面齿轮，由于其工作条件不太恶劣，应选择中负荷车辆齿轮油（GL-4）；弧齿齿轮由于齿轮接触压力及滑动速度都比较低，所以可以选择普通车辆齿轮油（GL-3），而负荷大的车辆可以选择中负荷齿轮油。

2）根据季节、气温选择黏度等级。齿轮油的低温黏度决定了传动机构在低温下的操作性能。因此，可以按齿轮油黏度达 150 000 mPa·s 的最高温度，作为使用的最低温度对照当地气温来选用。通常冬季气温不低于 -10 ℃ 的地区，全年可使用 90 齿轮油；冬季气温不低于 -26 ℃ 的地区，全年可使用 80W-90 齿轮油；冬季最低气温在 -26 ℃ 以下的地区，冬季应使用 75W 齿轮油，夏季应换用 90 齿轮油；其他地区全年用 85W-90 齿轮油。

（2）齿轮油的使用注意事项

1）质量等级高的齿轮油可以用于要求较低的车辆上，但绝不能将质量等级低的齿轮油用于要求高的车辆上，否则会使齿轮产生严重的磨损和损坏。

2）在保证润滑的前提下，应选用黏度等级较低的齿轮油，尽可能选用多级油，以避免季节换油造成的浪费。

3）严防水分混入，以免极压抗磨添加剂失效。

4）不同品牌的齿轮油不要混存混用。因为同一牌号的齿轮油中某些性能指标也不完全相同。

5）齿轮油的换油周期一般为 40 000～50 000 km 换一次，换油时应将废油放尽。

三、润滑脂

润滑脂是一种稠化了的润滑油（图 2-2-2），即在润滑油中加入了稠化剂，使其外形呈黏稠状的半固体油膏，俗称黄油。

1. 润滑脂的组成

润滑脂由基础油、稠化剂和添加剂三部分组成。一般基础油的含量为 75%～90%，稠化剂的含量为 10%～20%，其余为添加剂。

（1）基础油为液体，在润滑脂中，它被保持在稠化剂所形成的结构骨架内，

图 2-2-2　润滑脂

失去了流动性。在常温时，润滑脂为半固体，其形态介于液体和固体之间，兼有二者的优点。在高温和运动状态下，润滑脂中的基础油受到热的作用和力学作用会变稀，像液体一样流动以润滑摩擦表面。当热的作用和力学作用逐渐变小至消失时，润滑脂中的基础油又会逐渐变稠，成为塑性状物质。

（2）稠化剂是润滑脂的固体组分，它能在基础油中分散和形成骨架结构，并且使基础油被吸附和固定在骨架结构之中，它的性质和含量决定了润滑脂的黏稠程度及抗水性和耐热性。

（3）添加剂是添加到润滑脂中以改进其使用性能的少量物质，它可以改进基础油本身固有的性能或增加其原来不具有的性能，其在润滑脂中的含量小于5%。润滑脂中添加剂的主要种类有稳定剂、抗氧化剂、防锈剂、防腐剂和极压抗磨剂等。

2. 润滑脂的性能

润滑脂具有许多其他润滑剂所不具有的特殊使用性能，其主要性能有稠度、滴点、胶体安定性、抗水性和防腐性。

（1）稠度。稠度表示润滑脂受力后抵抗变形的能力，以锥入度作为评定指标，以 1/10 mm 为一个单位。锥入度就是在设定温度（25 ℃）下使标准锥沉入润滑脂中滞留 5 s，再测出锥入深度，即得润滑脂的锥入度。锥入度对润滑脂选择具有重要意义，负荷大、转速低的摩擦机件应选择锥入度低的润滑脂；相反则应选择锥入度高的润滑脂。

（2）滴点。润滑脂在规定的试验条件下，由半固体变为液体时的温度称为滴点。通过滴点可以粗略地估计润滑脂的最高使用温度，为了使润滑脂能在润滑部位长期工作而不流失，其滴点应高于润滑部位的工作温度 15~30 ℃。滴点越高，其耐热性越好。

（3）胶体安定性。胶体安定性是指润滑脂在一定温度和压力下保持胶体结构稳定，防止基础油从润滑脂中析出的性能。胶体安定性差的润滑脂在受热、压力等作用下，易发生油皂分离，使润滑脂稠度改变和流失。

（4）抗水性。润滑脂在水中不溶解，也不从周围介质中吸收水分，不乳化的能力称为润滑脂的抗水性。烃基润滑脂的抗水性特别好，皂基润滑脂中除钠基润滑脂和钙钠基润滑脂外，其他皂基润滑脂的抗水性都较好。

（5）防腐性。润滑脂吸附在金属表面，隔绝外界各种腐蚀介质与金属的接触，可以达到防腐的目的。润滑脂本身对金属不应有腐蚀作用，这就要求润滑脂不能含有过量的游离碱或酸，且不能含游离水。

3. 润滑脂的分类

（1）按润滑脂用途分类，可分为减摩润滑脂、防护润滑脂、密封润滑脂。减摩润滑脂主要起降低机械摩擦、防止机械磨损的作用；防护润滑脂主要起防止金属腐蚀的作用；密封润滑脂主要起密封防尘的作用。

（2）按润滑脂特性分类，可分为高温润滑脂、耐寒润滑脂、极压润滑脂。

1）高温润滑脂一般属于合成润滑脂，含有高浓度的聚四氟乙烯润滑颗粒，耐高温且抗压能力强，适合高温重负荷设备。其中，氟素高温润滑脂专用于高温、高负荷、化学腐蚀环境中的轴承以及要求终身润滑的部件，具有极佳的化学惰性、耐久性和低挥发性。

2）耐寒润滑脂是由有机稠化剂稠化、低温性能优异的酯类合成油，并加有抗氧化、防锈蚀等多种添加剂精制而成的润滑脂。耐寒润滑脂主要是为要求在低温下运动和运转扭矩极小的精密设备的润滑而设计，为其提供出色的防锈、防腐蚀保护。

3）极压润滑脂是在普通润滑脂中添加了含硫、磷、氯等活性元素的极压添加剂或其他类型的极压添加剂制成的润滑脂，具有相对较高的负荷承载能力，能适应高负荷工况条件下的机械设备的润滑。

（3）按稠化剂类型分类，可分为皂基润滑脂和非皂基润滑脂。皂基润滑脂又分为单皂基润滑脂（钠基润滑脂、锂基润滑脂、钙基润滑脂）、混合皂基润滑脂（钠钙基润滑脂）、复合基润滑脂（复合钙基润滑脂、复合锂基润滑脂、复合铝基润滑脂等）；非皂基润滑脂又分为烃基润滑脂、无机润滑脂和有机润滑脂。

4. 润滑脂的选用及使用注意事项

（1）润滑脂的选用。选用润滑脂的主要依据是润滑部位的工作温度、承载负荷和工作环境。

1）按工作温度选用。若对润滑脂影响最大的是工作温度，就应选用合适滴点指标的润滑脂。工作温度越高，选用润滑脂的滴点就越高；工作温度越低，选用润滑脂的滴点就越低。工作温度越高，使用寿命越短。温度高的部位一定要选用抗氧化、胶体安定性好、热蒸发损失少、滴点高的润滑脂；温度较低的部位，则一定要选用低温启动性能好、黏度小的润滑脂。

2）按承载负荷选用。重负荷机械应采用稠度大一些的润滑脂，如加极压添加剂、二硫化铝或石墨的润滑脂。当承载负荷对润滑脂的影响最大时，在规格确定后，应选用合适锥入度的润滑脂。承载负荷较小的摩擦机件，应选用锥入度较大的润滑脂；承载负荷较大的摩擦机件，应选用锥入度较小的润滑脂。

3）按工作环境选用。选择润滑脂时还应考虑润滑部位的湿度、灰尘、腐蚀性等因素，特殊环境应选用特殊性能的润滑脂。若润滑脂的工作环境较差，直接与水接触，应选用耐水性能强的润滑脂。例如，车辆的钢板弹簧可选用石墨钙基润滑脂；传动轴中间支承轴承和十字轴承的工作温度虽不太高，但容易与水接触，故应选用钙钠基润滑脂。

（2）润滑脂的使用注意事项

1）不同种类的润滑脂不得混用，否则易使润滑脂变软和胶体安定性下降。换用新的润滑脂时，须将原润滑脂擦净，否则会加速新润滑脂的氧化变质。

2）润滑脂一次加入量不要过多，否则会使运转阻力增加、工作温度升高。

3）一般情况下，润滑脂与润滑油不能混用。

4）润滑脂应储存在阴凉干燥的地方，不得露天存放，并需防止日晒、雨淋和灰、砂的侵入。

5）应按使用说明书的规定，及时向各润滑部位注润滑脂。

培训项目三 机动车用工作液

培训单元1 机动车冷却液

1. 了解机动车冷却液的使用性能。
2. 掌握机动车冷却液的种类及规格。

一、冷却液的使用性能

现代机动车发动机都普遍采用防冻冷却液（简称冷却液）用于发动机冷却系统保养。发动机冷却液应具备下列性能：

1. 低温黏度小

冷却液的低温黏度越小越好，有利于流动，且散热效果好。

2. 低冰点，高沸点

冷却液的最低冰点应能达到 –50 ℃左右，这样可防止散热器及冷却系统管路不被冻裂。冷却液沸点是指在发动机冷却系统与外界大气压相平衡的条件下，冷却液开始沸腾的温度，优质冷却液的沸点要高于 105 ℃。

3. 防腐蚀

发动机及其冷却系统是由金属制造的，这些金属在高温下与冷却水接触，若被腐蚀、生锈，会影响发动机的正常工作。因此要求冷却液有一定的防腐蚀功能，现代冷却液的pH值在7.5~10.0，不仅不会对发动机冷却系统造成腐蚀，还具有防腐和除锈的功能。另外，冷却液在加注时很容易接触到有机涂料层，这就要求冷却液对有机涂料不能有不良影响，如剥落、鼓泡和褪色等。

4. 不易产生水垢

水垢若附着在散热器、水套的金属表面，会使散热效果越来越差，而且清除困难。优质的冷却液采用蒸馏水制造，并加有防垢添加剂，不仅不易产生水垢，还具有除垢性能。

5. 抗泡沫性好

当发动机的冷却液出现大量泡沫时，其传热系数会大幅降低，导致更严重的气蚀，甚至可能导致冷却液泄漏。因此，为了保证安全，冷却液必须具有抗泡沫、抗腐蚀、抗沸腾、抗污染等性能。

二、冷却液的组成

冷却液主要由防冻剂、防锈剂、pH值指示剂、消泡剂和纯水等组成。它既保持了水良好的传热效果，又降低了冰点，还具有较好的防腐蚀性、防气蚀性和防结垢性，不污染环境或对环境污染小。其外观色泽透明、无机械杂质、无毒或低毒，储存期长，可在冷却系统内连续工作2~3年而不变质。

1. 防冻剂

冷却液是在水中加入防冻剂，在保持水的良好传热效果的同时，降低冷却液的冰点。常用的防冻剂有乙二醇、酒精和甘油等。

2. 防锈剂

乙二醇水溶液对金属有一定的腐蚀作用，其原因主要是在使用过程中缓慢地被氧化导致酸度增强，从而腐蚀金属。因此，以乙二醇作为防冻剂的冷却液须添加防锈剂，以减小乙二醇对金属的腐蚀。

在添加的防锈剂中，大部分的无机盐为弱酸盐或强碱盐，这些无机盐是很好的缓冲剂，它们可使冷却液的pH值稳定在7.5~10.0，保持在微碱性，从而保持冷却液的防锈性能。

3. pH值指示剂

随着冷却液使用时间的延长，介质的pH值将发生变化。为了监视其变化，须在冷却液中加入一种pH值指示剂。pH值指示剂的热稳定性很好，只在pH值小于 6.5 时才改变颜色。一旦 pH 值指示剂颜色改变，就说明冷却液 pH 值超过规定范围，表明冷却液已酸化，失去防锈作用。

4. 消泡剂

溶于冷却液中的空气对乙二醇有氧化作用，产生的气泡会影响热交换效果，为此必须加少量的消泡剂。

三、冷却液的品种、规格

1. 冷却液的品种

（1）按发动机使用负荷划分。燃油汽车发动机冷却液按发动机使用负荷大小可分为轻负荷冷却液和重负荷冷却液。

（2）按水含量划分。燃油汽车发动机冷却液按水含量不同可分为浓缩液和稀释液。

（3）按原材料划分。燃油汽车发动机冷却液按主要原材料不同可分为乙二醇型冷却液、1,2-丙二醇型冷却液、1,3-丙二醇型冷却液、其他类型冷却液。乙二醇型冷却液是以乙二醇作为防冻剂，冰点不高于 −25 ℃ 的冷却液。1,2-丙二醇型冷却液是以 1,2-丙二醇作为防冻剂，冰点不高于 −25 ℃ 的冷却液。1,3-丙二醇型冷却液是以 1,3-丙二醇作为防冻剂，冰点不高于 −25 ℃ 的冷却液。其他类型冷却液包括采用乙二醇或 1,2-丙二醇或 1,3-丙二醇作为防冻剂，冰点在 −25～0 ℃（不包含 −25 ℃）的冷却液和以其他原料作为防冻剂，具有特定冰点数值的冷却液。

2. 冷却液的规格

轻负荷冷却液产品分类、代号及型号见表 2-3-1，重负荷冷却液产品分类、代号及型号见表 2-3-2。

表 2-3-1 轻负荷冷却液产品分类、代号及型号

产品分类		代号	型号
乙二醇型	浓缩液	LEC-I	—
	稀释液	LEC-II	LEC-II-25、LEC-II-30、LEC-II-35、LEC-II-40、LEC-II-45、LEC-II-50
1,2-丙二醇型	浓缩液	LPC-I	—
	稀释液	LPC-II	LPC-II-25、LPC-II-30、LPC-II-35、LPC-II-40、LPC-II-45、LPC-II-50

续表

产品分类		代号	型号
1,3-丙二醇型	浓缩液	LPDC-I	—
	稀释液	LPDC-II	LPDC-II-25、LPDC-II-30、LPDC-II-35、LPDC-II-40、LPDC-II-45、LPDC-II-50
其他类型	稀释液	LOC-II	LOC-II-（冰点标注值），如 LOC-II-15

表 2-3-2　重负荷冷却液产品分类、代号及型号

产品分类		代号	型号
乙二醇型	浓缩液	HEC-I	—
	稀释液	HEC-II	HEC-II-25、HEC-II-30、HEC-II-35、HEC-II-40、HEC-II-45、HEC-II-50
1,2-丙二醇型	浓缩液	HPC-I	—
	稀释液	HPC-II	HPC-II-25、HPC-II-30、HPC-II-35、HPC-II-40、HPC-II-45、HPC-II-50
1,3-丙二醇型	浓缩液	HPDC-I	—
	稀释液	HPDC-II	HPDC-II-25、HPDC-II-30、HPDC-II-35、HPDC-II-40、HPDC-II-45、HPDC-II-50
其他类型	稀释液	HOC-II	HOC-II-（冰点标注值），如 HOC-II-15

四、冷却液的选用及使用注意事项

1. 冷却液的选用

乙二醇型冷却液的选择应该重点考虑其防冻性能及产品质量，以确保发动机的可靠性和安全性。

选择冷却液防冻性能的原则是：冷却液的冰点要比车辆运行地区的低气温低 10 ℃左右，以确保在特殊情况下冷却液不冻结。乙二醇型冷却液的最低使用浓度一般为 33.3%（体积分数），此时冰点不高于 -18 ℃，当低于此浓度时，冷却液的防腐蚀性能不够；最高使用浓度为 69%（体积分数），此时冰点为 -68 ℃，高于此浓度时，其冰点反而会上升。全年需使用冷却液的车辆宜选用最低使用浓度为 50%（体积分数）左右的冷却液。

不同发动机的技术特性、热负荷情况、冷却系统所使用的材料等均有不同，因此对冷却液产品质量的要求也有所不同。目前，国内外发动机冷却液的产品配

方很多，所以选择发动机冷却液时要区别发动机的类型、性能的强化程度和冷却系统材料的种类，除了要确保发动机冷却液降温、防冻的功能外，还要考虑其防沸腾、防腐蚀和防水垢等性能。在选择冷却液产品时应以制造厂家的规定或推荐为准。

2. 发动机冷却液的使用注意事项

（1）在加入冷却液之前，应该先彻底清洁发动机冷却系统。简单的方法是打开散热器的排水阀，用清水从排水口进行冲洗。

（2）稀释浓缩液时要使用蒸馏水或去离子水。

（3）注意检查冷却液液面高度。为了保证冷却效果，冷却液的液面应该处于储液罐最大容量和最小容量之间，并且应根据实际情况进行适当的补充。

（4）不同厂家、不同牌号的冷却液不能混用。

（5）冷却液在使用2年左右时应及时更换。

（6）乙二醇具毒性，在使用乙二醇型冷却液时切勿用口吸。乙二醇型冷却液沾染到皮肤上时，应及时用清水冲洗干净。

（7）为了在外观上便于识别，一般乙二醇型冷却液都用着色剂染成绿色或蓝色。

培训单元2　机动车制冷剂

1. 了解机动车制冷剂的使用性能。
2. 掌握机动车制冷剂的种类及规格。

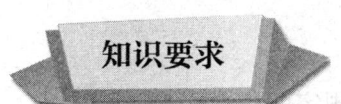

机动车空调主要由制冷装置、暖风装置、通风装置等组成。制冷剂是在机动车空调制冷装置的功能部件中循环的物质，通过膨胀和蒸发吸收热量，从而产生制冷效果。

一、制冷剂的使用性能

制冷剂的性能直接关系到机动车空调制冷装置的制冷效果、经济性、安全性及运行管理，因而，制冷剂应具备以下使用性能：

（1）无毒、无臭味。
（2）不易燃、不爆炸。
（3）易于改变吸热和散热的状态，有很强的重复变态能力。
（4）化学性质稳定，无腐蚀性。
（5）与润滑油无亲和作用，可与冷冻机润滑油以任意比例相溶。
（6）有利于环境保护。

二、制冷剂的品种、规格

早期常使用的机动车制冷剂为 R-12（CFC-12），它具有制冷能力强、化学性质稳定、与冷冻机润滑油相溶性好等优点。但是 R-12 的成分中含有氯，氯对大气层中的臭氧层有破坏作用，会导致太阳紫外线辐射增强造成光污染，因此，R-12 已被列为禁用的制冷剂。

我国目前使用较多的机动车制冷剂为 R-134a（HFC-134a）。R-134a（HFC-134a）的沸点为 -26 ℃，在正常室温及大气压下，将 R-134a 暴露并释放到空气中，它会从周围空气中吸收热量并立即沸腾，转化为气体，同时 R-134a 很容易在加压状态下冷凝而恢复液态。R-134a 的缺点是制冷能力较弱且难溶于油，因此，采用 R-134a 的制冷系统需配用新型的润滑油。

三、制冷剂的使用注意事项

机动车空调的压缩机为半封闭式压缩机，且使用环境复杂恶劣。高温，油、气、水的污染，颠簸震动等，都会导致机动车制冷剂泄漏和污染，因此，在操作和使用时应注意以下几项：

1. 检验

盛放制冷剂的钢瓶必须经过检验，以确保其能承受规定的压力。

2. 避光

装有制冷剂的钢瓶不可被太阳光直射，不得撞击。

3. 避免碰撞

钢瓶上的控制阀常用帽盖或铁罩加以保护，使用后须注意把卸下的帽盖或铁罩重新装上，以防搬运中受到碰击而损坏。

4. 及时关闭控制阀

当钢瓶中的制冷剂用完时，应立即关闭控制阀，以免漏入空气和水分。

5. 不可混用

不同型号的制冷剂不可混用。

6. 避免接触

制冷剂应避免触及皮肤，更不能触及眼睛。

7. 及时通风

发现制冷剂有大量渗漏时，必须通风换气，否则会导致人的窒息。

培训单元3　机动车液压油

1. 掌握制动液的使用性能、种类及规格。
2. 掌握自动变速箱油的使用性能、种类及规格。
3. 掌握转向助力液的使用性能、种类及规格。

一、制动液

制动液，俗称刹车油，是在机动车液压制动系统中传递压力，使车轮制动器实现制动作用的液体。当驾驶员踩下刹车脚踏板时，从脚踏板上踩下的力量，由刹车总泵的活塞通过制动液传递能量到车轮各分泵，使摩擦片张开或夹紧，达到停车的目的。

1. 制动液的使用性能

为了确保驾驶员的安全，机动车的制动系统需具备良好的稳定性。这就要求所用的制动液具有耐寒、耐热、耐高压、耐过载及耐刹停等性能。

（1）高温抗气阻性。行驶于平坦道路的机动车，其制动液的温度一般为 100~130 ℃，最高可达 150 ℃。行驶于多坡道或山间公路的机动车，由于制动频繁，制动液温度会更高。现代机动车的行驶速度较快，制动频繁，会产生大量的摩擦热，使制动系统温度升高，如使用沸点低、易蒸发的制动液，高温时会由于制动液的蒸发，使局部制动系统的管道内充满蒸气，产生气阻，引起制动失灵。为保证制动安全可靠，要求制动液具有优良的高温抗气阻性。平衡回流沸点越高，制动液的高温抗气阻性能才有可能越好。

（2）低温流动性和黏温性。冬季制动液最低工作温度接近最低气温，为保证在低温下制动油缸中的活塞能随制动踏板的动作迅速灵活地滑动，要求制动液具有良好的低温流动性。而在制动液升温后保持良好的润滑性，高温时的黏度也不能太小。制动液的最低标准是保证制动系统的工作温度在 -40~205 ℃时制动系统安全有效。

（3）吸湿性。制动液吸收周围的水分会使沸点下降，如原来平衡回流沸点为 193 ℃的制动液，当吸湿后含水的质量分数达 2.0% 时，其平衡回流沸点会下降至 150 ℃。使用湿沸点低的制动液同样会产生气阻，因此，要求制动液不仅平衡回流沸点要高，而且吸湿性要弱。

（4）与橡胶材料的适应性。液压制动系统中有橡胶皮碗等橡胶制品，用于密封。若制动液对这些橡胶制品有溶胀作用，会使其体积和质量发生变化，出现渗漏、制动压力下降，严重时导致制动失灵。因此，要求制动液能通过皮碗试验，即在 120 ℃下经 70 h 浸泡和在 70 ℃下经 120 h 浸泡后，皮碗外观无发黏、无鼓泡、不析出炭黑，其根径增值在规定范围内。

（5）腐蚀性小。在液压制动系统中，传动装置多数是由铸铁、铜、铝等金属制成，长期与制动液接触，极易发生腐蚀，使制动失效。为减少对金属的腐蚀，要求制动液能通过金属腐蚀试验。其方法是将镀锡铁皮、钢、铝、铸铁、黄铜、铜等金属片置于温度为 100 ℃的制动液中浸泡 120 h，然后观察其质量变化，要求不超过各自的规定值。

此外，制动液还应具有良好的氧化安定性、溶水性、稳定性等。

2. 制动液的品种

制动液按其组成和特性不同，通常分为醇型、矿油型、合成型三类。合成型制动液是目前国内外广泛应用的品种，它是由基础液、稀释剂和添加剂组成。基础液是制动液最重要的组成部分，对制动液的性能起着决定性的作用。按基础液不同，常用的合成型制动液有醇醚型、酯型和硅油型三种。

（1）醇醚型制动液。醇醚型制动液由基础液、润滑剂、稀释剂和添加剂组成。基础液主要有乙二醚类、甘醇醚类化合物或聚醚等；常用润滑剂有聚乙二醇、聚丙二醇、环氧乙烷和环氧丙烷共聚合物等；常用的稀释剂有二甘醇醚、三甘醇醚、四甘醇醚等；常用的添加剂有抗氧剂、抗腐蚀剂、防锈剂、抗磨剂、pH 值调整剂等。产品性能较为稳定，成本较低，能满足美国 SAE 系列和 DOT3 的规格要求，是目前用量最大的一种制动液。其缺点是平衡回流沸点不高，吸湿性强，低温性能差，而且在湿热气候条件下使用时，制动器部件易锈蚀。

（2）酯型制动液。这类制动液是为了克服醇醚型制动液吸湿性强的缺点而生产的一种制动液。酯型制动液由基础液、稀释剂和添加剂组成。基础液为羧酸酯与硼酸酯，加入量（质量分数）为总量的 20%~50%；常用的稀释剂为聚乙二醇的单烷基醚等；常用的添加剂有抗氧化剂、抗腐蚀剂、pH 值调整剂等。其特点是平衡回流沸点高，同时吸湿性弱，适合在湿热环境下使用，能满足 DOT3、DOT4 的性能要求。

（3）硅油型制动液。硅油型制动液由基础液、稀释剂和添加剂组成。基础液主要为硅氧烷和硅酯等，稀释剂为芳香油和高沸点酯，添加剂有橡胶抗溶剂和其他添加剂。这类制动液的黏温性好、平衡回流沸点高、吸湿性弱、化学稳定性和抗氧化性好，能满足 DOT5 要求，但价格昂贵。

3. 制动液的规格

（1）国外制动液的规格。国外制动液有代表性的标准有以下几种：

1）美国运输安全部（DOT）制定的美国联邦机动车辆安全标准（FMVSS）中的规格，具体有 FMVSS No.116 的 DOT3、DOT4、DOT5 和 DOT5.1 系列。这是世界公认的机动车制动液通用标准。

2）美国汽车工程师协会（SAE）制定的规格，包括 SAE J1704（高温使用）、SAE J1703（正常使用）、SAE J1702（严寒地区使用）等系列标准。

3）日本工业标准 JISK2233"非石油基机动车辆制动液"的规格。

4）国际标准化组织制定的规格，即《道路车辆——非石油基制动液规范》（ISO 4925：2005）。

部分合成制动液规格标准见表 2-3-3。

表2-3-3 部分合成制动液规格标准

项目\标准		SAE J1703	FMVSS No.116 DOT3 JISK 2233 ISO 4925	FMVSS No.116 DOT4 JISK 2233 SAE J1704	FMVSS No.116 DOT5.1 ISO 4925 Class5.1	ISO 4925 Class6
运动黏度/(mm^2/s)	≤	1 800	1 500	1 800	900	750
平衡回流沸点(℃)	≥	205	205	230	260	250
湿平衡回流沸点(℃)	≥	140	140	155	180	165

（2）国内机动车制动液的规格。国家2012年发布了《机动车辆制动液》（GB 12981—2012）。该标准适用于与丁苯橡胶（SBR）或三元乙丙橡胶（EPDM）制作的密封件相接触，以非石油基原料为基础液，并加入多种添加剂制成的机动车辆制动液。涉及机动车液压制动和液压离合系统用非石油基型制动液一个产品系列，产品系列名为HZY，其中H、Z和Y三个大写字母分别为"合成""制动""液体"第一个汉字的汉语拼音首字母。阿拉数字作为区别本系列各标准的标记。按产品使用工况温度和黏度要求的不同分为HZY3、HZY4、HZY5、HZY6四种，分别对应国际标准ISO 4925：2005中Class3、Class4、Class5.1、Class6，其中HZY3、HZY4、HZY5对应于美国交通运输安全部制动液类型的DOT3、DOT4、DOT5.1。

4. 制动液的选用与使用注意事项

（1）制动液的选用

1）严格按照车辆使用说明书要求进行选择。合成型制动液是按等级来划分的，为确保行车安全，应选用合适等级的制动液。国产车或进口车应根据其对应关系正确选用。选用的等级不能低于车辆制造厂规定的质量等级。在同样条件下，轿车选用制动液的级别应比货车高些。

2）根据车辆工作环境的气候特点和道路条件进行选择。在山区多坡或高速公路上行驶的车辆，因制动强度大而制动液工作温度高，如遇气候湿热，一般要求选用HZY4级制动液；若气候干燥则可选用HZY3级制动液。有特殊要求的车辆可选用HZY5级制动液。

3）根据车辆速度性能选择。高速车辆特别是高级轿车，与一般货车相比，其制动液的工作温度要高，应使用级别较高的制动液。

4）ABS系统。尽管DOT5制动液具有更高的平衡回流沸点，但是由于DOT5

是硅油基制动液，会对橡胶件产生较强的损害，因此在 ABS 系统中一般选用 DOT4 制动液。

（2）制动液的使用注意事项

1）各种制动液原则上不能混用，即使同级别合成型制动液的不同厂牌产品，也不一定具有相容性，因此不可混用。

2）根据车辆使用说明书的指示，定期检查并维护制动液。通常情况下，机动车行驶 40 000~50 000 km，或行驶 1~2 年后，需要更换制动液。

3）更换刹车片之前，必须对制动系统进行全面的检查，绝对不能使用任何含有汽油、柴油或其他有害成分的溶剂。如果需要更换刹车片，最好使用全新的刹车片。

4）为了避免制动液的平衡回流沸点下降，特别是醇醚型制动液，应该严格密封并避免接触空气。

5）制动液通常由有机溶剂制成，容易挥发和燃烧，因此必须注意防火。在储存时，应避免暴露在阳光下。

二、液力传动油

液力传动油又称自动变速器油，是一种多功能的液体，是液力传动装置的工作介质。

1. 液力传动油的性能

液力传动油是一种重要的动力传输介质，它可以帮助减少动力损失，保持动力传输的平稳，并且可以为齿轮、轴承和其他摩擦部件提供润滑，同时也可以为伺服系统提供液压自动控制。因此，液力传动油必须具备以下良好的性能。

（1）黏度和黏温性。自动变速器的功能好坏与液力传动油的黏度关系密切。综合考虑传动效率、低温启动性、润滑的要求，对于轿车和轻型载货机动车，要求 100 ℃运动黏度为 7.0~8.5 mm^2/s；对重负荷功率转换器用油，要求 100 ℃运动黏度为 3.8~16.33 mm^2/s。液力传动油的使用温度范围很宽，一般为 –40~170 ℃，但自动变速器的功能对液力传动油的黏度十分敏感，黏度指数要达 170 左右，这就要求液力传动油具有适当的黏度和良好的黏温性。

（2）良好的热氧化安定性。机动车在行驶中，液力传动油的温度随行驶条件而变化。高速行驶的轿车，液力传动油的温度为 80~90 ℃。液力传动油在苛刻条件下运行时，最高油温可达 150~170 ℃。因此，对液力传动油热氧化安定性的要求十分严格。

（3）良好的抗泡沫性。液力传动油在高速流动中产生泡沫，泡沫对液力传动系统危害极大。为防止泡沫的产生，液力传动油中要加入抗泡沫添加剂，以降低油品表面张力，使气泡迅速从液力传动油中溢出。

（4）良好的抗磨性。为确保自动变速器的行星齿轮机构、轴承、垫圈和油泵等长期正常工作，要求液力传动油必须保持良好润滑性。一般来说，为提高液力传动油的抗磨性，油中通常都加有抗磨添加剂。

（5）与橡胶材料的适应性。液力传动油不应使自动变速机构中使用的丁酯橡胶、丙烯橡胶和硅橡胶等密封材料过分膨胀、收缩和硬化，否则将会导致漏油和其他危险。

此外，还要求液力传动油具有良好的防腐蚀性、防锈性等。

2. 液力传动油的品种、规格

国外液力传动油的规格多采用美国材料试验学会（ASTM）和美国石油学会（APT）共同提出的 PTF（power transmission fluid）分类标准，将 PTF 分为 PTF-1、PTF-2 和 PTF-3。

我国的液力传动油目前尚没有详细分类的国家标准，现有产品标准是中国石化集团总公司的企业标准，该标准将液力传动油分为 8 号液力传动油和 6 号液力传动油（见表 2-3-4 和表 2-3-5）。这两种油都是以轻质矿物油或合成油为基础油，加入抗氧化剂、防锈剂、抗磨剂和油性剂等调制而成。8 号液力传动油具有良好的黏温性、抗磨性和较低的摩擦系数，相当于 PTF-1 类油，适用于轿车和轻型货车的自动变速系统。6 号液力传动油比 8 号液力传动油具有更好的抗磨性，但黏温性稍差，相当于 PTF-2 类油，适用于内燃机车和重型货车及工程机械的多级变矩器和液力耦合器。

表 2-3-4　8 号液力传动油规格

项目	技术指标	试验方法
运动黏度（100℃）/（mm²/s）	不小于 6.0	GB/T 265
黏度指数	不小于 100	GB/T 2541
闪点（开口）/℃	不低于 160	GB/T 3536
倾点/℃	不高于 -20	GB/T 3535
机械杂质（质量分数）/%	无	GB/T 511

续表

项目	技术指标	试验方法
水分（质量分数）/%	不大于 0.03	GB/T 260
泡沫性（泡沫倾向/泡沫稳定性）/（mL/mL） 24 ℃ 93 ℃ 后 24 ℃	不大于 50/0 不大于 50/0 不大于 50/0	GB/T 12579
橡胶相容性 氟橡胶 　体积变化率/% 　硬度变化/HA 丙烯酸酯橡胶 　体积变化率/% 　硬度变化/HA 丁腈橡胶 　体积变化率/% 　硬度变化/HA	 0～4 -8～4 0～4 -2～5 0～6 -9～5	
铜片腐蚀（100 ℃，3 h）/级	不大于 1 b	GB 5096
液相锈蚀（蒸馏水法）	无锈	GB/T 11143
圆锥滚子剪切安定性 100 ℃运动黏度下降率/%	不大于 15	NB/SH/T 0845
抗氧化安定性（酸值达 2.0 mgKOH/g 的时间）/h	不大于 10 000	GB/T 12581

表 2-3-5　6 号液力传动油规格

项目	技术指标	试验方法
运动黏度（100 ℃）/（mm²/s）	不小于 7.0	GB/T 265
黏度指数	不小于 120	GB/T 2541
闪点（开口）/℃	不低于 180	GB/T 3536
倾点/℃	不高于 -30	GB/T 3535
机械杂质（质量分数）/%	无	GB/T 511
水分（质量分数）/%	不大于 0.03	GB/T 260
表观黏度（-20 ℃）/（mPa·s）	不大于 3500	SH/T 0739
泡沫性（泡沫倾向/泡沫稳定性）/（mL/mL） 24 ℃ 93 ℃ 后 24 ℃	不大于 50/0 不大于 50/0 不大于 50/0	GB/T 12579
铜片腐蚀（150 ℃，3 h）/级	不大于 1 b	GB 5096

续表

项目	技术指标	试验方法
圆锥滚子剪切安定性 100 ℃运动黏度/（mm²/s） 100 ℃运动黏度下降率/%	不小于6.0 不大于20%	NB/SH/T 0845
抗氧化安定性 （酸值达 2.0 mgKOH/g 的时间）/h	不大于 10 000	GB/T 12581
液相锈蚀（蒸馏水法）	无锈	GB/T 11143
FZG 齿轮机试验　失效级	不小于 10	NB/SH/T 0306
橡胶相容性 氟橡胶 体积变化率/% 硬度变化/HA 丙烯酸酯橡胶 体积变化率/% 硬度变化/HA 丁腈橡胶 体积变化率/% 硬度变化/HA	 0～4 −8～4 0～4 −2～5 0～6 −9～5	

3. 液力传动油的选用

（1）液力传动油选用。应严格按车辆使用说明书的规定，选用适合品种的液力传动油。

（2）液力传动油的使用注意事项

1）注意保持油温正常。当机动车在高负荷下以较慢的转速运转时，会使燃料的温度急剧提高，从而加速燃料的氧化、腐蚀，并产生大量的沉淀物、积炭，阻塞细小的通孔和油液循环的管路，使自动变速器过热，最终导致自动变速器损坏。

2）经常检查油液面高度。机动车停放于平坦的路面上，发动机保持怠速运转，此时液力传动油应在正常工作温度下，液面应在自动变速器量油尺上下两刻线之间，不足时应及时添加。如液面下降过快，则可能是漏油了，应及时予以处理。

三、转向助力油

1. 转向助力油的性能

转向助力油是一种用于机动车液压转向系统的液压油。当驾驶员转向时，转向助力油可在助力转向泵的作用下传递转向力，使转向盘变得更加轻巧，易于操控。另外，除能传递转向力外，它同时也是润滑剂和密封剂，可保护机动车转向系统内的各种精密零件，起到润滑和抗磨损的作用。因此，转向助力油要有以下性能：

（1）抗磨损性。油品抗磨损性能不好的表现为油品在金属表面的油膜保持能力差，随着转向系统频繁工作，油膜被破坏，造成干摩擦，从而引起系统内构件摩擦表面的磨损和擦伤，导致机械故障。为保证系统的正常运行，减少系统的故障率，节省保养费用，要求转向助力油具有较好的抗磨损性能。

（2）低温性能。低温性能是衡量油品在低温条件下流动性的重要指标。机动车在低温条件下启动时，如果转向助力油的低温性能不好，会造成转向困难。

（3）空气释放性和抗泡沫性。空气释放性反应油品分离雾沫空气的能力，抗泡沫性则表示油品在有空气进入情况下的消泡能力。混入空气的转向助力油工作时会使系统的效率降低，润滑条件恶化，严重时会产生噪声和异常震动等，甚至会造成驱动系统压力不足和传动反应迟缓的软操作。

（4）抗剪切稳定性。由于机动车在行进过程中转向系统频繁工作，对油品的剪切作用非常大，具有良好抗剪切能力的转向助力油能够长时间地保持足够的黏度，在摩擦副表面形成持续的油膜。

（5）长换油周期。油品在使用过程中，由于温度、空气及金属的催化作用，会发生氧化反应生成酸性物质，腐蚀系统内的金属部件，甚至损坏塑料密封材料。同时，氧化产物进一步反应将生成大分子胶质等，使油品的黏度增大，影响转向系统的正常工作。因此，机动车的转向助力油必须定期进行检查、维护。

2. 转向助力油的品种、规格

机动车及其维修机械液压系统常用的液压油品种有 L-HL、L-HM、L-HV 和 L-HR 等。

（1）L-HL 液压油（抗氧防锈液压油）。L-HL 液压油是一种精制矿物油，具有良好的抗氧化性和防锈性，它可在 0 ℃以上环境下使用，适用于机床和其他设备的低压齿轮泵，也可以用于其他抗氧防锈型润滑油的机械设备（如轴承和齿轮等）。L-HL 液压油按照 40 ℃时的运动黏度可分为 15、22、32、46、68、100 和 150 七个黏度牌号。

（2）L-HM 液压油（抗磨液压油）。L-HM 液压油是在 L-HL 液压油的基础上，通过改善其抗磨性能而得来的。此液压油适用于低压、中压和高压的叶片泵、柱塞泵和齿轮泵的液压系统，也可以用于中压、高压的工程机械或机动车上的液压系统（如数控机床、起重机和挖掘机等中重型机械）和中等负荷机械上的润滑部位，适用温度范围为 –5~60 ℃。L-HM 液压油按照 40 ℃时的运动黏度可分为 15、22、32、46、68、100 和 150 七个黏度牌号。

（3）L-HV 液压油（低温液压油）。L-HV 液压油是在 L-HM 液压油的基础上，通过改善其黏温性能而得来的。L-HV 液压油属于宽温度变化范围下使用的液压油，适用于环境温度变化较大和工作条件恶劣的（野外作业的工程车辆、军车等）低压、中压和高压液压系统和其他中等负荷机械的润滑部位，适用温度在 –30 ℃以上。按基础油不同，可将其分为矿油型和合成油型两种；按照 40 ℃时的运动黏度又可以将其分为 15、22、32、46、68 和 100 六个黏度牌号。

（4）L-HR 液压油（低温液压油）。L-HR 液压油是在 L-HL 油的基础上，通过改善其黏温性能而得来的液压油。它具有良好的防锈性、抗氧性和黏温性，适用于环境温度变化较大和工作条件恶劣的中压、低压液压系统和其他轻负荷机械的润滑部位。L-HR 液压油分为 15、32 和 46 三个黏度牌号。

3. 转向助力油的选用及使用注意事项

（1）转向助力油选用。要根据原厂要求，结合机动车车型和机械液压助力及部分电子液压助力系统进行选择，且转向助力油须具有良好的黏温特性和抗泡性能，在恒定、渐变、分段等工作状态下都能保持稳定高效的传动效率。

（2）转向助力油的使用注意事项

1）保持转向助力油的油温适当，因为油温升高可能导致转向助力油的腐蚀和老化。若发现油温高，应立即停车检查、维修或更换转向助力油。

2）定期检查液面高度。通常车辆每行驶 10 000 km 应检查一次。检查时，将车辆停放在平坦路面上，转向助力液面应在转向助力油标尺的上、下刻度线之间，过低时应及时补给。若发现液面下降过快，则可能漏油，应及时予以检查。

3）及时更换转向助力油。转向助力油有一定的使用期限，当达到这个期限时，油品就不能很好地起到润滑作用，应定期更换。

4）转向助力油不可混用。不同牌号、不同品种的转向助力油不能混用，同牌号不同厂家生产的转向助力油也不宜混用。

培训项目 四

机动车轮胎

培训单元 1　机动车轮胎的分类与规格

培训重点

1. 了解机动车轮胎的分类。
2. 掌握轮胎的规格型号及标记。

轮胎是机动车的重要部件之一,它直接与地面接触,承受机动车的全部重量,与悬架共同缓和机动车行驶时所受到的冲击。其作用有:保证机动车有良好的乘坐舒适性和行驶平顺性;保证车轮和地面有良好的附着性;提高机动车的牵引性、制动性和通过性。

一、轮胎的常见分类

轮胎的分类方法有按胎体结构分类、按胎体中帘线的排列方向分类、按轮胎气压分类、按轮胎的断面形状分类、按帘布层的材料分类等,具体分类见表 2-4-1。

表 2-4-1 轮胎的分类

分类方法	类别		结构特点
按胎体结构分类	实心轮胎		实心轮胎
	充气轮胎	有内胎	有充气内胎
		无内胎	无充气内胎
按胎体中帘线的排列方向分类	普通斜交轮胎		相邻帘布层帘线交叉排列,且与胎面中心线的夹角小于90°
	子午线轮胎		帘线呈子午向排列
按轮胎气压分类	超低压轮胎		轮胎气压很低
	低压轮胎		轮胎气压较低
	高压轮胎		轮胎气压较高
按轮胎的断面形状分类	普通轮胎		正向高宽比的断面轮胎
	宽面轮胎		轮胎断面脚宽
	拱形轮胎		轮胎断面呈拱形
	椭圆形轮胎		轮胎断面呈椭圆形
按帘布层的材料分类	尼龙轮胎		帘布层材料为尼龙
	钢丝轮胎		帘布层材料为钢丝
	棉线轮胎		帘布层材料为棉线
	……		……

二、轮胎的规格及标记

轮胎上的标记种类繁多,准确识别这些标记对于驾乘者的安全、舒适性及轮胎的使用寿命都至关重要,因此,正确识别轮胎标记是保证行车安全的关键。轮胎的基本规格与标记,包括轮胎的基本几何参数与物理性能等数据,常用一组数字标注在轮胎侧面(图 2-4-1)。

1. 轮胎的规格

轮胎规格标注方法有公制和英制两种。在我国英制、公制标记方法并存,并逐渐向公制标记方法过渡。

(1)英制标记方法。英制标记法通常包含四个部分:轮胎名义断面宽度(in)、轮胎结构标志("-"为斜交轮胎,"R"为子午线轮胎)、轮辋名义直径(in)、轮胎层级。其中,轮胎层级对于棉帘线轮胎,为帘线层数;对于其他帘线轮胎,为承载

图 2-4-1 轮胎规格标记

能力相当的棉帘线层数。例如，6.5R166P.R，表示子午线轮胎，其断面宽度为 6.5 in、轮辋名义直径为 16 in、轮胎层级为 6。

（2）公制、英制混合标记方法。国际标准的轮胎规格一般由六部分组成：轮胎宽度（mm）、轮胎名义高宽比（%）、轮胎结构标志、轮辋直径（in）、轮胎负荷指数、速度级别代号。如图 2-4-1 所示，205/60R16 92V，表示 205 mm 宽、123 mm 厚、适合 16 英寸的轮毂或钢圈、载重等级 92、最快速度 240 km/h 的子午线轮胎。

1）轮胎名义高宽比。名义高宽比又称扁平率、扁平比，是轮胎断面高 H 与轮胎断面宽 B 之比的比率。它对轮胎的滚动及操纵性能影响很大，采用扁平率小的宽轮胎是提高侧偏刚度的主要措施。早期轮胎的扁平率为 100%，现代轮胎的扁平率逐渐减小。目前，不少轿车已采用扁平率为 60% 或称 60 系列的宽轮胎。

2）轮胎结构标志。R 代表子午线轮胎，无 R 代表斜交线轮胎。

3）轮胎负荷指数。即轻轮胎的负载能力，以数字代号表示，需查表检索具体负荷数值。

4）速度级别代号。它表示轮胎最高行驶速度。不同的允许车速用不同的字母表示，见表 2-4-2。

表 2-4-2 轮胎的速度级别代号

符号	C	D	E	F	G	J	K	L	M	N	P	Q	R	S	T	U	H	V
km/h	60	65	70	80	90	100	110	120	130	140	150	160	170	180	190	200	210	240

2. 轮胎的标记

根据有关规定，以及为方便使用者购置，轮胎的外胎两侧除标注上述基本轮胎规格外，还应标注以下标记。

（1）帘布材料。一般标在层级之后。我国胎体帘布材料以汉语拼音表示，如 M 表示棉帘布、R 表示人造丝帘布、N 表示尼龙帘布、G 表示钢丝帘布、ZG 表示钢丝子午线帘布。

（2）平衡标志。轮胎侧面标注的"△""—""□"等符号或"W""D"等字母，表示该位置为轮胎最轻的部位。安装内胎时，应将气门嘴对准符号安装，以使轮胎周围的质量平均，保持轮胎高速转动时平稳。

（3）滚动方向。若轮胎上标有箭头"→"，则表示该轮胎为有方向性的轮胎，安装时应使箭头指的方向与旋转方向一致。

（4）磨损极限标志。轮胎一侧用橡胶条、块，标示轮胎的磨损极限。一旦轮胎磨损达到这一标志位置，轮胎应及时更换，否则会因强度不够导致行驶中爆胎。

（5）生产批号。用一组数字及字母标志，表示轮胎的制造周数、年份。生产批号用于识别轮胎的新旧程度及存放时间。

（6）商标。商标是轮胎生产厂家的标志，包括商标文字及图案。商标一般比较突出和醒目，易于识别，大多与生产企业厂名相连。

（7）其他标记。如产品等级、生产许可证号及其他附属标志，一般可作为选用时的参考资料和信息。

3. "三 T"标识

按美国运输安全部的规定，轿车轮胎上还必须有 Teadwear（磨耗指数）、Traction（牵引力指数）、Temperature（耐高温指数）标志，简称"三 T"标识。

（1）磨耗指数。磨耗指数用以衡量轮胎胎面耐磨性能和使用寿命，其级别以具体数字表示。磨耗指数在 160～300 的轮胎为夏天标准型，磨耗指数在 160～200 的轮胎为夏天高性能型，磨耗指数在 300～540 的轮胎为全天候标准型，数值越高，轮胎越耐磨。如某款轮胎磨耗指数为 520，它就属于全天候标准型，而且耐磨耐用。

（2）牵引力指数。牵引力指数用以衡量轮胎与地面的附着性能，分为 AA、A、B、C 四个等级，其中 AA 级为最高级。例如，AA 级的轮胎在潮湿的直线路面上停车要比 C 级轮胎的距离短、时间快，因为，AA 级轮胎的附着力大，容易缩短刹车的距离。

（3）耐高温指数。耐高温指数用以衡量轮胎行驶时升温的高低，实际上是与轮胎的高速性能相关，也以 A、B、C 三个等级区分，且 A 级为最佳。等级越高，减少轮胎生热的性能越好，使用寿命越长。例如，"三 T" 标识为 Teadwear 500、Traction A、Temperature A 的轮胎，属于级别很高的优质轮胎。

培训单元 2　充气式轮胎的结构及性能

1. 掌握机动车充气式轮胎的结构。
2. 掌握机动车充气式轮胎的性能。

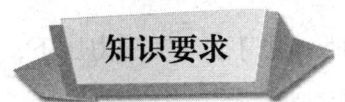

目前，大多数机动车配备的都是充气式轮胎。充气式轮胎根据其结构特点，可以分为有内胎轮胎和无内胎轮胎。

一、有内胎轮胎

有内胎轮胎由外胎、内胎、垫带和轮辋组成，如图 2-4-2 所示。

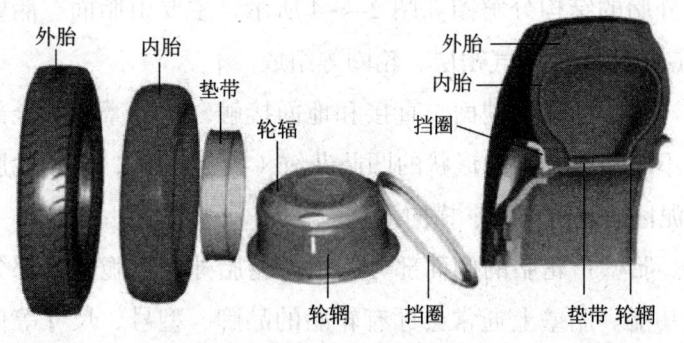

图 2-4-2　有内胎轮胎的结构

1. 内胎

内胎是一个环形橡胶管，应具有良好的弹性，并能耐热和不漏气。为使内胎在充气状态下不产生褶皱,其有效尺寸应稍小于外胎内壁的尺寸。车辆行驶前,应按要求为内胎充入一定压力的空气。按照胎内气压的不同,可将有内胎轮胎分为高压轮胎、低压轮胎和超低压轮胎。

内胎上装有用以充气、放气的气门嘴,气门嘴分解图如图 2-4-3 所示。气门嘴底部的凸缘通过内胎上的狭孔插入内胎中,由螺母将它夹紧在两个垫片之间,使气门嘴严密地装在内胎上。轮胎安装在车轮上时,气门嘴被固定在轮辋上的孔内。座筒内装有带密封衬套的气门。衬套的环形槽内嵌有橡胶密封圈。当拧入螺母时,密封圈即被压紧在座筒的锥形凹座上。座筒外面旋上一个带橡胶密封罩的盖,其柄部可以作为拧出气门芯螺母的扳手。衬套下面装有橡胶阀门。当为轮胎充气时,阀门被空气压力压下;充气完毕后,套在杆上的弹簧便将它紧密地压在阀座上。

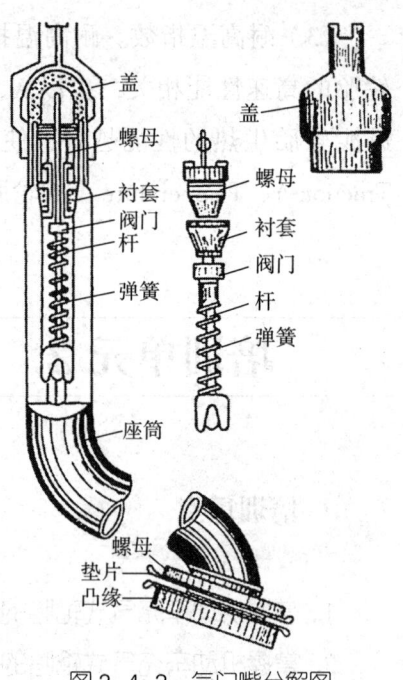

图 2-4-3 气门嘴分解图

2. 垫带

垫带是一个环形的橡胶带,垫在内胎与轮辋之间,防止内胎被轮辋和胎圈擦伤,还可防止尘土及水汽侵入。在深式轮辋上使用的有内胎轮胎,但往往没有垫带。

3. 外胎

外胎是保护内胎的外壳,强度较高且有一定的弹性,主要材料是耐磨橡胶,与地面接触。外胎的结构分解图如图 2-4-4 所示,主要由胎面、胎壁、尼龙冠带层、钢丝带束层、帘布层、气密层、轮圈等组成。

(1)胎面。胎面又称行驶面,直接和地面接触,承受摩擦和全部负荷。根据机动车用途的不同塑造有各种形状的凹凸花纹(图 2-4-5),以使轮胎具有良好的附着性能、排泥性能,防止纵、横向滑移。

(2)胎壁。胎壁指轮胎的侧面部分,也是轮胎外表最脆弱的部分,具有支撑轮胎和减震的功能。胎壁上通常会标有轮胎的品牌、型号、尺寸等信息,也会有一些花纹和图案。

(3)尼龙冠带层。它是连接胎面和钢丝带束层的部分,主要功能是固定钢丝带束层,避免带束层出现严重位移的情况。

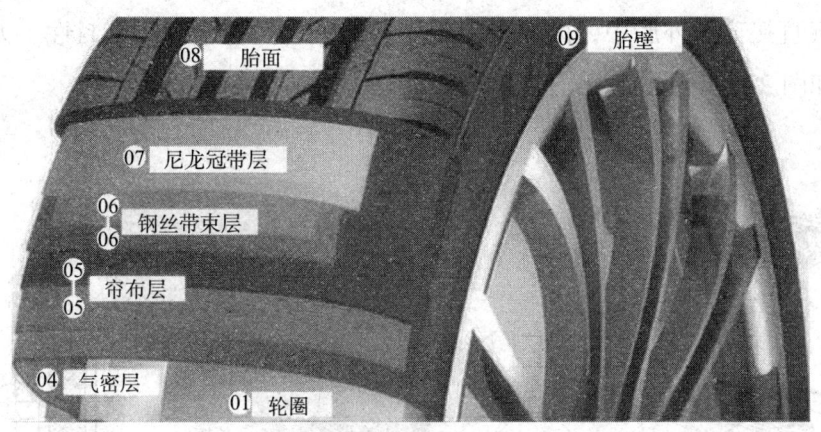

图 2-4-4 外胎结构

图 2-4-5 轮胎花纹

（4）钢丝带束层。它是位于帘布层上面的部分，对保证轮胎的刚度非常重要，不仅影响轮胎的操控性能，还会关联到轮胎的使用寿命。

（5）帘布层。帘布层是轮胎内部最主要的受力结构，是轮胎的骨架，不仅可以提供轮胎必要的强度，即使发生猛烈撞击，也能保护轮胎的内部结构，同时还承担轮胎内部气压，提供优异的稳定性。

（6）气密层。气密层的主要作用是防止压缩气体泄漏，从而确保轮胎内部有充足的气体。

（7）轮圈。轮圈将轮胎装上轮辋固定轮胎。

二、无内胎轮胎

无内胎轮胎在外观上与有内胎轮胎近似，区别是没有内胎及垫带。无内胎轮胎是将空气直接充入外胎中,因此要求轮胎与轮辋之间有很好的密封性。无内胎轮胎结构如图2-4-6所示。

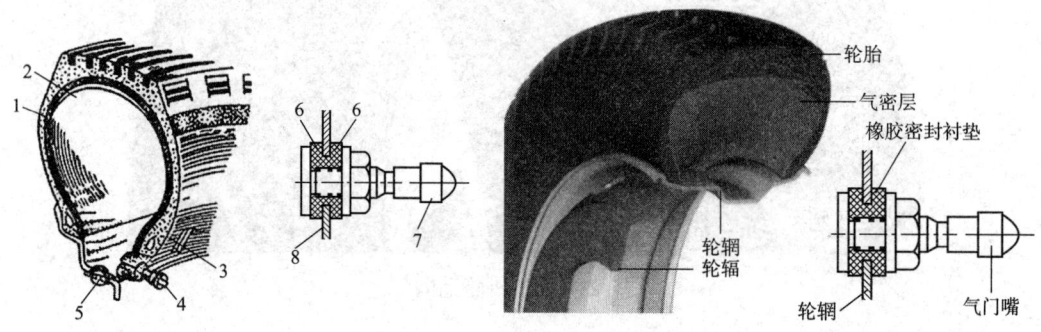

图2-4-6 无内胎轮胎结构

1—气密封层 2—自粘层 3—槽纹 4、7—气门嘴 5—铆钉 6—橡胶密封衬垫 8—轮辋

无内胎轮胎虽无充气内胎,但在轮胎内壁表面上附有一层2～3 mm的橡胶密封层,称为气密封层,它是用硫化方法黏附上去的。气密封层在胎缘部位留有余量被固定在轮辋上。胎圈上有若干道同心的环形槽纹,在轮胎内空气压力的作用下能使槽纹圈可靠地贴在轮辋边缘上,保证轮胎与轮辋之间的气密性。

气门嘴直接固定在轮辋上,其间垫以密封用的橡胶密封衬垫。铆接轮辋和辐板的铆钉自内侧塞入,并涂上一层橡胶。

在气密封层和胎面之间贴有一层用硫化橡胶的特殊混合物制成的自粘层。当轮胎穿孔时,自粘层能自行将刺穿的孔粘合,但在天气炎热时,自粘层可能软化而向下流动,从而破坏车轮平衡,因此,越来越多的无内胎轮胎采用无自粘层结构。当轮胎穿孔后,由于轮胎和气密封层处于压缩状态可裹紧穿刺物,从而保持较长时间内不漏气。即使将穿刺物拔出,由于轮胎的弹性作用也能暂时保持胎内气压。

无内胎轮胎的优点是:轮胎穿孔时,压力不会急剧下降,能继续安全地行驶;不存在因内、外胎之间摩擦和卡住而引起的损坏;气密性较好,可以直接通过轮辋散热,所以工作温度低,使用寿命较长;结构简单、质量较小。

三、轮胎的性能

轮胎作为机动车承重及传递动力的重要组成部分,具有很多可以量化的性能,如耐久性、高速性能、变形刚性、滚动阻力性能等。

1. 耐久性

（1）磨损情况。它可以评价轮胎的磨损程度，并且能够检测轮胎是否有裂痕、裂缝或者变形。

（2）抗滚动能力。它可以评价轮胎的抗滚动能力，以确定轮胎是否能够在不同的道路表面上顺利行驶。

（3）抗压能力。它可以评价轮胎能够承受的最大负载，以确定轮胎的安全性和可靠性。

（4）耐老化能力。它可以评价轮胎的耐老化性能，以确定轮胎在长期使用中是否会出现老化现象。

2. 高速性能

在高速公路上行驶的轮胎，都必须具备高速性能。

3. 变形刚性

包括轮胎的径向刚性、纵向刚性、扭转刚性、包覆刚性及横向刚性。

4. 滚动阻力性能

包含轮胎湿滑滚动阻力性能和轮胎滚动阻力性能等。

培训单元 3 机动车轮胎的选用

1. 掌握机动车对轮胎的基本要求。
2. 掌握机动车轮胎的选用依据。

一、机动车对轮胎的基本要求

正确使用轮胎对于提升机动车的各项关键指标，如动力、油耗、行驶舒适度、行驶路况、驾驶精度、行驶稳定性和行驶安全性等都有着至关重要的作用。通常来说，轮胎应该具有足够的承载能力和速度承受能力；具有比较小的滚动阻力；能够适应不同路面条件；具有尽可能大的附着系数。此外，还要具有良好的耐磨损性、抗老化性和气密性，并且噪声要低。

二、轮胎的选用依据

轮胎垂直载荷和轮胎半径是选择轮胎的两个重要参数。对照轮胎标准中载荷指数和速度等级，能够查找可以采用的轮胎规格型号。此外，轮胎对车头空间的需求、价格等因素也要考虑。

轮胎的速度等级是与额定承受载荷相对应的，在轮胎实际使用过程中，允许通过降低轮胎速度来提高轮胎的承载能力。此外，适当提高轮胎胎压也能够使承载能力有所提高，具体数值需根据轮胎供应商的技术标准确定。

三、轮胎选用的注意事项

轮胎需根据机动车类型和使用条件进行选用。车型不同，所选轮胎的型号必然不同，即使同一类型的机动车，其额定载质量、额定行驶速度、轮辋宽度等技术指标不同，所选轮胎也不相同。因此，选用轮胎时，须详细阅读车辆使用说明书，严格遵守其规定，确保使用安全。同时，还要注意以下问题。

1. 最高设计时速要高于机动车的最高设计时速

轿车使用的轮胎速度级别分为 T 级、H 级、V 级；轻型客车常使用的轮胎速度级别是 P 级；载重车根据其设计性能要求，也有不同的使用要求。所以，在选用轮胎时，必须使轮胎的速度等级超过车辆的最高设计时速，以确保行车安全。

2. 要适合当时的气候条件

虽然机动车制造厂商可能会提供一些指导，以帮助消费者确定最佳的轮胎类型，但是要想获得最佳的驾驭体验，还需要考虑到道路情况、环境温度等因素。例如，冬季的恶劣环境，要求使用更加耐磨、更加耐滑的轮胎，以确保驾驶安全。有少量积雪的路面，道路表层变得柔和，使得机动车的牵引力无法仅仅通过摩擦力的作用发挥出最佳效果。尺寸越大的轮胎，由于其接触面积越大，由此产生的压强越低，使其无法有效抵抗冰雪表层，从而导致其牵引力的发挥效果比狭长的轮胎差。相比之下，当遇到湿滑的道路时，使用宽胎可以更有效地利用轮胎之间的摩擦，从而获得更大的牵引力。

3. 注意季节性

适用于夏季的轮胎胎质较硬，若在冬季使用，很容易打滑。特别是冬季长时间、频繁在冰雪路面行驶的机动车，一定要更换为冬季专用轮胎。也可选用全天候标准型轮胎，既经济实用，又有利于行车安全。

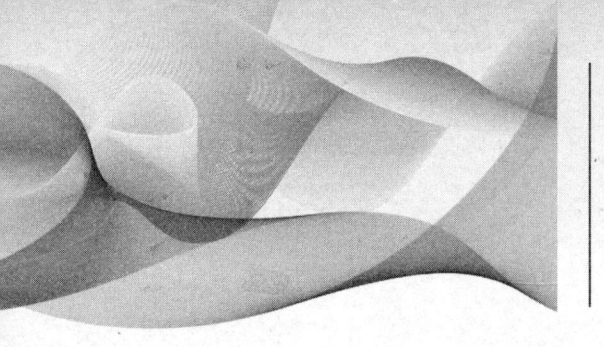

职业模块 ❸
机动车的结构与工作原理

培训项目 一

机动车的分类、型号与标牌

培训单元 1　机动车的分类

1. 掌握机动车的分类标准。
2. 熟悉各类车型的定义。
3. 掌握各类车型的特征。

机动车是由动力装置驱动或牵引,上道路行驶的供人员乘用或用于运送物品以及进行工程专项作业的轮式车辆,包括汽车及汽车列车、摩托车、拖拉机运输机组、轮式专用机械工程车、挂车等。汽车是由动力驱动,具有四个或四个以上车轮的非轨道承载的车辆,包括与电力线相连的车辆(如无轨电车),主要用于载运人员和/或货物(物品)、牵引载运人员和/或货物(物品)、专项作业或专门用途。

一、按用途分类

机动车根据其用途,可分为乘用车、客车、载货汽车、专用汽车(专项作业车、专门用途汽车)、挂车和汽车列车。

1. 乘用车(passenger car)

乘用车是指设计、制造和技术特性上主要用于载运乘客及其随身行李和/或临时物品，包括驾驶员座位在内最多不超过9个座位的汽车。乘用车可能装备一定的专用设备或器具，也可能牵引挂车。

（1）按使用特性分类。可以分为轿车、运动型乘用车、越野乘用车、多用途乘用车、多用途面包车、专用乘用车，部分如图3-1-1~图3-1-5所示。

（2）按车身型式分类。可分为普通乘用车、活顶乘用车、高级乘用车、双门小轿车、敞篷车、舱背乘用车、旅行车、短头乘用车，部分如图3-1-6~图3-1-13所示。

图3-1-1　轿车

图3-1-2　运动型乘用车

图3-1-3　越野乘用车

图3-1-4　多用途乘用车

图3-1-5　专用乘用车

图3-1-6　普通乘用车

图3-1-7　活顶乘用车

图3-1-8　高级乘用车

图 3-1-9 双门小轿车

图 3-1-10 敞篷车

图 3-1-11 舱背乘用车

图 3-1-12 旅行车

图 3-1-13 短头乘用车

（3）按乘用车等级分类。乘用车等级是指按照乘用车相关参数的差异而划分的，可分为微型、小型、紧凑型、中型、中大型、大型等不同级别。

2. 客车（bus）

客车是指设计、制造和技术特性上用于载运乘客及其随身行李，包括驾驶员座位在内的座位数超过9个的汽车。具体包括公路客车/长途客车、旅游客车、团体客车、城间客车、城市客车、专用客车、铰接客车、双层客车、轻型客车、无轨电车、越野客车等，部分如图 3-1-14～图 3-1-23 所示。

图 3-1-14 公路客车

图 3-1-15 旅游客车

图3-1-16 团体客车

图3-1-17 城间客车

图3-1-18 城市客车

a)

b)

图3-1-19 专用客车（机场摆渡车）
a) 车身 b) 车内

图3-1-20 铰接客车

图3-1-21 双层客车

图3-1-22 轻型客车

图3-1-23 无轨电车

3. 载货汽车（goods vehicle）

载货汽车是指设计、制造和技术特性上主要用于载运货物和/或牵引挂车的汽车，也包括装备一定的专用设备或器具但以载运货物为主要目的，且不属于专项作业车、专门用途的汽车。

载货汽车可以分为普通货车（图 3-1-24 ~ 图 3-1-28）、侧帘式货车、封闭式货车、多用途货车、越野货车、半挂牵引车、牵引货车、专用货车，如图 3-1-29 ~ 图 3-1-35 所示。其中，普通货车按载货部位的不同可以分为平板式货车、栏板式货车、仓栅式货车、厢式货车、自卸式货车。

图 3-1-24　平板式货车

图 3-1-25　栏板式货车

图 3-1-26　仓栅式货车

图 3-1-27　厢式货车

图 3-1-28　自卸式货车

图 3-1-29　侧帘式货车

图3-1-30 封闭式货车

图3-1-31 多用途货车

图3-1-32 越野货车

图3-1-33 半挂牵引车

图3-1-34 牵引货车

图3-1-35 专用货车

4. 专用汽车（special vehicle）

专用汽车是指设计、制造和技术特性上用于载运特定人员、运输特殊货物（包括载货部位为特殊结构），或装备有专用装置用于工程专项（包括卫生医疗）作业或专门用途的汽车，如图3-1-36、图3-1-37所示。专用汽车包含专项作业车和专门用途汽车。其中，专项作业车通常包括汽车起重机、消防车、混凝土泵

图3-1-36 环卫洒水车

图3-1-37 清障车

车、清障车、高空作业车、扫路车、吸污车、油田专用作业车、检测车、监测车、电源车、通信车、电视车、采血车、医疗车、体检医疗车等。

5. 挂车（trailer）

挂车是指设计、制造和技术特性上由汽车牵引才能正常使用的一种无动力的道路车辆，用于载运人员和／或货物，或用于特殊用途。挂车可分为半挂车、中置轴挂车、牵引杆挂车和刚性杆挂车。

（1）半挂车（semi-trailer）。半挂车是指车轴置于车辆重心（当车辆均匀受载时）后面，并且装有可将水平或垂直力传递到牵引车的联结装置的挂车。半挂车可分为载货半挂车、专用作业半挂车、载客半挂车、旅居半挂车。

1）载货半挂车（goods semi-trailer）。载货半挂车是指在设计、制造和技术特性上用于载运货物的半挂车。根据载货部位的不同，载货半挂车可以分为平板式半挂车、栏板式半挂车、仓栅式半挂车、厢式半挂车、自卸式半挂车、侧帘式半挂车、专用运输半挂车，如图3-1-38～图3-1-44所示。

2）专用作业半挂车（special operation semi-trailer）（图3-1-45）。专用作业半挂车是指装备有专用设备或器具，在设计、制造和技术特性上用于工程专项（包含卫生医疗）作业或专门用途的半挂车。

3）载客半挂车（bus semi-trailer）（图3-1-46）。载客半挂车是指在设计、制造和技术特性上用于载运乘客及其随身行李的半挂车。

4）旅居半挂车（caravan semi-trailer）（图3-1-47）。旅居半挂车是指装备有睡具及其他必要的生活设施，用于旅行宿营的半挂车。

图3-1-38　平板式半挂车

图3-1-39　栏板式半挂车

图3-1-40　仓栅式半挂车

图3-1-41　厢式半挂车

图 3-1-42 自卸式半挂车

图 3-1-43 侧帘式半挂车

图 3-1-44 专用运输半挂车

图 3-1-45 专用作业半挂车

图 3-1-46 载客半挂车

图 3-1-47 旅居半挂车

（2）中置轴挂车（centre-axle trailer）。中置轴挂车是指牵引装置不能垂直移动（相对于挂车），只有不超过相当于挂车最大质量的10%或1 000 kg（两者取较小者）的垂直静载荷作用于牵引车，且车轴位于紧靠挂车的重心（当均匀载荷时）的挂车。如图3-1-48所示为旅居式中置轴挂车。

（3）牵引杆挂车（draw-bar trailer）（图3-1-49）。牵引杆挂车是指至少有两根车轴（半挂牵引拖台除外）且具有如下各项技术特性的挂车：至少一轴为转向轴；通过角向移动的牵引杆与牵引车联结；牵引杆可垂直移动，联结到底盘上，不承受任何垂直力。

图 3-1-48 旅居式中置轴挂车

图 3-1-49 牵引杆挂车

（4）刚性杆挂车（rigid draw-bar trailer）（图3-1-50）。刚性杆挂车是指具有一个轴或一组轴，配有刚性牵引杆，可以承受不超过4 000 kg的载荷作用于牵引车的挂车。

图3-1-50　刚性杆挂车

6. 汽车列车（combination vehicles）

汽车列车是指一辆汽车与一辆或多辆挂车的组合。

（1）乘用车列车（passenger trailer combination：car trailer combination）（图3-1-51）。乘用车列车是指一辆乘用车和一辆中置轴挂车组成的列车。

（2）客车列车（bus road train）（图3-1-52）。客车列车是指一辆客车与一辆或多辆挂车组成的列车。

（3）货车列车（goods road train）（图3-1-53）。货车列车是指一辆牵引货车和挂车（不包括半挂车）组成的列车。

（4）铰接列车（articulated vehicle）（图3-1-54）。铰接列车是指一辆半挂牵引车与具有角向移动联结的半挂车组成的列车。

图3-1-51　乘用车列车

图3-1-52　客车列车

图3-1-53　货车列车

图3-1-54　铰接列车

（5）多用途货车列车（multi purpose goods vehicle trailer combination）/皮卡列车（pick-up trailer combination）（图3-1-55）。多用途货车列车/皮卡列车是指一辆皮卡车和一辆挂车组成的列车。

（6）平台列车（platform road train）（图3-1-56）。平台列车是指由牵引车辆和牵引杆样车组合而成，在可角向移动的载货平台的整个长度上货物都是不可分地置于牵引车辆和挂车上，且货物或其支撑装置构成牵引车辆和挂车联结的列车。

图3-1-55　多用途货车列车/皮卡列车

（7）双挂列车（double road train）（图3-1-57）。双挂列车是指一辆铰接列车与一辆牵引杆挂车、中置轴挂车或刚性杆挂车组成的列车。

图3-1-56　平台列车　　　　　图3-1-57　双挂列车

（8）双半挂列车（double semi-trailer road train）。双半挂列车是指一辆铰接列车与一辆半挂车组成的列车。

二、按能源类型分类

1. 汽油车（gasoline vehicle）

汽油车是指装备以车用汽油为单一燃料的发动机的汽车。

2. 柴油车（diesel vehicle）

柴油车是指装备以车用柴油为单一燃料的发动机的汽车。

3. 气体燃料汽车（gaseous fuel vehicle）

气体燃料汽车是指装备以石油气、天然气或煤气等气体为燃料的发动机的汽车。

4. 甲醇燃料汽车（methanol fuel vehicle）

甲醇燃料汽车是指装备甲醇燃料发动机，以M100车用甲醇为燃料或装备柴油/甲醇双燃料发动机的汽车。

5. 单燃料汽车（mono-fuel vehicle）

单燃料汽车是指只有一套燃料供给系统、只能燃用一种燃料的汽车，也包括采用汽油或其他辅助燃料但仅用于车辆启动或预热的汽车。

6. 双燃料汽车（dual-fuel vehicle）

双燃料汽车是指具有两套燃料供给系统，且两套燃料供给系统按预定的配比向燃烧室供给燃料，在缸内混合燃烧的汽车。

7. 两用燃料汽车（bi-fuel vehicle）

两用燃料汽车是指具有两套相互独立的燃料供给系统，且两套燃料供给系统可分别但不可同时向燃烧室供给燃料的汽车。

8. 纯电动车（battery electric vehicle）

纯电动车是指驱动能量完全由电能提供的、由电动机驱动的机动车。

9. 混合动力电动车（hybrid electric vehicle）

混合动力电动车是指能够至少从可消耗的燃料或是可再充电能量储存装置中获得动力的机动车。

10. 燃料电池电动车（fuel cell electric vehicle）

燃料电池电动车是指以燃料电池系统作为单一动力源或者是以燃料电池系统与可充电储能系统作为混合动力源的机动车。

培训单元 2 车辆识别代号

1. 掌握车辆识别代号的含义。
2. 能熟练识读车辆识别代号。
3. 掌握车辆识别代号的标示方法。

一、车辆识别代号的基本知识

1. 车辆识别代号的含义

车辆识别代号（vehicle identification number，VIN）是为了识别某一辆车，由

车辆制造厂为该车指定的一组字码。

车辆识别代号包含丰富的信息,如车辆制造商、车型、生产年份、生产地点、发动机类型等。它通常由17个字符组成,包括阿拉伯数字和大写的罗马字母,每个字符都代表特定的含义。通过解读车辆识别代号,可以获取车辆的详细信息,包括车辆的历史记录、配置和技术参数等。

2. 车辆识别代号的作用

车辆识别代号(VIN)是识别一辆机动车不可缺少的工具,其作用如下:

(1)标识和追踪。车辆识别代号是一组唯一的编码,通过它可以准确地标识和追踪每辆车。通过车辆识别代号可以确认车辆的身份和所有权,防止车辆被盗和非法交易。

(2)信息管理和检索。车辆识别代号可以与各种车辆信息建立关联,如车辆制造商、车型、发动机规格、生产年份、配件记录等。通过在数据库中存储和管理这些信息,可以使车辆制造商、执法机构、保险公司和消费者等各方方便快捷地查询和检索有关车辆的各项数据。

(3)交通事故调查和保险理赔。车辆识别代号在处理交通事故和办理保险理赔中发挥了重要作用。当发生事故时,通过车辆识别代号可以确定涉事车辆的详细信息,包括车辆所有者、类型、配置等。这对于事故责任的确定、保险理赔的处理及交通安全的改进都至关重要。

(4)欺诈和偷盗检测。车辆识别代号可以用于检测欺诈行为和偷盗车辆。通过分析车辆识别代号的结构和编码规则,可以识别出可能存在问题的车辆,如篡改的识别代号或被盗的车辆,这有助于加强车辆市场的监管和保护消费者的权益。

(5)合规性检查。各国政府均制定了相关的法律和法规,要求车辆制造商和车主在车辆上使用车辆识别代号。这是为了确保车辆在生产、销售和使用过程中符合安全、环保和监管要求。通过合规使用车辆识别代号,可以确保车辆在交通运输领域的合法性和合规性。

二、车辆识别代号的基本内容

1. 车辆识别代号的组成

车辆识别代号由世界制造厂识别代号(WMI)、车辆说明部分(VDS)、车辆指示部分(VIS)三部分组成,共17位字码。

对年产量≥1 000辆的完整车辆和/或非完整车辆制造厂,车辆识别代号的第一部分为世界制造厂识别代号（WMI），用以标识车辆的制造厂；第二部分为车辆说明部分（VDS），用以说明车辆的一般特征信息，如车型、车身样式和引擎类型等；第三部分为车辆指示部分（VIS），包含其他特定的车辆指示信息，如图 3-1-58 所示。

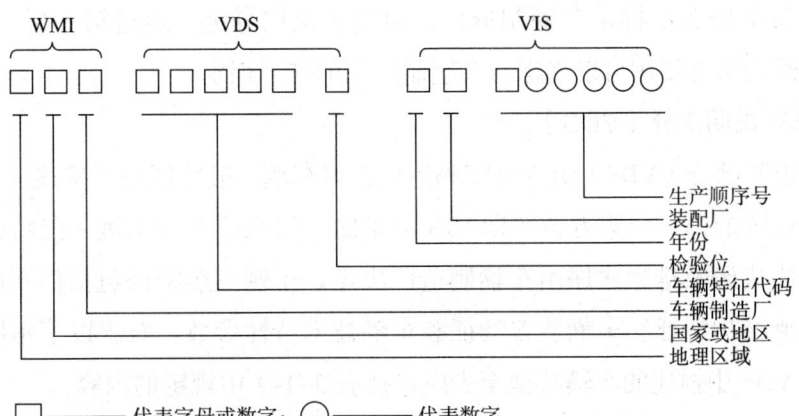

图 3-1-58　年产量≥1 000 辆的完整车辆和 / 或非完整车辆制造厂车辆识别代号结构示意图

对年产量 <1 000 辆的完整车辆和 / 或非完整车辆制造厂，车辆识别代号的第一部分为世界制造厂识别代号（WMI）；第二部分为车辆说明部分（VDS）；第三部分的三、四、五位与世界制造厂识别代号（WMI）的三位字码一起构成世界制造厂识别代号（WMI），其余五位为车辆指示部分（VIS），如图 3-1-59 所示。

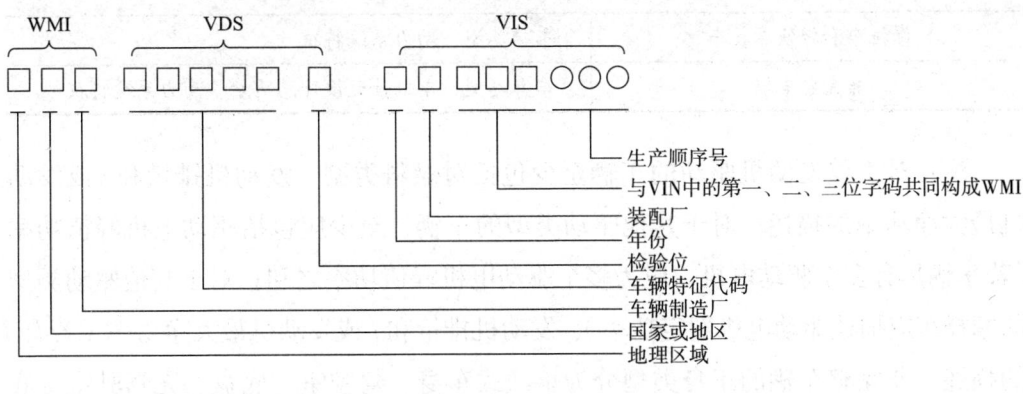

图 3-1-59　年产量 < 1 000 辆的完整车辆和 / 或非完整车辆制造厂车辆识别代号结构示意图

2. 世界制造厂识别代号（WMI）

世界制造厂识别代号（WMI）由三位字码组成，分别表示地理区域、特定地理区域内的一个国家或地区、特定车辆制造厂。

第一位字码通常是一个数字或字母，用于表示地理区域。例如，1代表美国，2代表加拿大，J代表日本等。这样的编码方案有助于快速识别车辆的制造地点。

第二位字码表示一个特定地理区域内的一个国家或地区。通过第一位和第二位字码的组合使用可以确保对某个国家或地区的唯一识别。

第三位字码表示特定车辆制造厂，由授权机构分配。通过第一位、第二位、第三位字码的组合使用可以确保对车辆制造厂的唯一识别。

3. 车辆说明部分（VDS）

车辆说明部分（VDS）由六位字码组成，对车辆一般特征进行描述。

（1）VDS的第一~第五位（即VIN的第四~第八位）对车辆一般特征进行描述，其组成代码及排列次序由车辆制造厂决定。车辆一般特征包括但不限于车辆类型、车辆结构特征、车辆装置特征和车辆技术特性参数。对于以下不同类型的车辆，在VDS中描述的车辆特征至少应包括表3-1-1中规定的内容。

表3-1-1 车辆特征描述

车辆类型	车辆特征
乘用车	车辆类型、动力系统特征
客车	车辆长度、动力系统特征
货车（含牵引车、专项作业车）	车身类型、车辆最大设计总质量、动力系统特征
挂车	车身类型、车辆最大设计总质量
摩托车和轻便摩托车	车辆类型、动力系统特征
非完整车辆	车身类型、车辆最大设计总质量、动力系统特征

注：对于仅发动机驱动的车辆至少包括对燃料类型、发动机排量和/或发动机最大净功率的描述；对于其他驱动类型的车辆，至少应包括驱动电机峰值功率（若车辆具有多个驱动电机，应为多个驱动电机峰值功率之和；对于其他驱动类型的摩托车应描述驱动电机额定功率）、发动机排量和/或发动机最大净功率（若有）的描述。非完整车辆的车身类型分为承载式车身、驾驶室-底盘、无驾驶室-底盘等。

（2）VDS的最后一位（即VIN的第九位字码）是检验位，用于核对VIN记录的准确性。检验位可为0~9中的任一数字或字母"X"。车辆制造厂在确定了VIN的其他十六位字码后，通过一系列计算步骤得出检验位的值。

1）VIN中的数字和字母对应值见表3-1-2、表3-1-3。

表 3-1-2　VIN 中的数字对应值

VIN 中的数字	0	1	2	3	4	5	6	7	8	9
对应值	0	1	2	3	4	5	6	7	8	9

表 3-1-3　VIN 中的字母对应值

VIN 中的字母	A	B	C	D	E	F	G	H	J	K	L	M	N	P	R	S	T	U	V	W	X	Y	Z
对应值	1	2	3	4	5	6	7	8	1	2	3	4	5	7	9	2	3	4	5	6	7	8	9

2）给 VIN 中的每一位指定一个加权系数，见表 3-1-4。

表 3-1-4　加权系数

VIN 中的位置	1	2	3	4	5	6	7	8	9	10	11	12	13	14	15	16	17
加权系数	8	7	6	5	4	3	2	10	*	9	8	7	6	5	4	3	2

3）将检验位之外的 16 位每一位的加权系数乘以此位数字或字母的对应值，再将各乘积相加，求得的和被 11 除。

4）除得的余数即为检验位。如果余数是 10，检验位应为字母 X。

4. 车辆指示部分（VIS）

车辆指示部分（VIS）由八位字码组成。

（1）VIS 的第一位字码表示年份，年份字码按年份代码表（见表 3-1-5）的规定使用。

表 3-1-5　年份代码表

年份	字码	年份	字码	年份	字码	年份	字码
1991	M	1998	W	2005	5	2012	C
1992	N	1999	X	2006	6	2013	D
1993	P	2000	Y	2007	7	2014	E
1994	R	2001	1	2008	8	2015	F
1995	S	2002	2	2009	9	2016	G
1996	T	2003	3	2010	A	2017	H
1997	V	2004	4	2011	B	2018	J

续表

年份	字码	年份	字码	年份	字码	年份	字码
2019	K	2022	N	2025	S	2028	W
2020	L	2023	P	2026	T	2029	X
2021	M	2024	R	2027	V	2030	Y

（2）VIS 的第二位字码表示装配厂。

（3）如果车辆制造厂生产年产量 ≥ 1 000 辆的完整车辆和 / 或非完整车辆，VIS 的第三～第八位字码表示生产顺序号；如果车辆制造厂生产年产量 < 1 000 辆的完整车辆和 / 或非完整车辆，VIS 的第三、四、五位字码应与第一部分的三位字码一起表示一个车辆制造厂，VIS 的第六、七、八位字码表示生产顺序号。

5. 字码

在车辆识别代号中仅能使用阿拉伯数字（0~9）和大写的罗马字母 A、B、C、D、E、F、G、H、J、K、L、M、N、P、R、S、T、U、V、W、X、Y、Z，字母 I、O 和 Q 不能使用。

三、车辆识别代号的标示方法

1. 文件上的表示方式

车辆识别代号在文件上应在一行呈现，不应有空格，不应使用分隔符。这种格式能够确保信息清晰、完整地展示出来，方便进行数据记录和检索。

2. 车辆上或车辆标牌上的表示方式

车辆识别代号也需要标示在车辆上或车辆标牌上，同样应采用一行的形式进行标示。这样做有利于车辆识别代号的可视化和易读性。在大多数情况下，VIN 可以直接标示在车辆挡风玻璃的右下角、车架顶部、车门柱或发动机舱等易于查看的位置。

3. 特殊情况下的两行标示

有时候，出于技术限制或其他要求，车辆识别代号可能需要标示在两行。在这种情况下，需要选择一个分隔符来明确表示每行的起始和终止位置，并且两行之间不能有空行。为了避免与车辆识别代号中的字符混淆，这个分隔符需要与 VIN 中使用的字码有明显区别。

培训单元 3　机动车相关型号编制规则

1. 熟悉汽车产品型号编制规则。
2. 熟悉机动车内燃机型号编制规则。
3. 熟悉机动车驱动电机型号编制规则。

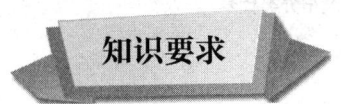

2001 年前，我国有相关国家标准规定了各类汽车的型号编制规则，各汽车生产企业采纳并体现在汽车的主要外表面上。2001 年，有关国家标准废止，但至今未颁布新的汽车型号编制规则。由于前标准使用广泛，标示内容简便易懂，因此汽车企业和产品大多仍采用前标准进行汽车产品型号编制。

一、汽车产品型号编制规则

汽车产品型号是为了识别车辆而给一种车辆指定的一组字母和阿拉伯数字组成的编号。为了避免与阿拉伯数字混淆，字母中不使用"I"和"O"。

汽车产品型号由企业名称代号、车辆类别代号、主参数代号、产品序号组成。必要时附加企业自定代号，如图 3-1-60 所示。

对于专用汽车及专用半挂车还应增加专用汽车分类代号，如图 3-1-61 所示。

1. 企业名称代号

企业名称代号位于产品型号的第一部分，用代表企业名称的两个或三个汉语拼音字母表示。

2. 车辆类别代号

各类汽车的类别代号位于产品型号的第二部分，用一位阿拉伯数字表示，按车辆类别代号表（见表 3-1-6）规定。

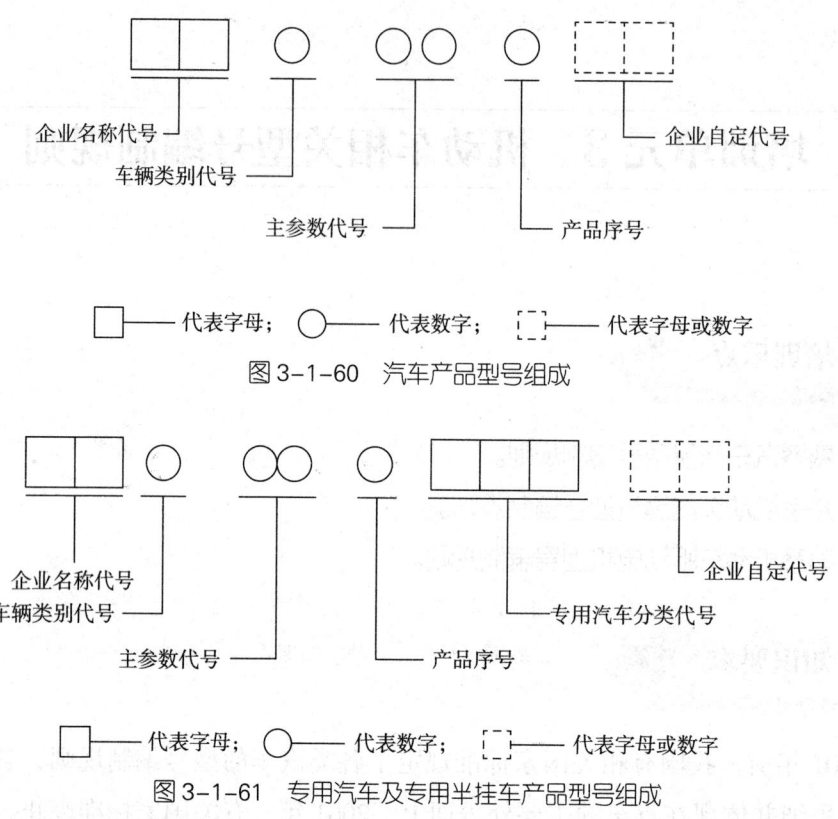

图 3-1-60 汽车产品型号组成

图 3-1-61 专用汽车及专用半挂车产品型号组成

表 3-1-6 车辆类别代号

车辆类别代号	车辆种类	车辆类别代号	车辆种类	车辆类别代号	车辆种类
1	载货汽车	4	牵引汽车	7	轿车
2	越野汽车	5	专用汽车	8	—
3	自卸汽车	6	客车	9	半挂车及专用半挂车

3. 主参数代号

各类汽车的主参数代号位于产品型号的第三部分，用两位阿拉伯数字表示。

（1）载货汽车、越野汽车、自卸汽车、牵引汽车、专用汽车与专用半挂车的主参数代号为车辆的总质量（t）。牵引汽车的总质量包括牵引座上的最大质量。当总质量在 100 t 以上时，允许用三位数字表示。

（2）客车及半挂客车的主参数代号为车辆长度（m）。当车辆长度小于 10 m 时，应精确到小数点后一位，并以长度（m）值的十倍数值表示。

（3）轿车的主参数代号为发动机排量（L），应精确到小数点后一位，并以其值的十倍数值表示。若一个轿车产品同时选装不同排量的发动机，且其变化范围大于10%时，允许企业以其中的一个排量为主参数，其他排量用企业自定代号加以区别。

（4）专用汽车及专用半挂车的主参数代号，当采用定型汽车底盘或定型半挂车底盘改装时，若其主参数与定型底盘原车的主参数之差不大于原车的10%，则应沿用原车的主参数代号。

（5）主参数的数字修约按国家相关规定执行。

（6）主参数不足规定位数时，在参数前以"0"占位。

4. 产品序号

各类汽车产品序号位于产品型号的第四部分，用阿拉伯数字表示，数字由0、1、2……依次使用。

5. 产品主参数代号的变化规定

当车辆主参数有变化，但不大于原定型设计主参数的10%时，其主参数代号不变；大于10%时，应改变主参数代号；若因为数字修约而主参数代号不变时，则应改变其产品序号。

6. 专用汽车分类代号

专用汽车分类代号位于产品型号的第五部分，用反映车辆结构和用途特征的三个汉语拼音字母表示，结构特征代号按结构特征代号表（表3-1-7）的规定（此表也适用于专用半挂车），用途特征代号如图3-1-62所示。

表3-1-7 结构特征代号

厢式汽车	罐式汽车	专用自卸汽车	特种结构汽车	起重举升汽车	仓栅式汽车
X	G	Z	T	J	C

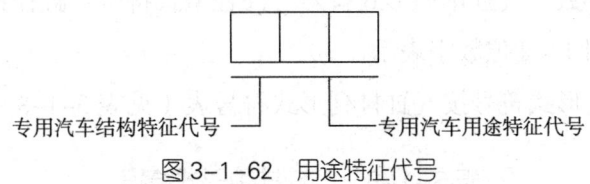

图3-1-62 用途特征代号

7. 企业自定代号

企业自定代号位于产品型号的最后，同一种汽车结构略有变化而需要区别时（例如，汽油、柴油发动机，长、短轴距，单、双排座驾驶室，平、凸头驾驶室，左、右置方向盘等），可用汉语拼音字母和阿拉伯数字表示，位数也由企业自定。

供用户选装的零部件（如暖风装置、收音机、地毯、绞盘等）不属结构特征变化，应不给予企业自定代号。

二、机动车内燃机型号编制规则

内燃机产品名称均按所采用的燃料命名，如汽油机、柴油机、天然气机等。内燃机型号由阿拉伯数字、汉语拼音字母或国际通用的英文缩略字母组成，型号依次包含下列四个部分，如图 3-1-63 所示。

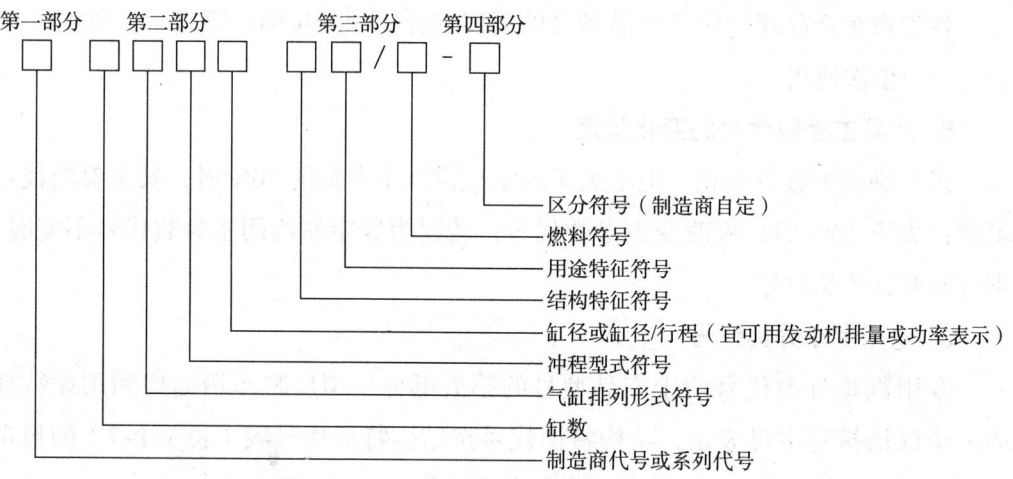

图 3-1-63 内燃机型号表示方法

1. 第一部分

该部分由制造商代号或系列符号组成。本部分代号由制造商根据需要选择相应 1~3 位字母表示。

2. 第二部分

该部分由气缸数、气缸排列形式符号、冲程型式符号、缸径符号组成。

（1）气缸数用 1~2 位数字表示。

（2）气缸排列形式符号按气缸排列形式符号表（见表 3-1-8）规定。

表 3-1-8 气缸排列形式符号

符号	含义	符号	含义
无符号	多缸直列及单缸	H	H 形
V	V 形	X	X 形
P	卧式		

（3）冲程型式为四冲程时符号省略，二冲程用 E 表示。

（4）缸径符号一般用缸径或缸径/行程数字表示（也可用发动机排量或功率数表示），其单位由制造商自定。

3. 第三部分

该部分由结构特征符号（见表 3-1-9）、用途特征符号（见表 3-1-10）组成。燃料符号见表 3-1-11。

表 3-1-9 结构特征符号

符号	结构特征	符号	结构特征
无符号	冷却液冷却	Z	增压
F	风冷	ZL	增压中冷
N	凝气冷却	DZ	可倒转
S	十字头式		

表 3-1-10 用途特征符号

符号	用途	符号	用途
无符号	通用型及固定动力（或制造商自定）	D	发电机组
T	拖拉机	C	船用主机、右机基本型
M	摩托车	CZ	船用主机、左机基本型
G	工程机械	Y	农用三轮车（或其他农用车）
Q	汽车	L	林业机械
J	铁路机车		

表 3-1-11 燃料符号

符号	燃料名称	备注
无符号	柴油	
P	汽油	
T	天然气（煤层气）	管道天然气
CNG	压缩天然气	
LNG	液化天然气	
LPG	液化石油气	

续表

符号	燃料名称	备注
Z	沼气	各类工业化沼气（农业有机废弃物、工业有机废水物、城市污水处理、城市有机垃圾）允许用1~2个字母的形式表示。如"ZN"表示农业有机废弃物产生的沼气
W	煤矿瓦斯	浓度不同的瓦斯允许用1个小写字母的形式表示。如"Wd"表示低浓度瓦斯
M	煤气	各类工业化煤气如焦炉煤气、高炉煤气等。允许在M后加1个字母区分煤气的类型
S SCZ	柴油/天然气双燃料 柴油/沼气双燃料	其他双燃料用两种燃料的字母表示
M	甲醇	
E	乙醇	
DME	二甲醇	
FME	生物柴油	

注：1. 一般用1~3个拼音字母表示燃料，也可用成熟的英文缩写字母表示。
2. 其他燃料允许制造商用1~3个字母表示。

4. 第四部分

第四部分为区分符号。同系列产品需要区分时，允许制造商选用适当符号表示。第三部分与第四部分可用"–"分隔。

三、驱动电机型号编制规则

1. 引出线和接线端

驱动电机及驱动电机控制器各动力线或接线端应有明显的标志。驱动电机各相动力线或接线端的标志应符合《旋转电机 线编标志与旋转方向》（GB 1971）的规定；驱动电机控制器动力输入接口的正、负两极，分别用"＋""－"标志，驱动电机控制器与驱动电机各相对应的动力线或动力接线端，应与驱动电机各相动力线或接线端的标志一致。

2. 电机铭牌

（1）电机铭牌组成。电机铭牌应包括的信息有：制造厂名；型号、编号、名称；主要参数：额定电压、持续转矩、持续功率、相数、工作制、峰值转矩、峰值功率、最高工作转速、绝缘等级、防护等级。

（2）驱动电机型号编制规则。驱动电机型号由驱动电机类型代号、尺寸规格代号、信号反馈元件代号、冷却方式代号、预留代号五部分组成,如图3-1-64所示。

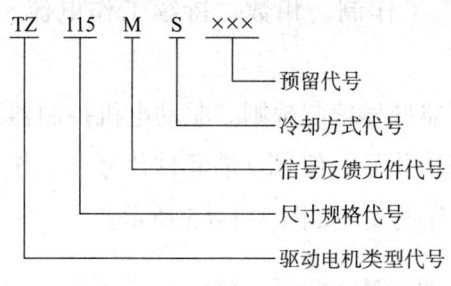

图 3-1-64　驱动电机型号结构示意图

1)驱动电机类型代号,见表3-1-12。

表 3-1-12　驱动电机类型代号

符号	含义	符号	含义
KC	开关磁阻电机	YR	异步电机(绕线式)
TF	方波控制型永磁同步电机	YS	异步电机(鼠笼式)
TZ	正弦控制型永磁同步电机	ZL	直流电机

注:其他类型驱动电机的类型代号由制造商参照 GB/T 4831 进行规定。

2)尺寸规格代号一般采用定子铁心的外径来表示,对于外转子电机,采用外转子铁心外径来表示。

3)信号反馈元件代号,见表3-1-13。

表 3-1-13　信号反馈元件代号

符号	含义	符号	含义
M	光电编码器	H	霍尔元件
X	旋转变压器	不标注	无传感器

4)冷却方式代号,见表3-1-14。

表 3-1-14　冷却方式代号

符号	含义	符号	含义
S	水冷方式	F	强迫风冷方式
Y	油冷方式	不标注	非强迫冷却方式(自然冷却)

3. 控制器铭牌

（1）控制器铭牌组成。控制器铭牌应包括的信息有：制造厂名；型号、编号、名称；主要参数：工作制、相数、持续工作电流、短时工作电流、防护等级。

（2）驱动电机控制器型号编制规则。驱动电机控制器型号由驱动电机控制器类型代号、工作电压规格代号、信号反馈元件代号、工作电流规格代号、冷却方式代号、预留代号六部分组成，如图 3-1-65 所示。

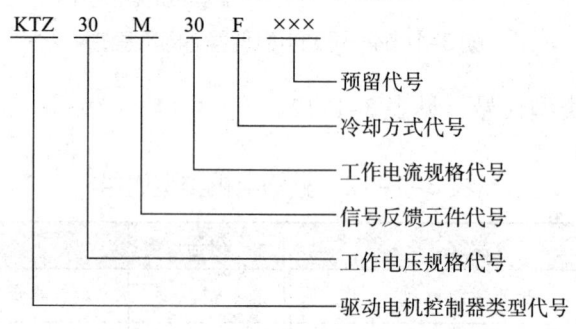

图 3-1-65　驱动电机控制器型号结构示意图

1）控制器类型代号用电机类型代号前加字母 K 表示。

2）工作电压规格代号用驱动电机控制器的标称直流电压除以 10 再圆整后的数值来表示。最少以两位数值表示，不足两位的，在十位上冠以"0"。若为交流供电，电压值均需折算至直流值。输入电压的单位为伏特（V）。

3）信号反馈元件代号，见表 3-1-13。

4）工作电流规格代号用驱动电机控制器最大工作电流的有效值除以 10 再圆整后的数值来表示。最少以两位数值表示，不足两位的，在十位上冠以"0"。输出电流的单位为安培（A）。

5）冷却方式代号，见表 3-1-14。

6）预留代号用英文大写字母或阿拉伯数字组合，其含义由制造商自行确定。

4. 危险警告

驱动电机及驱动电机控制器应在醒目的位置设置"当心触电"的警告标志，并在"当心触电"的警告标志旁边注明必要的安全操作提示。

培训单元 4　机动车的标牌

1. 了解机动车的标牌规则。
2. 能够通过机动车标牌识别车辆。

机动车标牌是车辆制造厂标识车辆信息的基本标识，体现了车辆的主要产品信息。

一、机动车标牌的标示内容

1. 基本要求

机动车标牌的项目名称与标示内容之间用空格或冒号分隔，或采用表格方式标示；带量纲的项目，应标注单位（如 kg、r/min、km/h、kW、V、A·h 等），其中单位可与项目名称一同标示。标牌的项目名称（当采用 VIN 作为车辆识别代号的项目名称时除外）及品牌、生产厂名、制造国等标示内容应采用中文标示。如同时使用外文标示，其内容应与中文相对应。标牌的标示内容应是车辆的实际状态或者数值。

标牌的标示内容分为规定项目和可选项目，其中规定项目为制造厂应标示的内容，可选项目为制造厂根据需要在产品标牌上自行标示的其他项目。

2. 规定项目

标牌上应标明品牌、整车型号、制造年月、生产厂名及制造国，各类机动车产品标牌应标明的其他项目见表 3-1-15，标示规范见表 3-1-16。非完整车辆产品标牌标示项目可参照同类型机动车产品标牌标示项目要求执行。

表 3-1-15 各类机动车标牌规定的标示项目

机动车类型		应补充标明的项目
汽车	载客汽车	车辆识别代号、发动机（内燃机，下同）型号、发动机最大净功率/转速、最大允许总质量（以下简称为"总质量"，下同）、乘坐人数（乘员数）
	载货汽车	车辆识别代号、发动机型号、发动机最大净功率/转速、总质量（半挂牵引车除外）、整车整备质量（以下简称为"整备质量"，下同）、最大允许牵引质量（无牵引功能的货车除外）
	专项作业车	车辆识别代号、发动机型号、发动机最大净功率/转速、总质量、专用功能关键技术参数
挂车		车辆识别代号、总质量、整备质量
摩托车和轻便摩托车		车辆识别代号、发动机型号、发动机实际排量或最大净功率、整备质量
轮式专用机械车		产品识别代码（或车辆识别代号）、发动机型号、发动机标定功率、整备质量、最大设计车速
组成拖拉机运输机组的拖拉机		出厂编号、发动机标定功率、使用质量
特型机动车		车辆识别代号（或车架号）、发动机型号、发动机最大净功率、总质量、整备质量、外廓尺寸

注：1. 纯电动汽车、插电式混合动力汽车、燃料电池汽车还应标明驱动电机型号和峰值功率、动力电池系统额定电压和额定容量（安时数）、储氢容器型式、容积、工作压力（燃料电池汽车）；纯电动汽车、燃料电池汽车不标发动机相关信息；最大设计车速小于 70 km/h 的汽车（低速汽车、设有乘客站立区的客车除外）还应标明最大设计车速。

2. 乘用车、旅居车可不标发动机最大净功率转速，但还应标明发动机排量，乘用车具备牵引功能时还应标明最大允许牵引质量。

3. 总质量小于 12 000 kg 的货车和专项作业车可不标发动机最大净功率转速，半挂牵引车还应标明牵引座最大设计静载荷。

4. 正三轮摩托车还应标明装载质量或乘坐人数，两轮摩托车及两轮轻便摩托车可不标车辆识别代号。

5. 电动摩托车应标明电机型号、额定功率、额定电压。

表 3-1-16 规定项目的标示规范

分类	标示项目	项目名称的标示要求	标示内容要求
基本信息	品牌	标示为：品牌，或不标示	至少应完整标示中文车辆品牌，如"品牌：××" 无项目名称时，应增加"牌"字，如"××牌"
	整车型号	标示为：整车型号或底盘型号	完整车辆应标示整车型号，非完整车辆应标示底盘型号

续表

分类	标示项目	项目名称的标示要求	标示内容要求
基本信息	制造年月	标示为：制造年月	至少应标示出车辆制造完成时的年份和月份 应按照2024年1月（或2024—01）或2024年1月1日（或2024—01—01）的方式标示
	生产厂名	标示为：生产厂名，或不标示	应标示制造厂名称全称，不标示项目名称时应在制造厂名称后增加"制造"字样
	制造国	标示为：制造国，或不标示	无项目名称时应按照"中国 制造"标示，生产厂名、制造国均无项目名称时，应按照"中国 生产厂名 制造"标示（空格可缺省），其中中国可标为"中华人民共和国"
车辆唯一性信息	车辆识别代号	标示为：车辆识别代号，或VIN，或不标示	应标示符合国标规定的车辆识别代号（VIN），如果制造厂愿意，可以按照国标的规定标示VIN条码
	车架号	标示为：车架号	不具有车辆识别代号的特型机动车标示车架号
	产品识别代码	标示为：产品识别代码	不具有车辆识别代号的轮式专用机械车标示产品识别代码
	出厂编号	标示为：出厂编号	不具有车辆识别代号的组成拖拉机运输机组的拖拉机标示出厂编号
发动机信息	发动机型号	标示为：发动机型号	具有发动机的车辆，应标示发动机型号
	发动机最大净功率/转速	标示为：发动机最大净功率，或发动机最大净功率/转速，或将发动机最大净功率和转速分别标示	发动机最大净功率单位应为kW，数值最多标示到小数点后1位；转速单位应为r/min，数值标示到个位；发动机最大净功率/转速应按照"功率/转速［kW/（r/min）］"方式标示 对于可采用多种燃料分别工作的发动机，不同的发动机只标最大净功率时应以"/"分隔或分行标示；需标示最大净功率/转速时，应以空格分隔或分行标示
	发动机排量	标示为：发动机排量	单位为mL，数值标示到个位
	发动机实际排量或最大净功率	标示为：发动机实际排量，或发动机最大净功率	发动机实际排量单位为mL，数值标示到个位 发动机最大净功率单位为kW，数值最多标示到小数点后1位
	发动机标定功率	标示为：发动机标定功率	单位为kW，数值最多标示到小数点后1位

续表

分类	标示项目	项目名称的标示要求	标示内容要求
电驱动系统信息	驱动电机型号	标示为：驱动电机型号	若车辆安装有多种型号驱动电机，应按照先前后再左右的顺序，（如"第一轴/第二轴/……""第一轴左＋第一轴右/第二轴左＋第二轴右/……"）按照"驱动电机型号（数量）"依次标示，若数量为1，可不标示数量；同规格驱动电机仅标示一次 不同的驱动电机型号应以"/"分隔或分行标示
	驱动电机峰值功率	标示为：驱动电机峰值功率	单位应为kW，数值最多标示到小数点后1位，且应与驱动电机型号对应标示 不同的驱动电机峰值功率应以"/"分隔或分行标示
	动力电池系统额定电压	标示为：动力电池系统额定电压	单位应为V，数值最多标示到小数点后1位
	动力电池系统额定容量（安时数）	标示为：动力电池系统额定容量	单位应为A·h，数值最多标示到小数点后1位
	储氢容器容积	标示为：储氢容器容积	单位应为L，数值标示到个位。如搭载多个储氢容器，应以"储氢容器容积和（个数）"进行标示
	储氢容器型式	标示为：储氢容器型式	Ⅲ型或Ⅳ型
	储氢容器工作压力	标示为：储氢容器工作压力	单位应为MPa，数值标示到个位
	电机型号	标示为：电机型号	若车辆安装有多种型号驱动电机，应按照先前后再左右的顺序，（如"第一轴/第二轴……""第一轴左＋第一轴右/第二轴左＋第二轴右/……"）按照"驱动电机型号（数量）"依次标示，若数量为1，可不标示数量；同规格驱动电机仅标示一次 不同的驱动电机型号应以"/"分隔或分行标示
	额定功率	标示为：额定功率	单位为kW，数值最多标示到小数点后1位，且应与驱动电机型号对应标示 不同的驱动电机额定功率应以"/"分隔或分行标示
	额定电压	标示为：额定电压	单位为V，数值最多标示到小数点后1位

续表

分类	标示项目	项目名称的标示要求	标示内容要求
质量参数	最大允许总质量	标示为：最大允许总质量	单位应为kg，数值标示到个位
	整车整备质量	标示为：整车整备质量	
	最大允许牵引质量	标示为：最大允许牵引质量	
	使用质量	标示为：使用质量	
	装载质量	标示为：装载质量	
	牵引座最大设计静载荷	标示为：牵引座最大设计静载荷	
其他	乘坐人数（乘员数）	标示为：乘坐人数或乘员数	单位应为人，可缺省。乘员数仅适用于GB 7258规定的"设有乘客站立区的客车"，应按乘员数/乘坐人数的方式填写
	最大设计车速	标示为：最大设计车速	单位为km/h，数值标示到个位
	外廓尺寸	标示为：外廓尺寸	单位为mm，数值标示到个位
	专用功能关键参数	应标有项目名称	专项作业车产品标牌上标明的专用功能关键参数应是车辆的实际状态或者数值，并与车辆的批准状态相符合

注：1. 发动机型号、发动机最大净功率/转速、发动机排量可以"发动机型号/最大净功率/转速/排量"组合标示。

2. 动力电池系统额定电压、动力电池系统额定容量（安时数）可以"动力电池系统额定电压/额定容量（安时数）"组合标示。

3. 可选项目

（1）如果车辆是在完整车辆或非完整车辆的基础上制造完成的，制造厂可标示"车辆是在××生产的☆☆型号的完整车辆或非完整车辆的基础上进行制造。"其中，"××"处标示制造所购车辆的完整车辆或非完整车辆制造厂名称全称，"☆☆"处标示完整车辆或非完整车辆的车辆型号。

（2）若产品标牌标示的车辆识别代号（VIN）中的世界制造厂识别代号（WMI）不属于该车辆的制造厂，制造厂可标示自己的世界制造厂识别代号（WMI）。

（3）若制造厂在产品标牌上标示自选项目，则应同时标示出其中文的"项目名称"。

二、机动车标牌的标示位置

（1）车辆应至少标示一个产品标牌。产品标牌应位于车辆前进方向右侧；如受结构限制，亦可放在便于接近和观察，且不易磨损、替换、遮蔽的其他位置。

（2）对于多阶段制造完成的车辆，中间阶段制造厂和最后阶段制造厂进行多阶段车辆制造时，应保留上一阶段完整车辆或非完整车辆的产品标牌；并应为多阶段制造完成的车辆标示相应的产品标牌，如空间允许，该产品标牌尽量标示在多阶段制造完成的车辆部件上。

（3）车辆制造厂也可在车辆多处标示产品标牌，但至少应有一处满足上述第一条的要求。

（4）至少应有一处满足上述第一条要求的产品标牌的具体位置应在产品使用说明书中予以说明。

三、机动车标牌的标示要求

标牌上所用的汉字及阿拉伯数字、罗马字母的字高应不小于 4 mm，若将标牌内容直接打印在车辆部件上则打印字体高不小于 7 mm。

标牌应能永久保持地标示在不易拆除或更换的车辆结构件上。产品标牌若采用标牌形式，应以焊接等非经破坏性操作不能卸除的方式固定在车辆上，应保证产品标牌不能被完整地拆下移做他处使用。若采用标签形式，应满足《道路车辆 招牌和标签》（GB/T 25978）规定的标签一般性能、防篡改性能及防伪性能要求。

标牌上至少应有一处使用防伪字体（如点阵字体，特殊加工字体等）。

培训项目 二 机动车总体构造

培训单元1　机动车的总体构造与技术参数

1. 熟悉机动车的主要构成部分。
2. 熟悉车辆各构成部分的作用。
3. 掌握机动车主要技术参数与性能指标的含义。

一、机动车主要构成

汽车通常由发动机、底盘、车身和电气设备四部分组成。汽车的基本构造如图3-2-1所示。

1. 发动机

发动机是汽车的动力装置，负责将燃料燃烧所产生的热能转化为机械能。目前，大多数汽车采用往复活塞式内燃机，它一般由机体组件、曲柄连杆机构、配气机构、燃料供给系、润滑系、冷却系、点火系和启动系组成。

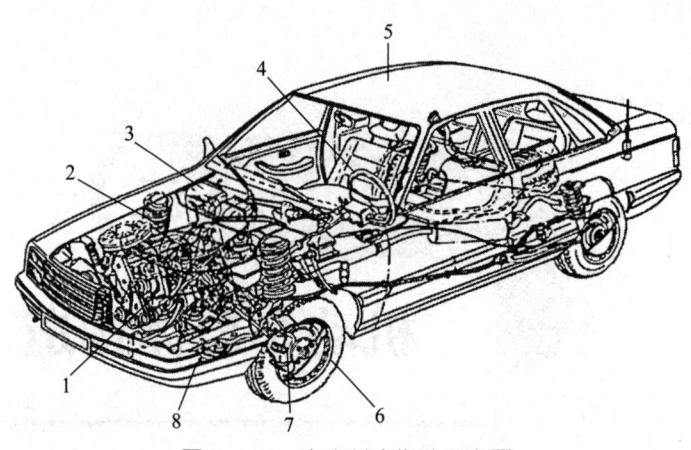

图 3-2-1　汽车基本构造示意图

1—发动机　2—悬架　3—空调装置　4—转向盘　5—车身　6—转向驱动轮　7—制动器　8—变速器

2. 底盘

底盘负责将发动机的动力进行传递和分配，使汽车产生运动，并按驾驶员要求进行行驶（如加速、减速、转向、制动等）。底盘一般由传动系、行驶系、转向系和制动系等组成。

3. 车身

车身是驾驶员操作和容纳乘客及货物的场所。车身应为驾驶员提供良好的操作条件，为乘员提供舒适的乘坐条件（隔离汽车行驶时的振动、噪声、废气及气候的影响），并保证完好无损地运载货物且装卸方便。车身结构和设备还应保证行车安全和减轻事故后果。车身应具有合理的外部形状，以便车辆行驶时能有效地引导周围的气流，提高汽车的动力性、燃料经济性和行驶稳定性，并改善发动机的冷却条件和室内通风情况。

车身一般由车身壳体、开启件（门、窗、发动机盖和行李舱盖等）、车身附属装置（座椅、组合仪表、照明信号装置、通风装置、刮水器、洗涤器等）和安全防护装置（安全带、安全气囊等）组成，货车及专用车辆还有货舱和专用设备。

4. 电气设备

电气设备是汽车的重要组成部分，它能够为各种用电设备提供电能，保证发动机启动和汽油发动机点火，为车辆夜间行车提供良好的照明，向其他车辆和行人提供各种表达驾驶员意向的信号，指示或显示汽车有关部位的运行情况，实现各种自动控制，适应汽车舒适性和安全性的要求。

电气设备由电源装置（蓄电池、发电机）、汽油机点火装置、发动机启动装置、组合仪表、照明与信号装置、中央控制门锁防盗装置、辅助装置等组成。

二、机动车主要技术性能

机动车的主要技术性能常用下列参数表示。机动车常用主要结构参数如图 3-2-2 所示。

1. 机动车尺寸参数

（1）车长（L）。车长是指垂直于机动车纵向对称平面，并分别抵靠在车辆前、后最外端突出部位的两垂直面之间的距离。

全挂车车长与半挂车车长，其定义同上。全挂车车长有包括和不包括牵引杆两种长度，记录时应将不包括牵引杆的全挂车车长写在括号内，置于包括牵引杆的全挂车车长后面。在确定包括牵引杆在内的全挂车车长时，牵引杆应位于机动车正前方，牵引杆的销孔或连接头中心线应垂直于水平面。半挂车车长除车身全长外，还有半挂车牵引销中心至半挂车后端之间的距离，此数值应写在括号内。

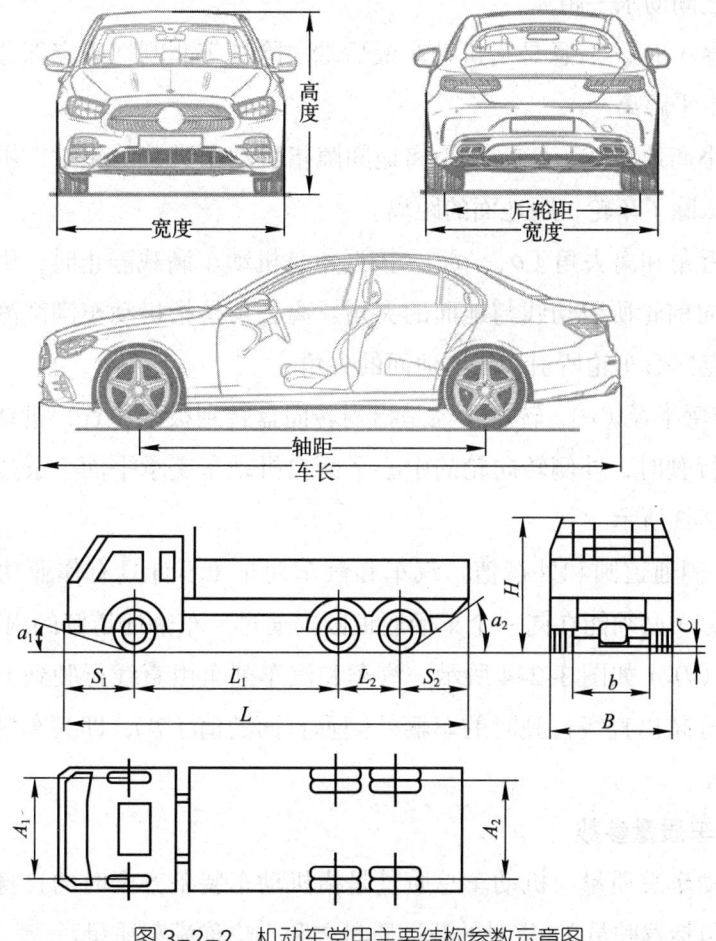

图 3-2-2 机动车常用主要结构参数示意图

（2）车宽（B）。车宽是指平行于机动车纵向对称平面，并且分别抵靠机动车两侧固定突出部位的两平面之间的距离，即机动车宽度方向两极端点间的距离。

（3）车高（H）。车高是指机动车没有装载且处于可运行状态时，机动车支撑平面与机动车最高突出部位相抵靠的水平面之间的距离，也就是从地面到机动车最高点的距离。

（4）轴距（L_1、L_2）。轴距是指通过机动车同一侧相邻两车轮的中点线，并且垂直于机动车纵向平面的两垂直线之间的距离，即机动车两轴中心之间的距离。对于三轴及三轴以上的机动车，其轴距由相邻两车轮之间的轴距分别表示，总轴距则为各个轴距之和。

（5）轮距（A_1、A_2）。轮距是指车轮在支承平面上留下的轨迹的中心线之间的距离。当机动车车轴的两端为双车轮时，轮距则是指双车轮两个中心平面之间的距离。

（6）前悬（S_1）。前悬是指机动车最前端（除灯、后视镜等非刚性固定部分外）至前轴中心之间的水平距离。

（7）后悬（S_2）。后悬是指机动车最后端（除灯等非刚性固定部分外）至后轴中心之间的水平距离。

（8）最小离地间隙（C）。最小离地间隙指机动车满载静止时，机动车中间区域内最低点（除了车轮）距地面的距离。

（9）接近角和离去角（α_1、α_2）。接近角是机动车满载静止时，机动车前端突出点的下沿向前轮所引切线与地面的夹角。离去角是指机动车满载静止时，自车身后端突出点向后车轮所引切线与地面的夹角。

（10）转弯半径（r）。转弯半径是指当转向盘转到极限位置，机动车以最低稳定车速转向行驶时，外侧转向轮的中心平面在机动车支承平面上滚过的轨迹圆半径，如图3-2-3所示。

（11）车辆通道圆和外摆值。汽车和汽车列车（不计具有作业功能的专用装置的突出部分）必须能在同一个车辆通道圆内通过。车辆通道圆的内圆直径（D_1）和外圆直径（D_2）如图3-2-4所示。汽车和汽车列车由直线行驶到上述圆周运动时，任何部分超出直线行驶时的车辆外侧垂直面的值（T），即为车辆外摆值，如图3-2-5所示。

2. 机动车质量参数

（1）机动车总质量。机动车总质量是指机动车装备齐全时的自身质量与按规定装满客（包括驾驶员）、货时的载运质量之和，也称满载质量。

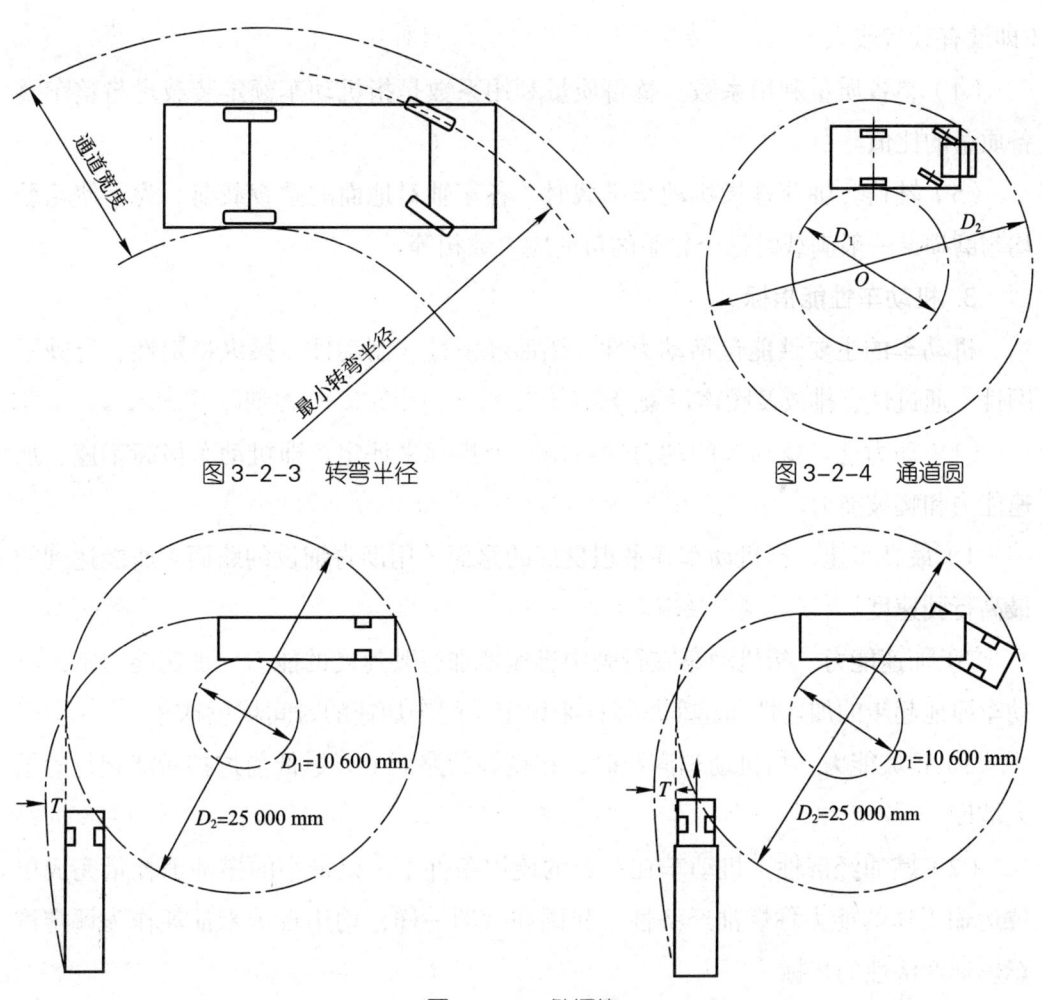

图 3-2-3 转弯半径　　　　图 3-2-4 通道圆

图 3-2-5 外摆值

对于轿车而言，机动车总质量＝整备质量＋驾驶员及乘员质量＋行李质量。

对于客车而言，机动车总质量＝整备质量＋驾驶员及乘员质量＋行李质量＋附件质量。

对于货车而言，机动车总质量＝整备质量＋驾驶员及助手质量＋行李质量。

（2）机动车载质量。机动车载质量是指机动车在硬质良好路面上行驶时所允许的额定装载量。

轿车的额定装载量以座位数表示；城市客车的装载量包括：站立乘客数和座位数两部分，站立乘客数按 8～10 人 /m² 计；长途客车和旅游客车的装载量等于座位数。

（3）机动车整备质量。机动车整备质量是指机动车按出厂技术条件装备完整（如备胎、工具等安装齐备），各种油水添满后的质量。以前习惯上称"空车质量"

（即没有载货或人）。

（4）整备质量利用系数。整备质量利用系数是指机动车额定装载量与整车整备质量的比值。

（5）轴荷。轴荷是指机动车满载时，各车轴对地面的垂直载荷。为了使轮胎均匀磨损，一般满载时每个轮胎的负荷应大致相等。

3. 机动车性能指标

机动车的主要性能包括动力性、燃油经济性、制动性、操纵稳定性、行驶平顺性、通过性、排放及噪声污染等。

（1）动力性。机动车的动力性可用三个指标来评定，即机动车最高车速、加速能力和爬坡能力。

1）最高车速，指机动车在平坦良好的路面（用沥青铺设的路面）所能达到的最高行驶速度。

2）加速能力，指机动车在行驶中迅速增加行驶速度的能力。加速能力常用机动车原地起步的加速性和超车加速性来评定。超车加速的时间越短越好。

3）爬坡能力，指机动车满载时，在良好的路面上以最低前进挡所能爬行的最大坡度。

（2）燃油经济性。机动车在一定的使用条件下，以最小的燃油消耗量完成单位运输工作的能力称燃油经济性。我国和欧洲一样，均用百千米油耗作为评定汽车燃油经济性的指标。

（3）制动性。机动车的制动性能主要从制动效能、制动抗热衰退性和制动时机动车的方向稳定性三个方面来评定。

1）制动效能，指机动车迅速降低行驶速度直至停车的能力。

2）制动抗热衰退性，指机动车高速制动、短时间内多次重复制动或长时间下坡连续制动时制动效能的热稳定性。

3）制动时机动车的方向稳定性，指机动车在制动时，按指定轨迹行驶的能力，即不发生跑偏、侧滑或甩尾等使机动车失去转向能力的性能。

（4）操纵稳定性。机动车的操纵稳定性包含相互联系的两部分内容，一部分是操纵性，另一部分是稳定性。

操纵性是指机动车能及时准确地按驾驶员的转向指令转向，稳定性则是指机动车受到外界干扰后，能自行恢复正常行驶的方向，不发生倒滑、倾覆、失控等现象。

（5）行驶平顺性。机动车行驶时，对路面不平度的隔振特性称为机动车的行驶平顺性。机动车行驶的路面不平时，会激起振动，振动达到一定程度后，会使乘客感到不舒适和疲劳，或货物损坏，还会缩短车辆的使用寿命。

（6）通过性。机动车的通过性是指机动车在一定的载质量下能以足够高的平均车速，顺利通过不良路段或无路区域，并能克服各种障碍物的性能。机动车的用途不同，对通过性的要求也不一样。行驶在城市铺设路面的机动车，对通过性的要求并不突出，但对农用车或军用车辆，就要求有良好的通过性，因为这类车辆所行驶的路面条件复杂且较恶劣。

（7）排放污染和噪声污染。机动车的噪声随着城市车辆保有量的增加，已成为城市环境中最主要的噪声源。机动车主要有三个排放污染源：一是发动机排气管排出的燃烧废气（柴油车还排放大量的颗粒物），二是曲轴箱排放物，三是燃料蒸发排放物。这些排放物对环境的污染极大，会对人类身体产生严重的不良影响，因此，降低机动车的排放污染是一项重要工作。

培训单元 2　发动机

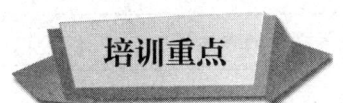

1. 熟悉内燃机的分类。
2. 掌握四冲程发动机的工作原理。
3. 了解二冲程发动机的工作原理。
4. 熟悉发动机的各项性能指标。

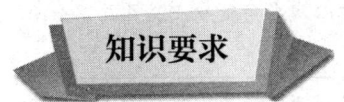

一、发动机的分类

发动机分为内燃机和外燃机两种。直接以燃料燃烧所生成的燃烧产物为工作介质的热机为内燃机，反之则为外燃机。内燃机的分类见表 3-2-1。内燃机与外燃机相比，具有结构紧凑、体积小、质量轻和容易启动等优点。因此，内燃机尤其是活塞式内燃机被极其广泛地用作机动车动力装置。

表3-2-1 内燃机的分类

分类方法	类别	含义
按冲程分类	二冲程内燃机	活塞经过两个行程完成一个工作循环的内燃机
	四冲程内燃机	活塞经过四个行程完成一个工作循环的内燃机
按着火方式分类	点燃式内燃机	压缩气缸内的可燃混合气，并用外源点火燃烧的内燃机
	压燃式内燃机	压缩气缸内的空气或可燃混合气，产生高温，引起燃料着火的内燃机
按使用燃料类型分类	液体燃料内燃机	燃烧液体燃料（汽油、柴油、醇类等）的内燃机
	气体燃料内燃机	燃烧气体燃料（液化石油气、天然气等）的内燃机
	多种材料内燃机	使用着火性能差异较大的两种或两种以上燃料的内燃机
按进气状态分类	非增压内燃机	进入气缸前的空气或可燃混合气未经压缩的内燃机。对于四冲程内燃机也称自吸式内燃机
	增压内燃机	进入气缸前的空气或可燃混合气先经过压气机压缩，借以增大充量密度的内燃机
按冷却方式分类	液冷内燃机	用液体直接冷却气缸和气缸盖等零件的内燃机
	风冷内燃机	用空气直接冷却气缸和气缸盖等零件的内燃机
按气缸数分类	单缸内燃机	只有一个气缸的内燃机
	多缸内燃机	具有两个或两个以上气缸的内燃机
按布置型式分类	立式内燃机	气缸布置于曲轴上方且气缸中心线垂直于水平面的内燃机
	卧式内燃机	气缸中心线平行于水平面的内燃机
	直列式内燃机	具有两个或两个以上直立气缸，并呈一列布置的内燃机
	V形内燃机	具有两个或两列气缸，气缸中心线夹角呈V形，并共用一根曲轴输出功率的内燃机
	对置气缸式内燃机	两个或两列气缸分别排列在同一曲轴的两边呈180°夹角的内燃机
	斜置式内燃机	气缸中心线与水平面呈一定角度（不是直角）的内燃机
按用途分类	汽车用、机车用、拖拉机用、船用、坦克用、摩托车用、发电用、农用、工程机械用等内燃机	

二、发动机的总体组成

1. 发动机的基本组成

发动机种类繁多,结构复杂,一台发动机由上万个零件组成。发动机由机体组件、曲柄连杆机构、配气机构、燃料供给系、润滑系、冷却系、点火系和启动系组成,如图3-2-6所示。其中,柴油机中没有点火系。发动机总体组成见表3-2-2。

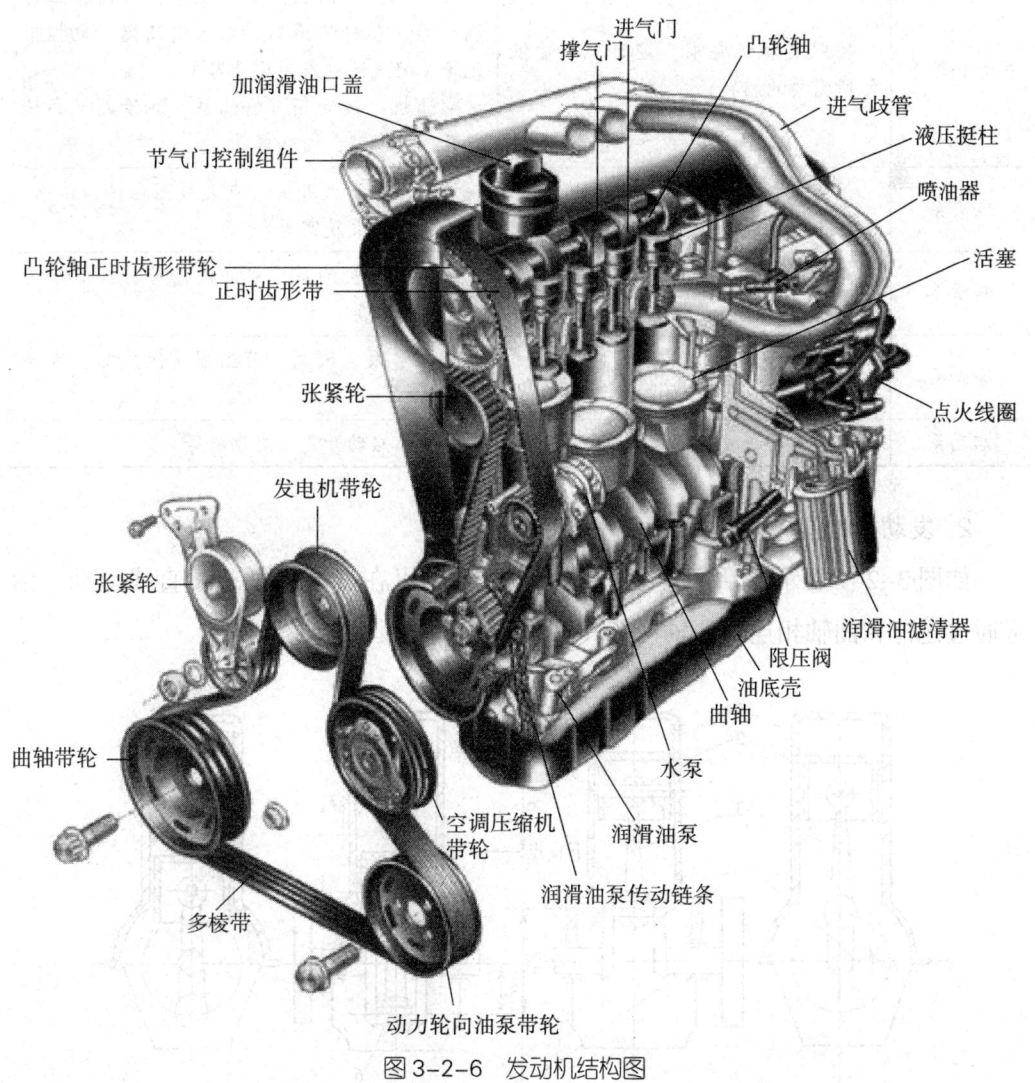

图3-2-6 发动机结构图

表 3-2-2 发动机总体组成

名称	功用	主要部件
机体组件	发动机的骨架支承着发动机的所有部件	机体、气缸、气缸盖、气缸垫等
曲柄连杆机构	将活塞顶的燃气压力转变为曲轴的转矩,输出机械能	活塞、连杆、曲轴、飞轮等
配气机构	按照发动机要求,定时开闭进、排气门,吸入空气,排出废气	空气滤清器,进、排气管系,配气机构(气门组件、凸轮轴、驱动机构),排气消音器等
燃料供给系	按照发动机要求,定时、定量供给所需要的燃料	汽油机:汽油箱、输油泵、滤清器、压力调节器、各种传感器、电控喷油器、电控单元等(旧汽油机采用化油器) 柴油机:柴油箱、输油泵、滤清器、高压油泵、调速器、喷油器等
点火系	按规定的时刻,准时点燃汽油机气缸内可燃混合气	蓄电池、点火开关、点火线圈组件、传感、电控装置、火花塞等
润滑系	润滑、减磨、延长使用寿命、密封、清洁、冷却、防锈蚀	油底壳、机油泵、机油滤清器、机油压力表、机油道等
冷却系	保持发动机在适宜的温度下工作	冷却水泵、风扇、节温器、散热器、冷却水道等
启动系	启动发动机	电池、启动开关、启动机等

2. 发动机的基本术语

如图 3-2-7 所示,活塞置于气缸中,活塞可以在气缸内做往复直线运动,活塞通过连杆和曲轴相连,曲轴可绕其轴线旋转。

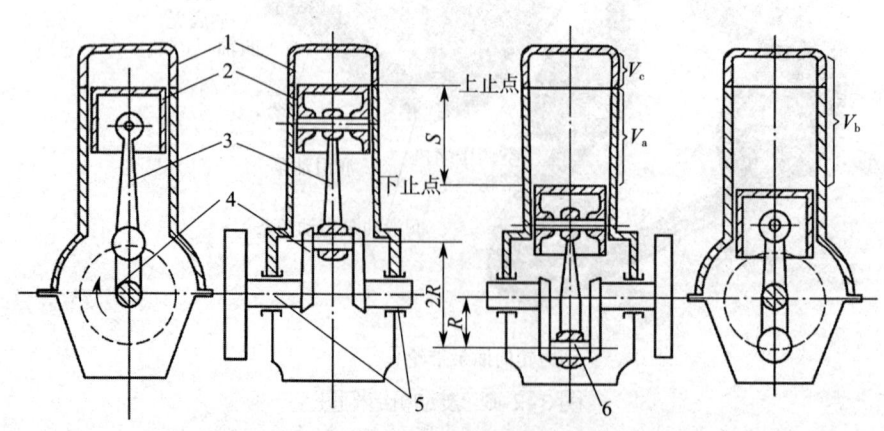

图 3-2-7 发动机基本术语
1—气缸 2—活塞 3—连杆 4—曲轴 5—曲轴主轴颈 6—曲轴连杆轴颈(曲柄销)

（1）上止点，为活塞离曲轴回转中心最远处，通常指活塞行到最高位置。

（2）下止点，为活塞离曲轴回转中心最近处，通常指活塞行到最低位置。

（3）活塞行程（S），为上、下两止点间的距离。

（4）曲柄半径，为与连杆下端（即连杆大头）相连的曲柄销中心到曲轴回转中心的距离（R）。曲轴每转一周，活塞移动两个行程。

（5）气缸工作容积（V_a），为活塞从上止点到下止点所让出的空间容积。

（6）发动机排量，为发动机所有气缸工作容积之和。

（7）燃烧室容积（V_c），为活塞在上止点时，活塞上方的容积。

（8）气缸容积（V_b），为活塞在下止点时，活塞上方的容积。它等于气缸工作容积与燃烧室容积之和。

（9）压缩比，为气缸容积与燃烧室容积的比值。压缩比表示活塞由下止点运动到上止点时，气缸内气体被压缩的程度。压缩比越大，压缩终了时气缸内的气体压力和温度就越高。一般汽油机的压缩比为6～10，柴油的压缩比为15～22。

（10）发动机的工作循环，为在气缸内进行的每一次将燃料燃烧的热能转化为机械能（进气、压缩、做功和排气）的过程。

（11）工况，为发动机在某一时刻的运行状况，以该时刻内燃机输出的有效功率和曲轴转速表示。曲轴转速即为内燃机转速。

（12）负荷率（简称负荷），为发动机在某一转速下发出的有效功率与相同转速下所能发出的最大有效功率的比值，以百分数表示。

三、发动机的基本结构与工作原理

1. 四冲程汽油发动机

（1）基本结构。单缸发动机功率小，转速不均匀，振动大。目前，发动机大多是多缸发动机，用得最多的是4缸、6缸、8缸发动机。

发动机是由多个结构相同的气缸组成，它们一般共用一个机体、一根曲轴。曲轴的曲柄布置使各缸做功行程均匀分布在720°曲轴转角内。气缸数越多，发动机工作越平稳，但结构也越复杂。

车用多缸四冲程汽油发动机的基本结构如图3-2-8所示。发动机气缸活塞在气缸中做往复运动，并通过连杆推动曲轴转动。气缸上方装有气缸盖，气缸盖上开有进气道和排气道，并分别由进气门和排气门控制其开闭，气缸盖上还安装有火花塞和电控喷油器。

图 3-2-8 四冲程汽油发动机（多缸）

（2）工作原理。四冲程汽油发动机由进气、压缩、做功和排气四个行程完成一个工作循环，其工作原理如图 3-2-9 所示。

1）进气行程。当活塞从上止点向下止点运动（相当于曲轴转角为 0°~180°）时，进气门开启，排气门关闭。由于活塞下移，活塞上腔容积增大，形成一定真空度，电控喷油器向进气道喷油，在真空吸力的作用下，经过滤清器的空气与喷油器供给的汽油混合后经进气门被吸入气缸，当活塞运动到下止点时，进气门关闭，停止进气，进气行程结束。

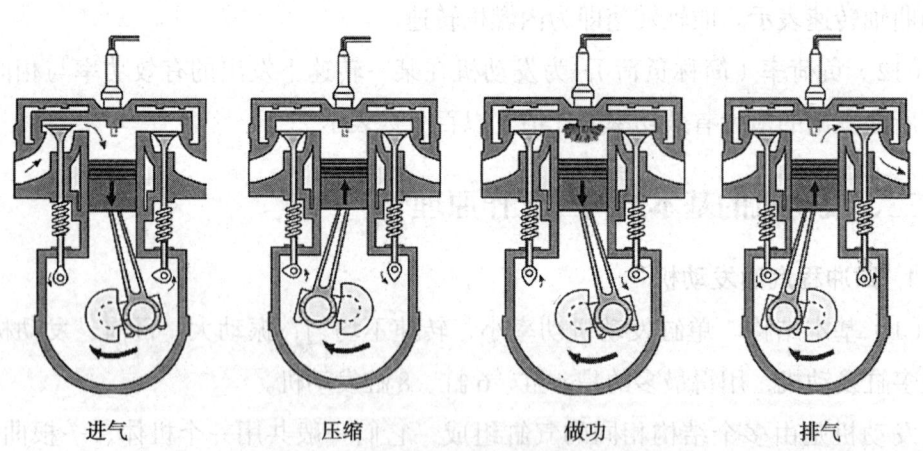

进气　　　　压缩　　　　做功　　　　排气

图 3-2-9 四冲程汽油发动机工作原理示意图

由于进气系统有阻力，因此进气终了时气缸内的气体压力低于大气压力。此外，由于气门、气缸壁、活塞等高温零件及前一个循环残留在气缸内的高温废气对混合气的加热，致使进气终了时气缸内的气体温度高于大气温度。

2）压缩行程。进气行程结束时，活塞在曲轴的带动下，从下止点向上止点运动。此时，进、排气门均关闭，随着活塞上移，活塞上腔容积不断减小，进入气缸的混合气被压缩,至活塞到达上止点时,其压力和温度同时升高,压缩行程结束。

3)做功行程(膨胀行程)。在压缩行程末,火花塞开始点火,进、排气门均关闭,进入气缸的可燃混合气被点燃、燃烧,产生大量的热能,导致气缸内气体压力和温度迅速上升,气体体积急剧膨胀,推动活塞从上止点向下止点运动,再通过连杆使曲轴旋转并输出机械能,至活塞运动到下止点时做功行程结束。

4)排气行程。在做功行程结束,即排气行程开始时,排气门被打开,进气门仍然关闭,曲轴通过连杆带动活塞由下止点向上止点运动,此时膨胀过后的燃烧气体在其自身剩余压力和活塞的推动下,经排气门排出气缸,至活塞运动到上止点时,排气行程结束,排气门关闭。

至此,四冲程汽油发动机经过进气、压缩、做功和排气四个行程完成一个工作循环。

2. 四冲程柴油发动机

四冲程柴油发动机工作循环同样包括进气、压缩、做功和排气四个行程,在各个活塞行程中,进、排气门的开闭和曲柄连杆机构的运动与四冲程汽油发动机完全相同。与四冲程汽油发动机相比不同的是,它没有火花塞,喷油器直接安装在气缸顶,向气缸内喷油。

四冲程柴油发动机工作原理与四冲程汽油发动机也有所不同,如图3-2-10所示,在进气行程,四冲程柴油发动机进入气缸的是纯空气,而不是可燃混合气;在压缩行程末,四冲程柴油发动机喷油器向气缸喷入高压柴油,由于气缸的高温

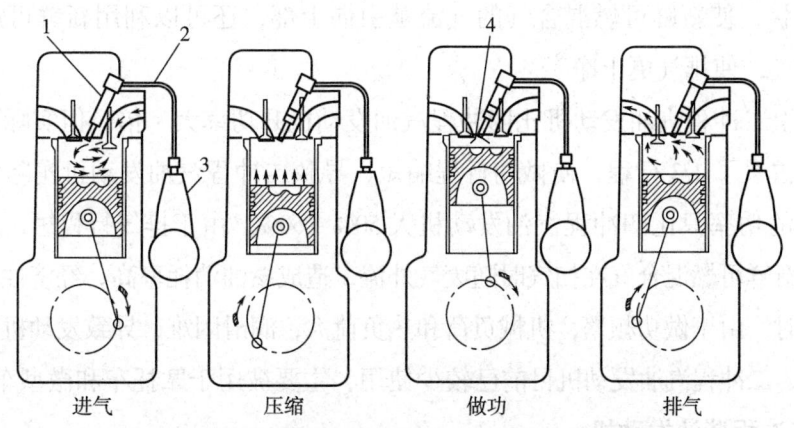

图3-2-10 四冲程柴油发动机工作原理示意图
1—喷油器 2—高压油管 3—喷油泵 4—燃烧室

高压作用,柴油迅速着火燃烧,使气体急剧膨胀,推动活塞做功。其着火方式属于压燃式,而不是汽油发动机的点燃式。

柴油的性质与汽油不同,柴油的黏度高,不易挥发,自燃点低,不会产生爆燃。为了使柴油可靠着火,提高发动机燃烧热效率,柴油发动机的压缩比会比汽油发动机的压缩比高得多,其最高燃烧压力也比汽油发动机高。

3. 二冲程汽油发动机

(1)结构特点。二冲程汽油发动机与四冲程汽油发动机不同的是没有进、排气门,分别以进气孔和排气孔代之,由活塞圆柱面控制其开闭。另外,还有扫气孔,扫气时曲轴箱和气缸连通。

(2)工作原理

1)第一行程(换气-压缩行程)。活塞在曲轴的带动下由下止点向上止点运动。活塞自下止点到活塞圆柱面,将排气孔和扫气孔都关闭时,开始压缩上一循环吸入气缸内的汽油与空气混合的可燃混合气,同时在活塞下面的曲轴箱内形成真空度(曲轴箱是密封的)。当活塞继续上行时,进气孔打开,新的可燃混合气经进气孔被吸入活塞下方的曲轴箱内。

2)第二行程(做功-换气行程)。活塞由上止点向下止点运动。当活塞接近上止点时,火花塞点火,点燃被压缩的可燃混合气,高温、高压气体急剧膨胀,推动活塞向下运动,对外做功。当活塞下行至关闭进气孔、露出排气孔时,气缸开始排气,同时压缩活塞下方的可燃混合气;活塞继续下行到露出扫气孔时,受到预压的新鲜可燃混合气自扫气孔流入缸内,并扫除废气。

为了防止新鲜可燃混合气大量与废气混合并排出气缸而造成浪费,活塞顶做成特殊形状,使新鲜可燃混合气的气流被引向上部,还可以利用新鲜可燃混合气来扫除废气,使排气更干净。

理论上二冲程汽油发动机比四冲程汽油发动机升功率大一倍,但实际上由于排气、换气占去了1/3行程,使做功行程缩短,导致二冲程汽油发动机实际单位气缸工作容积的功率只比四冲程汽油发动机大50%~60%。由于排气行程短,废气排不净,部分新鲜可燃混合气在扫气时随废气外流,造成燃油消耗率高,经济性差,排放增加。同时,由于做功频繁,机械负荷和热负荷大,润滑困难,导致发动机使用寿命短。因此,二冲程汽油发动机目前已较少使用,主要被用于摩托车和微型车上。

4. 二冲程柴油发动机

(1)结构特点。与二冲程汽油发动机不同的是,二冲程柴油发动机的结构在气缸盖上安装有排气门和喷嘴。当排气门打开时，排出的废气冲击排气涡轮叶片使其旋转，并带动离心式风机旋转，将空气加压，增压空气经冷却器冷却后进入集流箱，再从缸套上的空气进气孔进入气缸。

（2）工作原理

1）第一行程。活塞自下止点向上止点运动。行程开始时，进气孔和排气门均开启，利用从离心式风机压来的空气使气缸换气。活塞继续向上移动，进气孔被遮盖，排气门关闭，气缸内空气被压缩，压力和温度上升。当活塞接近上止点时，高压燃油从泵喷嘴喷入气缸并着火燃烧，使气缸内压力急剧升高。

2）第二行程。高温高压气体急剧膨胀，推动活塞从上止点向下止点运动，对外做功。活塞接近下止点时，排气门开启，排出的废气冲击排气涡轮叶片使其旋转，并带动离心式风机旋转，将空气加压，增压空气经冷却器冷却后再从缸套上的空气进气孔进入气缸，进行换气。

二冲程柴油发动机的工作过程与二冲程汽油发动机的工作过程不同的是，进入二冲程柴油发动机气缸的是纯空气，而不是可燃混合气，而且空气进入气缸前先经过增压，所以二冲程柴油发动机比二冲程汽油发动机的经济性好。二冲程柴油发动机主要应用于内燃机车、低速船用柴油机。

5. 不同类型内燃机的比较

（1）四冲程汽油发动机与四冲程柴油发动机的比较

1）共同点

①每个工作循环都包含进气、压缩、做功、排气四个行程，每个行程各占180°曲轴转角，即曲轴每旋转两周完成一个工作循环。

②四个行程中，只有一个是做功行程，其余三个是耗功行程。显然，在做功行程中曲轴旋转的角速度要比其他三个行程时大得多，即在一个工作循环内曲轴的角速度是不均匀的。为了改善曲轴旋转的不均匀性，可在曲轴上安装转动惯量较大的飞轮或采用多缸内燃机并使其按一定的工作顺序依次进行工作。

2）不同点

①汽油发动机的可燃混合气在气缸外部开始形成并延续到进气和压缩行程终了，时间较长。柴油发动机的可燃混合气在气缸内部形成，从压缩行程接近终了时开始，并占小部分做功行程，时间很短。

②汽油发动机的可燃混合气用电火花点燃，柴油发动机则是自燃。所以，又称汽油发动机为点燃式内燃机，柴油发动机为压燃式内燃机。

（2）二冲程内燃机与四冲程内燃机的比较

1）二冲程内燃机曲轴每转一周完成一个工作循环，做功一次。当曲轴转速相同时，二冲程内燃机单位时间的做功次数是四冲程内燃机的两倍。由于曲轴每转一周做功一次，因此曲轴旋转的角速度比较均匀。

2）二冲程内燃机的换气过程时间较短，仅为四冲程内燃机的1/3左右。另外，二冲程内燃机的进、排气过程几乎同时进行，利用新气扫除废气，新气可能流失，废气也不易清除干净。因此，二冲程内燃机的换气质量较差。

四、曲柄连杆机构与配气机构

1. 曲柄连杆机构

曲柄连杆机构的作用是将燃料燃烧时产生的热能转变为活塞往复运动的机械能，再通过连杆将活塞的往复运动转变为曲轴的旋转运动而对外输出动力。曲轴连杆机构由机体组、活塞连杆组、曲轴飞轮组三部分组成。

（1）机体组。机体组主要包括气缸体、曲轴箱、油底壳、气缸套、气缸盖和气缸垫等部件，如图3-2-11所示。

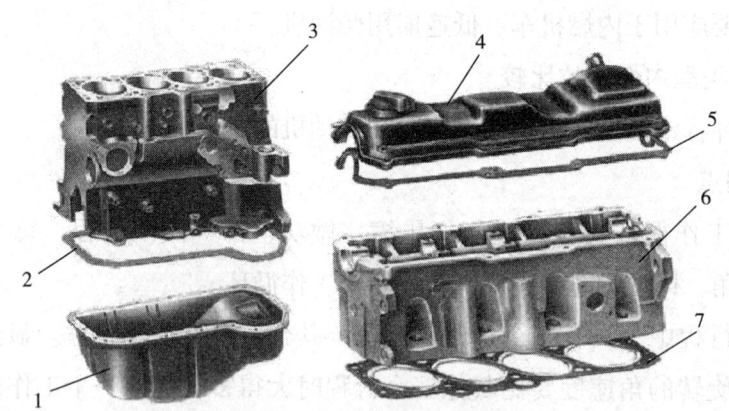

图3-2-11　机体组

1—油底壳　2—衬垫　3—气缸体　4—气缸盖罩　5—衬垫　6—气缸盖　7—气缸垫

气缸体是气缸的壳体，曲轴箱是支撑曲轴做旋转运动的壳体，两者组成了发动机的机体。其结构形式有整体式和分体式两种。

（2）活塞连杆组。活塞连杆组由活塞、活塞环、活塞销和连杆等主要机件组成，如图3-2-12所示。

活塞的作用是与气缸壁等共同组成燃烧室，承受气缸中燃烧气体的压力，并将此力通过活塞销传给连杆，以推动曲轴旋转。

活塞环可分为气环和油环两大类（图3-2-13）。气环也叫压缩环，用来密封活塞与气缸壁的间隙，防止气缸内的气体窜入油底壳，以及将活塞头部的热量传给气缸壁，再由冷却水或空气带走。另外，还起到刮油、泵油的辅助作用。一般发动机的每个活塞装有 2~3 道气环。油环用来刮气缸壁上多余的润滑油，并在气缸壁上涂一层均匀的润滑油膜，这样可以防止润滑油窜入燃烧室燃烧，又可以减小活塞、活塞环与气缸的磨损和摩擦阻力。此外，油环也起到密封的辅助作用。通常发动机有 1~2 道油环。

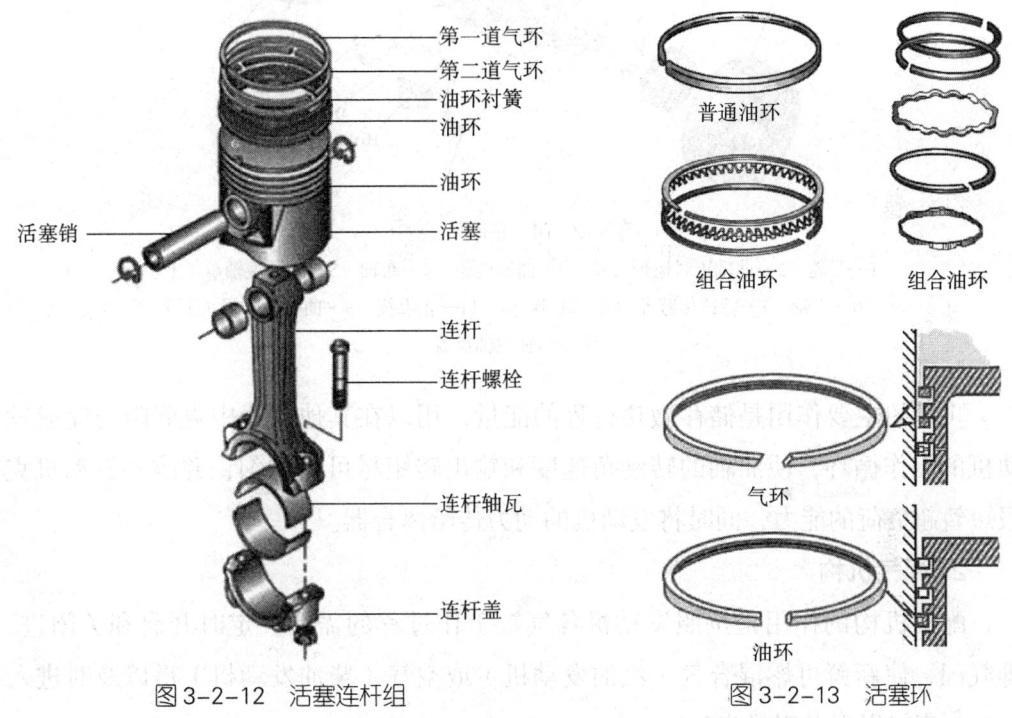

图 3-2-12　活塞连杆组　　　　　图 3-2-13　活塞环

连杆的作用是将活塞承受的力传给曲轴，把活塞的往复运动变为曲轴的旋转运动。连杆可分为大头、小头和杆身三部分。连杆小头用来安装活塞销，以连接活塞。杆身通常做成工字形断面，以求在强度和刚度足够的前提下减小质量。连杆大头与曲轴的连杆轴颈相连。为了便于安装，大头一般做成分开式，一半为连杆体大头，另一半为连杆盖，二者一般用螺栓装合。

（3）曲轴飞轮组。曲轴飞轮组主要由曲轴、扭转减振器、飞轮、带轮、正时齿轮（或链轮）等组成，如图 3-2-14 所示。

曲轴是发动机中最重要的机件之一。其作用主要是把活塞连杆组传来的气体压力转变为扭矩对外输出；另外，还用来驱动发动机的配气机构及其他各种辅助装置（如发电机、风扇、水泵、转向油泵、凸轮轴机构等）。

扭转减振器的作用是吸收曲轴扭转振动的能量，消减扭转振动。

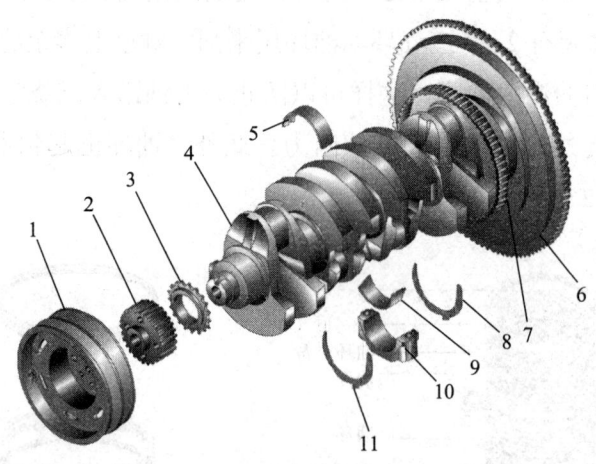

图3-2-14 曲轴飞轮组
1—带轮 2—曲轴正时齿形带轮 3—曲轴链轮 4—曲轴 5—曲轴主轴承（上）
6—飞轮 7—转速传感器信号发生器 8、11—止推垫 9—曲轴主轴承（下）
10—曲轴主轴承盖

飞轮的主要作用是储存做功行程的能量，用以在其他行程中克服阻力完成发动机的工作循环，使曲轴的转动角速度和输出转矩尽可能均匀，并改善发动机克服短暂超负荷的能力，同时将发动机的动力传给离合器。

2. 配气机构

配气机构的作用是按照发动机各气缸工作过程的需要，定时开启和关闭进、排气门，使新鲜可燃混合气（汽油发动机）或空气（柴油发动机）得以及时进入气缸，废气得以及时排出气缸。

根据凸轮轴的位置不同，配气机构分为下置式、中置式和上置式。上置式通常也称顶置式。目前，配气机构多采用顶置式气门。以顶置式为例，配气机构包括气门驱动组（由正时齿轮及凸轮轴组成）、气门传动组（由挺柱、推杆、摇臂轴及支座、摇臂及调整螺钉等组成）、气门组（由气门、气门导管、气门弹簧、气门锁片及弹簧等组成）。

图3-2-15所示为一台顶置凸轮轴直列4缸发动机的配气机构布置情况。该发动机使用正时齿形带驱动凸轮轴，凸轮轴直接驱动8个气门，在凸轮轴和气门之间布置了液压挺柱组件。凸轮轴由曲轴通过前端的正时齿轮带动旋转。当凸轮凸起部分顶起挺柱时气门开启，当凸起部分离开挺柱时气门关闭。

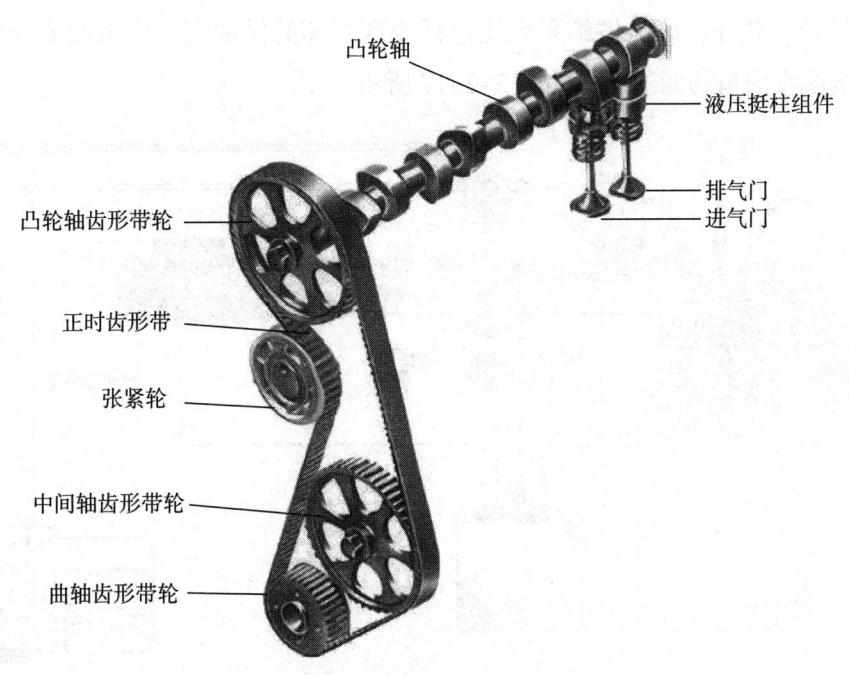

图 3-2-15 顶置凸轮轴直列 4 缸发动机的配气机构

五、燃料供给系

1. 汽油发动机燃料供给系

(1) 汽油发动机燃料供给系的功能。在发动机工作时，大量的空气和燃料顺畅地充进气缸，在这一过程中，燃料供给系的作用是控制供给发动机的空气量和汽油量。汽油供给装置大体可分为两大类，即化油器方式和汽油喷射方式。目前，汽车均采用汽油喷射方式。在汽油发动机上，不论是化油器方式还是汽油喷射方式的燃料供给装置，其最基本的供油形式都是把汽油雾化，并使雾化的汽油与空气充分混合。

作为燃料和空气的供给装置，化油器在很长一段时期内发挥了很大的作用。随着汽车技术的飞速发展，性能好、动力强、节省燃料、各工况之间衔接好的汽油喷射装置取代了化油器。目前，电控汽油喷射汽油发动机都是采用向进气管喷射汽油或缸内直喷汽油的方式。

(2) 电控汽油喷射装置的结构组成。电控汽油喷射装置包括燃料供给系统、进气系统和检测发动机运转状态的各种传感器，以及电子控制系统等，如图 3-2-16 所示。

1) 燃料供给系统。燃料供给系统使用电动泵给汽油加压，并把汽油输送到各汽油喷嘴处。此外，燃料供给系统还包括输送汽油的供油管、压力调节阀和把多余汽油送返汽油箱的回油管，如图 3-2-17 所示。

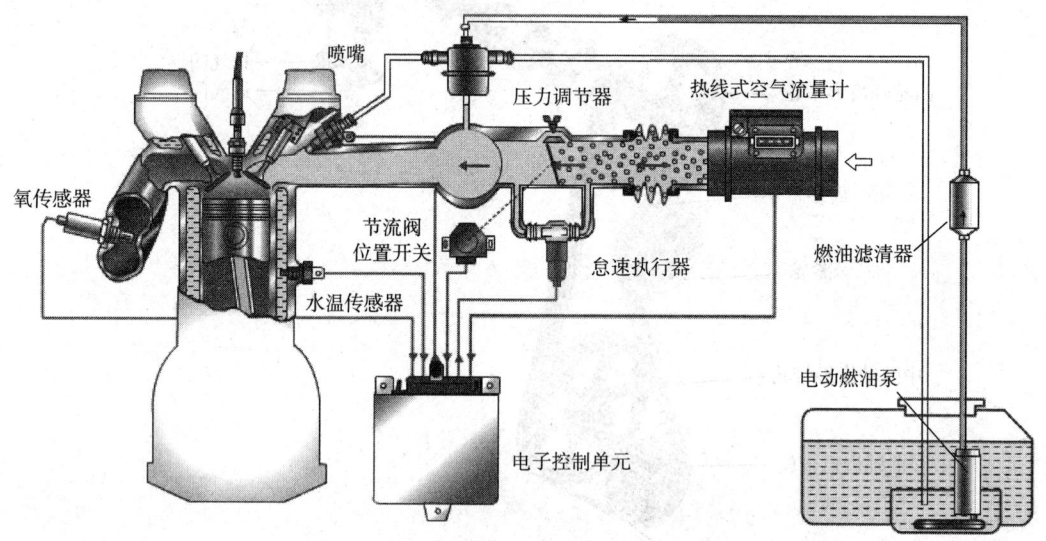

图 3-2-16　电控汽油喷射装置的组成

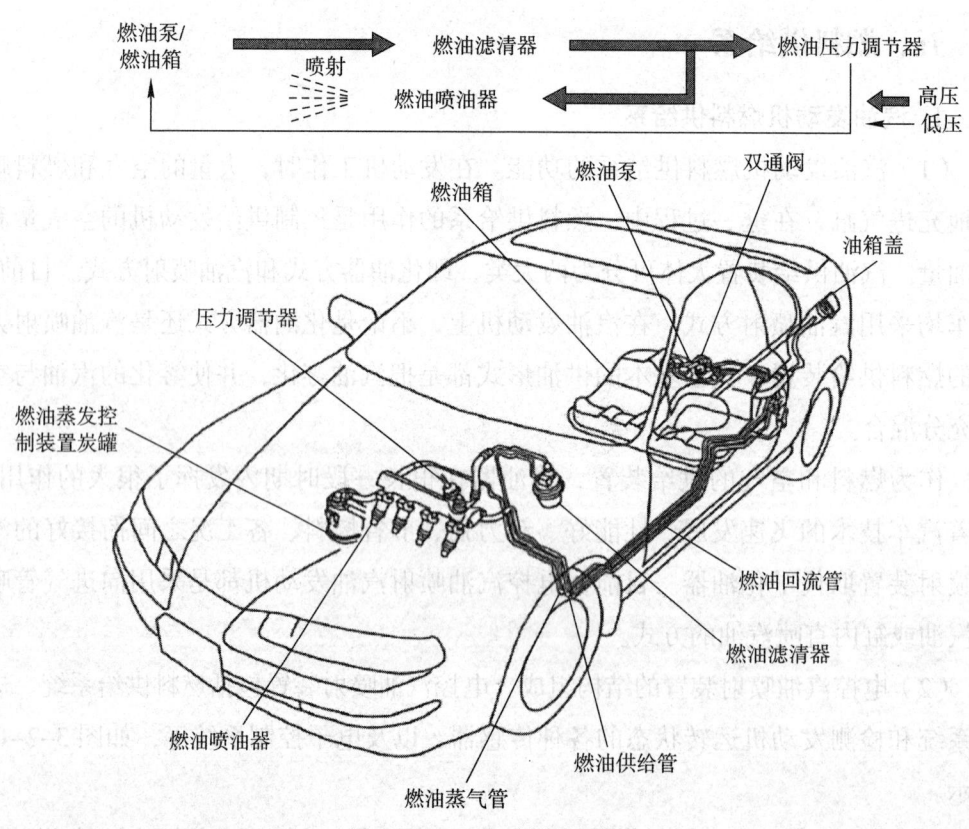

图 3-2-17　燃油供给系统

2)进气系统。进气系统的作用是根据节气门的开度控制发动机的进气量。进气系统主要包括空气流量计、空气滤清器和节气门等部件,如图3-2-18所示。

3)电子控制系统。电子控制系统的主体是一个电子控制单元和若干个传感器(图3-2-19)。在发动机工作过程中,该系统具有两种功能。一是收集信息了解发动机的运转工况;二是根据发动机的运转状态,按着预先给定的程序,计算出最佳汽油喷射量和最佳喷射正时,并发出指令,由汽油喷嘴按时按量地进行喷射。电子控制单元利用各种传感器收集各类信息(如汽车车速、冷却液温度、进气温度、排气中的氧浓度、蓄电池电压、进气流量、发动机转速、节气门开度等),了解发动机运转状态。

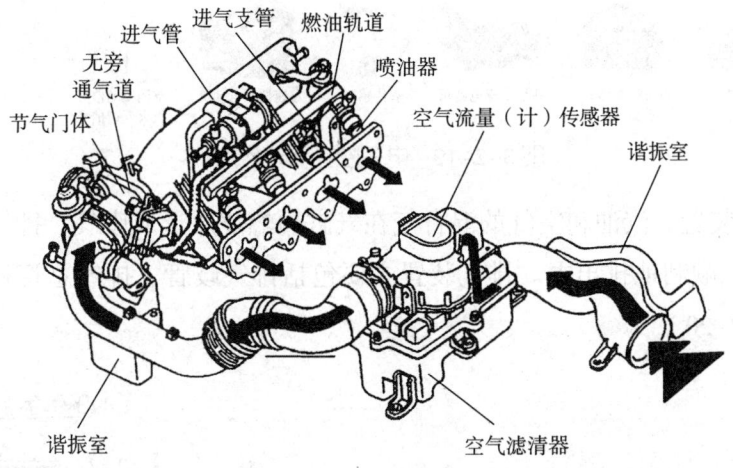

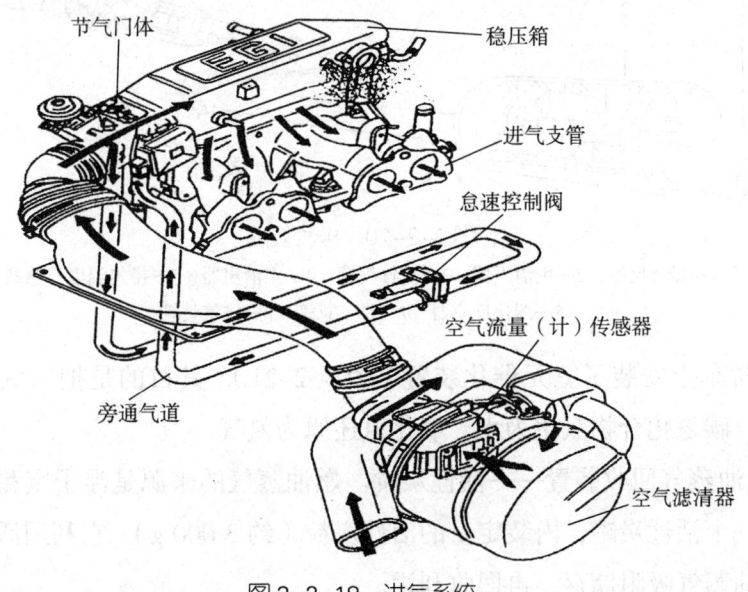

图 3-2-18 进气系统

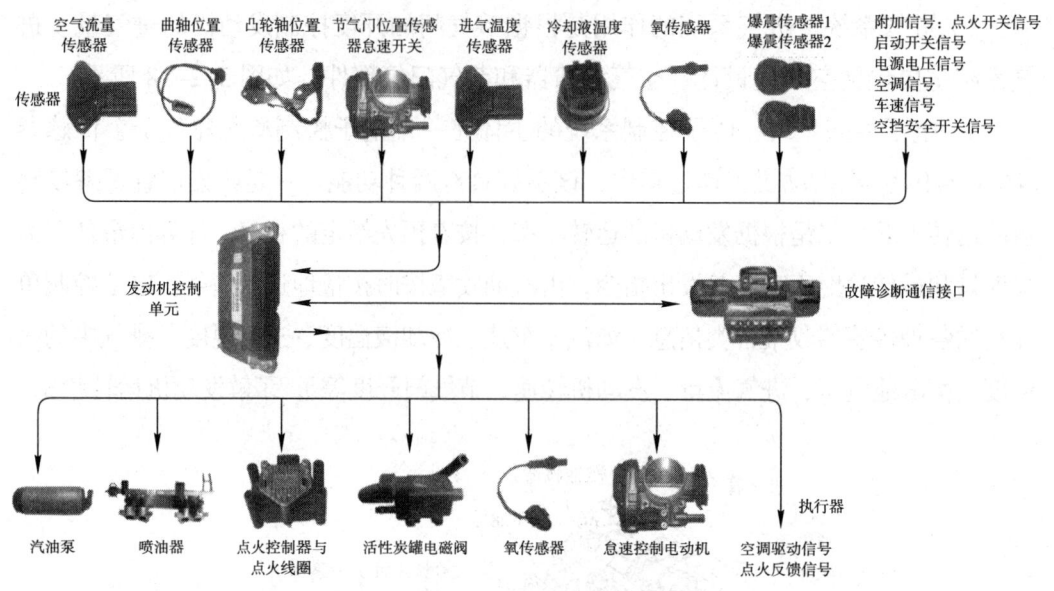

图 3-2-19 电子控制系统组成

4）排气装置。汽油和空气的混合气在气缸内燃烧后形成废气，排气装置的作用就是将废气顺利地排出去。排气装置主要包括排气歧管、排气总管和消声器等零件（图 3-2-20）。

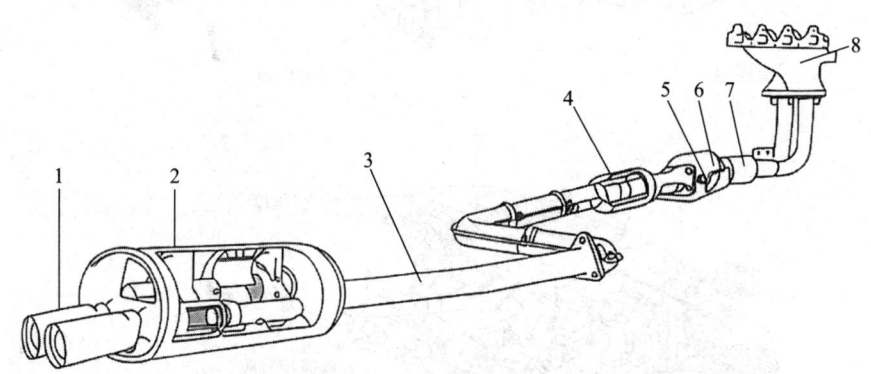

图 3-2-20 排气装置

1—排气尾管 2—主消声器 3—后排气管 4—副消声器 5—排气温度传感器
6—催化反应器 7—排气总管 8—排气歧管

一些轿车上安装了三元催化装置（图 3-2-21），其目的是把一氧化碳氧化为二氧化碳、碳氢化合物氧化为水、氧化氮还原为氮气。

5）燃油蒸气回收装置——活性炭罐。燃油蒸气的来源是浮子室和燃油箱，回收装置是一个活性炭罐，内装定量的活性炭粒（约 3 000 g），它利用活性炭微孔表面积将燃油蒸气吸附储存，再回收利用。

图 3-2-22 所示为燃油蒸气回收装置。活性炭罐并联在油箱和浮子之间，用三条管路分别连通油箱、浮子室、进气管，形成一个燃油蒸气回收和再利用净化管路系统。活性炭罐两进口处装有单向阀，以防燃油蒸气倒流。罐的底部有空气滤网，新鲜空气经滤网进入，从炭粒中带走燃油蒸气分子，并防止混合气过浓。

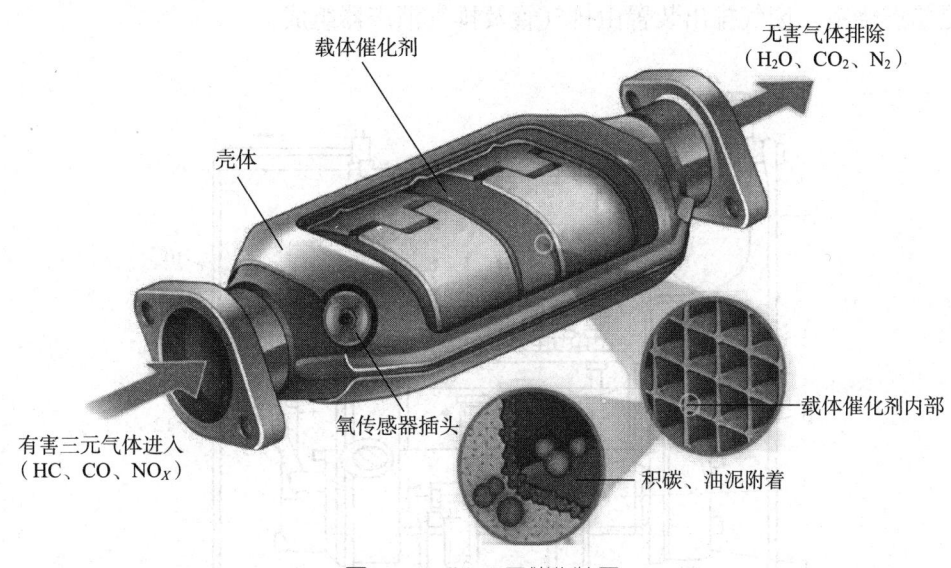

图 3-2-21 三元催化装置

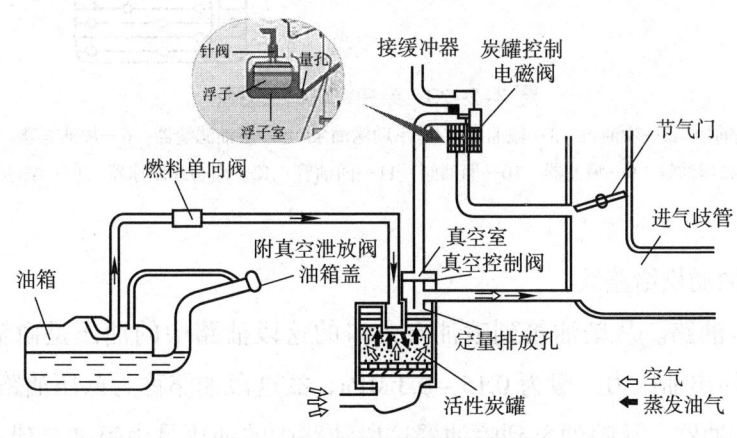

图 3-2-22 燃油蒸气回收装置

2. 柴油发动机燃料供给系

柴油发动机燃料供给系的作用是根据柴油发动机的工作要求，定时、定量、定压地将雾化质量良好的柴油按一定的喷油规律喷入气缸内，并使其与空气迅速而良好地混合和燃烧。燃料供给系是柴油发动机最重要的辅助系统，它的工作情况对柴油发动机的功率和经济性能都有重要影响。

（1）燃料供给系的组成。燃料供给系由燃油供给装置、空气供给装置、混合气形成装置及废气排出装置四部分组成（图3-2-23）。燃油供给装置由柴油箱、输油泵、低压油管、滤清器、喷油泵、高压油管和喷油器及回油管等组成。空气供给装置由空气滤清器、进气管等组成，有的还装有增压器。混合气形成装置主要是指燃烧室。废气排出装置由排气管及排气消声器组成。

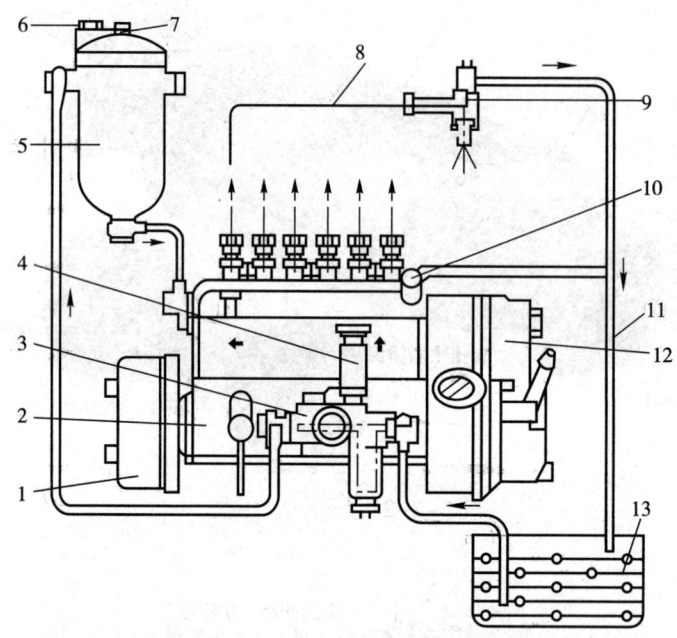

图3-2-23 柴油机燃料供给系

1—自动供油提前器 2—喷油泵 3—输油泵 4—手动输油泵 5—燃油滤清器 6—加油螺塞 7—放气螺塞 8—高压油管 9—喷油器 10—回油阀 11—回油管 12—离心式调速器 13—柴油箱

（2）燃油的供给路线

1）低压油路。从柴油箱到喷油泵入口的这段油路中的油压是由输油泵建立的，输油泵的出油压力一般为0.15~0.3MPa，故这段油路称为低压油路。

2）高压油路。从喷油泵到喷油器这段油路中的油压是由喷油泵建立的，压力一般在10MPa以上，故这段油路称为高压油路。

3）多余的燃油回流。由于输油泵的供油量比喷油泵的最大喷油量大3~4倍，为了保持进入喷油泵进油室内的油压稳定，喷油泵进油室的一端装有限压阀（又称溢流阀），大量多余的燃油经限压阀和回油管流回输油泵的进口或直接流回柴油箱。喷油器工作间隙泄漏的极少数柴油也经回油管流回柴油箱。

六、点火系与启动系

1. 点火系

（1）点火系的功用。点火系的功能是产生电火花，点燃气缸内的压缩混合气并使其燃烧。

（2）点火系的组成。点火系的主要组成如图 3-2-24 所示。其中，点火线圈用于为点火提供高压电，所以又叫高压线圈；触点式断电器用于在发动机需要电火花的点火时刻提供高压电；分电器用于适时、准确地把高压电分配给各缸火花塞；高压线用于把分电器的高压电接送给火花塞；火花塞则利用高压电火花点燃气缸里的混合气。

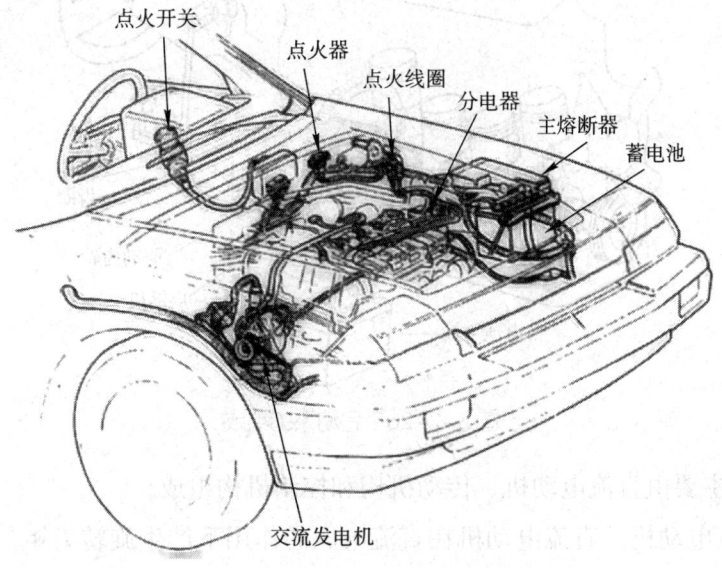

图 3-2-24　点火系统的主要组成

（3）点火系统的类型如图 3-2-25 所示。

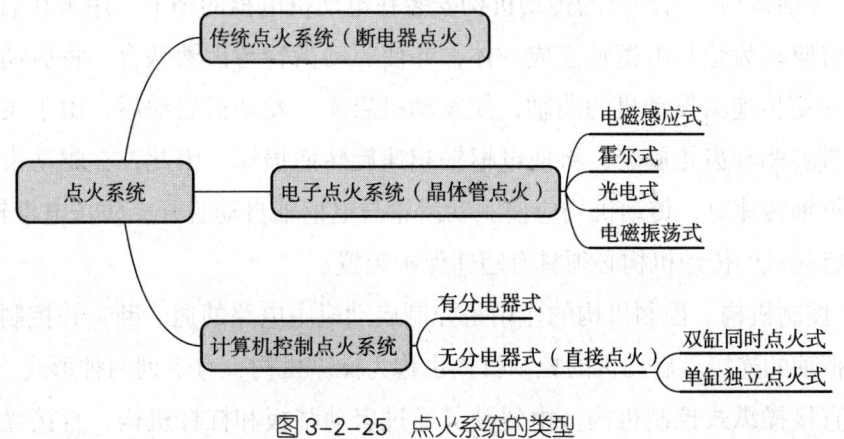

图 3-2-25　点火系统的类型

2. 启动系

（1）启动系的功用。所谓发动机启动，就是用外力转动静止的曲轴，直至曲轴达到能保证混合气形成、压缩和燃烧并顺利运行的转速（称为启动转速，通常在 50 r/min 以上），使发动机自行运转的过程。

（2）启动系的组成。启动系主要由启动机、启动机继电器、点火开关、启动齿圈等组成，如图 3-2-26 所示。

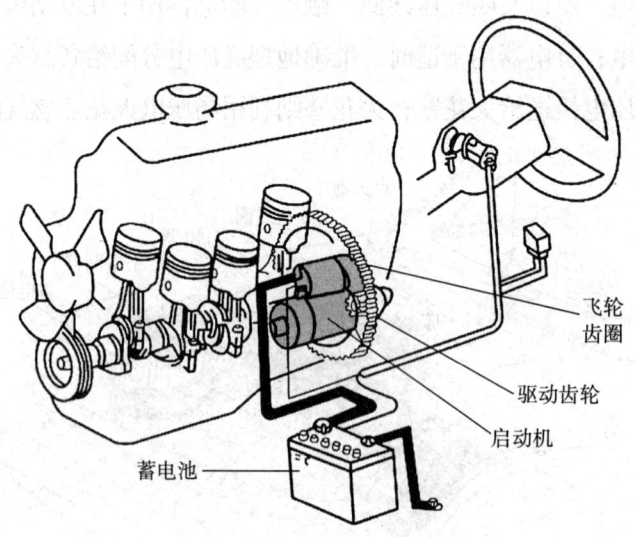

图 3-2-26　启动系的组成

启动机主要由直流电动机、传动机构和控制机构组成。

1）直流电动机。直流电动机在直流电压的作用下产生旋转力矩，称为电磁转矩。启动发动机时，它通过驱动齿轮、飞轮的齿圈驱动发动机的曲轴旋转，使发动机启动。

2）传动机构。启动机的传动机构安装在电动机电枢的轴上，用来在启动发动机时，将驱动齿轮与电枢轴连成一体，并使驱动齿轮与齿圈啮合，将启动机产生的电磁转矩传递给发动机的曲轴，使发动机启动。发动机启动后，由于飞轮转速提高，带着驱动齿轮旋转，将使电枢轴超速旋转而损坏。因此，在驱动齿轮转速超过电枢轴转速时，传动机构应使驱动齿轮与电枢轴自动脱开，防止电枢轴超速。为此，启动机的传动机构必须具有超速保护装置。

3）控制机构。控制机构的作用是控制启动机主电路的通、断，并控制驱动齿轮与电枢轴的连接。启动机的控制机构也称为操纵机构，有下列两种形式。

①直接操纵式控制机构。由驾驶员通过启动踏板和杠杆机构，直接操纵启动

开关接通启动机的主电路,并使驱动齿轮随着电枢轴一同旋转来驱动飞轮。

②电磁操纵式控制机构。由驾驶员通过启动开关操纵启动机的电磁开关,或通过启动继电器操纵启动机的电磁开关,接通启动机的主电路,并使驱动齿轮随着电枢轴一同旋转来驱动飞轮。

七、冷却系与润滑系

1. 冷却系

(1)冷却系的功用。发动机工作时,由于燃料的燃烧,气缸内气体温度高达1 927~2 527 ℃,发动机零部件温度升高,特别是直接与高温气体接触的零件,若不及时冷却,则难以保证发动机正常工作。冷却系将保持发动机在最适宜的温度范围内(80~90 ℃)工作。

(2)冷却方式。根据不同冷却介质不同,可分为水冷却式和风冷却式。

1)水冷却式。以水为冷却介质,热量先由机件传递给水,靠水的流动把热量带走,而后散入大气中。散热后的水再重新流回到受热机件处,适当调节水路和冷却强度,就能保持发动机的正常工作温度。同时,还可以用热水预热发动机,便于冬季启动。

2)风冷却式。以空气为冷却介质,高温机件的热量直接散入大气。

(3)冷却系的组成。目前,汽车发动机均采用强制循环式水冷却系,它主要由风扇、水泵、水套、散热器、水管、水温表和水温传感器等组成,各零部件布置如图3-2-27所示。

2. 润滑系

(1)润滑系的功用。在发动机运转时,必须向各润滑部位提供润滑油进行润滑。润滑系的作用就是不断地使润滑油循环,润滑发动机的各个部位,使发动机的各个零件都能发挥出最大的性能。功用具体包括:

1)润滑。润滑油能在两个相对运动的零件表面形成油膜,将零件间的直接摩擦变为间接摩擦,减少零件磨损和功率损耗。

2)密封。润滑油具有黏性,附着于各润滑部位的表面,填充了相互间的间隙,提高零件的密封效果。

3)散热。循环流动的润滑油不断地吸收并带走零件摩擦时产生的热量,使零件保持正常的工作温度。

4)清洗。润滑油在循环流动时,能将零件相互摩擦时产生的金属屑带走。

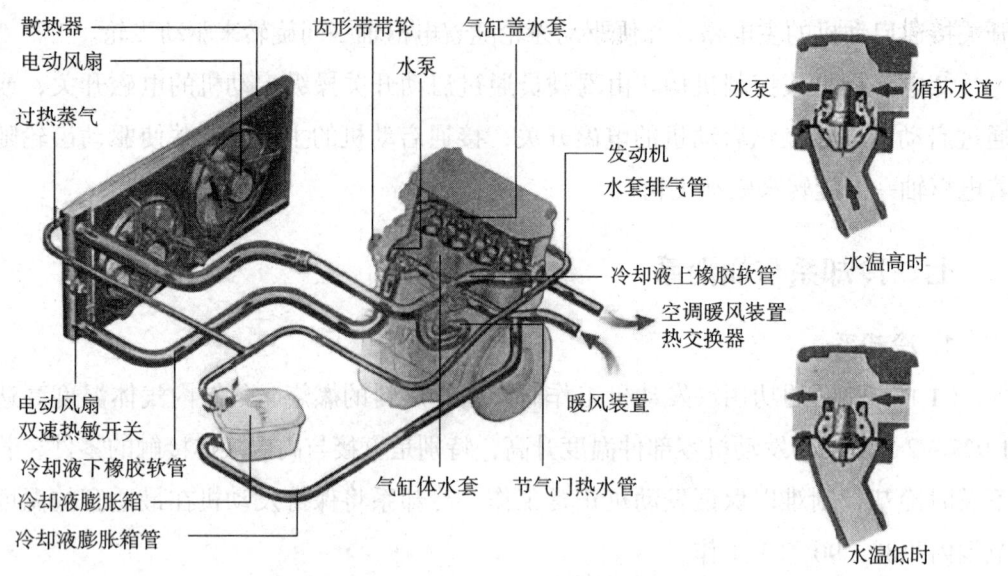

图 3-2-27 冷却系的零件分布

5)防锈。附着于零件表面的润滑油膜,可以防止水、空气和酸性气体对零件表面的氧化和腐蚀。

(2)润滑系的组成。润滑系主要由油底壳、机油泵、滤清装置、限压阀、压力表、油尺、油道、油管等组成。汽油机发动机润滑系如图 3-2-28 所示。

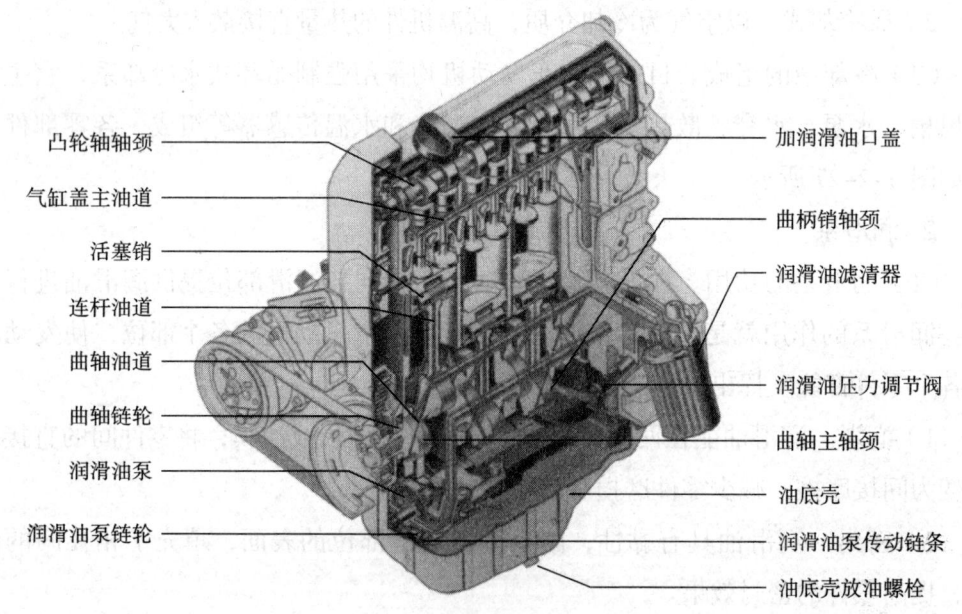

图 3-2-28 汽油发动机润滑系

发动机工作时,润滑油泵将润滑油从油底壳吸入,并压送到润滑油滤清器,经滤清器后的润滑油流入主油道,然后分别流入各曲轴轴承、凸轮轴轴承、连杆轴承等处，最后又重新回到油底壳。由于轿车发动机转速高、功率大、凸轮轴多为顶置，润滑油泵一般由中间轴驱动；配气机构多采用液压挺柱；在主油道与润滑油泵之间多用单级全流式滤清器，以简化滤清系统。集滤器为固定淹没式，避免润滑油泵吸入表面泡沫，保证润滑系工作可靠。

由于柴油润滑油机与汽油润滑油机的结构和工作条件不一样，其润滑系的组成和油路也各有不同。柴油润滑油机的机械负荷和热负荷较大，其活塞一般专设油道进行冷却，所配用的喷油泵、调速器、增压器等也需要润滑，因此，要求柴油润滑油机的润滑强度较高。为了保证润滑系工作可靠，通常设有润滑油散热器，如图 3-2-29 所示。

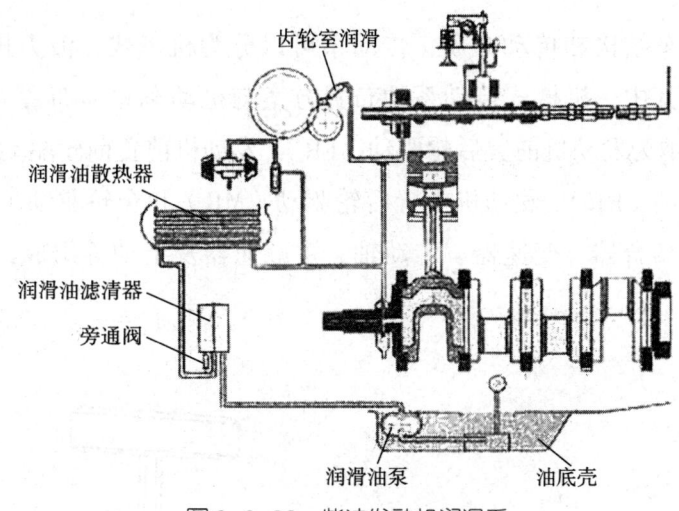

图 3-2-29 柴油发动机润滑系

培训单元 3 　 底盘

1. 掌握底盘各主要总成的结构和工作原理。
2. 熟悉各系统主要部件的功用和工作原理。

知识要求

底盘负责将发动机的动力进行传递和分配，并按驾驶员要求行驶（加速、减速、转向、制动等），由传动系、行驶系、转向系和制动系等组成。

一、传动系

传动系将发动机发出的动力传给驱动车轮，为保证机动车在不同使用条件下正常行驶，必须具备减速增扭、实现机动车倒驶、中断动力传递和车轮差速这四项功能。

根据机动车结构和传动介质，传动系可以分为机械式、液力机械式、静液式和电力式。其中，机械式传动系的布置方案与机动车总体布置方案是相适应的，同样可归纳为发动机前置后轮驱动（FR）、发动机前置前轮驱动（FF）、发动机后置后轮驱动（RR）、发动机中置后轮驱动（MR）和全轮驱动（4WD）方案。传动系主要由离合器、变速器、传动轴、主减速器及半轴等组成，如图3-2-30所示。

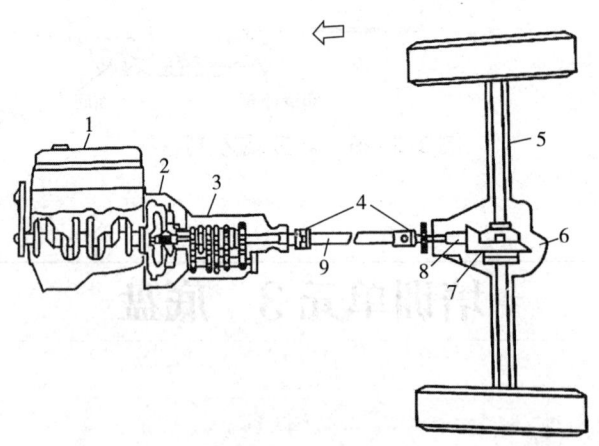

图3-2-30 传动系的一般组成和布置
1—发动机 2—离合器 3—变速器 4—万向节
5—半轴 6—差速器 7—主减速器 8—驱动桥 9—传动轴

1. 离合器

发动机只能在无负荷的情况下启动，故在机动车起步前必须先将发动机与驱动轮之间的传动路线切断，在换挡和制动前也必须切断动力传递。因此，发动机与变速器之间设有离合器。

（1）离合器的功用。保证车辆平稳起步；保证传动系换挡时工作平顺；防止传动系过载。

要发挥以上几个作用，离合器主动部分和从动部分须可以暂时分离，又可以逐渐接合，并且在传动过程中有相对转动。因此，离合器的主动部件与从动部件之间不可采用刚性联系，而是借二者接触面之间的摩擦作用来传递转矩（摩擦式离合器），或是利用液体作为传动的介质来传递动力（液力式离合器），或是利用磁力传递动力（电磁式离合器）。

（2）离合器的分类。离合器的类型很多，主要类型如图3-2-31所示。目前，机动车上采用比较广泛的是用弹簧压紧的摩擦离合器。

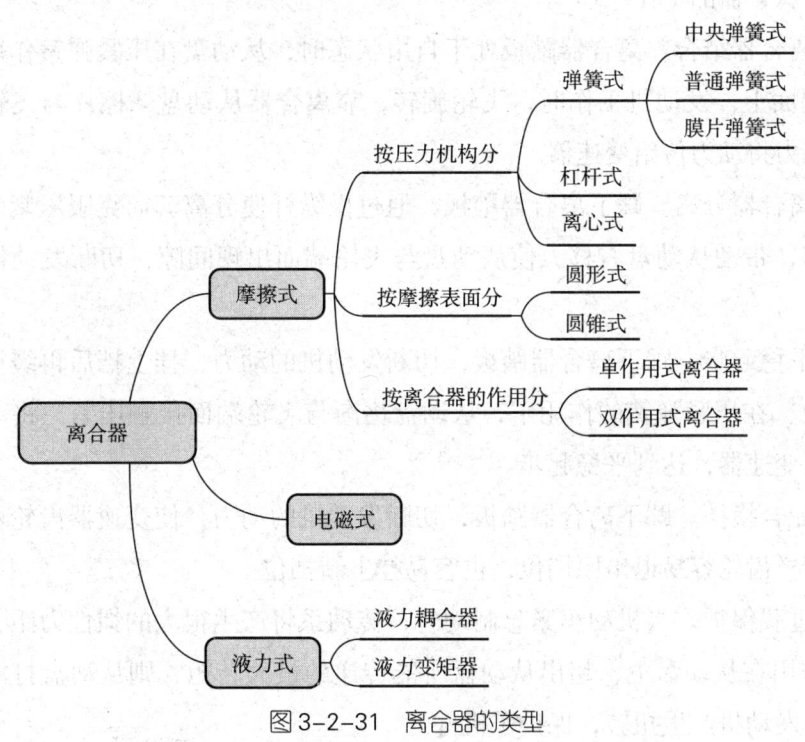

图3-2-31　离合器的类型

（3）离合器的基本构造。以摩擦式离合器为例，其基本结构主要由主动部分（离合器盖、压盘、飞轮）、从动部分（从动盘）、压紧机构（压紧弹簧）和操纵机构（分离套筒、操纵杆）四部分组成，其零件分布如图3-2-32所示。主从部分和压紧机构是保证离合器处于结合状态并能传递动力的基本结构，而操纵机构是控制离合器分离与接合的装置。

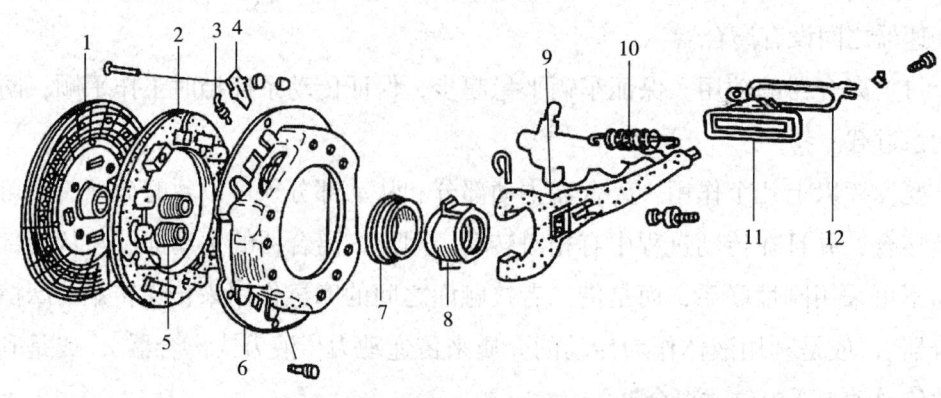

图 3-2-32　摩擦式离合器零件分解图

1—从动盘　2—压盘　3—分离杠杆弹簧　4—分离杠杆　5—压紧弹簧　6—离合器盖
7—分离轴承　8—分离套筒　9—分离叉　10—分离叉回位弹簧　11—分离叉套　12—分离叉套平板

（4）离合器的工作原理

1）离合器结合。离合器踏板处于自由状态时，从动盘在压紧弹簧作用下压紧在飞轮端面上。发动机工作时，飞轮旋转，靠离合器从动盘摩擦片与飞轮端面之间的摩擦力将动力传给变速器。

2）离合器分离。踩下离合器踏板，通过操纵杆使分离套筒克服压紧弹簧的作用力右移，带动从动盘右移，使从动盘与飞轮端面出现间隙，切断发动机的动力传递。

3）平稳起步。踩下离合器踏板，切断发动机的动力，挂上挡后再缓慢松开离合器踏板。在压紧弹簧的作用下，从动盘逐渐与飞轮端面接触压紧，将动力由小到大传至变速器，达到平稳起步。

4）配合换挡。踩下离合器踏板，切断发动机的动力，使变速器齿轮不再传递转矩，这样齿轮容易退出原挡位，也容易挂上新挡位。

5）过载保护。当机动车紧急制动时，传动系将产生很大的惯性力距，并通过花键轴作用在从动盘上，超出从动盘所能传递的最大转矩，则从动盘打滑，避免传动系与发动机产生扭转，保护了机件。

2. 变速器

变速器由变速传动机构和操纵机构组成，根据需要还可加装动力输出器。

（1）变速器的功用

1）改变传动比。扩大驱动轮转矩和转速的变化范围，以适应机动车在各种行驶条件下所需的牵引力和合适的行驶速度，使发动机经常能够在动力性和经济性比较有利的工况下工作。

2）实现倒车。在发动机旋转方向不变的情况下，利用倒挡，改变驱动轮的旋转方向，从而实现车辆倒向行驶。

3）中断动力。在发动机不熄火的情况下，利用空挡，切断离合器与传动轴之间的动力传递，以便发动机启动及怠速运转。

（2）变速器的类型及主要特点，见表3-2-3。

表3-2-3 变速器的类型及主要特点

分类方法	类型		主要特点
按操纵方式分类	手动变速器		靠驾驶员直接操纵变速杆进行换挡，换挡机构结构简单、工作可靠、操作复杂
	自动变速器		根据车辆的运行状况自动换挡，无离合器，通过加速踏板控制车速，操作简单、结构复杂
	半自动变速器	组合式	常用挡位采用自动换挡，其余挡位由驾驶员手动操作
		预选式	驾驶员用按钮选定挡位后，在踩下离合器踏板或松开加速踏板时，接通自动控制和执行机构进行自动换挡
按传动比变化方式分类	有级式变速器	轴线固定式	变速器具有若干个数值一定的传动比
		轴线旋转式	
	无级式变速器	机械传动式	传动比在一定范围内连续变化
		液力传动式	
		电力传动式	
	综合式变速器（液力自动变速器）		一般由液力变矩器和行量齿轮式有级变速器组成的液力机械式变速器，其传动比在几个区段内无级变化。这种结既可得到较大的传动比，又可实现无级变速

（3）手动变速器。手动变速器主要由输入轴、输出轴、变速机构、换挡操纵机构、同步器等组成，如图3-2-33所示。

1）输入轴。通过离合器，变速器输入轴和曲轴连接在一起。输入轴的作用是输入动力。输入轴又叫第一轴。

2）输出轴。变速器输出轴直接和汽车的驱动轴或传动轴连接。输出轴的作用是输出动力。输出轴又叫第二轴。

3）变速机构。变速器齿轮分别装在变速器的输入轴及输出轴或中间轴上。通过变换齿轮的传动比，使输出轴获得所需要的转速和转矩。

4）换挡操纵机构。换挡操纵机构的作用是改变啮合齿轮的组合，实现变速操作。

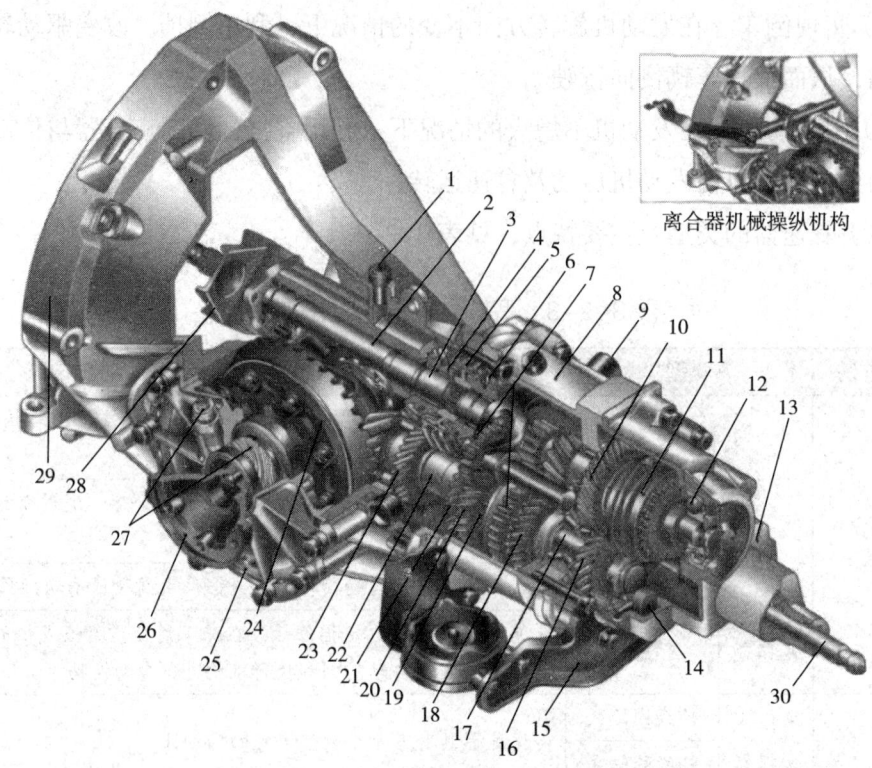

图 3-2-33　手动变速器的组成

1—通气塞　2—主动轴（含一/二挡齿轮）　3—滚针轴承　4—主动轴四挡齿轮　5—三/四挡同步器　6—主动轴三挡齿轮　7—倒挡齿轮组　8—轴承座壳体　9—倒挡拨叉定位锁　10—主动轴五挡齿轮　11—五挡同步器　12—球轴承　13—后盖总成　14—异形磁铁　15—后支架　16—从动轴五挡齿轮　17—双列圆锥滚子轴承　18—从动轴一挡齿轮　19—一/二挡同步器　20—从动轴二挡齿轮　21—从动轴三挡齿轮　22—从动轴（带主动锥齿轮）　23—从动轴四挡齿轮　24—差速器组件（带从动锥齿轮）　25—差速器盖　26—凸缘轴　27—车速里程表传动齿轮组　28—离合器分离板　29—变速器壳体　30—选挡轴

5）同步器。同步器的作用是帮助变速齿轮啮合，保证变速操纵平顺。

（4）自动变速器

1）自动变速器的特点。自动变速器就是常说的操纵式变速器，是指机动车行驶时，变速器操纵和换挡操纵全部或部分实行自动化的变速器。

与手动变速器相比，自动变速器具有操作简单省力、行车安全性好、生产效率高、舒适性好、机件的使用寿命长、动力性能和排放性能好等优点，但也存在结构复杂、精度高、成本高、传动效率低、维修困难等缺点。随着科学技术的全面发展，自动变速器的一些缺点正在克服之中。目前，自动变速器已经在轿车等车辆中得到大量应用。

2）自动变速器的类型的分类及主要特点，见表3-2-4。

表 3-2-4　自动变速器的类型及主要特点

分类方法	类型	主要特点
按变矩的方式分类	液力传动式	由液力变矩器实现一定范围的无级变矩，齿轮组实现有级变矩，两者组合传递动力，目前已广泛使用
	机械传动式	用机械离心式自动离合器和可变半径的 V 带轮来实现无级变速
	电力传动式	发电机将发动机机械能转换为电能，并输送给车轮电动机，控制车轮无级变速
按换挡的控制原理分类	液压控制液力式	将节气门和车速参数转化为液压信号，控制换挡执行机构，实现自动换挡
	电子控制液力式	将节气门、车速等参数转化为电信号，输入电子控制单元（ECU），确定换挡信号，再输出控制液压信号，执行换挡
	电子控制机械式	电子控制器根据节气门的开度、车速直接控制离合器及齿轮变速，以实现自动换挡

目前，轿车上自动变速器用得最多的是电子控制液力式自动变速器。它具有结构紧凑、传动平稳、换挡冲击小等特点。

3）自动变速器的组成。自动变速器主要由液力变矩器、行星齿轮变速器、油泵、液压控制系统、电子控制系统等组成，如图 3-2-34 所示。

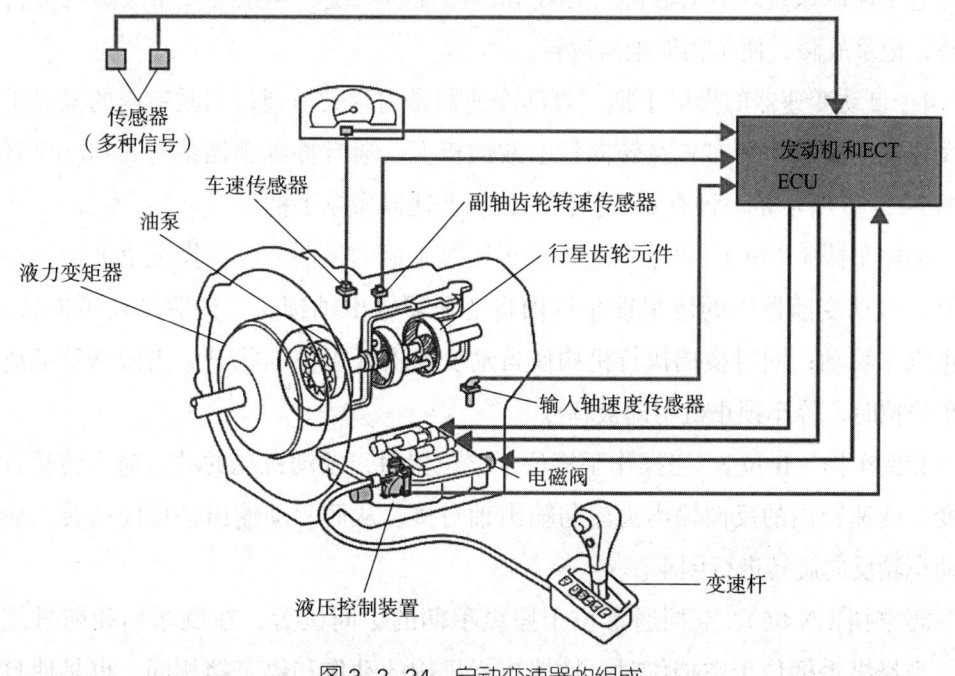

图 3-2-34　自动变速器的组成

①液力变矩器是自动变速器的核心部分，它与发动机曲轴相连，将发动机的动力传给自动变速器，实现发动机与自动变速器的软连接，减少传动系的动载荷，防止传动系超载，保证机动车平稳起步，并在一定范围内实行无级变速。

②行星齿轮变速器是自动变速器的变速机构，由行星齿轮和离合器、制动器、自由轮机构等执行机构组成。行星齿轮机构通常由多个行星齿轮排组成。自动变速器通过执行机构控制行星齿轮机构的工作，使它们以不同路线传递动力，完成不同挡位的动力传递。

③液压控制系统是自动变速器的重要组成部分，由油泵、阀体、电磁阀及其操纵的离合器、制动器与连接这些元件的流体通道组成。液压操纵系统在电子控制单元的控制下，控制离合器的结合与分离，控制制动器的制动与释放，以改变动力传递路线，实现自动换挡。此外，它还向液力变矩器的润滑油路供油，并根据车辆的运行情况调节作用于液力变矩器的油压。

④电子控制系统。电子控制系统在电子控制式自动变速器中，由传感器、电子控制单元、各种控制开关和执行机构等组成。它根据各传感器输入信号和发动机的运行情况，计算换挡点和换挡时刻，并发出控制信号控制各电磁阀的动作，通过对各离合器、制动器的接合与分离操作，实现挡位的自动变换。

电子控制系统还具有故障自诊断和故障保险系统，当系统发生故障时能自动报警、记录故障，使车辆能维持运行。

4）自动变速器的操纵手柄。自动变速器是由驾驶员通过驾驶室内的操纵手柄来操作的。操纵手柄布置在转向柱上或地板上。通常操纵手柄都有5~8个挡位。如图3-2-35所示是一种有6个挡位的自动变速器操纵手柄。

①停车挡（P位）。停车挡通常位于操纵手柄的最前方。当操纵手柄位于该位置时，自动变速器中的停车锁止机构将变速器输出轴锁止，使驱动轮不能转动，防止汽车移动；同时换挡执行机构使自动变速器处于空挡状态。当操纵手柄离开停车挡位时，停车锁止机构即被释放。

②倒车挡（R位）。当操作手柄位于该位置时，发动机端的动力输入转轮方向不变，变速箱内的反向输出齿轮与输出轴对接，从而驱动输出轴反向运转，最终带动车轮反向旋转进行倒车。

③空挡（N位）。空挡通常位于操纵手柄的中间位置，在倒车挡和前进挡之间。当操纵手柄位于空挡位时，换挡执行机构的动作和停车挡相同，也是使自动

图 3-2-35 自动变速器操纵手柄

变速器处于空挡状态。此时，发动机的动力虽经输入轴转入自动变速器，但只能使各齿轮空转，输出轴无动力输出。

④前进挡（D位）。前进挡位于空挡之后。大部分轿车自动变速器在操纵手柄位于前进挡位置时可以实现4个不同传动比的挡位，即1挡、2挡、3挡和超速挡。其中，1挡传动比最大；2挡次之；3挡为直接挡，传动比为1；超速挡的传动比小于1。在行驶过程中，如果操纵手柄位于前进挡位置，则自动变速器的液压或电子控制系统能根据车速、节气门开度等因素的变化，按照设定的换挡规律，自动变换挡位。

⑤前进低挡（S位和L位）。前进低挡通常有2个位置，即S位和L位。当操纵手柄位于这两个位置时，自动变速器的控制系统将限制前进挡的变化范围。当操纵手柄位于S位时，自动变速器只能在1挡、2挡、3挡之间自动变换挡位；当操纵手柄位于L位时，自动变速器固定在1挡或只能在1挡、2挡之间自动变换挡位。有些车型将S位标为2位、L位标为1位，其含义上是相同的。

3. 万向传动装置

（1）万向传动装置的功用。在轴线相交且相对位置经常发生变化的两轴间传递动力，起到承上启下的作用。万向传动装置在机动车上的应用如下。

1）连接变速器与驱动桥。对于发动机前置后轮驱动的机动车，变速器常与发动机、离合器连成一体支承在车架前部，而驱动桥则通过悬架弹性地与车架后部连接，如图3-2-36所示。变速器输出轴与驱动桥的输入轴不在同一轴线上，且在机动车行驶过程中，由于路面不平等原因，造成车轮及驱动桥上下跳动，使得两轴线的相对位置经常发生变化。因此，须在两轴之间设置万向传动装置，以适应动力传递的需要。

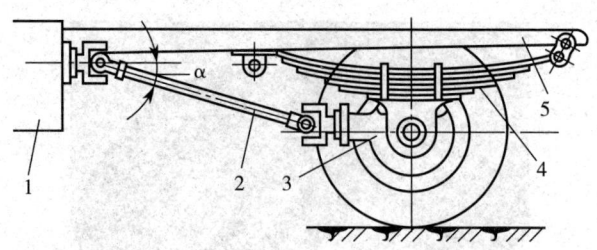

图 3-2-36 变速器与驱动桥之间的万向传动装置
1—变速器 2—万向传动装置 3—驱动桥 4—后悬架 5—车架

对于轴距较大的机动车，由于变速器与驱动桥距离较远，还需将传动轴分成两段或三段，即中间传动轴和传动轴，且在中间传动轴后端设置中间支承。

2）连接离合器与驱动桥或变速器与分动器。多轴驱动的机动车上，在分动器与各驱动桥之间或驱动桥与驱动桥之间也需用万向传动装置传递动力。若离合器与变速器分开或变速器与分动器分开布置时，虽然都支承在车架上，且轴线也可以设计成重合，但为了消除制造、装配误差及车架变形对传动的影响，在其间也常设置万向传动装置。

3）连接断开式驱动桥或转向驱动桥。在与独立悬架配合使用的断开式驱动桥中，由于左右驱动轮存在相对跳动，因此，须在差速器与车轮之间装万向传动装置。

在转向驱动桥中，前轮在偏转的过程中均需传递动力。因此，对非独立悬架的转向驱动桥，往往将一侧的半轴再分为内、外两段，用万向节连接。

4）连接转向操纵机构。有些机动车的转向操纵机构，由于受整体布置的限制，转向盘轴线与转向器输入轴轴线不能重合，也常设置万向传动装置。

（2）万向传动装置的组成。万向传动装置一般由万向节和传动轴组成，对于长轴距的车辆，有时还需加装中间支承。

1）万向节。万向节即万向接头，是万向传动装置的核心元件，可以实现转轴之间的动力传递。万向节的作用是在相互位置及两轴间夹角不断变化的两根转轴之间传递动力。

2）传动轴。传动轴是万向传动装置中的主要传力部件。通常用来连接变速器和驱动桥；在转向驱动桥和断开式驱动桥中，则用来连接差速器和驱动轮。由于变速器和驱动桥的相对位置经常发生变化，为了避免运动干涉，通常在传动轴上用滑动花键联接，以实现传动轴总长度的变化。

3）中间支承。当传动距离较长时，往往将传动轴分段。传动轴分段时需加设中间支承。通常中间支承安装在车架横梁上。采用弹性支承，传动轴可在一定范围内向任意方向摆动，并能随轴承一起做适当的轴向移动，因此能有效地补偿安装误差及轴向位移。此外，还可以吸收振动、减少噪声等。

4．驱动桥

（1）驱动桥的功用。驱动桥是机动车传动系最终传动部分，其基本作用是：

1）将传动装置传来的发动机转矩通过主减速器、差速器、驱动车轮的传动装置（半轴）等部件传递给驱动车轮，实现减速增矩。

2）通过主减速器圆锥齿轮副或双曲面齿轮副来改变发动机转矩传递方向。

3）通过差速器实现两侧车轮差速行驶，保证内、外侧车轮以不同转速转向。

4）通过桥壳和车轮实现承载及传力作用。

（2）驱动桥的组成。驱动桥由主减速器、差速器、半轴和驱动桥壳等组成，如图 3-2-37 所示。

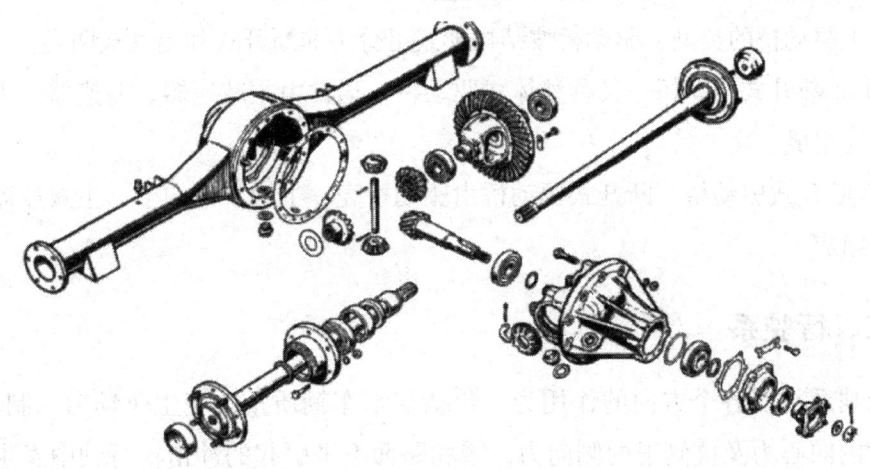

图 3-2-37　普通驱动桥基本结构

1）主减速器。主减速器的作用是将输入的转矩增大并相应降低转速，当发动机纵置时还具有改变转矩传递方向的作用。为满足不同的使用要求，主减速器的结构形式也是不同的。主减速器的类型如图 3-2-38 所示。

2）差速器。差速器的作用是当车辆转弯或在不平路面上行驶时，允许左、右车轮以不同的转速旋转，使车轮在地面上做纯滚动。差速器分为对称式锥齿轮差速器和防滑差速器。

3）半轴。半轴是差速器与驱动轮之间传递转矩的实心轴。根据其支承形式不同，半轴可以分为全浮式半轴和半浮式半轴。

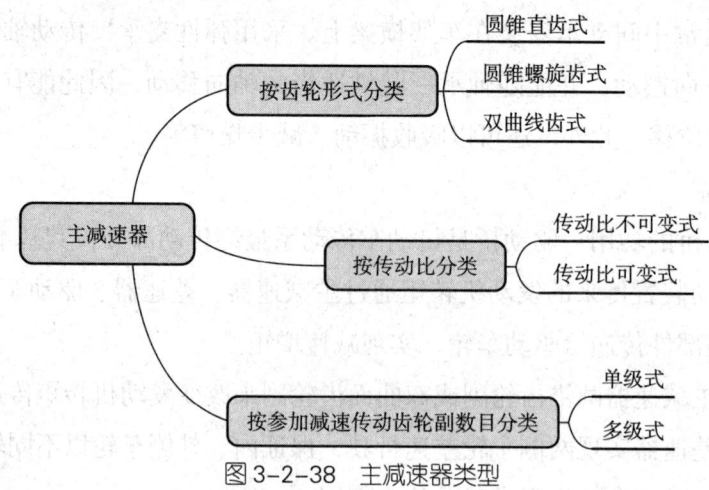

图 3-2-38 主减速器类型

4)驱动桥壳。驱动桥壳用以支承并保护主减速器、差速器和半轴等,与从动桥一起支承车架及其上的各总成质量,并承受车辆行驶时由车轮传来的各种反力及力矩,经悬架传给车架。驱动桥壳有整体式和分段式两种。

(3)驱动桥的类型。驱动桥按结构形式可分为非断开式和断开式两类。

1)非断开式驱动桥。又称整体式驱动桥,通常由主减速器、差速器、半轴和驱动桥壳组成。

2)断开式驱动桥。断开式驱动桥由驱动桥壳、半轴、万向节、主减速器和差速器等组成。

二、行驶系

行驶系承受各个方向的作用力,包括支承车辆质量,产生驱动力、制动力、转向时的向心力及抗侧滑的侧向力;缓和路面不平引起的冲击;行驶中发生侧偏时具有自动回正能力,保证机动车直线行驶或正常转向;保证机动车有一定的通过性。

机动车行驶系统主要包括车轮总成、车架和悬架等,其系统简图如图 3-2-39 所示。

1. 车轮总成

车轮与轮胎组成车轮总成,简称车轮。车轮和轮胎与机动车的行驶平顺性、操纵稳定性和安全性等有密切的关系。

(1)车轮总成的功用。机动车通过车轮由轮胎直接与地面接触,其主要作用是:支承车辆总质量;吸收、缓和机动车行驶时受到的部分冲击和振动;保证

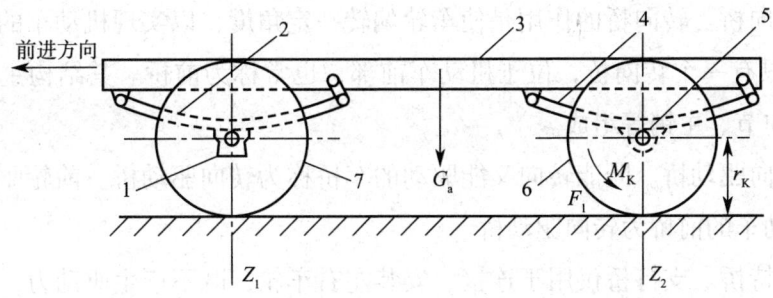

图 3-2-39 轮式机动车行驶系统的组成及部分受力情况
1—从动桥 2—前悬架 3—车架 4—后悬架 5—驱动桥 6—后轮 7—前轮

轮胎与路面有良好的附着性能,以提高机动车动力性、制动性和通过性;在保证机动车正常转向行驶的同时,通过轮胎产生的自动回正力矩,使机动车保持直线行驶。

(2)车轮。车轮是介于轮胎和车桥之间承受负荷的旋转组件,由轮毂、轮辐(轮盘)和轮辋组成,如图 3-2-40 所示。

(3)轮胎。轮胎安装在轮辋上,直接与路面接触,其作用是:支承机动车的总质量;与机动车悬架共同吸收、缓和机动车行驶时所受到的冲击和振动,以保证车辆具有良好的乘坐舒适性和行驶平顺性;保证车轮与路面的良好附着而不致打滑,使车辆行驶平稳。

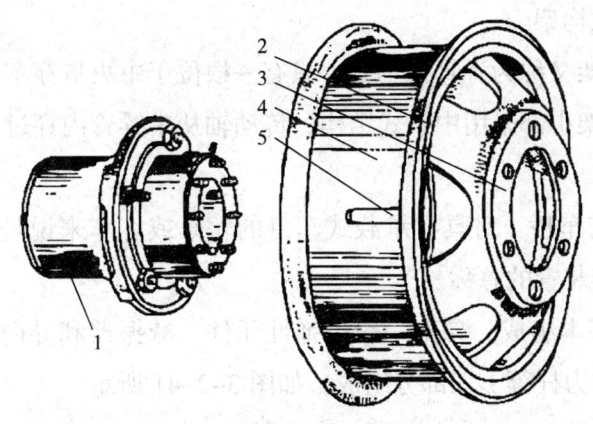

图 3-2-40 车轮的结构
1—轮毂 2—挡圈 3—轮辐 4—轮辋 5—气门嘴出口

2. 车桥与车架

(1)车桥。车桥是连接和安装左右车轮的车轴或车梁等部件,其作用是传递车架(或承载式车身)与车轮之间各方向的作用力及其力矩。根据车桥上车轮作用的不同,车桥可分为转向桥、驱动桥、转向驱动桥和支持桥。

1）转向桥。转向桥的作用是使车轮偏转一定角度，以实现机动车的转向。一般机动车只有一个转向桥，位于机动车前部，也常称为前桥。其结构主要由前轴（梁）、转向节、主销等组成。

2）转向驱动桥。既能转向又能驱动的车桥称为转向驱动桥。前轮驱动和四轮驱动的机动车的前桥为转向驱动桥。

3）支持桥。支持桥仅用于连接、安装左右车轮，既不产生驱动力，也不实现转向。前轮驱动后桥、多轴单桥驱动中桥或后桥，挂车上的车桥属于支持桥。支持桥由车轴和左右轮毂轴组成。

（2）车架。车架俗称大梁。发动机、变速器、传动轴、车桥、车身等部件都安装在车架上。车架的功用是支承、连接机动车的各零部件，并承受来自车内、外的各种载荷。车架通过悬架装置坐落在车轮上。有的客车和轿车为了减小质量，取消了车架，制成了能够承受各种载荷的承载式车身，即无梁式车身。由于车架是整车的基础，因此要求其具有足够的强度及合适的刚度，同时还应尽可能地降低机动车的重心和获得较大的前轮转向角，以保证机动车行驶时的稳定性和转向灵活性。车架的结构形式有三种：边梁式车架、中梁式车架（或称脊骨式车架）和综合式车架。

1）边梁式车架一般是用铆接法或焊接法将两根位于两边的纵梁和若干根横梁连接的坚固的刚性构架。

2）中梁式车架又称为脊骨式车架，只有一根位于中央贯穿车身的纵梁。

3）综合式车架中部采用中梁式结构，传动轴从中梁管内穿过。

3. 悬架

悬架是车架与车桥（对具有承载式车身的轿车或客车来说是车身与车轮）之间的一切传力连接装置的总称。

（1）悬架的基本组成。悬架一般由弹性元件、减振器和导向机构（横向稳定杆、摆臂、纵向推力杆等）三部分组成，如图3-2-41所示。

（2）悬架的种类

1）按悬架导向机构的不同可分为非独立悬架和独立悬架。非独立悬架的结构特点是两侧的车轮由一根整体式车桥相连，车轮连同车桥一起通过弹性悬架与车架（或车身）连接。当一侧车轮因道路不平而发生跳动时，必然引起另一侧车轮在机动车横向平面内发生摆动，如图3-2-42所示。

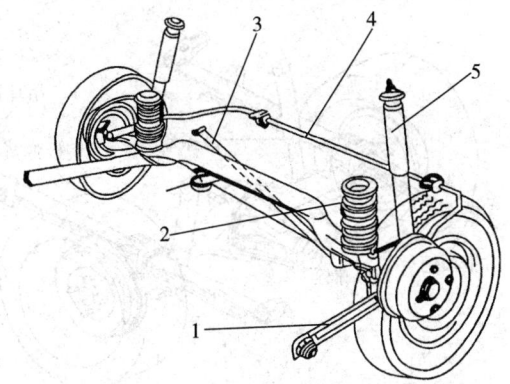

图 3-2-41 悬架结构示意图
1、3—导向装置 2—弹性组件 4—横向稳定器 5—减振器

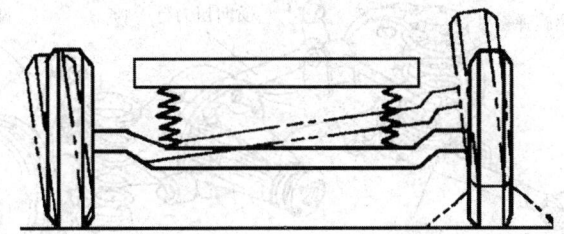

图 3-2-42 非独立悬架结构示意图（按悬架导向机构不同）

按所采用的弹性元件的不同，非独立悬架分为钢板弹簧式（图 3-2-43a）、螺旋弹簧式（图 3-2-43b）和空气弹簧式（图 3-2-43c）。

独立悬架的结构特点是车桥做成断开的，每一侧的车轮可以单独地通过弹性悬架与车架（或车身）连接，如图 3-2-44 所示。

按车轮运动形式的不同，独立悬架可以分为横臂式独立悬架、纵臂式独立悬架、车轮沿主销移动的悬架（含烛式独立悬架和麦弗逊式独立悬架，图 3-2-45）、多杆式悬架。

2）按控制方式的不同悬架可分为被动控制式和主动控制式两种。传统的机械控制属于被动控制，即机动车的状态只能被动地取决于路面、行驶状况和机动车的弹性元件、减振器及导向机构等机械部件。主动控制采用电子控制技术，能根据路面和行驶状况自动调节悬架的刚度和阻尼，控制机动车的振动和状态，使车辆平顺地行驶。

（3）电子控制悬架系统。电子控制悬架又称为主动悬架，根据悬架系统中是否包含动力源可将其分为全主动悬架（有源主动悬架）和半主动悬架（无源主动悬架）；根据悬架介质的不同，又可分为空气式主动悬架、油气式主动悬架和液压式主动悬架三种。

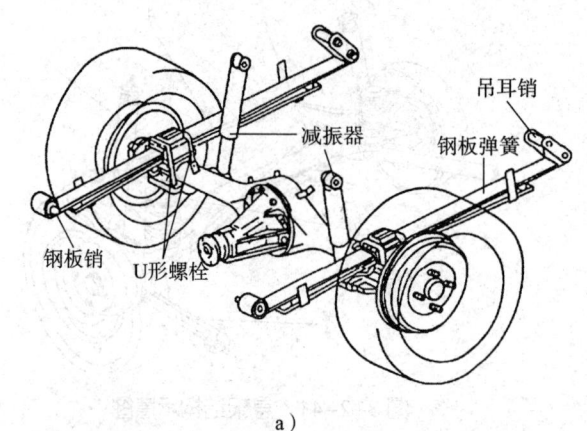

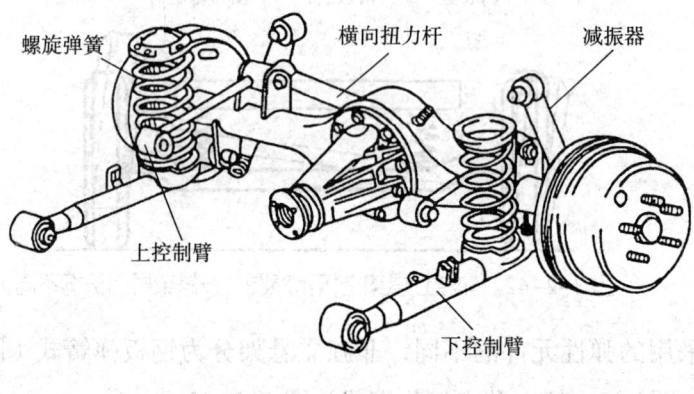

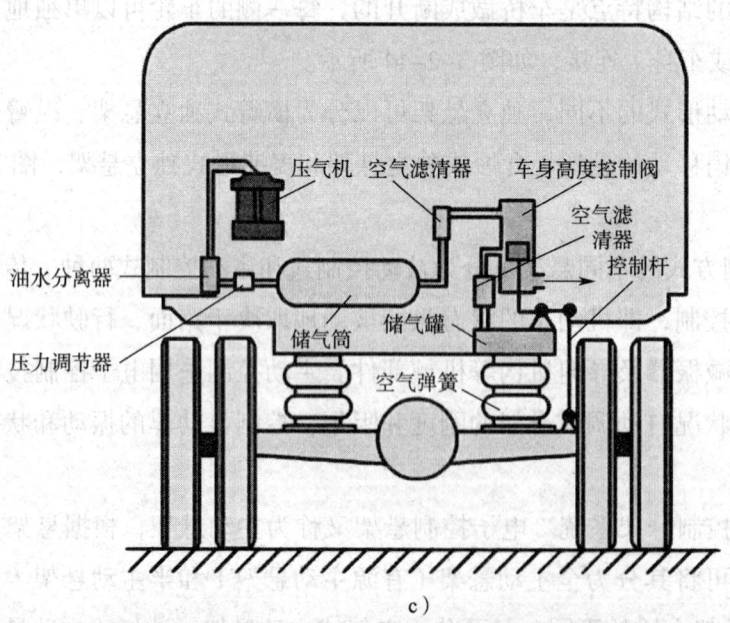

图 3-2-43 非独立悬架结构示意图（按弹性元件不同）
a）钢板弹簧式 b）螺旋弹簧式 c）空气弹簧式

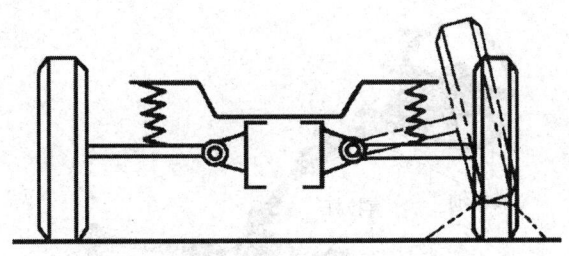

图 3-2-44 独立悬架结构示意图

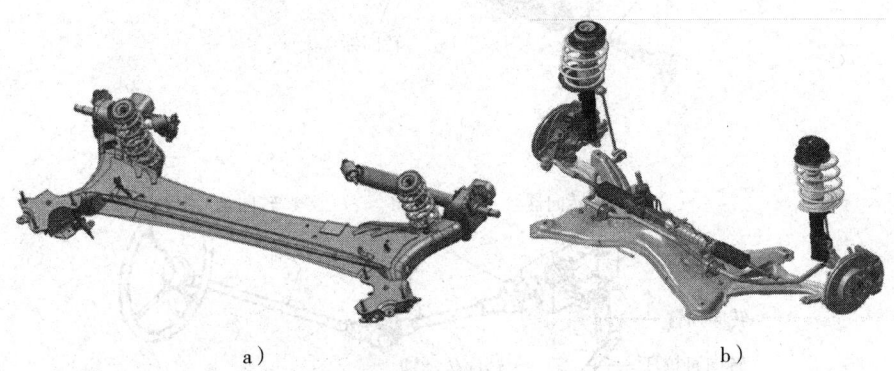

图 3-2-45 独立悬架结构示意图（按车轮运动形成不同）
a）烛式独立悬架　b）麦弗逊式独立悬架

1）全主动悬架。全主动悬架系统由电子控制装置和可调式悬架组成。电子控剂装置包括信号输入装置（传感器）、电子控制单元（控制器）和执行机构。

2）半主动悬架。全主动悬架大大改善了机动车的平顺性和操纵稳定性，但结构复杂，并且含有空气压缩机或液压泵等动力源，消耗机动车动力。而半主动悬架结构简单、几乎不消耗能量，所以，尽管控制项目较少、性能稍差，但也被许多车辆采用。半主动悬架系统通常以车身振动加速度的均方根值作为控制目标参数，以悬架减振器的阻尼为控制对象。

三、转向系

机动车转向系的功用是保证机动车能够按驾驶员的意志改变或恢复行驶方向。机动车转向时，只有当4个车轮的轴线交于一点时，才能保证各车轮只滚动不滑动。转向系按能源的不同可分为机械转向系和动力转向系两类。

1. 机械转向系

机械转向系以驾驶员的体力作为转向能源，其中所有传力件都是机械的（也称为人力转向系）。机械转向系统由转向操纵机构、机械转向器和转向传动机构组成，如图 3-2-46 所示。

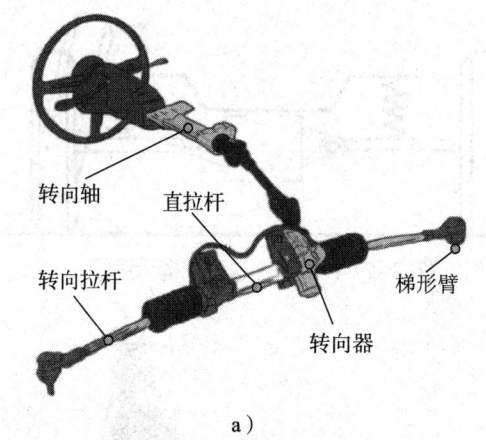

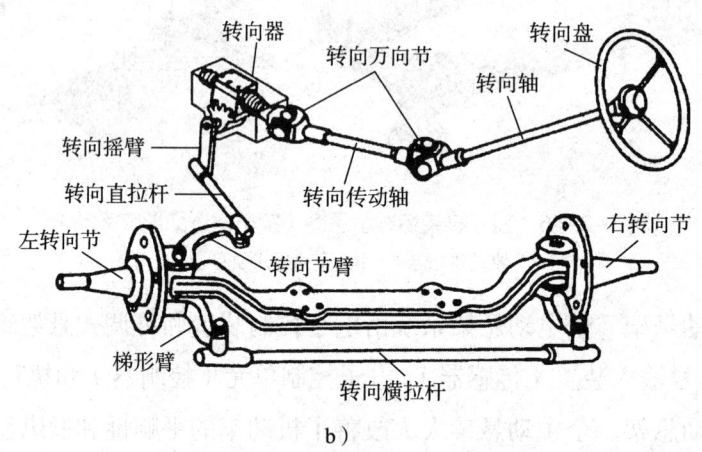

图 3-2-46 机械转向系结构示意图
a）轿车常用转向机构　b）货车常用转向机构

（1）转向操纵机构。转向操纵机构包括转向盘、转向轴、转向管柱等。它的作用是将驾驶员的操纵力传给转向器。

转向盘在驾驶室内的位置与各国交通法规规定机动车靠道路左侧还是右侧行驶有关。包括我国在内的大多数国家都是车辆右侧通行，因此转向盘应安置在驾驶室左侧。转向盘主要由轮圈、轮辐和轮毂组成。转向盘上还安装有电喇叭开关按钮及控制转向灯等开关，以方便驾驶员操作。

转向柱管安装在车身上，支承着转向盘。转向轴从转柱管中穿过，支承在柱管内的轴承和衬套上，是连接转向盘和转向器的传动件，并传递它们之间的转矩。通常转向轴除装有柔性万向节外，有的还装有能改变转向盘工作角度和转向盘高度的装置，以方便不同体形驾驶员的操纵。

（2）机械转向器。转向器是转向系中的减速增矩装置，并改变转向力矩的传动方向。目前，广泛应用的机械转向器有循环球式转向器（图3-2-47）、齿轮齿条式转向器（图3-2-48）和蜗杆曲柄指销式转向器（图3-2-49）等。

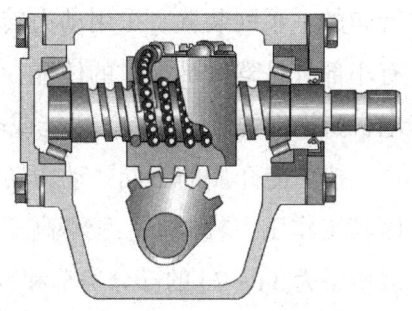

图3-2-47　循环球式转向器

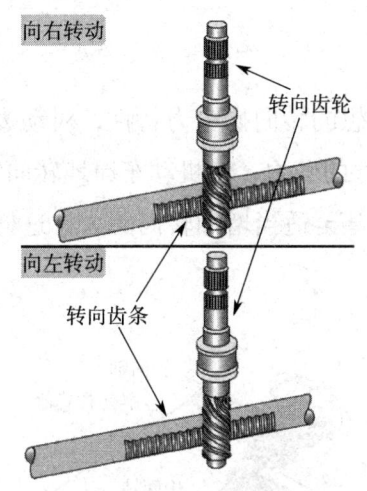

图3-2-48　齿轮齿条式转向器

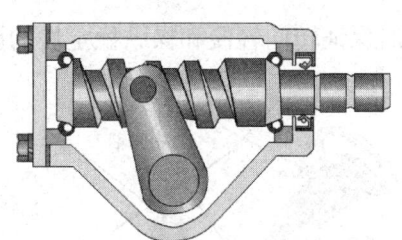

图3-2-49　蜗杆曲柄指销式转向器

（3）转向传动机构。转向传动机构的作用是将转向器输出的力和运动传给转向桥两侧的转向节，使两侧转向轮偏转，并使两转向轮偏转角按一定关系变化，以保证机动车转向时车轮与地面的相对滑动尽可能小。转向传动机构主要由转向摇臂、转向直拉杆、转向节臂和转向横拉杆组成。

转向传动机构的组成与布置形式取决于转向器的位置和转向轮悬架的类型，分为与非独立悬架配用的转向传动机构和与独立悬架配用的转向传动机构。

2. 动力转向系

高速轿车转向时的阻力矩比平时要大得多，重型载货车、越野车和自卸车由于前桥负荷较大，行驶条件较差，在转向时需克服转向轮的转动阻力矩也很大。普通机械转向系很难满足要求，因此必须装用动力转向系。

动力转向系是将发动机或电动机作为主要转向能源的转向系。它是将发动机输出的部分机械能转化为压力能（或电能），并在驾驶员控制下，对转向传动机构或转向器中某一传动件施加不同方向的辅助作用力，使转向轮偏摆以实现机动车转向的一系列装置。采用动力转向系的机动车转向所需的能量,在正常情况下只有小部分是驾驶员提供的体能,而大部分是发动机驱动的油泵、空气压缩机或发电机所提供的液压能、气压能或电能,从而减轻了驾驶员的转向操纵力。

按传能介质的不同,动力转向系有液压式和气压式两种。气压式动力转向系因其工作压力较低(一般不高于 0.7 MPa)、尺寸庞大,所以一般用于前轴最大轴载质量为 3 t ~ 7 t 的部分货车和客车。而液压式动力转向系因工作压力高达 10 MPa 以上、无噪声、工作滞后时间短,而且能吸收、缓和来自不平路面的冲击,所以获得广泛应用,如图 3-2-50 所示。

3. 电子控制动力转向系

电子控制动力转向系(图 3-2-51)根据理想的转向操纵力特性,对动力转向系的助力进行控制,使之在停车转向时提供足够的助力,使机动车原地转向容易,随车速的升高助力会逐渐减小,高速时无助力甚至适当增加转向阻力。这样,就可同时保证转向轻便和操纵稳定性的要求。

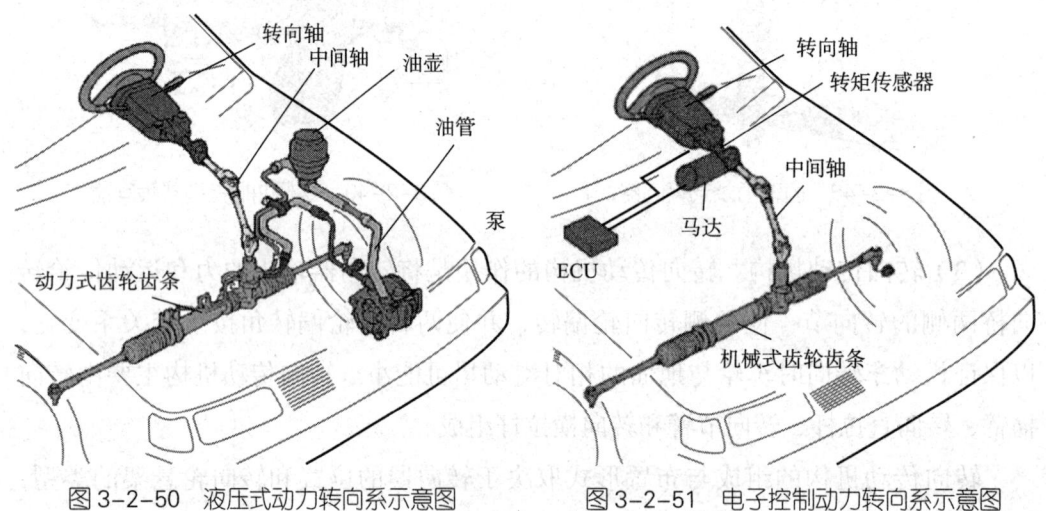

图 3-2-50 液压式动力转向系示意图　　图 3-2-51 电子控制动力转向系示意图

电子控制动力转向系根据动力源的不同,主要分为电控液力转向系和电控电动转向系两大类。

电控液力转向系是在液力转向系的基础上,增加一套电子控制装置的动力转向系,电控单元根据检测到的车速信号,控制电磁阀,使转向动力放大数倍后实现连续可调,满足高、低速时的转向助力要求。常见的控制方式有流量控制式和反力控制式。

电控电动转向系就是利用电动机作为转向辅助动力源的动力转向系。一方面,电动转向易于实现微机控制，可以通过编程提供不同需求的、理想的动力转向特性，也有助于四轮转向的实现。另一方面，电控电动转向系轻便、紧凑、可靠。因此，近年来电控电动转向系在轿车上得到了广泛的应用。

4. 四轮转向系

机动车通常是通过操纵转向盘使前轮偏转以实现转向功能，而四轮转向系则是对后轮也进行转向操纵以配合前轮转向。前、后转向轮的转向控制有同相和逆相两种情况。

四轮转向系中若后轮的转向与前轮的转向方向相反，称逆相控制模式，其转弯半径比两轮转向的转弯半径小，这就提高了机动车停车或在狭小空间转向的机动性，适于机动车的低速行驶。若后轮的转向与前轮的转向方向相同，称同相控制模式，其转弯半径比两轮转向的转弯半径大，但机动车在转向时车身与行驶方向的偏转角小，这样，减小了机动车调整行驶转向时的旋转和侧滑，提高了操纵稳定性，适用于机动车的高速行驶。

四轮转向系可分为非电控式四轮转向系和电控式四轮转向系。其中非电控式四轮转向系又分为机械式四轮转向系和液压式四轮转向系。电控式四轮转向系又分为电控机械式四轮转向系、电控液压式四轮转向系和电控电动式四轮转向系。其中，电控电动式四轮转向系取消了前、后轮之间的传动轴、绳索、液压管道等部件，简化了后轮转向机构，且能够实现前、后轮转向角关系的精确控制。

5. 前轮定位

为了使机动车能保持直线行驶稳定，使转向轻便能自动回正，减少轮胎磨损，车轮需要进行定位，主要包括后倾、内倾、外倾和前束等。为了使转向轻便和行驶稳定，减少轮胎和机件的磨损，应使主销和转向轮保持一定的安装角度，称为转向轮定位（即前轮定位）。前轮定位包括主销后倾、主销内倾、前轮外倾和前轮前束四项。

（1）主销后倾。主销装在前轴上，其上端向后倾，这种现象叫主销后倾。在纵垂直平面内，垂直与主销轴线之间的夹角 γ 叫主销后倾角，如图3-2-52所示。主销后倾的作用主要是保持机动车直线行驶的稳定性，并使机动车转向后前轮有自动回正的作用。

（2）主销内倾。主销在前轴上安装时，其上端略向内倾斜，这种现象称为主销内倾（图3-2-53）。在横向平面内，主销轴线与垂线之间的夹角 β 叫主销内倾角。主销内倾角的作用也是为了保持机动车直线行驶的稳定性。

（3）前轮外倾。前轮安装在车桥上时，其旋转平面上方略向外倾斜，这种现象称为前轮外倾（图3-2-54）。前轮外倾的作用是避免机动车重载时车轮产生负外倾，提高机动车行驶安全性。

（4）前轮前束。前轮安装时，同一轴上两端车轮的旋转平面不平行，前端略向内束，这种现象称为前轮前束（图3-2-55）。左右轮后方距离 A 与前方距离 B 之差（$A-B$）称为前束值。当 $A-B>0$ 时，前束值为正，反之则为负。

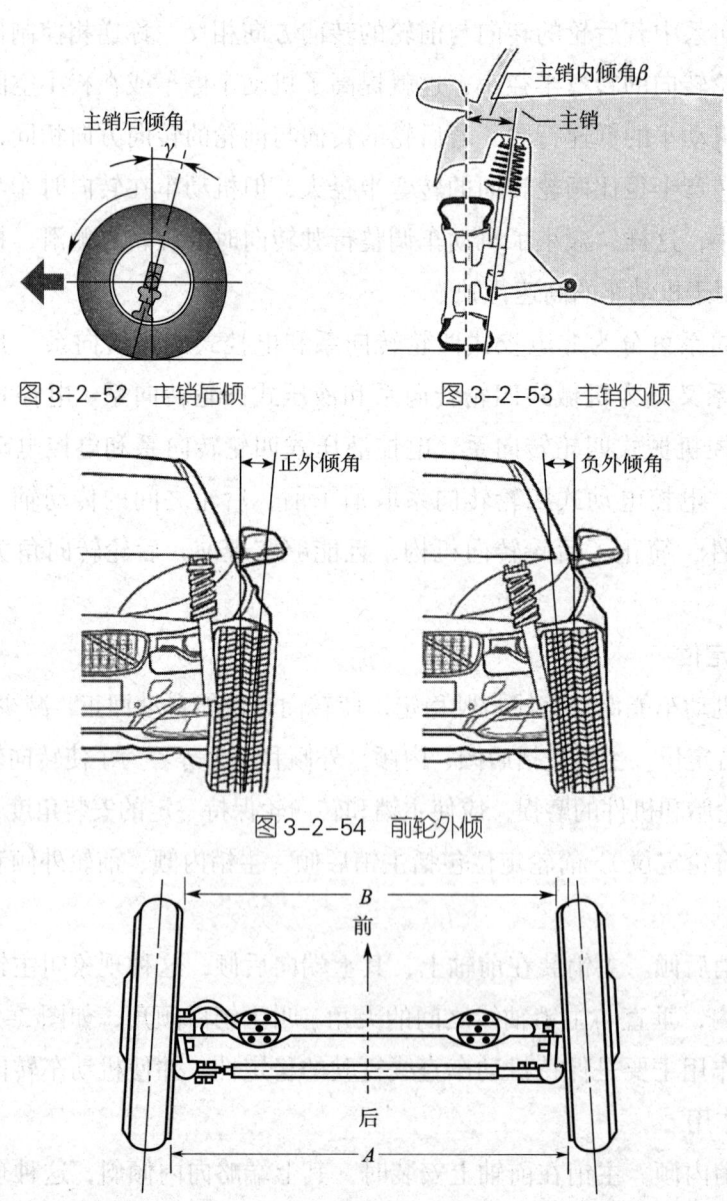

图3-2-52　主销后倾　　　　图3-2-53　主销内倾

图3-2-54　前轮外倾

图3-2-55　前轮前束

四、制动系

让行驶中的机动车减速甚至停车,或使已经停下来的车辆保持不动,都称为机动车制动。实现制动功能的一系列专门装置称为制动系。机动车行驶的安全性,在很大程度上取决于机动车制动装置工作的可靠性。

1. 机动车制动系分类和组成

(1) 制动系的分类,见表 3-2-5。

表 3-2-5 制动系的分类

分类方法	类型	特点
按功能分类	行车制动系	使行驶中的机动车减速或停车
	驻车制动系	使机动车在各种路面驻留原地不动
	应急制动系	在行车制动系失效后使用的制动系
	辅助制动系	增设的制动装置,以适应山区行驶及特殊用途车辆需要
按制动能源分类	人力制动系	以人力为唯一能源进行制动
	动力制动系	以发动机动力转化为液压或气压制动
	伺服制动系	兼用人力和发动机动力制动
按制动能量传输方式分类	机械制动系	以机械传输制动能量
	液压制动系	以液压传输制动能量
	气压制动系	以气压传输制动能量
	电磁制动系	以电磁力传输制动能量
	组合制动系	多种传输制动能量综合
按制动回路分类	单回路制动系	全车制动用一条制动回路
	双回路制动系	全车制动用两条制动回路

(2) 制动系的组成。任何制动系都具有以下四个基本组成部分。

1) 供能装置,包括供给、调节制动所需能量及改善传能介质状态的各种部件。其中,产生制动能量的部分称为制动能源。

2) 控制装置,包括产生制动作和控制制动效果的各种部件。

3) 传动装置,包括将制动能量传输到制动器的各个部件。

4) 制动器,它产生阻碍车辆运动或运动趋势的力(制动力),包括辅助制动系中的缓速装置。

较为完善的制动系还具有制动力调节装置及报警装置、压力保护装置等附加装置。

2. 制动器

制动器是制动系中产生制动力的部件。目前,机动车上多采用摩擦式制动器,它是利用固定元件与旋转元件工作时表面相互摩擦产生的制动力矩的制动器。

(1)行车制动器。行车制动器可分为鼓式制动器和盘式制动器。

1)鼓式制动器。鼓式制动器是利用制动蹄片挤压制动鼓来获得制动力的,分为内张式和外束式两种。内张鼓式制动器以制动鼓的内圆柱面为工作表面。现阶段广泛使用内张双蹄鼓式制动器。

按驱动制动蹄张开装置(也称促动装置)形式的不同,鼓式制动器可分为轮缸式制动器(图3-2-56)和凸轮式制动器。前者以液压轮缸作为制动蹄促动装置,后者以凸轮作为促动装置。按制动蹄受力情况的不同,鼓式制动器可分为领从蹄式制动器(轮缸促动、凸轮促动)、双领蹄式制动器(双向作用、单向作用)、自动增力式制动器,如图3-2-57所示为领从蹄式制动器示意图。

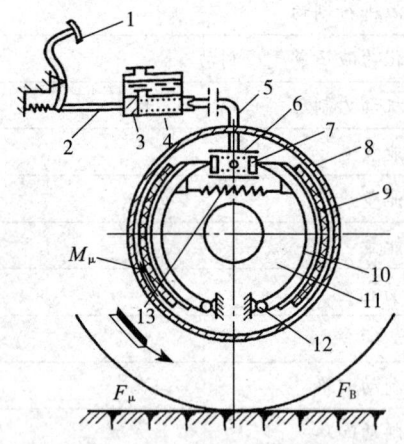 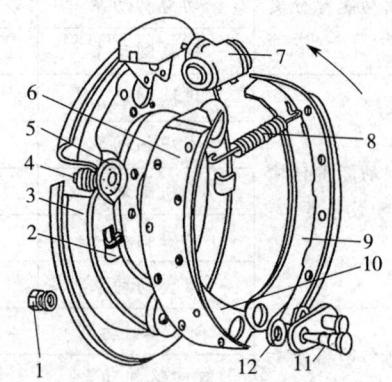

图3-2-56 轮缸式制动器结构示意图　　　图3-2-57 领从蹄式制动器结构示意图
1—制动踏板　2—推杆　3—制动主缸活塞　　　1—锁止螺母　2—托架　3—制动底板
4—制动主缸　5—油管　6—制动轮缸　　　　　4—偏心轮调整螺钉　5—偏心轮
7—制动轮缸活塞　8—制动鼓　9—摩擦衬片　　6—摩擦衬片　7—制动轮缸
10—制动蹄　11—制动底板　12—支承销　　　　8—回位弹簧　9、10—制动蹄
13—制动蹄回位弹簧　　　　　　　　　　　　　11—偏心调整螺钉　12—垫圈

2)盘式制动器。盘式制动器摩擦副中的旋转元件是以端面工作的金属圆盘(称为制动盘),摩擦元件从两侧夹紧制动盘可产生制动。盘式制动器根据固定元件结构形式的不同,可分为钳盘式制动器和全盘式制动器,钳盘式制动器又可分为定钳盘式和浮钳盘式两种。

（2）制动器间隙调整装置。制动器在不工作时，其摩擦片与制动鼓或制动盘之间应保持合适的间隙，称为制动间隙。制动间隙如果过小，就不易保证彻底解除制动，造成摩擦副的拖磨；过大又将使制动踏板行程太长，以致驾驶员操作不便，同时也会推迟制动器开始起作用的时间。但是在制动器工作过程中，摩擦片的不断磨损必将导致制动器间隙逐渐增大。此情况严重时，即使将制动踏板踩到极限位置，也产生不了足够的制动力矩。因此，制动器上都有检查、调整制动间隙的装置。

制动间隙调整装置有手动调整和自动调整两种。按工作过程的不同，自动调整可分为一次调准式和阶跃式两种。

（3）驻车制动器。驻车制动器又称手制动器，其主要作用是使机动车可靠地停驻，便于在坡道上起步，在行车制动器失效后临时使用或配合行车制动器进行紧急制动。

按照安装位置的不同，驻车制动器可分为中央制动式和车轮制动式两种。中央制动式的制动器安装在变速器或分动器之后，制动力矩作用在传动轴上。车轮制动式与行车制动式共用一套制动器总成，只是传动机构相互独立。

按结构形式的不同，驻车制动器主要分为蹄盘式和鼓式，也有些机动车采用带鼓式。鼓式制动器可采用具有高制动效能的自增力式制动器，外廓尺寸小、防沙性能好、便于调整，停车后无制动热负荷，故得到广泛应用。

3. 人力制动系统

人力制动系统的制动能源仅仅是驾驶员的肌体。按其传动装置的结构形式分为机械式和液压式两种。

4. 伺服制动系统

伺服制动系统是在人力制动系统的基础上加设一套动力伺服系统而形成的，即兼用人体和发动机作为制动能源。在正常情况下，制动能量大部分由动力伺服系统供给，而在动力伺服系统失效时，还可全靠驾驶人供给（即由伺服制动转变成人力制动）。

按伺服系统的输出力作用部位和对其控制装置的操纵方式不同，伺服制动系统可分为助力式（直接操纵式）和增压式（间接操纵式）两类。

按伺服能量的形式不同，伺服制动系可分为真空伺服式、气压伺服式和液压伺服式，其伺服能量分别为真空能（负气压能）、气压能和液压能。其中，真空伺服制动系统是在当前轿车和其他采用液压制动的机动车上应用最广泛的一种伺服制动系统。

5. 气压制动系统

动力制动系统有气压制动系统、气顶液制动系统和全液压动力制动系统三种。气压制动系统是发展较早的一种动力制动系统，其供能装置和传动装置都是气压式的，控制装置大多由制动踏板机构和制动阀等气压控制元件组成，有的气压制动系统在踏板机构和制动阀之间还串联有液压式操纵传动装置。气顶液制动系统的供能装置、控制装置与气压制动系统的相同，但其传动装置则包括气压式和液压式两部分。全液压动力制动系统中除制动踏板机构以外，其供能、控制和传动装置全是液压式。中型以上货车或客车一般采用气压制动系统。

6. 防抱死制动系统（ABS）

防抱死制动系统（anti-lock braking system，ABS）的功用是防止机动车制动时车轮抱死，并把车轮的滑移率保持在最佳滑动率范围内，以保证车轮与地面有良好的纵向、横向附着力，有效防止制动时机动车侧滑、甩尾、失去转向等现象发生，提高制动稳定性；同时，将制动力保持在最佳的范围内，缩短了制动距离；减弱了轮胎与地面的剧烈摩擦，减少了对轮胎的磨损。

防抱死制动系统主要由轮速传感器、制动压力调节器和电子控制器三大部分组成。机动车制动时，首先由轮速传感器测出与制动车轮转速成正比的交流电压信号，并将该电压信号送入电子控制器（ECU）。由电子控制器中的运算单元计算出车轮速度、滑移率及车轮的加、减速度，然后再由电子控制器中的控制单元对这些信号加以分析比较后，向压力调节器发出制动压力控制指令，使压力调节器中的电磁阀（若为液压制动系统时还有液压泵、驱动电机）直接或间接地控制制动压力的增减，以调节制动器的制动力矩，使之与地面附着状况相适应，防止制动车轮被抱死。

电子控制器中还有故障诊断单元，其作用是对 ABS 的其他部件的功能进行监测，当这些部件发生异常时，由指示灯或蜂鸣器向驾驶员报警，使整个系统停止工作，恢复常规制动方式。

7. 驱动力控制系统（ASR）

驱动力控制系统（anti-slip regulation，ASR）又称牵引力控制系统（traction control system，简称 TCS、TRC 等），其作用是防止机动车在起步、加速和低附着系数路面行驶时驱动轮滑转，以提高车辆的牵引性和操纵稳定性。

驱动力控制系统（ASR）和 ABS 一样，主要也是由电子控制器、轮速传感器、制动压力调节器三大部分组成。当驱动轮发生滑转时，轮速传感器将车轮转速转变为电信号传输给 ASR 电子控制器（ECU），电子控制器根据车轮转速计算出驱动车轮的滑转率，如果滑转率超出目标范围，电子控制器则再综合参考节气门开度信号、发动机转速信号及转向信号（有的车没有）等确定其控制方式，并向相应执行机构发出动作指令，将驱动车轮的滑转率控制在目标范围（5%～15%）之内。

8. 电子稳定性控制程序（ESP）

电子稳定性控制程序（electronic stability program，ESP）是一个主动安全系统。它是建立在 ABS、ASR 等其他牵引控制系统上的一个非独立系统。其作用是在机动车左、右转向时减少车辆横向滑移，防止出现转向不足和转向过度。

电子稳定性控制程序的硬件包括传感器、执行器和电子控制单元等几部分。电子稳定性控制程序能够不间断地监控车辆及驾驶员的动作，中央微处理器对收集的信息进行分析，并且立即采取所需的行动。

9. 电制动系统

电制动系统其制动传递的是电，而不是液压油或压缩空气，可以省略许多管路和传感器，缩短制动反应时间。

（1）电制动系统的基本组成，如图 3-2-58 所示。

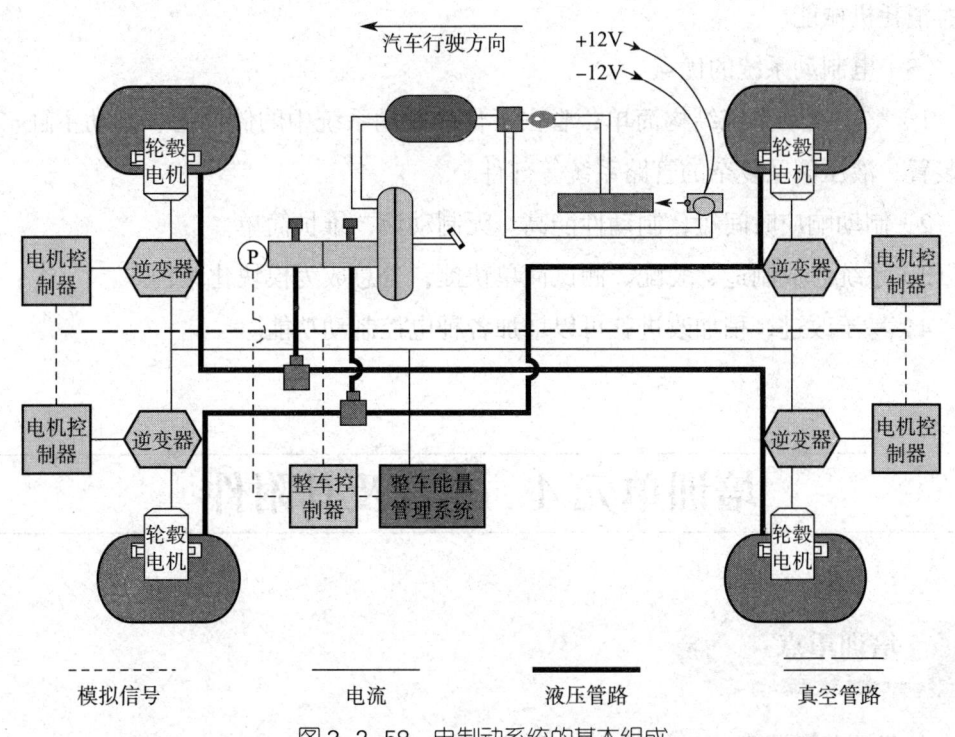

图 3-2-58 电制动系统的基本组成

1）电制动器。电制动器的结构和液压制动器基本类似，有盘式和鼓式两种，其动作器是电动机。

2）ECU。用于接收制动踏板发出的信号，控制制动器制动；接收驻车制动信号，控制驻车制动；接收车轮传感器信号，识别车轮是否抱死、打滑等；控制车轮制动力，实现防抱死和驱动力控制。

3）轮速传感器。用于准确、可靠、及时地获取车轮的速度。

4）电源。为整个电制动系统提供能源，与其他系统共用。

（2）电制动系统的工作原理。电动机是利用电磁感应原理进行能量转换的机械装置。直流电动机能将直流电能转换为机械能，或将机械能转换为直流电能。

当电动机在外加电源的作用下，产生与系统运动方向一致的转矩，并通过传动机构拖动机械工作时，称为电动工作状态。在电动工作状态下，电动机的电磁转矩方向与转速的方向相同，为拖动性质的转矩，电动机把电能变成机械能输出。通常情况下，电动机都是工作在电动状态。

制动是指电动机从某一稳定的转速开始减速到停止的一种运转过程。在制动工作状态下，电动机的电磁转矩方向与转速的方向相反，为制动性质的转矩，电动机把系统的机械能变成为电能输出。制动工作状态的实质是，电动机成为发电机，消耗机械能。

（3）电制动系统的优点

1）整个制动系统结构简单，省去了传动制动系统中的储油罐、制动主缸、助力装置、液压阀及复杂的管路系统等部件。

2）制动响应时间短，制动性能高。无制动液，维护简单。

3）系统总成制造、装配、测试简单快捷，分总成为模块化结构。

4）易于改进，稍加改进就可以增加各种电控制动功能。

培训单元 4　车身及其附件

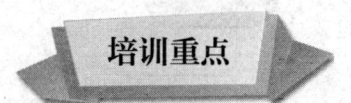
培训重点

1. 熟悉车身构造。

2. 熟悉车身附属装置、车身安全防护装置的功用。
3. 掌握机动车巡航控制系统和导航系统的原理。
4. 了解机动车货箱的分类。

一、车身及其附件基本构成

对于轿车而言,车身一般由车身本体、车身附属装置、车身安全防护装置及车身电器和电子设备组成。对于货车和专用车,还包括货舱和其他专用设备。

车身本体(白车身)既是机动车承载的主体,也是一切车身部件的安装基础,通常由纵梁、横梁、立柱、加强板等车身结构件和车身覆盖件组合而成。

车身附属装置是车身内部和外部起装饰和保护作用的零部件的总称。车身附属装置包括座椅、刮水器、风窗洗涤器;外饰件主要包括前后保险杠、外部装饰、玻璃、车外后视镜等;内饰件主要包括仪表板、车门内护板以及顶棚、地板和侧壁的内饰等。

车身安全防护装置包括保险杠、安全带、安全气囊。

车身电器和电子设备指除用于发动机和底盘以外的所有电器和电子设备,如各种仪表及开关、照明装置、信号装置、音像设备、防盗装置等。

二、车身本体与门窗

1. 车身本体构成

车身本体是车身结构件与覆盖件焊接或铆接后不可拆卸的总成。它是容纳乘客、货物和驾驶员工作的场所。

(1) 车身结构件

1) 车身结构件组成。车身结构件是车身的骨架,是支撑覆盖件并保证车身强度和刚度的零部件,主要由各种立柱和梁组成,如图 3-2-59 所示。

垂直承力构件有前立柱(A柱)、中立柱(B柱)、后立柱(C柱)等。纵向承力构件有前纵梁、地板通道、后纵梁、上边梁及门窗框的上、下边梁。横向承力构件有前横梁、地板横梁、前风窗框下横梁、前风窗上横梁、行李箱隔板、前围板和后围板等。

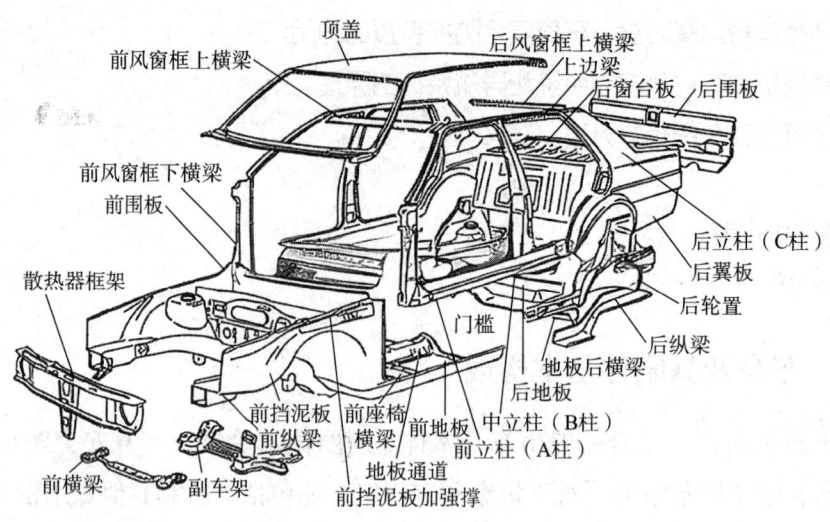

图 3-2-59 车身结构件组成

2）车身结构分类。按照承载形式不同，可以分为非承载式车身、半承载式车身和承载式车身。按机动车用途不同，还可分为轿车车身、客车车身、载货车车身等。

①非承载式车身（图 3-2-60）。非承载式车身的特点是有独立的车架，车身与车架通过弹簧或橡胶垫连接。车架的刚度大，可承受发动机及底盘各部件的重力及它们工作时通过支架传递的力、机动车行驶时由地面通过悬架传来的力；而车身承受本身重力、所装载的容货重力及机动车行驶时所引起的惯性力和空气阻力。大多数客车及载货车都采用这种车身。

图 3-2-60 非承载式车身

②半承载式车身（图 3-2-61）。半承载式车身是介于承载式车身与非承载式车身之间的一种结构形式。其特点是保留车架，车身与车架刚性连接，车身除承受非承载式车身中所述的各种载荷外，还分担车架的部分载荷。

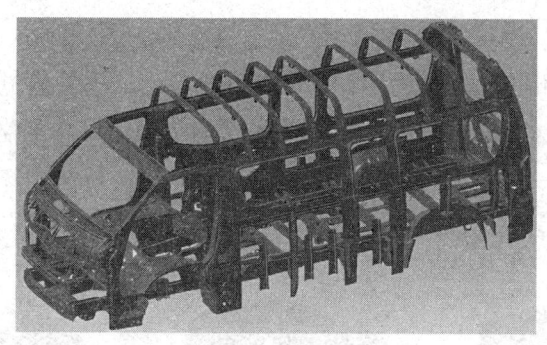

图 3-2-61　半承载式车身

③承载式车身（图 3-2-62）。承载式车身的特点是无车架，车身是发动机和底盘各总成的安装基础，各种载荷均由车身承载。现代轿车多采用这种车身。

图 3-2-62　承载式车身

（2）车身覆盖件。车身覆盖件是指覆盖在车身骨架表面的板制件，主要有顶盖、前挡泥板、地板、前围挡板、后轮罩、前翼板和后翼板等，如图 3-2-63 所示。

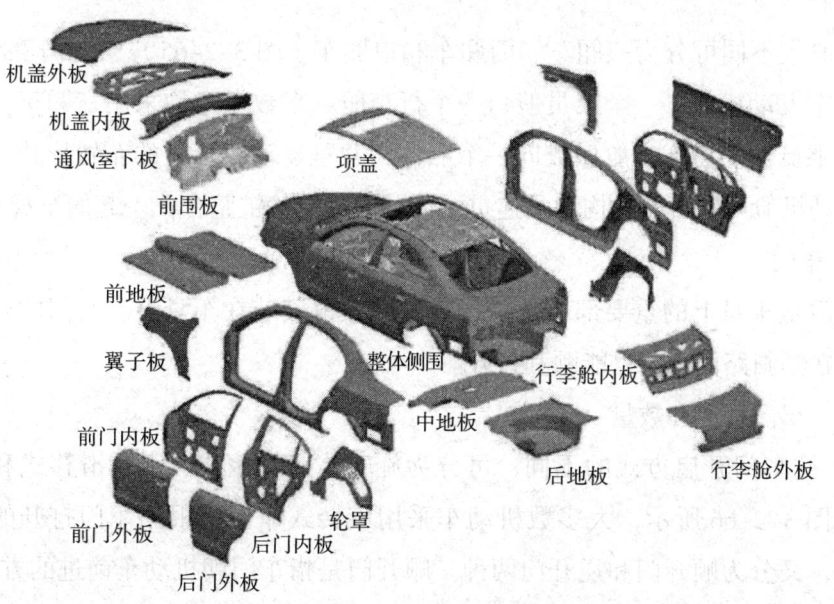

图 3-2-63　车身覆盖件

2. 轿车车身

按轿车类型的不同，可分为四门普通汽车（sedan）、掀背式汽车（hatchback）、敞篷双座汽车（roadster）、混合型多用途车（CUV）、越野车（SUV）、皮卡车（pickup）、微型车（micro）、敞篷汽车（cabriolet）、超级跑车（supercar）、双门汽车（coupe）、面包车（VAN）、小型货车（miniVAN）等，如图3-2-64所示。

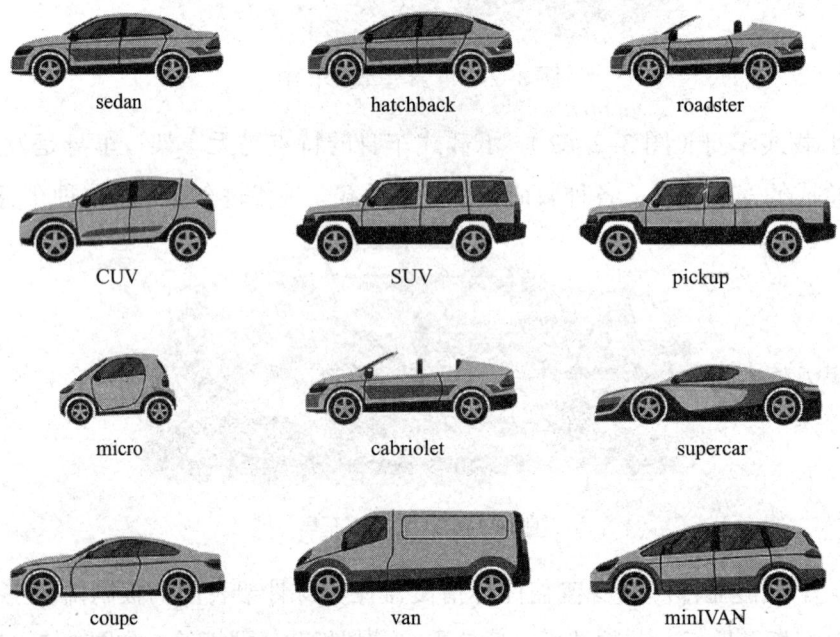

图3-2-64 按轿车的类型不同分类的车身

按舱数不同可分为三厢车、两厢车和单厢车（图3-2-65）。三厢车的"三厢"是指一个发动机舱、一个乘员舱、一个行李舱，多数车身均采用三厢车。两厢车是指将乘员舱和后行李舱做成同一个厢体，并且发动机独立的布置形式。单厢车就是发动机舱与乘员舱的构架是连贯一体，使三个舱被整合在一起的车身。

3. 车门

车门是车身上的重要部件之一，通过门铰链安装在车身上。车门的开度应保证即使在倾斜路面车门也能顺利打开。

（1）车门种类和数量

1）按车门开启方式的不同，可分为旋转式、折叠式、水平滑移式和上掀式等，如图3-2-66所示，大多数机动车采用旋转式车门。根据车门打开的旋转方向不同，又分为顺开门和逆开门两种。顺开门是指车门朝机动车前进的方向打开，机动车行驶时，可以借气流的压力把车门关紧，比较安全，所以被广泛采用。而

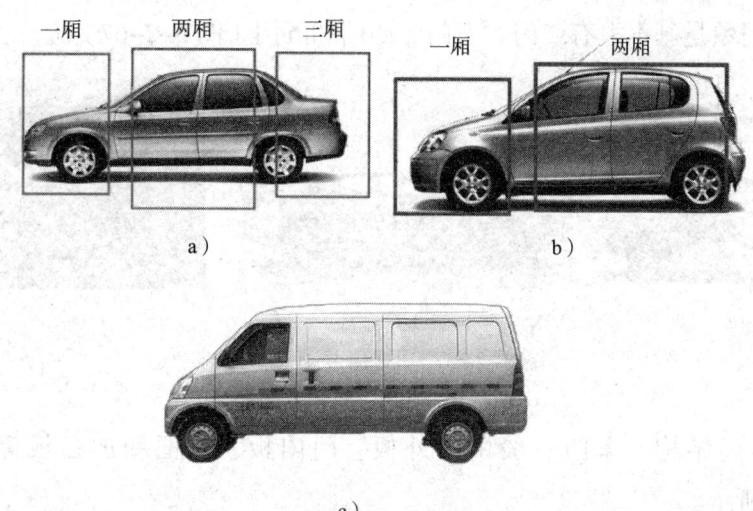

图 3-2-65 按轿车舱数不同分类的车身
a）三厢车 b）两厢车 c）单厢车

逆开门虽方便上下车，但安全性较差，较少采用。

水平滑移式车门的开闭不受车辆侧向空间位置限制，多用于轻型客车。折叠式车门结构简单，广泛应用于大、中型客车。上掀式车门广泛应用于轿车和轻型客车的背门和部分轿车、赛车的侧门。

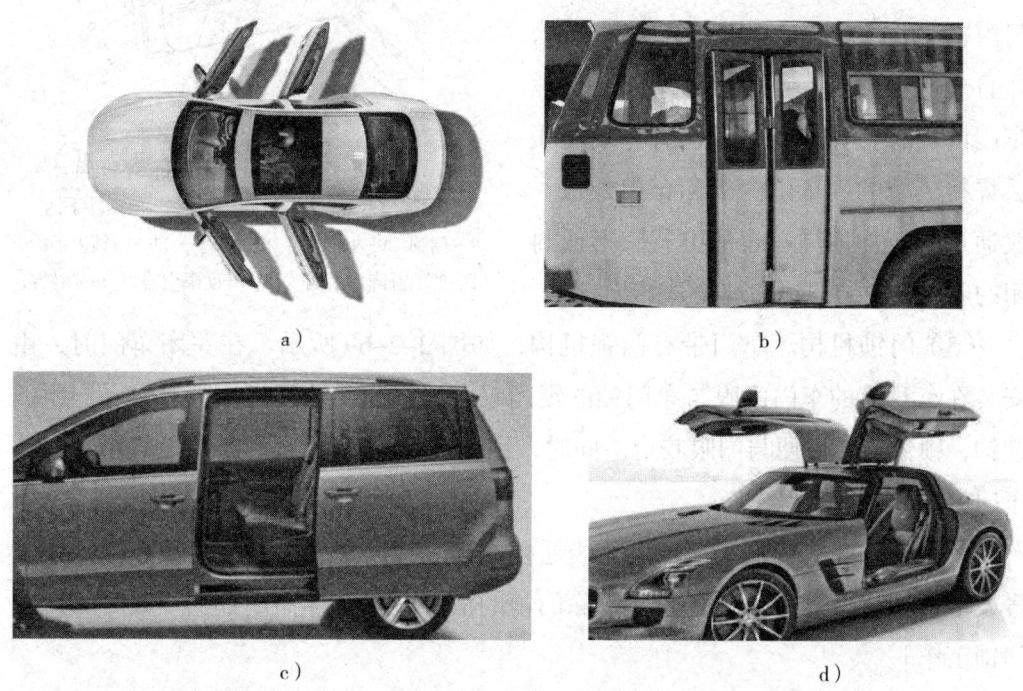

图 3-2-66 车门类型
a）旋转式 b）折叠式 c）水平滑移式 d）上掀式

2）车门数量基本上有二门、三门、四门和五门（图3-2-67）。

图3-2-67　不同车门数量的车
a）两门车　b）四门车　c）五门车

（2）车门结构。车门一般由门外板、门内板、窗框和加强板等构成，如图3-2-68所示。

车门外板一般用薄钢板冲压而成，其形状取决于车身侧围的造型和门框的尺寸。通常会在车门外板上冲制一些孔，用以安装外手柄、锁机构、装饰条等。车门内板是车门主要受力部件，大多数的车门附件都装在车门内板上，所以车门内板的形状复杂，刚度、强度都较高，并且在一些重要位置还需焊上加强板。车门内板有整体冲压的，也有分块冲压后焊接成型的。车门内板和车门外板一般通过焊接加四周咬合的方式，形成封闭的厢体，内装门锁和玻璃升降装置等。

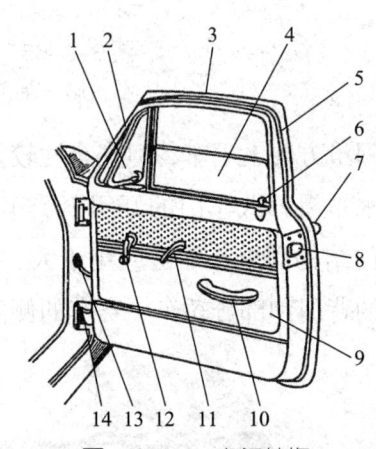

图3-2-68　车门结构
1—三角窗　2—门内板　3—门外板　4—升降玻璃
5—密封条　6—内部锁止按钮　7—门锁外手柄
8—门锁　9—内部板　10—拉手　11—门锁内手柄
12—玻璃升降器手柄　13—开度限位器　14—门铰链

（3）门锁机构。车门带有门锁机构，如图3-2-69所示。在关闭车门时，由安装在车身上的车门闩眼与车门锁的锁闩咬合后锁死。锁闩机构带有接受闩眼的锁钩，锁钩旋转后便与闩眼咬合。同时，锁钩被棘轮止动，只要不操作放开锁钩，车门就不会开启。

目前，大多数机动车都采用无线遥控门锁。点火钥匙内装微电波或红外线信号发生机构，信号接收装置收到解除门锁的信号，并与存储的数据一致时，便使门锁工作。

4. 车窗

车窗的基本功能是保证整车的视野与采光，同时与整车形体相协调。车窗有

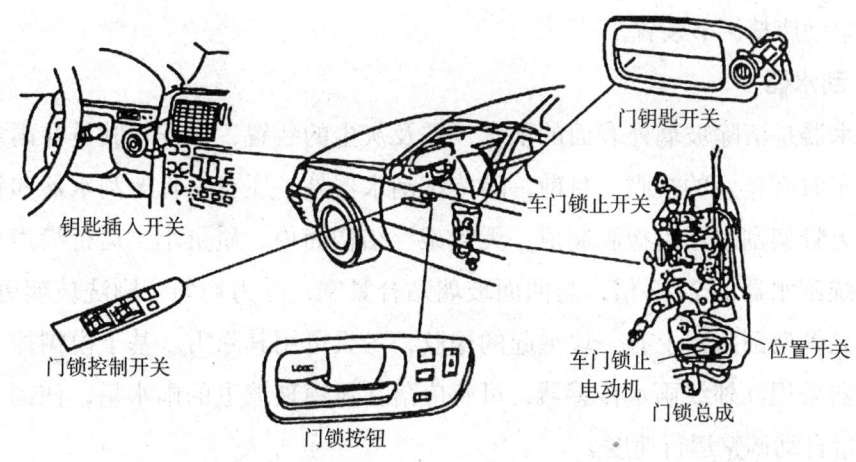

图 3-2-69 门锁机构

前、后风窗和侧窗。车窗主要由车身壳体上的车窗支柱框架、车窗玻璃与框架的连接件嵌条、接焊件、垫块等组成。

所有车窗玻璃都是安全玻璃。通常前风窗采用双层曲面玻璃,侧窗装钢化玻璃。双层玻璃用透明塑料薄膜热压而成,不会因整块玻璃碎裂而影响视野,薄膜还能吸收撞击时的剩余能量。钢化玻璃在碎裂时会变为无锋利边缘的小块。

二、车身附属装置

车身附属装置以车身为基体,安装在车身内、外,主要有座椅、内外饰、刮水器、风窗洗涤器、风窗除霜(雾)装置、后视镜、遮阳板、后阻流板和导风板等。

1. 座椅

座椅能够支承人体,影响驾驶员和乘客的乘坐舒适性。座椅主要由骨架、弹簧、缓冲垫、蒙皮、调节装置及辅助装置构成。

座椅骨架常由轧制型材(钢管、型钢)或冲压成型的钢板焊接而成。座椅和靠背的尺寸、形状应与人体相适应,使人体与座椅接触的压力合理分布,保证乘坐舒适。座垫和靠背的覆饰材料应具有美观、强度高、耐磨、阻燃等性能。座椅和靠背的弹性元件应保证弹性适当。

座椅调节装置用于改变座椅位置及姿态,以适应不同身材的驾驶员和乘客的舒适性要求。最基本的调节有座椅的前后、上下位置调节和靠背角度调节,另外还有靠枕上下、前后调节及腰部支撑气垫调节等。

座椅的调节有手动调节和电动调节两种。目前,轿车普遍采用由微型电动机驱动的电动座椅调节装置。

2. 刮水器

刮水器是清除玻璃外表面的雨水、雪及灰尘的装置，保证驾驶员在雨雪天驾驶机动车时有良好的视野。目前，除传统刮水器外，还有无骨架刮水器和智能刮水器。无骨架刮水器由橡胶制成，无骨架、结构简单、质量小、运行噪声小，寿命是传统刮水器的 2~3 倍，与曲面玻璃贴合紧密，受力均匀，刷洗玻璃更干净。此外，无骨架刮水器上有一块突起的橡胶，冬天可用其除雪。基于模糊控制的智能刮水器采用红外线雨水传感器，可感应落在风窗玻璃上的雨水量，使刮水器根据雨水量自动调整运行速度。

3. 风窗洗涤器

风窗洗涤器的功用是将清洁的水或洗涤液喷射到风窗玻璃上，在刮水器的作用下，清洗风窗玻璃上的尘土和污物，保证驾驶员有良好的视野。

风窗洗涤器主要由洗涤液泵、洗涤液罐和喷嘴等组成。洗涤液泵一般为齿轮式，由电动机直接驱动。电动机与洗涤液泵之间有两个水封和一个排水孔，用以保持其密封性。

风窗洗涤器的电动机一般采用永磁式电动机。接通风窗洗涤器开关时，电动机旋转，通过联轴器驱动水泵轴和水泵转子一同旋转，水泵转子将储液罐中的洗涤液泵入出水软管，经水管到达风窗玻璃前端的喷嘴，喷向风窗玻璃。此时，刮水器与风窗洗涤器同步工作，将风窗玻璃上的污物刮洗干净。

4. 风窗除霜（雾）装置

在较冷季节，或有雨、雪、雾的天气，空气中的水分会在冷的风窗玻璃上凝结成细小的水滴甚至结冰，从而影响驾驶员的视线。为了防止此现象，在需要时可以用风窗除霜（雾）装置对风窗玻璃加热。

5. 后视镜

后视镜用来反映机动车后方、侧方和下方的环境情况，使驾驶员能够看清必要的间接视界，以保证行车安全。后视镜按其安装位置的不同分为车内后视镜和车外后视镜，车内后视镜安装在车身内部，车外后视镜安装在车身外部。

车内后视镜一般为平面镜。当夜间受后方机动车的前照灯照射时，从镜面反射的光线易使驾驶员处于眩目状态而发生危险，因此一般车内后视镜多采用防眩目后视镜。此外，为了防止机动车碰撞时车内后视镜伤害驾驶员和乘客，车内后视镜设置有安全机构，常见的方式有破坏式、脱开式和变位式。

车外后视镜常用凸面镜,其角度可调节,有机械调节和电动调节两种调节方式。

6. 遮阳板

遮阳板位于前排乘员的头部上方,用于遮挡干扰光线。遮阳板不但可以上下翻转以遮挡从前窗玻璃照射进来的光线,也能够把遮阳板从内支座脱开绕外支座向侧面旋转,遮挡侧面的光线。

7. 后阻流板和导风板

后阻流板又称扰流板或后翼板,安装在行李箱或尾板上。作用是去除和扰乱气流,改变机动车后端气流的流动状态,从而减少后端气流对车的阻力和浮升力,提高行车安全性。后阻流板有固定式和可动式两种,如图3-2-70所示。

图3-2-70 后阻流板
a)固定式阻流板 b)可动式阻流板

导风板安装在前保险杠下面,它可抑制钻入车身底部的空气量,减小机动车在高速行驶时的浮升力,减少车身前侧发生的紊流,降低空气阻力。但是,由于导风板离地间隙小,行驶在凸起路面时容易刮碰导风板。因此,有的机动车在平时收起导风板,达到一定车速时才会自动推出导风板,如图3-2-71所示。

图3-2-71 导风板

三、车身安全防护装置

安全防护装置是机动车结构的重要组成部分。在交通事故中,机动车自身受到碰撞称为一次碰撞,乘员因此而受到车内某些部件(如转向盘、仪表板、玻璃等)的碰撞称为二次碰撞。为避免一次碰撞而采取的各种装置称为主动安全装置,如防抱死制动系统等;为避免或减轻乘员受到二次碰撞或被抛出车外的安全装置称为乘员安全保护装置，如安全带、安全气囊等。车身上的安全防护装置主要有保险杠、安全带、安全气囊等。

1. 保险杠

机动车车身的前端和后端分别装有前保险杠和后保险杠，它们通过支架连接固定在车架上。当机动车与其他物体碰撞时，由保险杠先接触物体，通过支架吸收撞击能量，防止轻度碰撞时伤害人员和损坏车辆部件。

保险杠主要由支架和外罩组成，外罩一般由树脂制成。有的轿车采用吸能式保险杠，即在支架上安装有液压阻尼器，撞击能量能被阻尼器吸收。中小型轿车在保险杠上还安装有防撞橡胶块。

2. 安全带

安全带又称为安全带紧急自动锁紧装置，它能够在乘员由于惯性而急剧向前冲撞时产生束紧力，限制乘员向前冲撞，从而保护乘员避免发生二次碰撞。大量实践证明，佩戴安全带可以大幅度降低因碰撞引起的伤亡。我国的交通法规规定乘员必须佩戴安全带。

安全带的布置形式有很多，大体可以分为两点式安全带、三点式安全带和全背带式安全带三种，用得最多的是三点式安全带。安全带主要由织带、带扣、滑移导向件、安装附件及卷收器等组成，如图 3-2-72 所示。

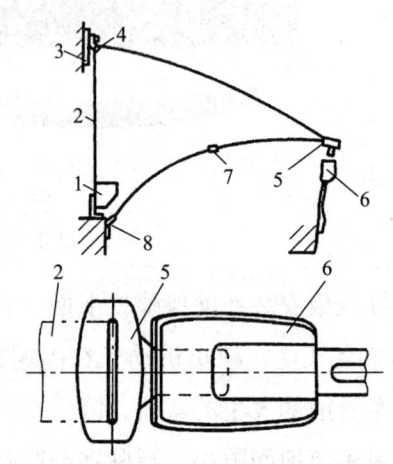

图 3-2-72 座椅安全带结构示意图
1—卷收器 2—织带 3—高度调节器 4—导向板
5—锁舌 6—锁扣 7—限位钮 8—底支架

（1）织带。织带由合成纤维织成，发生事故时能将乘员固定在座椅上，以免在冲击力的作用下乘员离开座椅受到较大的伤害。织带须可适当延伸，以适应人体运动的变化。

（2）卷收器。卷收器是存储织带的装置，当不需要使用安全带时将织带收回，必要时加以锁紧。按作用不同，可以将卷收器分为无锁式卷收器、自锁式卷收器和紧急锁止式卷收器三种。其中，紧急锁止式卷收器应用最广泛。

3. 安全气囊

安全气囊可以减少机动车在发生碰撞时因巨大的惯性对乘员造成的伤害。按照安全气囊安装位置的不同可分为正面、侧面和顶部安全气囊。正面安全气囊安装在乘员的正面，当机动车发生正面碰撞时，对乘员起安全保护作用，有较高的装车率。正面安全气囊一般安装在转向盘中央的衬盖内，副驾驶一侧安装在仪表板上，有的车辆还在仪表板下方安置了保护膝部的安全气囊。侧面和顶部安全气囊分别安装在驾驶员、乘客的侧面和顶部，当机动车发生侧面碰撞和翻倾起安全保护作用。

安全气囊系统主要由碰撞传感器、气体发生器、气囊、电子控制装置及显示装置等组成。

（1）传感器按功能不同，可分为碰撞传感器和安全传感器两种。碰撞传感器用来检测碰撞强度，安全传感器用来防止因碰撞传感器短路而造成的气囊误打开。碰撞传感器是安全气囊系统控制信号输入的主要装置，用来检测、判断机动车发生事故时的碰撞强度，并将碰撞强度信号输入电子控制装置。

（2）电子控制装置是安全气囊系统的核心部件，主要由安全气囊逻辑模块、能量储存装置和连接器等组成。

4. 其他安全技术

（1）距离警示系统。当距离警示系统启动后，驾驶员可以预先设定本车与前车的时间间隔，当系统探测到机动车与前车的时间间隔低于设定值时，会发出警示，同时发出警告铃声；如果驾驶员仍未采取任何措施，系统将主动制动。

（2）驾驶员警示系统。该系统会通过摄像头不断检测车辆与道路两边及周围车辆的距离，并通过传感器发送至控制单元，控制单元不断对这些数据进行计算并评估驾驶员注意力是否分散、机动车是否存在失控危险，如评估结果是高风险，就会发出警告铃声，同时在仪表盘上显示驾驶员需休息的警示。

（3）预安全防护系统。当系统检测到机动车存在潜在的危险时，会在发生撞击前进入预备状态。例如，收紧前排座椅的安全带、将座椅调节到最有利的位置、天窗和玻璃自动关闭等，可以大幅减少因事故造成的损害。

四、货舱

机动车货舱用于容纳货物。根据用途的不同，货舱结构有较大不同，通常分为拦板式货舱、自卸式货舱、厢式货舱、罐式货舱、平台式货舱、篷式货舱、牵引—半挂式货车用货舱等。

1. 拦板式货舱

拦板式货舱是最常见的货舱，适用于运送散装货物。货舱一般为木质和钢质，为装卸货物方便，后拦板及两侧拦板可以制成活动的。

货舱拦板又分为三面开和一面开两种形式。三面开货舱的左、右边板和后板均借助若干个铰链安装在底板上，并用栓杆利栓钩互相扣紧。一面开货舱又称底板式货舱，其底板离地高度较低，仅后板可以打开。多数普通拦板式货舱的前面装有保险架，其作用是减轻翻车事故的后果并可运载少量超长货物。

2. 专用货舱

用来装特殊货物的货舱称为专用货舱。可以分为闭式货舱、罐式货舱、自卸式货舱，如图3-2-73所示。

图 3-2-73　常见机动车货舱
a）闭式货舱　b）罐式货舱　c）自卸式货舱

培训单元 5　电器与电子控制系统

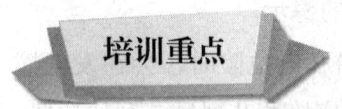

1. 熟悉机动车电器与电子控制系统的组成和各部分的功用。
2. 了解机动车电子设备的工作原理。

一、电器与电子控制系统的组成

机动车的电器与电子控制系统可分为电器装置和电子控制系统两大部分。

其中，电器装置主要由供电系统、用电设备、检测装置和配电装置四部分组成。供电系统包括蓄电池、发电机及其调节器和其他能源提供设备。用电设备包括启动系统（启动机）、点火系统（传统点火系统、电子点火系统、微机控制点火系统）、照明系统（车内外各种照明灯及保障夜间安全行车所必需的灯光）、信号装置（电喇叭、闪光器、蜂鸣器及各种信号灯）、附属电器设备（电动刮水器电动机、风窗洗涤电动泵式喷水器、低温启动电热塞、电加热器、空调电磁离合器和鼓风机、玻璃升降电动机、座椅调节电动机、音响系统、报警装置中的报警喇叭及点烟器、倒车雷达等）。检测装置包括监测仪表和监测传感器，如电流表、电压表、润滑油压力表、温度表、燃油表、车速里程表、发动机转速表和自检装置等。

按照机动车总体结构，机动车的电子控制系统（以燃油车为例）分为发动机电子控制系统、底盘电子控制系统和车身电子控制系统三部分。其中，车身电子控制系统包括车用空调控制、车辆信息显示、风窗玻璃的刮水器控制、灯光控制、车门锁控制、电动车窗与电动后视镜控制、电动座椅控制、音响控制、防盗控制、安全气囊与安全带控制、巡航控制、导航控制及车载网络控制等系统。

二、机动车供电系统

机动车的供电系统由蓄电池和发电机及其调节器和其他能源提供设备组成。在发动机正常工作的情况下，发电机向点火系统及其他用电设备供电，并同时向蓄电池充电。当机动车上的用电设备耗电量过大，所需功率超过发电机的额定功率时，蓄电池和发电机同时向全部用电设备供电。当发动机低速运行时，发电机不发电或发出的电压很低，此时用电设备所需的电能完全由蓄电池供给。在发动机启动时，启动系统、点火系统、仪表等主要用电设备所需电能也由蓄电池供给。

1. 蓄电池

（1）蓄电池的作用

1）发动机启动时，向启动系统和点火系统供电。

2）发动机低速运转、电压较低或不发电时，向用电设备供电，同时还向交流发电机磁场绕组供电。

3）发动机中、高速运转或正常供电时，将发电机剩余电能转换为化学能储存起来。

4）发电机过载时，协助发电机向用电设备供电。

5）稳定系统电压、保护电子设备。蓄电池相当于一只大容量的电容器，不仅能够保持机动车电子系统的电压稳定，还能吸收电路中出现的瞬时电压，防止电子设备被击穿损坏。

（2）蓄电池的构造。蓄电池由6个单格电池串联而成，每个单格电池的电压约为2 V，串联成12 V以供用电设备使用。蓄电池的结构如图3-2-74所示，主要有极板、隔板、电解液和壳体四部分。

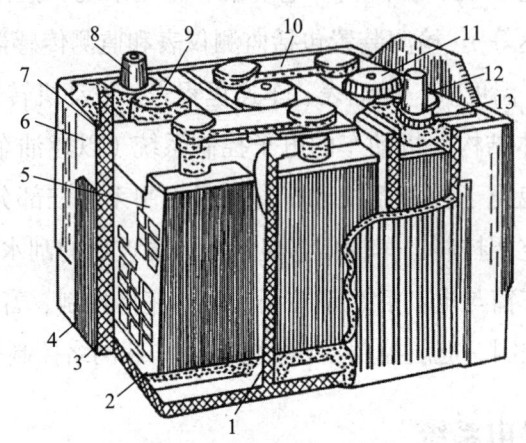

图3-2-74 蓄电池的结构
1、4—隔板 2—凸筋 3—负极板 5—正极板 6—外壳 7—防护板 8—负极接线柱
9—通气孔 10—连接条 11—加液螺塞 12—正极接线柱 13—单格电池盖

（3）蓄电池的容量。蓄电池的容量就是在放电允许的范围内蓄电池输出的电量，表示其提供电能的能力，因此容量是蓄电池的重要指标之一。它等于平均放电电流与放电时间的乘积，单位为A·h（安·时）。

1）额定容量是指完全充足电的蓄电池在电解液平均温度为30 ℃的情况下，以20 h率放电的电流（相当于额定容量的1/20）连续放电至单格电压为1.75 V时所输出的电量。

2）启动容量表示蓄电池接启动机时的供电能力，有常温和低温两种启动容量。常温启动容量，即电解液温度为30 ℃时，以5 min率放电的电流（3倍额定容量的电流）连续放电至规定的终止电压（6 V蓄电池为4.5 V，12 V蓄电池为9 V）时所输出的电量，其放电持续时间应在5 min以上。低温启动容量，即电解液温度为–18 ℃时，以3倍额定容量的电流连续放电至规定的终止电压（12 V蓄电池为6 V，6 V蓄电池为3 V）时所输出的电量，其放电持续时间应在2.5 min以上。

2. 交流发电机

（1）交流发电机的作用。硅整流交流发电机的主要作用是当发电机输出电压高于蓄电池电压时，便代替蓄电池向全车用电设备（除启动机外）直接供电，同时对蓄电池进行充电。

（2）交流发电机的类型。机动车交流发电机可按总体结构、整流器结构和磁场绕组搭铁形式不同，分为多种类型，主要如图 3-2-75 所示。

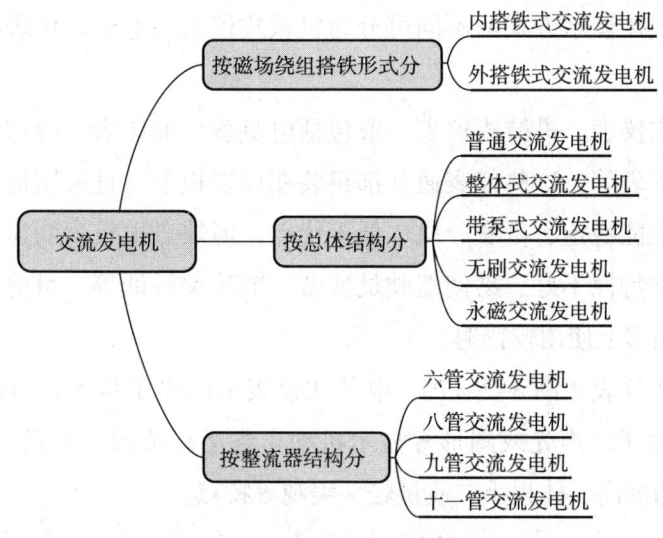

图 3-2-75　交流发电机的分类

（3）交流发电机的结构。主要由定子、转子、整流器、电压调节器和端盖组成，如图 3-2-76 所示。

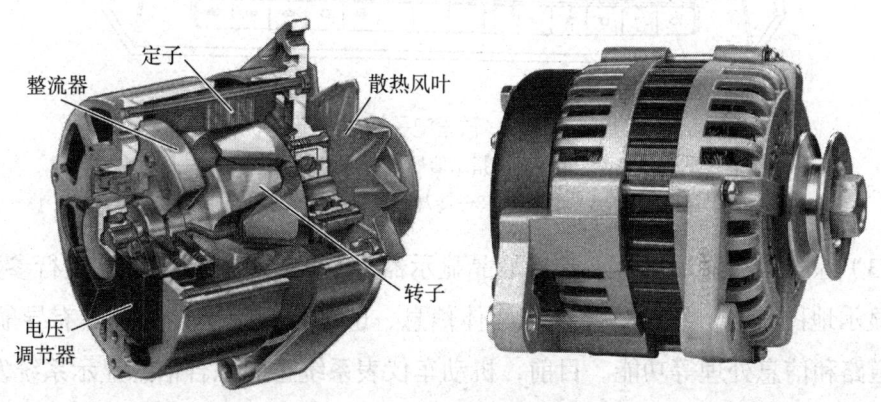

图 3-2-76　交流发电机的结构

三、机动车仪表

为了便于驾驶员随时了解机动车各个主要系统的工作情况，及时发现问题、采取措施，防止发生人身和机械事故，保证机动车可靠且安全地行驶，机动车驾驶室前方的仪表板上安装有各种仪表和指示灯用来反映机动车的一些重要运行状态参数，必要时提出警示。

1. 仪表分类

机动车仪表按显示方式的不同可分为机械式仪表、电子式仪表和综合信息显示系统等。

（1）机械式仪表。机械式仪表一般包括电流表、油压表、冷却液温度表、燃油表、车速里程表等，这些仪表通常都组装在仪表板上，且采用机械指针指示仪表刻度。具有性能稳定、可靠、成本低等优点，但缺点也较为明显，主要有显示信息量少、视觉特性不好、易使驾驶员疲劳、准确率较低等。目前，机械式仪表在货车和中低档车上使用较普遍。

（2）电子式仪表（图3-2-77）。电子式仪表采用电子技术，将测量值转换为电信号，再用数字、声光或图形等显示机动车各运行参数。它具有直观、清晰、稳定、即时、精度高、体积小、质量轻、美观等特点。

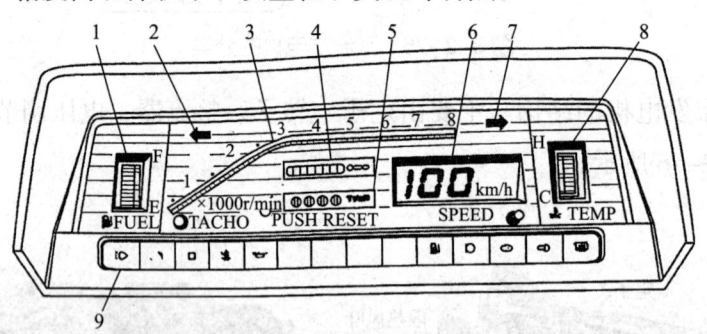

图3-2-77 轿车电子仪表盘布置
1—电子式燃油表 2、7—转向指示信号 3—发动机转速表 4—里程表
5—单程里程表 6—车速表 8—冷却液温度表 9—指示灯与警告灯

（3）综合信息显示系统。它以液晶显示器为基础，除显示常规的运行参数外，还能显示地图信息、维修信息、多媒体信息、电话信息等。该系统具有导航、音响、道路和信息处理等功能。目前，机动车仪表系统正向综合信息显示系统发展。

2. 仪表系统的组成

机动车常用仪表系统见表3-2-6。

表3-2-6 机动车常用仪表系统

仪表系统		功用
充放电显示系统	电流表	指示蓄电池充电或放电的电流值
	电压表	指示蓄电池充电或放电的电压值
	充电指示灯	指示蓄电池处于充电或放电的状态
润滑油压力显示系统	润滑油压力表	指示发动机主油道中润滑油压力大小
	润滑油压力报警灯或蜂鸣器	当润滑油压力过低时会发出警报
燃油量显示系统	燃油表	指示燃油箱内储存燃油量的多少
	液面报警灯	当燃油箱内燃油量过少时会发出警报
冷却液温度显示系统	冷却液温度表	指示发动机水套中冷却液温度的高低
	冷却液温度报警灯或蜂鸣器	当冷却液温度过高时会发出警报
车速里程显示系统	车速里程表	指示行驶速度和行驶里程
	里程表	指示累计行驶里程
	转速表	指示发动机转速的高低

3. 仪表指示 / 警示灯

组合仪表盘上有许多用相应的图文符号表示的仪表指示 / 警示灯，每个图文符号均代表不同的含义。当警示灯为红色时代表发生的故障需要立即停车检修，警示灯为黄色时表示机动车有异常需要进行检修，警示灯为绿色时则是普通的行驶状况，如图3-2-78所示。机动车常见的仪表指示 / 警示灯见表3-2-7。

图3-2-78 指示 / 警示灯紧急情况示例
a) 踩下制动踏板异常 b) 离合踏板异常 c) 制动异常

表3-2-7 机动车常见的仪表指示 / 警示灯

指示 / 警示灯		功用
	手刹指示灯	用来显示机动车手刹的状态，平时为熄灭状态。当手刹被拉起后，自动点亮。手刹被放下时，自动熄灭。有的机动车在行驶中未放下手刹会伴随有警告音
	刹车指示灯	用来显示机动车刹车盘磨损的状况。一般为熄灭状态，当刹车盘出现故障或过度磨损时，该灯点亮，修复后熄灭

续表

指示/警示灯		功用
	水温指示灯	用来显示发动机内冷却液的温度。当钥匙门打开，机动车自检时，会点亮数秒，后熄灭。水温指示灯常亮说明冷却液温度超过规定值，需立刻暂停行驶。水温正常后自动熄灭
	ABS指示灯	用来显示ABS工作状况。当钥匙门打开，机动车自检时，会点亮数秒，随后熄灭。如果未闪亮或者启动后仍不熄灭，表明ABS出现故障
	油量指示灯	用来显示机动车内储油量的多少。当钥匙门打开，机动车进行自检时，会短时间点亮，随后熄灭。如启动后该指示灯点亮，则说明车内油量已不足
	玻璃清洁液指示灯	用来显示机动车所装玻璃清洁液的多少。平时为熄灭状态，点亮时说明机动车所装载的玻璃清洁液已不足，需添加玻璃清洁液。添加玻璃清洁液后，指示灯熄灭
	雾灯指示灯	用来显示前后雾灯的工作状况。当打开前后雾灯时，该指示灯点亮，关闭雾灯后该指示灯自动熄灭
	远光指示灯	用来显示机动车远光灯的状态。通常情况下该指示灯为熄灭状态。当打开远光灯时，该指示灯会同时点亮
	超速挡指示灯	用来显示自动挡的O/D挡（over-drive）超速挡的工作状态。该灯点亮，说明O/D挡已锁止。此时加速能力获得提升，但会增加油耗
	示宽指示灯	用来显示机动车示宽灯的工作状态。平时为熄灭状态，当示宽灯打开时，该指示灯随即点亮。当示宽灯关闭或者关闭示宽灯打开大灯时，该指示灯自动熄灭
	TCS指示灯	用来显示机动车TCS（牵引力控制系统）的工作状态，多出现在日系车上。该灯点亮时，说明TCS系统已被关闭

续表

指示/警示灯		功用
	蓄电池指示灯	用来显示蓄电池使用状态。当打开钥匙门，机动车开始自检时，该指示灯点亮，机动车启动后自动熄灭。如果启动后蓄电池指示灯常亮，说明该车蓄电池出现了使用问题，需要更换
	润滑油指示灯	用来显示发动机内润滑油的压力状况。当打开钥匙门，机动车开始自检时，该指示灯点亮，机动车启动后熄灭。若该指示灯常亮，说明该车发动机润滑油压力低于规定标准，需要维修
	气囊指示灯	用来显示安全气囊的工作状态。当打开钥匙门，机动车开始自检时，该指示灯自动点亮数秒后熄灭。如果常亮，则说明安全气囊出现故障
	发动机指示灯	用来显示机动车发动机的工作状况。当打开钥匙门，机动车自检时，该指示灯点亮后自动熄灭。如果常亮，则说明发动机出现了机械故障，需要维修
	车门指示灯	用来显示机动车各车门的状况。任意车门未关上或者未关好，该指示灯都会点亮相应的车门指示灯，提示驾驶员车门未关好。当车门关闭或关好时，相应车门指示灯熄灭
	EPC指示灯	打开钥匙门，机动车开始自检时，EPC灯会点亮数秒，随后熄灭。如机动车启动后仍不熄灭，说明机动车机械与电子系统出现故障
	转向指示灯	用来显示机动车转向灯所在的位置。通常为熄灭状态，当点亮转向灯时该指示灯会同时点亮相应方向的转向指示灯，转向灯熄灭后该指示灯自动熄灭
	安全带指示灯	用来显示安全带是否处于锁止状态。当该灯点亮时，说明安全带没有及时扣紧。安全带扣紧后，该指示灯自动熄灭
	内循环指示灯	用来显示机动车空调系统的工作状态。平时为熄灭状态，当开启内循环、关闭外循环，空调系统进入内循环状态时，该指示灯自动点亮。内循环关闭时熄灭

续表

指示/警示灯		功用
 VSC	VSC 指示灯	用来显示机动车 VSC（电子车身稳定系统）的工作状态，多出现在日系车上。当该指示灯点亮时，说明 VSC 系统已被关闭
 （定速巡航图标）	定速巡航指示灯	当启动定速巡航功能时，该指示灯自动点亮，一般颜色是绿色
 （胎压图标）	轮胎压力监测报警灯（SET 指示灯）	当报警灯亮起时，可能是轮胎胎压不足，或者是出现破损情况。应立即下车检查轮胎是否正常或是被扎导致漏气
 （方向盘图标）	转向助力报警灯	转向助力系统是协助转动方向盘的系统。机动车在没有转向助力的时候，方向盘转动的力道是非常大。一旦该指示灯点亮，需就近维修
 （雪花图标）	结冰报警灯	用来提醒环境温度低于 4 ℃，路面容易结冰，请小心驾驶

四、照明系统

照明系统由电源、照明装置及其控制部分组成。控制部分包括各种灯光开关、继电器等。照明装置包括车外照明装置、车内照明装置和工作照明装置三部分。机动车照明装置的组成见表 3-2-8。

表 3-2-8　机动车照明装置的组成

照明装置		功用
车外照明装置	前照灯	用于夜间行驶时照明，可发出远光和近光两种光束
	视宽灯	用于机动车视宽、近距离照明等
	后灯	红色，起警示作用，兼作牌照灯

续表

照明装置		功用
车外照明装置	雾灯	黄色，用于有雾、下雪、暴雨或尘埃弥漫时行车照明，具有信号作用
	倒车灯	用于倒车时车后照明，并起信号作用
	牌照灯	用于车后牌照的照明
车内照明装置	仪表灯	用于仪表板照明
	顶灯	用于车内照明
	阅读灯	用于乘客阅读照明
工作照明装置	行李箱灯	用于夜间行李箱门打开时照明
	发动机罩灯	用于夜间发动机罩打开时照亮发动机

五、信号装置

信号装置的作用是通过灯光和音响等手段，向行人和车辆发出警告，保障行车安全。常见的机动车信号装置有喇叭信号装置、转向信号装置、制动信号装置、倒车信号装置和危险警告信号装置。

1. 喇叭信号装置

喇叭信号装置主要有气喇叭、电喇叭等。气喇叭通过气流使金属膜片振动而发声，通常在一些装有气压制动的机动车上使用，但其音量高，禁止在城市市区内使用。电喇叭在所有机动车上都有安装，分有触点和无触点两类。

2. 转向信号装置

转向信号装置用于显示机动车的转弯方向。由转向灯、转向灯开关和闪光器等组成。转向灯安装于车身前端和后端的左右两侧，机动车转向时，驾驶员通过转向灯开关控制转向灯闪烁，并发出警报。转向灯闪烁靠闪光器来完成，分为电热式、电容式和电子式。

3. 制动信号装置

制动信号装置会在机动车制动时发出警示信号。它由制动信号灯、信号灯开关和制动灯断线报警开关等组成。

4. 倒车信号装置

倒车信号装置会在倒车时发出警示信号，由倒车信号灯和倒车蜂鸣器组成。

5. 危险警告信号装置

机动车通常都安装有危险警告系统。当机动车发生故障或遇其他紧急危险时，所有的转向信号灯均同时闪烁，用来向周围行人、车辆或交警发出警报。

六、影音系统

目前，车载影音系统已经成为机动车的一个重要组成部分，影音系统主要由影音信号源、功率大放器、扬声器、显示器等部分组成，高档的影音系统还有多段频率均衡器、环绕音效处理器等。

1. 影音信号源

影音信号源包括收音机、磁带机、CD、MD、MP3、VCD、DVD、U盘等。

2. 功率放大器

功率放大器通常能将不同影音信号进行扩大处理。功率放大器包括前级放大器和后级放大器。

3. 扬声器

扬声器通常指前、后声场扬声器及重低音扬声器。

4. 显示器

显示器主要指车载液晶显示器等。

其他组成部分包括各种导线、电容、电源分配器、接线端子等。

七、车用空调

机动车空调是对车厢内空气进行制冷、加热、换气、加湿、除湿和空气净化的装置。它可以为乘车人员提供舒适的乘车环境，降低驾驶员的疲劳度，提高行车安全。

1. 车用空调的种类及基本组成

（1）机动车空调的分类及特点，见表3-2-9。

表3-2-9 机动车空调的分类及特点

分类方法	类型	特点
按驱动方式分类	独立式	专用一台发动机驱动压缩机，制冷量大、工作稳定，但成本高，体积及质量大，多用于大、中型客车
	非独立式	空调压缩机由发动机驱动，制冷性能受发动机工作影响较大，稳定性较差，多用于小型客车和轿车

续表

分类方法	类型	特点
按空调功能分类	单一功能式	将制冷、暖风、通风系统各自安装、单独操作、互不干涉,多用于大型客车和载货货车
	冷暖一体式	制冷、供暖、通风共用鼓风机和风道,在同一控制板上进行控制。工作时,可分为冷暖风分别工作的组合式和冷暖风同时工作的混合调温式,轿车多用后一种
按控制方式分类	手动式	手动拨动控制板上的功能键对温度、风速、风向进行控制
	自动式	利用计算机等控制系统,实现对车内空气的多功能控制

（2）车用空调装置主要由制冷系统、暖风系统、通风系统和空气净化系统及控制系统组成,不同类型的空调其布置方式有所不同。

2. 手动空调

手动空调由制冷系统、暖风系统、通风系统和空气净化系统等组成。

（1）制冷系统。制冷系统由压缩机、冷凝器、节流膨胀装置（膨胀阀式节流管）、储液干燥器、蒸发器、压力开关等组成。为使车用空调正常安全地工作,维持所需的温度,制冷系统设置了控制元件和保护装置,主要有电磁离合器、空调面板控制开关、温度控制开关、发动机转速自动调节装置及安全保护装置等。

（2）暖风系统。暖风系统是空调的重要组成部分。轿车上一般采用发动机工作时冷却液供暖,称为水暖式暖气装置。水暖式暖气装置主要由加热器、鼓风机、热水阀及通风道等组成,通过对车内空气或由外部进入车内的新鲜空气进行加热,达到取暖、除湿的目的。

（3）通风系统。通风系统可进行自然通风和强制通风。空调中的外循环系统指的就是自然通风,自然通风是利用机动车行驶时车内外的空气压力差,通过进、出风口进行自然换气;强制通风是利用鼓风机对车内空气进行置换。

车用空调制热、通风的工作原理:利用空调装置的外循环装置,根据需要开闭进风口,进风口处设一风门,通过控制风门开度和位置进行进风模式和进风量的控制。空气在鼓风机作用下,经进风口被吸入,流经加热器芯时被加热,并由出风口导出,进入车内,实现供暖或通风。车用空调结构如图3-2-79所示。

（4）空气净化系统。为了保持车内空气清新,车用空调除了有通风系统外,还会装有空气净化装置,用以清除空气中的灰尘、花粉和异味等。空气净化包括两部分,即对车外流入车内的空气净化和对车内循环空气的净化。

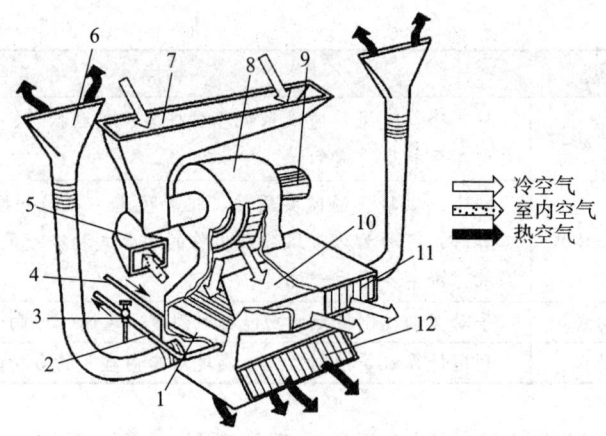

图 3-2-79 车用空调结构示意图
1—散热器 2—出水管 3—放水开关 4—进水管 5—内循环空气进口
6—除霜喷嘴 7—冷空气进口 8—鼓风机 9—电动机 10—冷热变换阀门
11—冷空气出口 12—热空气出口

常用的空气净化装置有灰尘滤清器、负离子发生器、电子集尘器、除臭剂等，都安装在空调器总成内。灰尘滤清器是安装在空调系统进风、出风口处的空气滤清装置，主要是对空气中的尘埃等颗粒物进行过滤。空气中含有三类离子，轻离子、中离子、重离子，这些离子都是带电离子，其中带负电荷的离子称为负离子，负离子对人体健康有利。而负离子发生器就是一种生成空气负离子的装置。

3. 自动空调

自动空调在传统的手动空调基础上，加装了一系列检测车内、外空气温度变化和太阳辐射的传感器，以及空调电子控制单元（ECU），还改良了执行器的结构和控制方式。空调 ECU 能根据各传感器所检测的各参数经内部电路处理后，对执行器的动作进行控制，同时还具备自我检测诊断功能。

自动空调主要由传感器、空调 ECU 和执行器三部分组成，自动空调各功能的工作过程如下：

（1）温度控制。空调 ECU 根据车内、外温度传感器测到的温度，不断地调节车内的空气温度和送风量，保证车内温度不变。另外，ECU 还能根据太阳辐射传感器、冷却液温度传感器对送入车内的空气的温度进行修正。

（2）送风量控制。空调 ECU 根据车内温度与设定温度之间的偏差，通过对鼓风机的控制来实现送风量控制。

（3）通风控制。车外新鲜空气和车内循环空气的自动切换由空调 ECU 控制。当车外温度很高时，为迅速降低车内温度，可暂时不引入车外新鲜空气，只对车内空气进行制冷。当车内温度下降到一定值后，自动切换装置通过对进风门进行控制，使其按一定比例引入新鲜空气。

（4）除霜控制。开启除霜功能，驾驶员前方和仪表盘两侧的除霜送风口即自动吹出热风，给前风窗玻璃和两侧面玻璃除霜，以保证驾驶员视线清晰。

（5）风门控制。风向可通过控制风门自动切换，使上方和侧面吹出冷风，而下方则吹普通风，以满足乘员头凉脚暖的舒适性要求。

八、巡航控制系统

巡航控制系统又称巡航行驶装置、速度控制系统、恒速行驶系统或巡航行驶控制系统等，其作用是使机动车根据行车阻力自动调节节气门开度，使机动车行驶速度保持一定，避免驾驶员频繁踩节气门踏板，改善机动车的燃料经济性能和发动机的排放性能。

巡航控制系统由传感器、操作开关、执行器和巡航控制 ECU 等组成。其工作原理是传感器和操作开关将信号送入巡航控制 ECU，巡航控制 ECU 会根据这些信号计算出节气门应有的开度，并向执行器发出信号，执行器自动调节节气门开度。

1. 传感器

传感器包括车速传感器、节气门位置传感器和控制臂位置传感器。

（1）车速传感器。车速传感器提供一个与机动车实际车速成比例的脉冲信号并输送给 ECU。ECU 根据此信号实现控制车速恒定。

车速传感器的主要类型有电磁感应式、片簧开关式、光电式和可变磁阻式等。车速传感器安装在车速里程表内或变速器内，与发动机电控系统共用。

（2）节气门位置传感器。节气门位置传感器的作用是将节气门的位置转换成电信号，并将此信号传输给 ECU。

（3）控制臂位置传感器。控制臂位置传感器用于检测伺服电动机控制节气门的位置，可以动态反映节气门的开度，并将反馈信号传给 ECU。该传感器是一个与控制臂联动的电位计，可以把控制臂移动的信号变成电信号。

2. 操作开关

操作开关的作用是设置巡航车速（包括重新设置车速）和取消巡航控制等，主要包括主开关、控制开关和退出巡航控制开关。

（1）主开关。巡航控制系统的主电源开关，多采用按键方式，每次将其推入，该系统的电源就会接通或关闭。在主开关接通时，若关闭点火开关，主开关也将关闭；若点火开关重新接通，主开关仍保持关闭。

（2）控制开关。机动车以巡航控制模式行驶时，手柄式控制开关的功能有设置（SET）、减速（COAST）、恢复（RES）、加速（ACC）和取消（CANCEL）。其中，SET 和 COAST 模式共用一个开关，RES 和 ACC 模式共用另一个控制开关。

（3）退出巡航控制开关。它包括取消开关、驻车制动开关、空挡启动开关、离合器开关和停车灯开关。其中任一开关接通时，巡航控制将被自动取消。若巡航控制取消瞬间的车速不低于 40 km/h，则该车速存储于 ECU 中。当接通恢复（RES）开关时，最后存储的车速将会自动恢复。

3. 执行器

执行器根据 ECU 的指令调节节气门的开度。目前，常使用的执行器有真空驱动型和电机驱动型两种。

九、导航系统

1. 导航系统的作用

机动车导航是指为驾驶员提供行驶方向、路线的一种服务。它可以避免驾驶员迷失行车方向，帮助驾驶员选择最佳的行车路线、避免交通拥挤，还可以提供车辆的安全防盗、工况监测等功能。

2. 导航的分类

导航系统按照是否有自动引导功能可分为两类，即无引导功能导航系统和有引导功能导航系统。

（1）无引导功能导航系统，主要靠驾驶员查阅机动车存储的电子地图或通过电话查询进行导航。

（2）有引导功能导航系统，按照是否接受全球定位信息可分为自主导航系统和全球卫星定位导航系统。

自主导航系统是利用机动车内置的传感器确定车辆位置和行驶方向，用数学分析的方法确定行车路径，并将该路径与内存电子地图上的道路进行比较，确定机动车所处位置及目的地方向和所余距离等，并在显示器上显示。引导车辆方向。根据传感器的不同，自主导航系统可分为地磁导航系统和惯性导航系统。地磁导航系统利用地磁传感器确定车辆的行驶方向，惯性导航系统利用陀螺仪确定车辆的行驶方向。

目前广泛使用的是全球卫星定位导航系统。按信息是否返回控制中心，可分为开环系统、闭环系统。开环系统的信息不返回控制中心；闭环系统的信息返回控制中心。

现在主流的导航系统有美国的全球定位系统（GPS）、中国的北斗卫星导航系统（BDS）、俄罗斯的格洛纳斯卫星导航系统（GLONASS）、欧盟的伽利略卫星导航系统（GALILEO）。

3. 车载导航系统基本原理

用户端导航系统主要由接收天线、接收机、液晶显示器、导航 ECU 和位置监测装置等组成。绝对位置检测采用全球定位装置，相对位置检测采用方向传感器（地磁传感器、光纤陀螺仪等），同时利用车速传感器可以测量出机动车行驶的距离。

（1）全球定位接收装置。该装置是能够接收定位卫星信号，经过导航 ECU 计算出车辆所在位置的准确经度和纬度及速度和方向，并在显示器上显示出来的一种装置。它由接收天线和接收机组成。若参考电子地图，驾驶员便可知道自己在地图上的确切位置。

（2）液晶显示器。薄膜晶体管有源矩阵液晶显示器具有对比度好、扫描线多、视角宽、低反射等优点，是 GPS 显示器的发展方向。

（3）RF 调制解调器和 RF 天线。RF 调制解调器和 RF 天线用来接收主控中心发布的信息，并可以反控机动车，实现机动车的动态导航。RF 调制解调器建立了与交通信息系统的联系，可以提供交通堵塞、道路障碍、施工、停车场停车情况及交通规则变化等实时交通信息。驾驶员可以通过这些信息决定行驶路线，在一定程度上能够解决城市交通堵塞问题。

（4）导航 ECU。导航 ECU 可根据全球定位接收装置收到的卫星信号和车上传感器输入的信号及存储器中的地图数据，经过计算处理后，将地图显示在显示器的屏幕上，并以闪光的标志表示机动车的实时位置。它还能指示应该行驶的方向，并不断显示出目前到达目的地的距离。通过检索键还能很方便地找到要去的目的地和最佳的行驶路线。

（5）罗盘。罗盘通过检测地球的磁场可以确定机动车的绝对行驶方向。

（6）陀螺仪和车速传感器。通过陀螺仪测定机动车转弯角速度是确定车辆行驶方向的方法之一。另外，通过测量左、右车速传感器的输出脉冲差可以确定车辆转弯时方向上的变化。

十、全车电路

用导线将电源、电路保护装置、控制器件及用电设备等装置连接起来，构成能使电流流通的路径，这种路径称为全车电路。由于机动车上的电路主要是由导线连接的，因此，全车电路又称为全车线路。

1. 全车电路的基本组成

机动车电路一般由电源、电路保护装置、控制器件、用电设备和导线组成。

（1）电源。机动车上装有两个电源，即蓄电池和发电机。其功能是保障机动车各用电设备在不同情况下都能正常工作。

（2）电路保护装置。电路保护装置主要由熔丝（俗称保险丝）、断电器及易熔线等组成。其功能是保护电路，当电路电流超过规定的电流时自动切断电路，防止烧坏电路连接导线和用电设备，把故障限制在最小范围内。

（3）控制器件。除了传统的各种手动开关、压力开关、温控开关外，机动车上还大量使用电子控制器件，包括简单的电子模块（如电子式电压调节器等）和微电脑形式的电子控制单元（如发动机ECU、自动变速器ECU等）。电子控制器件和传统开关在电路上的主要区别是电子控制器件需要单独的工作电源并且需要配用各种形式的传感器。

（4）用电设备。用电设备包括电动机、电磁阀、灯泡、仪表、各种电子控制器件和部分传感器等。

（5）导线。导线将以上各种装置连接起来构成电路。此外，机动车上通常用车体代替部分从用电器返回电源的导线。

2. 全车电路的分系统总成

全车电路由相对独立的分系统组成，一般包括以下几部分：

（1）电源电路，由蓄电池、发电机、调节器及工作状况指示装置（如电流表、充电指示灯等）组成。

（2）启动电路，由启动机、启动继电器、启动开关及启动保护电路组成。

（3）点火电路，由点火线圈、分电器、电子点火器、火花塞、点火开关等组成。此外，由发动机ECU进行点火控制时，可以不使用分电器。

（4）照明与信号电路，由前照灯、雾灯、示宽灯、转向灯、制动灯、倒车灯、电喇叭等及其控制继电器和开关组成。

（5）仪表与警报电路，由仪表、传感器、各种报警指示灯及控制器组成。

（6）电子控制装置电路，由电控燃油喷射系统、自动变速器、制动防抱死系统、恒速控制及悬架平衡控制装置等组成。

（7）辅助装置电路，由为提高车辆安全性、舒适性、经济性等各种功能的电器装置组成。因车型不同而有所差异。一般包括挡风玻璃刮水/清洗装置、挡风玻璃除霜/防雾装置、启动预热装置、音响装置、车窗电动升降装置、电动座椅调节装置及中央电控门锁等装置组成。

3. 全车电路的基本特点

（1）低压。机动车一般采用12 V电压，部分大功率柴油机采用24 V电压。低电压的优点是安全、电源简单，但电功率较小，不能满足机动车上用电设备日益增多引起的大用电量的要求。

（2）直流。机动车采用直流系统的原因是发动机要靠启动机启动，启动机由蓄电池供电，而蓄电池的电能消耗后又必须用直流电充电，所以机动车电气系统为直流系统。

（3）单线制。由于电压低，机动车采用车体作为电流的一条公共回路，所以从电源到用电设备一般只用一条导线，称单线制。部分要求比较高的线路也有采用双线制。所有低压用电设备均采用并联制，电压相同。

（4）并联。为了让各用电设备能独立工作、互不干扰，各用电设备均以并联方式连接，每条电路均有自己的控制器件及保险装置。控制器件保证每条电路独立工作，保险装置防止因电路短路或超载而引起导线及用电设备的损坏。

（5）负极搭铁。采用单线制时，蓄电池的一个电极接到车体上，称为"搭铁"。若蓄电池的负极与车体连接，则称为负极搭铁；反之，则称为正极搭铁。大多数机动车都采用负极搭铁，即蓄电池的负极直接与车体连接。

十一、车载网络

1. 车载网络的功能

车载网络又称车辆数据传输总线，它在一条数据线上或同一通道上传递多种信息，传递的信息可以被多个系统共享，从而最大限度地提高系统的整体效率，充分利用有限的资源。

通常每一个控制开关与用电设备之间都有相应的控制电路，如果用电设备很多则线路布置会非常烦琐，也不利于整体布线。车载网络使用多路传输线路可以通过不同的编码信号来表示不同的开关动作，信号解码后，根据指令接通或断开对应的用电设备。这样就能大大减少车上电线的数量，缩小线束直径，提高车辆运行效能。由于可以通过一根线执行多个指令，因此可以增加许多功能装置，加速机动车智能化发展。

2. 车载网络的分类

目前存在多重车辆网络标准，其实现功能各有不同，现阶段车载网络分为 A、B、C 三种类型。

（1）A 类网络。面向传感器、执行器控制的低速网络，传输速率一般为 1~10 kbit/s，网络协议种类主要有 LIN、UART、CCD 等，适用于对实时性要求不高的场景，如电动门窗、中央门锁、电动后视镜、电动座椅调节、灯光照明等。

（2）B 类网络。面向独立模块间数据共享的中速网络，适用于实时性要求不高的场景，传输速率一般为 10~100 kbit/s，网络协议主要有 CAN、VAN 和 OBDII 等。该类网络主要用于电子车辆信息中心、故障诊断、仪表显示、安全气囊等系统，以减少冗余的传感器和其他电子部件。

（3）C 类网络。面向高速、实时闭环控制的多路传输网，最高传输速率可达 1 Mbit/s 以上，网络协议主要有高速 CAN、TTP/C 和 Flex Ray 等。主要用于悬架控制、牵引控制、先进发动机控制、ABS 等系统，以简化分布式控制和进一步减少车身线束。

三类网络功能均向下覆盖，即 B 类网络支持 A 类网络功能，C 类网络支持 B 类网络功能。

培训项目 三 新能源车主要结构与工作原理

培训单元1　新能源车的动力驱动系统

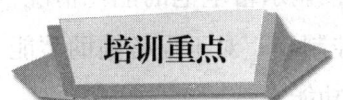

1. 掌握纯电动车动力驱动系统的结构与工作原理。
2. 熟悉多种混合动力电动车动力驱动系统的结构与工作原理。

一、纯电动车

纯电动车（battery electric vehicle），指驱动能量完全由电能提供，由电机驱动的机动车。电机的驱动电能来源于车载可充电储能系统或其他能量储存装置。

1. 纯电动车动力驱动系统的结构

纯电动车动力驱动系统的基本结构由三大部分组成，即主能源子系统、电力驱动子系统和辅助控制子系统（图3-3-1）。

（1）主能源子系统。纯电动车的主能源子系统包括主电源和能量管理系统，带有车载充电设备的纯电动车还应该包括充电单元。

1）主电源。主电源是纯电动车的能量来源，由功率变换器为电机提供电能，它也向能量管理系统和整车电子控制系统提供电能。

2）能量管理系统。能量管理系统的核心作用是监测与管理蓄电池，包括监测

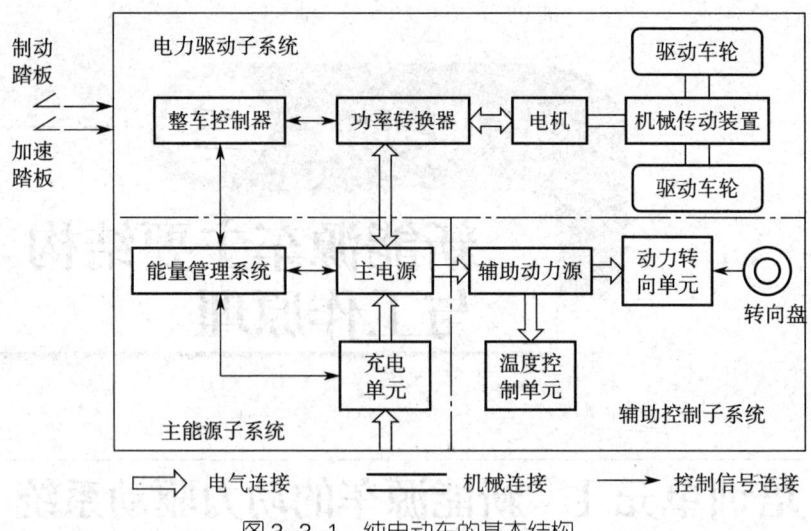

图 3-3-1　纯电动车的基本结构

蓄电池的充电状态（SOC）、电压、电流、温度等信息，显示蓄电池的能耗情况，还包括终止放电显示与报警、能量回馈控制、充放电控制等。对于配备辅助蓄能装置的纯电动车，能量管理系统还具有能量协调控制的功能。

3）车载充电设备。车载充电设备的功能是向主电源充电，充电的电源为工业或民用电力电网的电源插座。因此，车载充电设备的基本功能应包括变压、调压、整流、滤波等。功能较为完备的车载充电设备还受能量管理系统的管控，能够自动进行充电方式（定压、定流、均衡充电等）选择、充电终止判别、自动停止充电控制、充电异常（温度、电压、电流异常）的判别和自动停充保护控制等。

（2）电力驱动子系统。电力驱动子系统包括整车控制器、功率转换器、电机、机械传动装置和驱动车轮等，其中，机械传动装置因纯电动车的结构类型不同而差别较大。

1）整车控制器。整车控制器根据从制动踏板和加速踏板输入的信号，发出相应的控制指令来控制功率转换器中功率开关的通断，进而对电机的转速和转矩进行控制。同时，整车控制器通过协调控制能量管理系统和功率转换器，实现能量回馈控制和能量匹配控制。

2）功率转换器。功率转换器的主要作用是控制电机和电源之间的功率流。当电动车在驱动工况时，功率转换器的功率开关在控制器输出的控制信号触发下适当地通断，来对电机的转矩、转速及转向进行控制；当电动车制动时，功率转换器使功率流反向流动，使电机工作处于发电状态，将再生制动的动能转换为电能，并被主电源吸收。

（3）辅助控制子系统。辅助控制子系统包括辅助动力源和车载用电设备两部分。

1）辅助动力源。辅助动力源的主要作用是向电动车上的电器和电子控制装置提供电力。辅助动力源一般装配 DC/DC 功率转换器，目的是将主电源的电压转换为车载用电设备所需的电压。

2）车载用电设备。除了照明、信号、仪表等机动车必须装备的电器外，车载用电设备还包括刮水器、电动车窗、电动门锁、收放机等辅助电器。机动车空调装置、动力转向系统、防抱死制动装置等也属于车载用电设备的一部分。

2. 纯电动车动力驱动系统工作原理

（1）电气控制系统的工作原理。纯电动车的电气控制系统通常包含三部分，即低压电气子系统、高压电气子系统和整车网络化控制子系统。

1）低压电气子系统。低压电气子系统采用直流 12 V 或 24 V 电源，既为灯光、刮水器等车辆的常规低压电器提供电能，又为整车控制器、高压电气设备的控制电路和辅助部件提供电能。低压电气子系统主要包括 DC/DC 转换器、辅助蓄电池和若干低压电器设备。低压电器设备主要有灯光设备、仪表、娱乐设备、电动车窗、刮水器、除霜设备和各种控制器等。电动车的辅助蓄电池由动力蓄电池通过 DC/DC 转换器来充电。

2）高压电气子系统。高压电气子系统主要包括动力蓄电池以及驱动电机和功率转换器等大功率、高电压的电气设备。高压电气子系统根据车辆行驶的功率需求，完成从动力蓄电池到驱动电机的能量转换与传输。在纯电动车中，为了节约能源，对于功率较大的子系统通常采用高压供电，如制动气泵电动机和电动空调系统等。

3）整车网络化控制子系统。纯电动车各种电气设备的工作统一由整车控制器协调控制。整车网络化控制子系统主要由整车控制器、电机控制器、电池管理系统、车身控制管理系统、信息显示系统和网络通信系统等组成。整车网络化控制子系统的核心是整车控制器，具备数据交换与管理、故障诊断、安全监控、驾驶员意图解析等功能。通过网络通信系统，各子系统之间实现信息传递，目前常用的通信协议是 CAN 协议，其优点是有较好的可靠性、实时性和灵活性。信息显示系统具备整车工作状态的实时显示功能，如车速、电池状态、电机状态、故障显示等，驾驶员能够随时了解车辆的实时状态。

（2）传动系统的工作原理

1）常规传动形式。在这种形式中，动力蓄电池和驱动电机代替了传统内燃机，离合器、变速器和差速器的布置形式与传统内燃机车辆的布置形式一致，自动变速器代替了其中的离合器和变速器。差速器的作用是在车辆曲线行驶时，通过机械传动使两侧车轮可以在不同速度下运行。

2）无极传动形式。驱动电机可以在较大的速度范围内提供相对恒定的功率，因此多速变速器可以被一个固定速比减速器所替代，而且可以省去离合器，即无变速器的传动形式。这种传动形式既能减小机械传动结构的质量和体积，又能降低由于换挡所带来的控制难度。

3）集成传动形式。驱动电机、固定速比减速器和差速器被进一步整合为一体，布置在驱动轴上，整个驱动传动系统被大大简化和集成化。从再生制动的角度出发，这种传动形式能够非常容易地实现电能从车轮到电机的回收（驱动轮以外的动能通过制动转化为热能），从而有利于全轮驱动。由于没有传动装置，使得运转更加容易，但是这种布置形式要求有低速大转矩、速度变化范围大的电机，同时增加了电机和逆变器的容量。

4）双电机固定速比变速器一体式。在集成传动形式的基础上，差速器被两个独立的驱动电机所代替。每个驱动电机单独完成一侧车轮的驱动任务，即无差速器的传动形式。在车辆进行曲线行驶时，两侧的驱动电机就会分别工作在不同的速度下。

为了进一步简化驱动系统，驱动电机与车轮之间取消了传动的传动轴，由驱动电机直接驱动车轮前进。同时一个单排的行星齿轮用于降低转速和增强转矩，以满足不同工况的功率要求。单排行星齿轮能够提供良好的减速比和线性的输入输出特性。

在完全舍弃驱动电机和驱动轮之间的机械传动装置之后，轮毂电机的外转子直接连接在驱动轮上。驱动电机转速控制与车轮转速控制合为一体，组合成所谓的双轮毂电机或四轮毂电机，使车速控制简单化。但是，这种分布方式需要驱动电机提供更高的转矩来启动和加速车辆。

（3）电源系统的工作原理。动力电池组是纯电动车的能量来源，负责为驱动电机及车辆辅助系统提供电能。动力电池箱是动力电池组与外界进行接触的媒介，负责对动力电池的能量传导、安全防护、性能维护，对于动力电池组性能的充分发挥起到越来越重要的作用。

1）常用电池种类

①铅酸电池。具有价格低廉、原材料易于获得、可靠性好、可大电流放电及

环境温度范围适应性大等优点,因而被机动车广泛应用。但由于其能量密度和功率密度偏小,所以在小型电动车上使用较多。铅酸电池主要组成包括正极板组、负极板组、隔板、容器、电解液及附件等。一个电池由几个单体电池组成,每个单体电池的电压为2 V。

②镍镉电池。镍镉电池循环寿命远远超过铅酸电池,经济耐用,而且内阻小,能迅速充电,可满足负载大电流的需求,并且在放电过程中电压波动较小,没有电解液泄漏现象,因此不需要补充电解液。但是,镍镉电池会导致镉污染,而且镍镉电池存在记忆效应,使用时如果电量没有全部放完就开始充电,下次再放电时,就无法将全部电量释放出去。这是因为电池部分放电后,氢氧化亚镍没有完全变为氢氧化镍,剩余的氢氧化亚镍将结合在一起,形成较大的结晶体,导致无法放电。因此,在使用中应注意尽量放完电后再充电,防止发生记忆效应。

③镍氢电池。镍氢电池是早期镍镉电池的替代产品,是目前最环保的电池之一,用能吸收的氢代替金属镉,从而避免重金属带来的环境污染问题。与铅酸电池和镍镉电池相比,镍氢电池具有较大的能量密度比,可以有效地延长车辆的行驶时间,并且镍氢电池的记忆效应远远小于镍镉电池,因而在电动车中镍氢电池被大量应用。

④锂离子电池。锂是最轻的金属,锂离子电池是指用锂离子嵌入化合物为正、负极的二次电池。与传统的铅酸电池与镍氢电池相比,锂离子电池性能更加优越,被称为"终极电池"。其特点是:工作电压高(单体标称电压高达3.6 V,是镍氢电池的3倍、铅酸电池的近2倍),比能量大(高达150 W·h/kg,是镍氢电池的2倍、铅酸电池的4倍,因此质量轻,是相同能量的铅酸电池的1/3~1/4),循环寿命长(循环次数可达1 000次以上,寿命约为铅酸电池的2~3倍,使用年限可达5~8年),自放电率低(每月不到5%,是镍氢电池的1/6),允许工作温度为-20~55 ℃,无记忆效应,不存在有毒物质,对环境无污染,能够制造成任意形状。

2)电动车电池管理系统。电池管理系统(batty management system,BMS)的主要功能如下:

①电池温度控制。动力蓄电池使用大容量单体电池易出现过热现象,对电池的安全和性能产生影响,因此必须监测和控制温度。

②保持电池组电压和温度的平衡。由于电池正负极材料和电池制造水平的差

异，电池组中各单体电池的性能尚不能达到完全一致，在通过串/并联方式组成大功率大容量动力蓄电池组后，严苛的使用条件也易诱发局部偏差，从而引发安全问题。因此，为了延长电池使用寿命，必须通过 BMS 对电池组进行合理有效的管理，保障良好的电池性能。

③防止电池过充过放。串联的电池组充电/放电时，部分电池可能先于其他电池充满/放完。继续充电/放电就会导致过充/过放，电池的内部副反应将导致电池容量减小，出现热失控或者内部短路等现象。电池老化、低温等情况均会造成部分电池的电流超过其承受能力，缩短电池的使用寿命。

④防止电池短路或者漏电。防止由于振动、湿热、灰尘等原因造成的电池短路或漏电，威胁驾乘人员的人身安全。

⑤预测电池的充电状态和剩余行驶里程。

3）电动车充电装置。其作用是将电网的电能转化为电动车车载电池的电能，并且当蓄电池充满后自动停止充电。

①车载充电装置和非车载充电装置。车载充电装置是指安装在电动车上的，采用地面交流电网和车载电源对电池组进行充电的装置。一般采用结构简单、控制方便的接触式充电器，按照车载电池的种类进行设计，有较强的针对性，但是充电时间比较长。非车载充电即地面充电装置，主要包括专用充电站、充电机等。因其功率、体积和质量均比较大，所以充电迅速，能够满足各类电池的充电方式，但其成本相对较高。

②接触式充电装置和感应式充电装置。充电器与电动车直接连接的属于接触式充电，感应式充电是利用高频交流磁场的变压器原理，将电能从车外感应到车内。由于充电器与电动车之间并无直接的点接触，所以感应式充电比较安全，即使在恶劣的气候下进行充电，也不需要担心有触电的危险。

二、串联混合动力电动车动力驱动系统

串联混合动力电动车是指车辆驱动力只来源于电机的混合动力电动车。

1. 串联混合动力电动车动力驱动系统的结构

串联混合动力电动车动力驱动系统主要包括发动机、发电机、整流器、动力蓄电池（或其他类型的动力电池）、驱动电机、机械传动装置等，如图 3-3-2 所示。如果电动车动力蓄电池可外插电网充电，则属于插电式串联混合动力电动车。发动机和发电机之间是机械连接，驱动电机与机械传动装置（主减速器、差速器

等）之间也是机械连接，燃油箱与发动机之间通过管路连接，其余部分通过电缆连接。

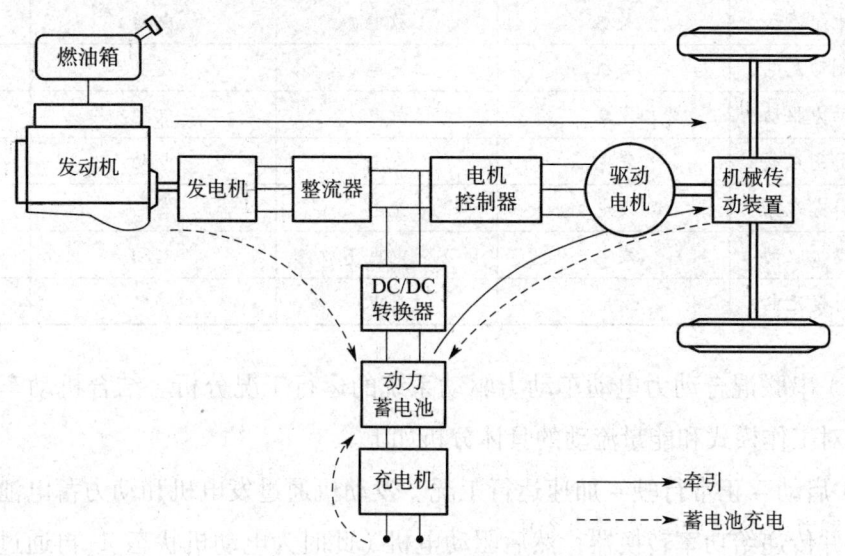

图 3-3-2　串联混合动力电动车动力驱动系统的组成

发动机和发电机的组合有时被称为辅助动力单元（auxiliary power unit，APU），其主要功能是将发动机输出的机械能通过发电机转化为电能。转化的电能或用于为蓄电池充电，或经驱动电机和机械传动装置驱动车辆行驶。

如图 3-3-2 所示，带箭头的实线和虚线表示车辆在行驶过程中能量的流动情况。从发动机、发电机、整流器流出的能量是单向的，可以经电机控制器、驱动电机直达机械传动装置，提供车辆行驶所需要的能量，也可以经 DC/DC 转换器到达动力蓄电池，提供维持动力蓄电池荷电状态的能量。从动力蓄电池、DC/DC 转换器、电机控制器、驱动电机直到机械传动装置，能量流动可以是双向的。根据路况及控制策略，驱动电机被控制为电动机或发电机，在驱动时，作为电动机使用，提供整车行驶所需要的能量；在制动减速时，作为发电机使用，将整车动能的一部分转化为电能，经 DC/DC 转换器给动力蓄电池充电，这样，就实现了能量的双向流动。

2. 串联混合动力电动车动力驱动系统的工作原理

（1）串联混合动力电动车动力驱动系统的工作模式。依据发动机－发电机—电机控制器（以下简称发动机－发电机系统）的工作状态及动力蓄电池的充放电状态，串联混合动力电动车动力驱动系统具有七种工作模式，具体见表 3-3-1。

表 3-3-1 串联混合动力电动车动力驱动系统的工作模式

工作模式	发动机-发电机系统	动力电池	电动机-发电机系统	整车状态
纯电池组驱动	关机	放电	电动	驱动
再生制动充电	关机	充电	发电	制动
混合动力驱动	发电	放电	电动	驱动
强制补充充电	发电	充电	电动	驱动
混合补充充电	发电	充电	发电	制动
纯发动机驱动	发电	既不充电也不放电	电动	驱动
停车补充充电	发电	充电	停机	停车

（2）串联混合动力电动车动力驱动系统的运行工况分析。结合机动车的运行工况，对工作模式和能量流动的具体分析如下。

1）启动-正常行驶-加速运行工况。发动机通过发电机和动力蓄电池一起输出电能并传递给功率转换器，然后驱动电机（此时为电动机状态），再通过机械传动装置驱动车轮。此运行工况下的能量流动如图3-3-3所示。

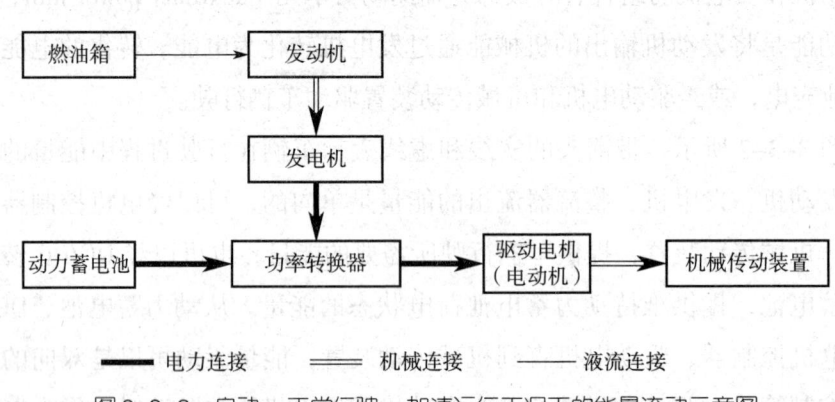

图3-3-3 启动-正常行驶-加速运行工况下的能量流动示意图

2）低负荷工况。发动机输出的功率大于车辆所需的功率，多余的能量通过发电机给动力蓄电池充电，直到荷电状态达到预定的限值。此工况下的能量流动如图3-3-4所示。

3）减速-制动工况。驱动电机把驱动轮的动能转化成电能，并通过功率转换器给动力蓄电池充电。此运行工况下的能量流动如图3-3-5所示。

4）停车充电工况。停车时，发动机可通过发电机和功率转换器给动力蓄电池充电。此运行工况下的能量流动如图3-3-6所示。

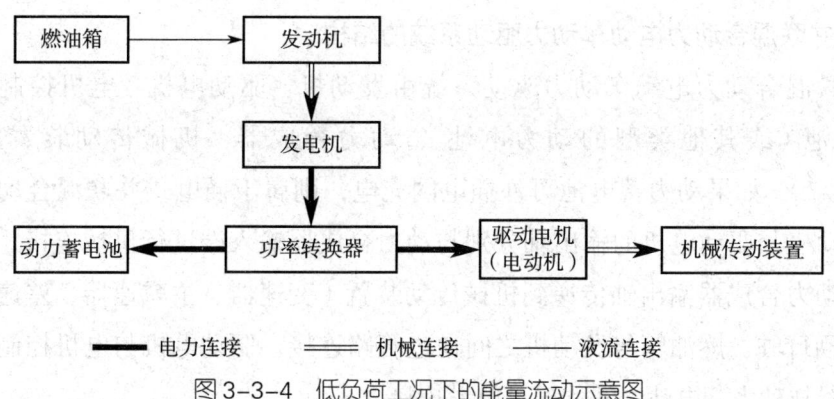

图 3-3-4 低负荷工况下的能量流动示意图

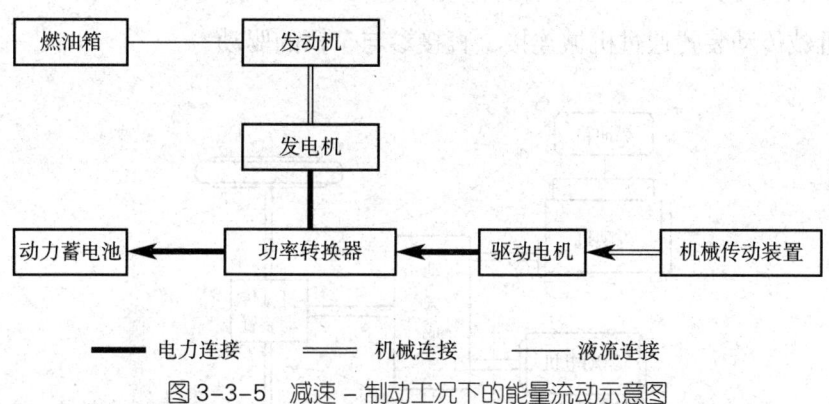

图 3-3-5 减速－制动工况下的能量流动示意图

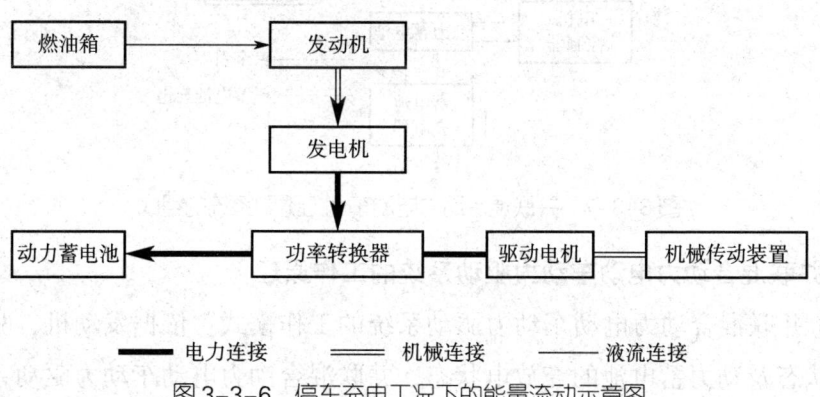

图 3-3-6 停车充电工况下的能量流动示意图

三、并联混合动力电动车动力驱动系统

并联混合动力电动车，指车辆的驱动力由电机和发动机同时提供或各自单独提供的混合动力电动车。

1. 并联混合动力电动车动力驱动系统的结构

并联混合动力电动车动力驱动系统由发动机、驱动电机、电机控制器、动力蓄电池（或其他类型的动力电池）、动力合成器、机械传动装置等组成（图3-3-7）。如果动力蓄电池可外插电网充电，则属于插电式并联混合动力电动车。发动机与驱动电机的输出轴分别与动力合成器输入端进行机械连接，输出动力通过动力合成器输出轴传递到机械传动装置（变速器、主减速器、差速器等），驱动车辆行驶。燃油箱与发动机之间通过管路连接，驱动电机与电机控制器、电机控制器与动力蓄电池之间均通过电缆连接。

并联混合动力电动车与串联混合动力电动车动力驱动系统的最大区别是其发动机与机械传动装置通过机械连接，直接参与车辆的驱动。

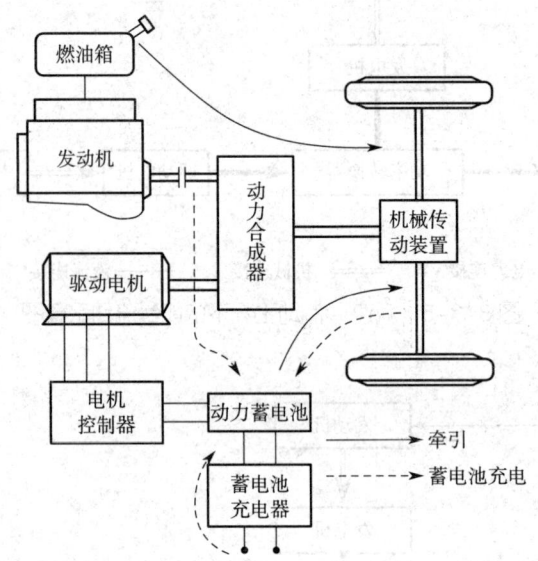

图3-3-7 并联混合动力电动车动力驱动系统的组成

2. 并联混合动力电动车动力驱动系统的工作原理

（1）并联混合动力电动车动力驱动系统的工作模式。依据发动机、驱电动机的工作状态及动力蓄电池的充放电状态，并联混合动力电动车动力驱动系统具有六种工作模式，具体见表3-3-2。

表3-3-2 并联混合动力电动车动力驱动系统的工作模式列表

工作模式	发动机	动力蓄电池	驱动电机	整车状态
纯电池组驱动	关机	放电	电动	驱动
再生制动充电	关机	充电	发电	制动

续表

工作模式	发动机	动力蓄电池	驱动电机	整车状态
混合动力驱动	机械动力输出	放电	电动	驱动
强制补充充电	机械动力输出	充电	电动	驱动
纯发动机驱动	机械动力输出	既不充电也不放电	不工作	驱动
停车补充充电	机械动力输出	充电	发电	停车

（2）并联混合动力电动车动力驱动系统的运行工况分析。结合机动车的运行工况，对工作模式和能量流动的具体分析如下。

1）启动－加速工况。当机动车启动或节气门全开加速时，发动机和驱动电机同时工作，共同分担驱动车辆所需的动力，如发动机和驱动电机分别承担总功率的80%和20%。此运行工况下的能量流动如图3-3-8所示。

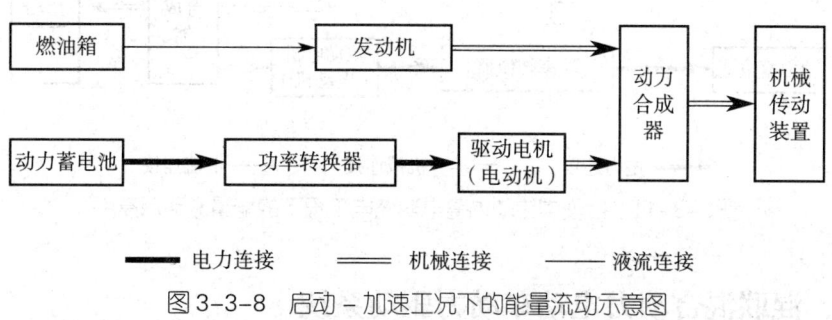

图3-3-8 启动－加速工况下的能量流动示意图

2）正常行驶工况。当车辆正常行驶时，驱动电机关闭，仅有发动机工作，提供车辆行驶所需的动力。此运行工况下的能量流动如图3-3-9所示。

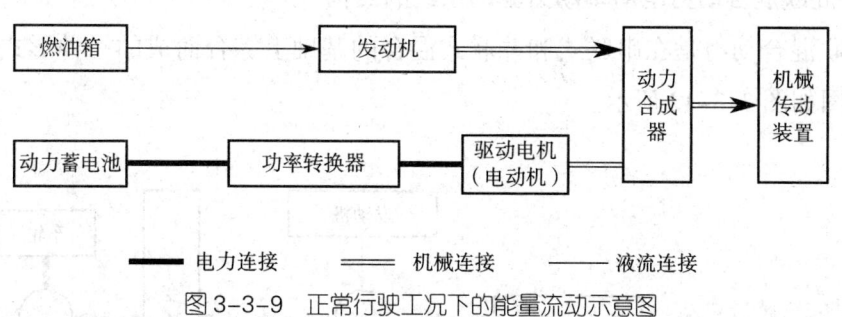

图3-3-9 正常行驶工况下的能量流动示意图

3）减速－制动工况。当车辆减速行驶或制动时，驱动电机工作于发电机模式进行再生制动，通过功率转换器给动力蓄电池充电。此运行工况下的能量流动如图3-3-10所示。

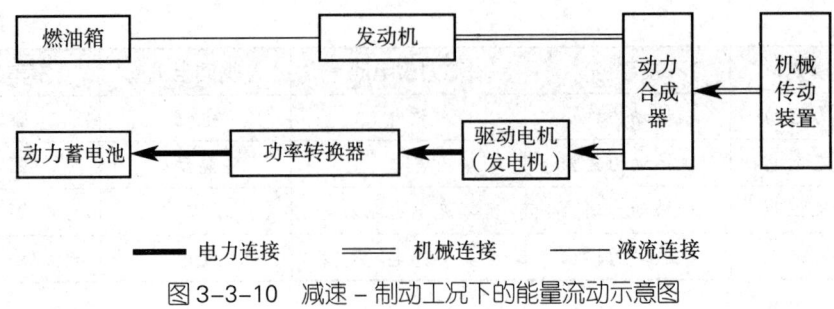

图 3-3-10 减速-制动工况下的能量流动示意图

4）行驶中给动力蓄电池充电工况。当车辆轻载时，发动机驱动车辆行驶，同时发动机输出的多余功率通过动力合成器传递给驱动电机，此时驱动电机作为电动机向动力蓄电池充电。此运行工况下的能量流动如图 3-3-11 所示。

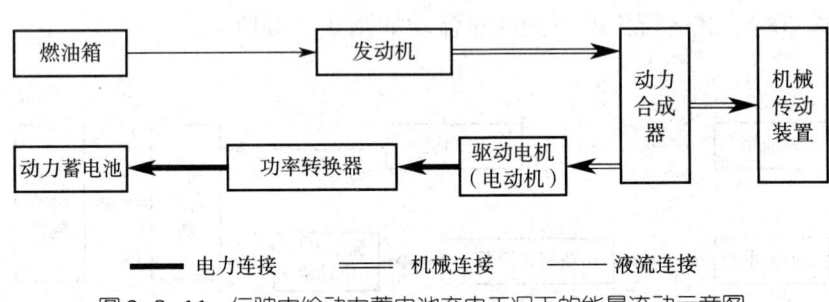

图 3-3-11 行驶中给动力蓄电池充电工况下的能量流动示意图

四、混联混合动力电动车动力驱动系统

混联混合动力电动车是指同时具有串联式和并联式混合动力驱动方式的电动车。

1. 混联混合动力电动车动力驱动系统的结构

混联混合动力是在串联式和并联式混合的基础上综合而成的一种形式，其结构示意图如图 3-3-12 所示。

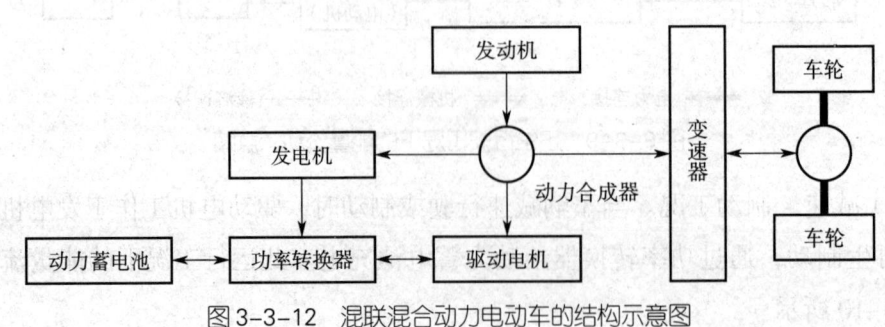

图 3-3-12 混联混合动力电动车的结构示意图

在混联混合动力驱动系统中，动力合成器一般也称动力分配器或功率分配器。发动机输出的功率一部分通过动力合成器分配给传动装置，驱动车辆行驶，另一部分功率则分配给发电机，驱动其发电。发电机输出的电能输送给电动机或动力蓄电池。电动机从动力蓄电池或发电机获取电能，产生驱动力，通过动力合成器传递给驱动桥。

混联混合动力电动车的动力合成器一般采用行星齿轮机构。如图 3-3-13 所示，行星齿轮机构将发动机、发电机、驱动电机连接起来，太阳轮与发电机相连，齿圈与驱动电机及机械传动装置相连，行星架与发动机相连。发动机的一部分动力通过行星齿轮传给齿圈，然后通过机械传动装置传给驱动车轮，另一部分动力传给太阳轮经发电机转化为电能。驱动电机的动力直接通过与齿圈一体的齿轮传给驱动装置。

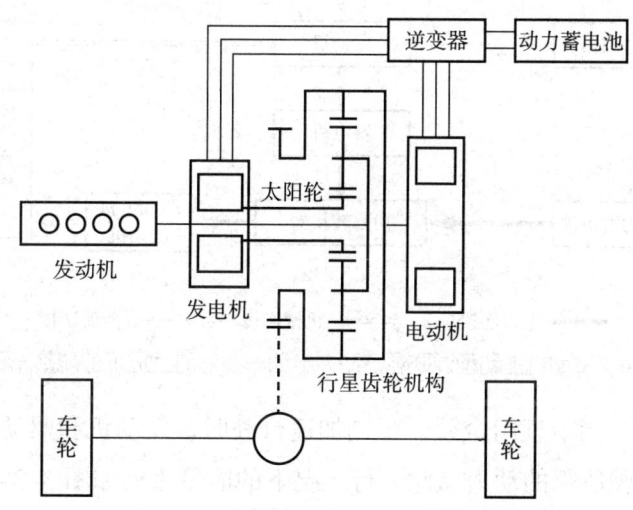

图 3-3-13 混联混合动力电动车的动力合成器

2. 混联混合动力电动车动力驱动系统的工作原理

（1）混联混合动力电动车的工作模式。依据发动机、发电机、驱动电机的工作状态及动力蓄电池的充放电状态，混联混合动力电动车动力驱动系统具有五种工作模式，具体见表 3-3-3。

表 3-3-3 混联混合动力电动车动力驱动系统的工作模式

工作模式	发动机	发电机	动力蓄电池	驱动电机	整车状态
纯电动机驱动	关机	关机	放电	电动	驱动
再生制动充电	关机	关机	充电	发电	制动

续表

工作模式	发动机	发电机	动力蓄电池	驱动电机	整车状态
纯发动机驱动	启动	发电	既不充电也不放电	电动	驱动
混合动力驱动	启动	发电	放电	电动	驱动
强制补充充电	启动	发电	充电	电动	驱动

（2）混联混合动力电动车动力驱动系统的运行工况分析。根据混联混合动力电动车是发动机主动型还是电力主动型，其工作模式是有区别的。结合机动车运行工况，具体分析如下：

1）发动机主动型

①启动工况。发动机关闭，由动力蓄电池给驱动电机提供电能驱动车辆。此运行工况下的能量流动如图 3-3-14 所示。

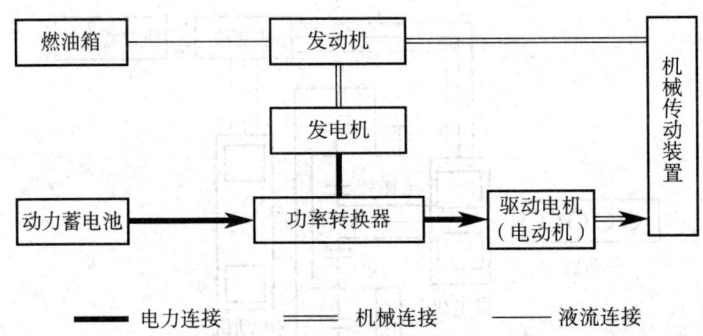

图 3-3-14　发动机主动型混联混合动力电动车在启动工况下的能量流动示意图

②加速工况。当节气门全开，车辆加速行驶时，发动机和驱动电机同时工作，共同分担车辆行驶所需的动力。此运行工况下的能量流动如图 3-3-15 所示。

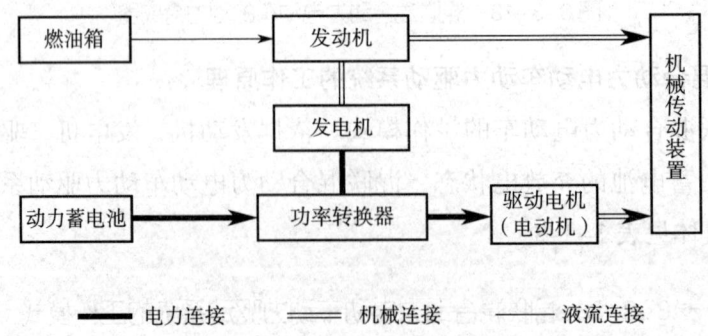

图 3-3-15　发动机主动型混联混合动力电动车在加速工况下的能量流动示意图

③匀速工况。电机关闭，发动机工作，提供车辆所需动力。此运行工况下的能量流动如图 3-3-16 所示。

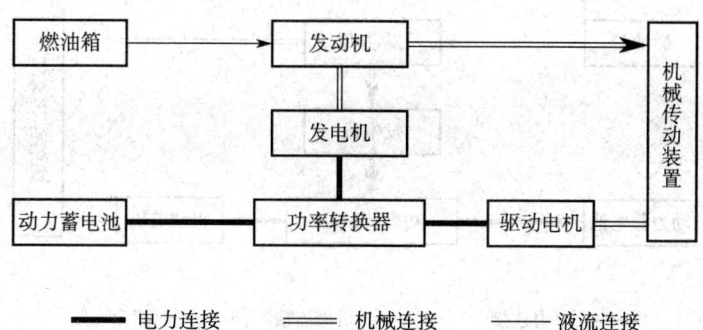

图 3-3-16　发动机主动型混联混合动力电动车在匀速工况下的能量流动示意图

④减速-制动工况。驱动电机工作于发电模式进行再生制动,通过功率转换器给动力蓄电池充电。此运行工况下的能量流动如图 3-3-17 所示。

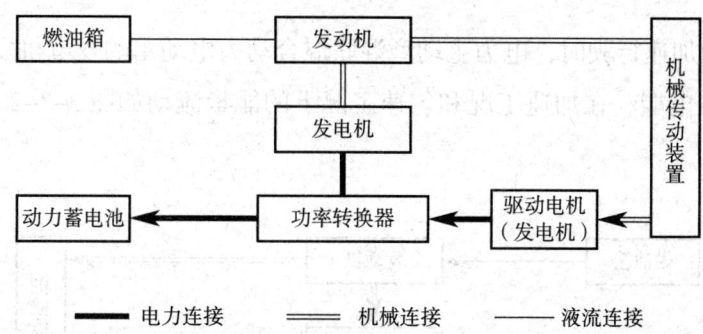

图 3-3-17　发动机主动型混联混合动力电动车在减速-制动工况下的能量流动示意图

⑤行驶中给动力蓄电池充电工况。发动机一部分动力用于驱动车辆,另一部分动力由发电机经功率转换器给动力蓄电池充电。此运行工况下的能量流动如图 3-3-18 所示。

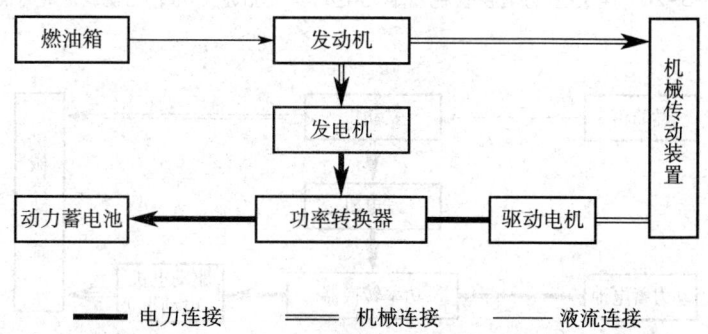

图 3-3-18　发动机主动型混联混合动力电动车在行驶中给动力蓄电池充电工况下的能量流动示意图

⑥停车充电工况。当停车时,发动机可通过发电机经功率转换器给动力蓄电池充电。此运行工况下的能量流动如图 3-3-19 所示。

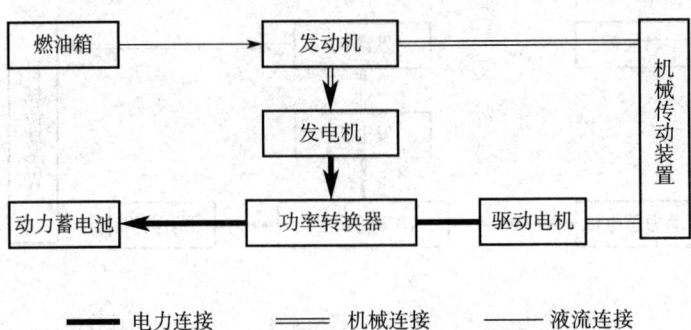

图3-3-19 发动机主动型混联混合动力电动车在停车充电工况下的能量流动示意图

2）电力主动型。电力主动型与发动机主动型混联混合动力电动车动力驱动系统工作模式的主要区别在匀速工况和加速工况上，其他工况下的工作模式是一样的。

在匀速和加速行驶时，电力主动型混联混合动力电动车的发电机发电，提供驱动电机所需的电能。在加速工况和匀速工况下的能量流动如图3-3-20、图3-3-21所示。

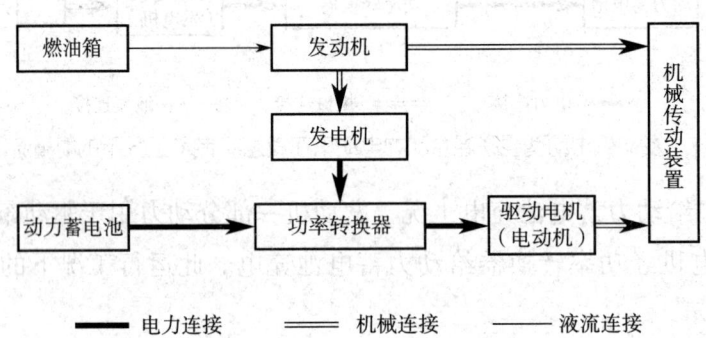

图3-3-20 电力主动型混联混合动力电动车在加速工况下的能量流动示意图

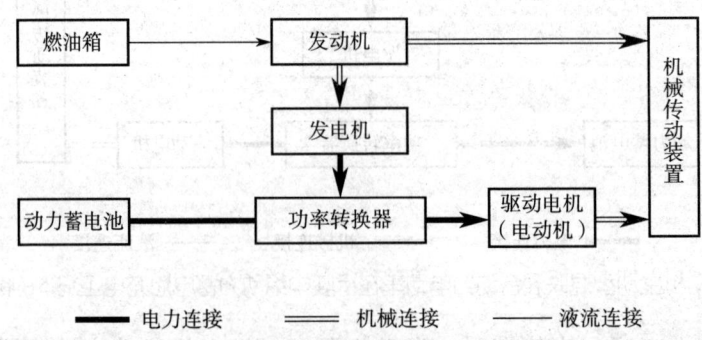

图3-3-21 电力主动型混联混合动力电动车在匀速工况下的能量流动示意图

五、插电式混合动力电动车动力驱动系统

1. 插电式混合动力电动车动力驱动系统的结构

插电式混合动力电动车是可从电网充电的混合动力电动车，是在三种基本的混合动力电动车的基础上派生出来的，有串联插电式、并联插电式和混联插电式三种形式，其基本结构与基本型混合动力电动车的差别不大。插电式混合动力电动车动力驱动系统的基本结构如图 3-3-22 所示。

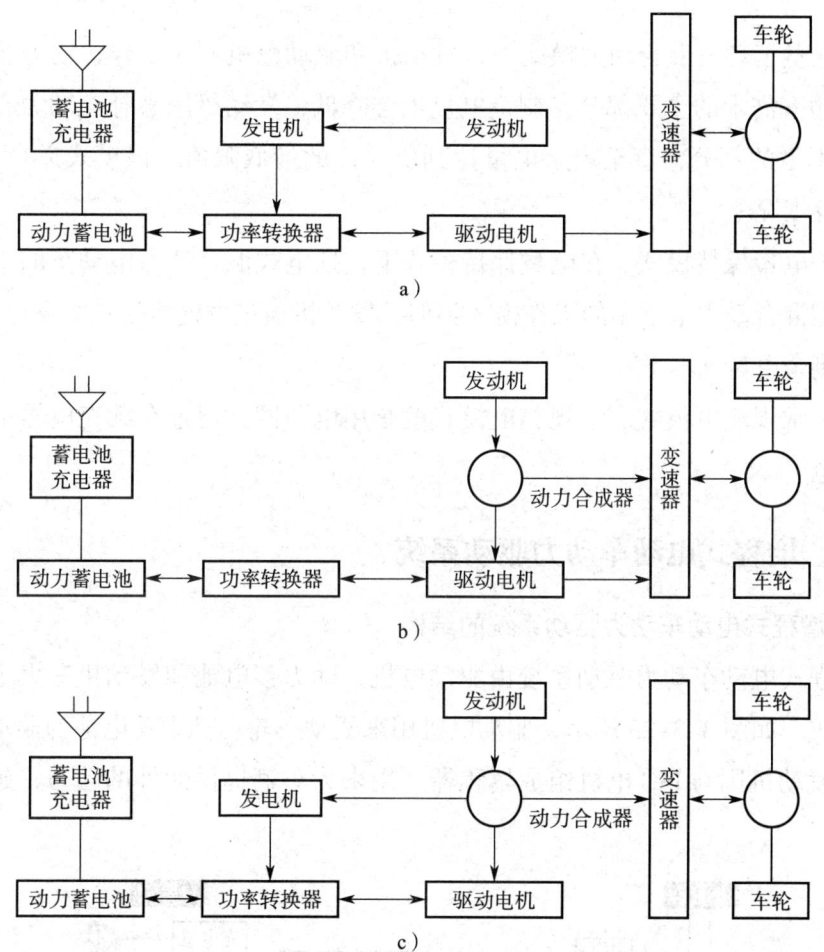

图 3-3-22 插电式混合动力电动车动力驱动系统的基本结构
a) 串联插电式 b) 并联插电式 c) 混联插电式

2. 插电式混合动力电动车动力驱动系统的工作原理

当动力蓄电池通过电力网充满电后，机动车优先以纯电池组驱动模式工作，直至动力蓄电池电量达到纯电池组驱动模式工作的下限时，发动机启动，整车自

动切入常规混合动力电动车控制模式，动力蓄电池在满足混合动力行驶功率需求的前提下，维持在一个较低的电量状态，直至下一次充满电。

根据动力蓄电池荷电状态（剩余电量）的变化特点，插电式混合动力电动车的工作模式可分为电量消耗模式、电量保持模式和常规充电模式三种。

（1）电量消耗模式。此模式又分为电量消耗—纯电动模式和电量消耗—混合动力模式两种。在电量消耗—纯电动模式中，发动机关闭，动力蓄电池是唯一的能量源，剩余电量会逐渐降低。该模式适合于启动、低速和低负荷等工况。

在电量消耗—混合动力模式中，发动机和驱动电机同时工作，动力蓄电池提供整车功率需求的主要部分，剩余电量也会降低，发动机用来补充动力蓄电池输出功率不足的部分，直至剩余电量达到所允许的最低限值。该模式适合于加速、大负荷等工况。

（2）电量保持模式。在电量保持模式下，插电式混合动力电动车的工作模式与基本型混合动力电动车的工作模式类似，发动机通过发电机给动力蓄电池充电，以维持剩余电量基本不变。

（3）常规充电模式。常规充电模式就是用电力网，通过车载充电器给动力蓄电池充电。

六、增程式电动车动力驱动系统

1. 增程式电动车动力驱动系统的结构

增程式电动车动力驱动系统由驱动电机、动力蓄电池和发动机三大主要部件总成组成。如图 3-3-23 所示，驱动电机用来驱动车轮，动力蓄电池为驱动电机供电，而发动机则与 ISG 电机组成增程器，用来为车辆提供额外的动力，延长行驶里程。

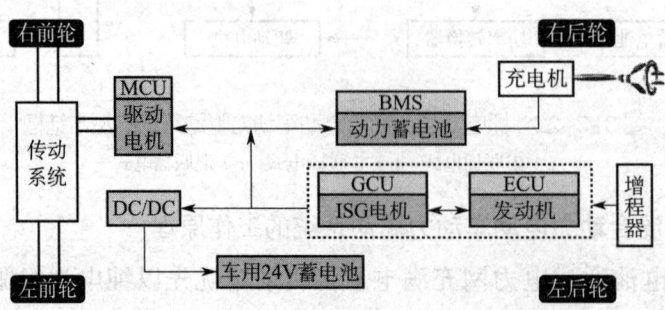

图 3-3-23　增程式电动车电力驱动系统的结构模型

相比纯电动车，增程式电动车可以采用较小容量的动力蓄电池，有利于降低动力蓄电池的成本。相比串联混合动力电动车，增程器功率偏小，动力蓄电池容量配置偏高。

2. 增程式电动车动力驱动系统的工作原理

增程式电动车完全靠驱动电机驱动，在起步或者短途行驶时，由车载大容量的动力蓄电池通过电机控制器为驱动电机提供动力，驱动电机驱动车辆行驶。

当动力蓄电池有足够电量时，增程式电动车驱动系统的动力全部来源于动力蓄电池，零油耗、零排放，相当于使用纯电动车。而在超出一定行驶距离、动力蓄电池的能量耗尽的情况下，发动机会自动接通为驱动组件提供动力，延长它的行驶里程，从而使车辆能够到达充电站或加油站。增程式电动车的动力蓄电池和动力推进系统经过精准的设置，可以使车辆在由动力蓄电池提供足够电能的时候，不需要发动机工作来产生额外的动力。在由动力蓄电池驱动车辆时，可以保证车辆顺利实现加速、最高时速及爬坡等各种性能；而由发动机提供动力时，增程式电动车也能够满足基本的车辆行驶要求。

增程式电动车和插电式混合动力电动车的区别在于，其发动机功率更小，而且由于在串联混合动力电动车工作模式下，增程器的输出功率不足以补充动力蓄电池的电量消耗，从而难以像常规串联混合动力电动车那样无限制长距离行驶，必须及时对动力蓄电池进行补充充电。

培训单元 2　新能源车的高压安全系统

1. 了解新能源车的高压安全标准。
2. 掌握新能源车高压部件及线束布局。

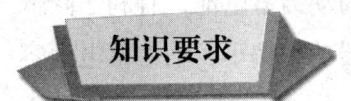

一、电动车安全要求

1. 电动车的电压等级划分

根据最大工作电压，将电气元件或电路分为以下等级，见表3-3-4。

表3-3-4 电动车的电压等级

电压等级	最大工作电压（V）	
	直流	交流（rms）
A	$0<U\leqslant 60$	$0<U\leqslant 30$
B	$60<U\leqslant 1\,500$	$30<U\leqslant 1\,000$

对于相互传导连接的A级电压电路和B级电压电路，当电路中直流带电部件的一极与电平台相连，且其他任一带电部分与这一极的最大电压值不大于30 V_{AC}（rms）且不大于60 V_{DC}，则该传导连接电路不完全属于B级电压电路，只有以B级电压运行的部分才被认定为B级电压电路。

2. 人员触电防护要求

触电防护应包含防止人员与任何带电部件的直接接触和在带电部件基本绝缘发生故障的情况下的触电防护。

对于A级电压电路不要求提供触电防护。对于任何B级电压电路的带电部件，都应为人员提供危险接触的防护。

人员触电防护要求包括以下四个部分：高压标记要求、直接接触防护要求、间接接触防护要求和防水要求。所有防护规定都是从安全的角度出发，防止人体及电气设备因触电或短路发生故障、造成事故。

（1）高压标记要求。B级电压的电能存储系统或产生装置，如可充电储能系统（rechargeable electrical energy storage system，REESS）和燃料电池堆，应标记如图3-3-24所示符号。对于相互传导连接的A级电压电路和B级电压电路，当电路中直流带电部件的一极与电平台连接，且满足其他任一带电部分与这一极的最大电压值

图3-3-24 高压警告标记

不大于 30 V_{AC}（rms）且不大于 60 V_{DC} 的情况，则 REESS 不需标记此符号；否则，REESS 无论是否存在 B 级电压，都应标记此符号。该符号的底色为黄色，边框和箭头为黑色。

当移开遮栏或外壳可以露出 B 级电压带电部分时，遮栏和外壳上也应标记此符号。当评估是否需要此符号时，应考虑遮栏或外壳可进入和可移开的情况。同时，B 级电压电路中电缆和线束的外皮应用橙色加以区别。

（2）直接接触防护要求。直接接触防护是通过绝缘材料外壳或遮栏实现人体与 B 级电压带电部件的物理隔离，外壳或遮栏可以是导体也可以是绝缘体。

对于乘客舱内、货舱内的遮栏和外壳应满足《外壳防护等级（IP 代码）》（GB/T 4208—2017）中 IPXXD 的防护等级要求，乘客舱外、货舱外的遮栏和外壳应满足 IPXXB 的防护等级要求。通常，遮栏和外壳只能通过工具才能打开或去掉。

（3）间接接触防护要求。在最大工作电压下，直流电路绝缘电阻值应不小于 100 Ω/V，交流电路绝缘电阻值应不小于 500 Ω/V。如果直流和交流的 B 级电压电路可导电的连接在一起，则组合电路应满足绝缘电阻值不小于 500 Ω/V 的要求；或者如果交流电路增加有附加防护，则组合电路至少满足绝缘电阻值不小于 100 Ω/V 的要求。

（4）防水要求。车辆在模拟清洗和模拟涉水实验后，需仍能满足以上间接接触防护下的绝缘电阻值的要求。

二、高压安全标准

电动车中，高压电气系统的工作电压在数百伏，较高的工作电压对电源系统与车辆底盘之间的绝缘性能提出了更高的要求。

对于电动车的高压电气系统和自动断路器的工作状态及功能的监测，需要检测的参数可以分成以下几类：高压电气参数（高压系统电压、电流，高压总线剩余电量）、高压电路参数（动力电池绝缘电阻、高压总线等效电容）、非电测量参数（环境温度、湿度）、数字量测参数（主要是开关量的输入和输出）。

根据电动车和人体安全标准，在最大交流工作电压小于 660 V、最大直流工作电压小于 1 000 V 及整车质量小于 3 500 kg 的条件下，电动车的高压安全要求有：人体的安全电压低于 35 V，触电电流和持续时间乘积的最大值小于 30 mA·s；绝缘电阻值除以电池的额定电压值至少应该大于 100 Ω/V，最好是能确保大于 500 Ω/V；对于各类电池，充电电压不能超过上限电压，一般最高不超过额定电压的 30%；

对于高于 60 V 的高压系统的上电过程至少需要 100 ms，在上电过程中应该采用预充电过程来避免高压冲击；在任何情况下继电器断开时间应该小于 20 ms，当高压系统断开后 1 s，机动车的任何导电部分和可接触部分对地电压峰值应当小于 42.4 V（交流）/60 V（直流）。

三、新能源车的高压系统组成

新能源车的高压系统结构尚不具备统一标准，下面以北汽新能源 EV160 为例进行高压系统的介绍。该高压系统由动力电池组、高压控制盒、驱动电机系统、DC/DC 变换器、空调与暖风系统、车载充电机等组成，如图 3-3-25 所示。

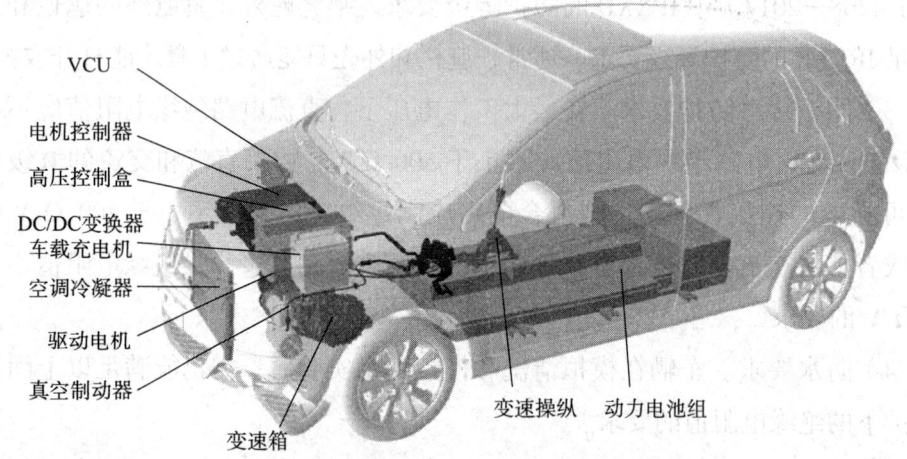

图 3-3-25　新能源车（BJEV160）高压系统组成

1. 动力电池组

动力电池组主要由动力电池模组、电池管理系统、动力电池箱及辅助元器件四部分组成，如图 3-3-26 所示为 BJEV160 的动力电池组的结构。

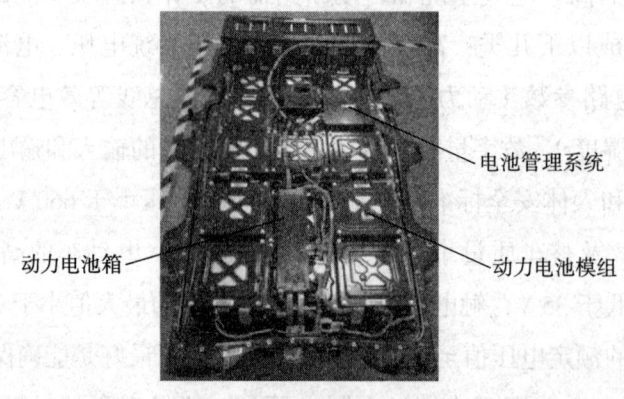

图 3-3-26　动力电池组（BJEV160）的结构

动力电池组的主要功能有：提供动力；电量计算；温度、电压、湿度检测；漏电检测、异常情况报警；充放电控制、预充电控制；电池一致性检测；系统自检等。

2. 高压控制盒

高压控制盒负责完成动力电池电能的输出及分配，实现对支路用电器设备的保护及切断，其外观及端口如图 3-3-27 所示。

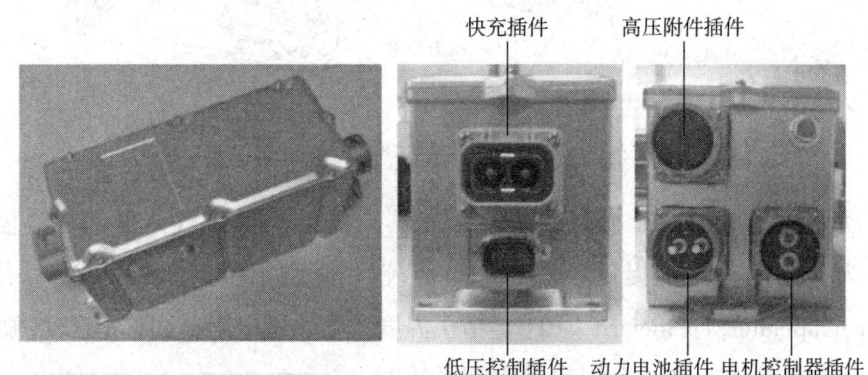

图 3-3-27 高压控制盒

3. 驱动电机系统

驱动电机系统是电动车三大核心部件之一，是车辆行驶的主要执行机构，其特性决定了车辆的主要性能指标，直接影响车辆的动力性、经济性和舒适性。

驱动电机系统一般是由驱动电机、电机控制器和冷却系统组成，通过高低压线束、冷却管路，与整车其他系统进行电气和散热连接。

整车控制器（VCU）根据驾驶员意图发出各种指令，电机控制器响应并反馈，实时调整驱动电机输出，以实现整车的怠速、前行、倒车、停车、能量回收及驻坡等功能。电机控制器另一个重要功能是通信和保护，实时进行状态和故障检测，保护驱动电机系统和车辆安全可靠运行。

4. DC/DC 变换器

DC/DC 变换器的功能是将动力电池组高压直流电转换为整车低压 14 V 直流电，给整车低压用电系统供电及铅酸电池充电，如图 3-3-28 所示。

5. 空调与暖风系统

空调与暖风系统主要部件的布置如图 3-3-29 所示。

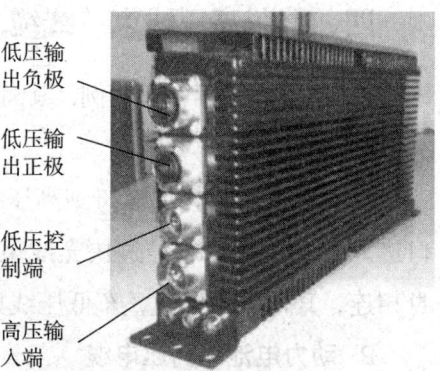

图 3-3-28 DC/DC 变换器

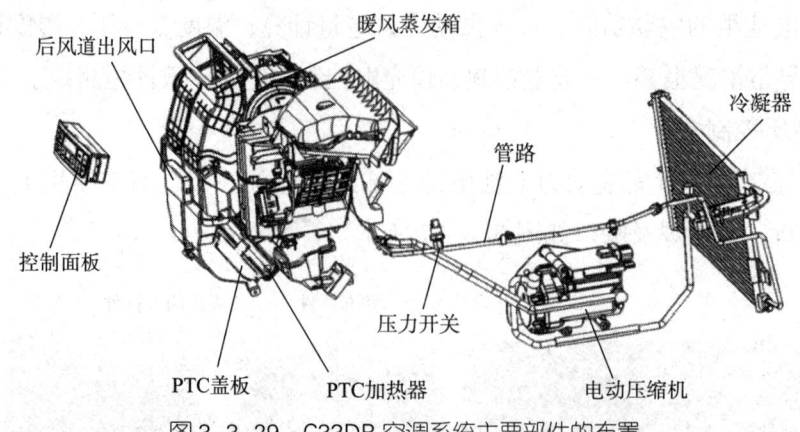

图 3-3-29　C33DB 空调系统主要部件的布置

电动压缩机用于制冷循环，将从蒸发器来的低温低压气体压缩成高温高压气体，为整个制冷系统提供源动力。与传统汽车不同的是，暖风系统采用 PTC（positive temperature coefficierrt，PTC，指正温度系数热敏电阻，简称 PTC 热敏电阻）热敏电阻加热器进行加热，当启动空调系统时，动力电池组向 PTC 热敏电阻进行供电，PTC 热敏电阻产生热量。

6. 车载充电机

电动车车载充电机的功能是将 220 V 交流电转换为动力电池组的直流电，实现电池电量的补给，保证车辆正常行驶。车载充电机具有过电压、欠电压、过电流、欠电流等多种保护措施，当充电系统出现异常时会及时切断电源。其外观如图 3-3-30 所示。

图 3-3-30　车载充电机

四、整车高压线束／线缆

以北汽新能源 EV200 为例，其高压线束／电缆采用分体式布局，如图 3-3-31 所示。

1. 快充线束

快充线束是连接快充口到高压控制盒之间的线束，如图 3-3-32 所示。从快充口进入的高压直流电经过快充线束流入高压控制盒，搭铁线经过车身搭铁点与车身相连，其他线束经过整车低压线束传输至整车控制器和蓄电池管理系统。

2. 动力电池组高压电缆

动力电池组高压电缆是连接动力电池组到高压控制盒之间的线缆，如图 3-3-33 所

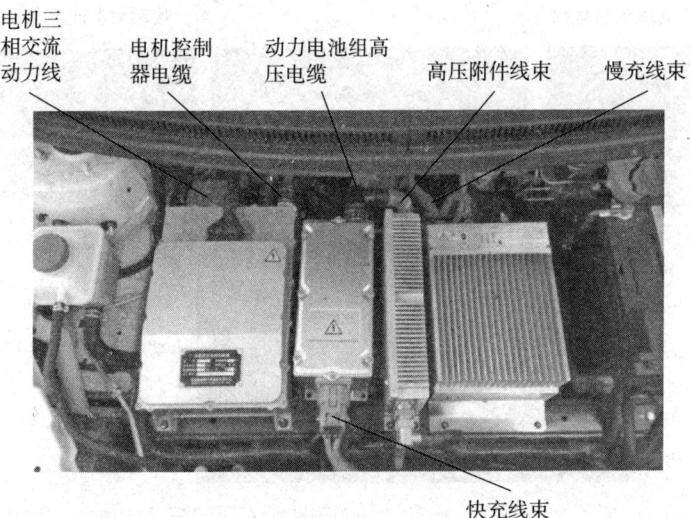

图 3-3-31　北汽新能源 EV200 高压线束/电缆布局

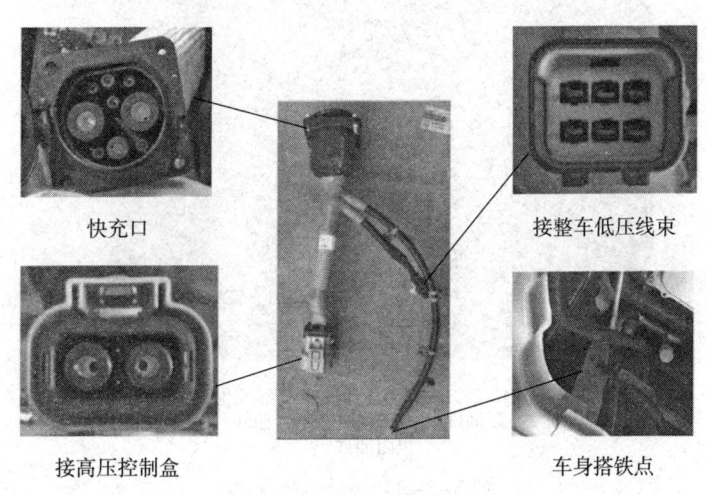

图 3-3-32　快充线束

示,主要承担动力蓄电池输入或输出的高压直流电。

3. 高压附件线束

高压附件线束是连接高压控制盒到 DC/DC 变换器、车载充电机、空调压缩机、空调 PTC 之间的线束,如图 3-3-34 所示。此外,高压附件线束还包含互锁信号线。

4. 电机控制器电缆

电机控制器电缆是连接电机控制器到高压控制盒之间的线缆,如图 3-3-35 所示。从高压控制盒引出的线束一分为二,分别连接到电机控制器正、负极。

5. 电机三相交流动力线

电机三相交流动力线是连接电机控制器到电机之间的电缆,如图 3-3-36 所示。

接高压控制盒端　　　　　　　　　　　　　接动力电池组端

 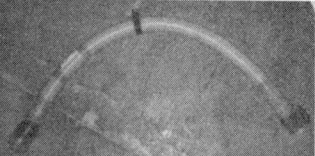 

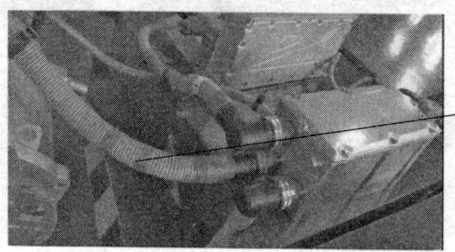

动力电池组高压电缆

图3-3-33　动力电池组高压电缆

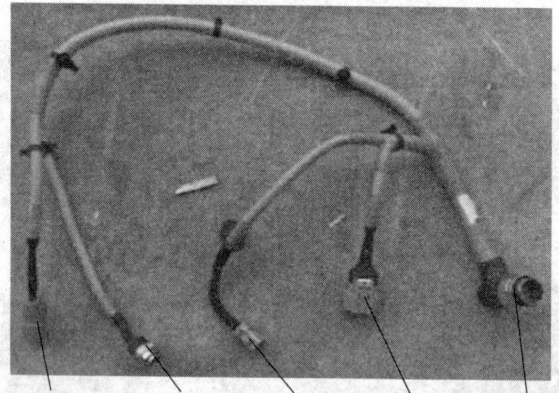

接空调压缩机插件　接DC/DC变换器插件　接空调PTC热敏电阻插件　接车载充电机插件　接高压控制盒插件

图3-3-34　高压附件线束

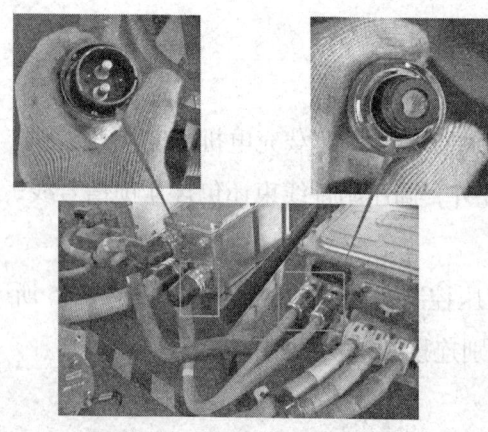

图3-3-35　电机控制器电缆

图3-3-36　电机三相交流动力线

职业模块 4
机动车使用与检测维修基本知识

培训项目 一 机动车使用基础

培训单元 1　机动车的技术状况

1. 掌握机动车技术状况变化的原因和影响因素。
2. 能正确分析机动车技术状况变化的规律。

一、机动车的技术状况基本概念

1. 机动车技术状况
机动车的技术状况是指定量或定性表征机动车外观和性能参数的总和。

2. 机动车完好技术状况
当机动车完全符合技术文件规定要求的状况，称为机动车完好技术状况。

3. 机动车技术状况参数
机动车技术状况参数是用来评价机动车外观和性能的物理量和化学量，包括整车装备、机动车动力性、燃料经济性、排放性能、制动性能、操纵稳定性能、通过性能和安全性能等参数。

4. 机动车技术状况变化规律
机动车技术状况与行驶里程或时间的关系称为机动车技术状况变化规律。

5. 机动车极限技术状况

机动车技术状况参数达到了技术文件规定的极限值的状况称为机动车极限技术状况。

6. 机动车综合性能

机动车动力性、安全性、燃料经济性、使用可靠性、污染物排放和噪声，以及整车装备完整性与状态等多种技术性能的组合，称为机动车综合性能。

7. 机动车耗损

机动车耗损是机动车各种损坏和磨损现象的总称。

（1）正常磨损，指机动车零件磨损率未超出设计允许或技术文件规定的范围。

（2）异常磨损，指机动车零件磨损率超出设计允许或技术文件规定的范围。

（3）极限磨损，指导致配合副进入极限状况，又不能保持技术文件规定的工作能力的机动车零件磨损量。

（4）允许磨损，指小于极限磨损，尚能保持技术文件规定工作能力的机动车零件磨损量。

（5）磨损率，指磨损量与产生磨损的行程或时间之比。

二、机动车技术状况变化的现象与原因

随着行驶里程不断增加，车辆技术状况也会逐渐恶化，从而导致机动车动力性降低、经济性变差、使用便利性下降、行驶安全性及使用可靠性下滑，直至最后达到使用极限，进而出现使机动车部分或完全丧失工作能力的故障。

1. 机动车故障

（1）完全故障，指机动车完全丧失工作能力，不能行驶的故障。

（2）局部故障，指机动车部分丧失工作能力，即降低了使用性能的故障。

（3）致命故障，指危及人身安全，引起主要总成报废，造成重大经济损失或对周围环境造成严重危害的故障。

（4）一般故障，指不影响行车安全，非主要零部件故障，可用备件或随车工具在较短时间内排除的故障。

（5）轻微故障，指对机动车正常运行基本没有影响，不需要更换零件，可用随车工具较容易排除的故障。

2. 机动车故障模式

机动车故障模式即故障的表现形式，主要有损坏、退化、松脱、失调、堵塞、

渗漏、性能衰退和功能失效等。

（1）损坏型故障模式，包括但不限于断裂、碎裂、开裂、点蚀、烧蚀、击穿、变形、拉伤、龟裂、压痕等故障现象。

（2）退化型故障模式，包括但不限于老化、剥落、异常磨损等故障现象。

（3）松脱型故障模式，包括但不限于松动、脱落等故障现象。

（4）失调型故障模式，包括但不限于压力失调、间隙超差、行程失调、干涉、卡滞等故障现象。

（5）堵塞与渗漏型故障模式，包括但不限于堵塞、气阻、漏气、漏油（水）等故障现象。

（6）性能衰退和功能失效型故障模式，包括但不限于性能衰退、功能失效、公害限值超标、异响、过热等故障现象。

3. 机械故障的原因

机动车技术状况的变化是诸多内在原因综合作用的结果，例如，由于零件间相互摩擦而产生磨损；零件与有害物质接触从而发生腐蚀；在交变载荷作用下，零件出现疲劳情况；在外载、温度和残余内应力作用下，零件发生变形；在长期使用过程中，橡胶及塑料等非金属零件和电器元件发生老化；由于偶然事件对零件造成损坏等。这些原因使零件原有尺寸和几何形状及表面质量发生改变，破坏零件原来的配合特性和正确位置关系，从而引起机动车（或总成）技术性能下降。

（1）磨损。零件的主要损坏形式是磨损，磨损现象仅出现在零件表面，其磨损速度的快慢不仅与零件的材料、加工方法有关，而且受机动车在使用过程中装载、润滑、车速等因素的影响。引起机动车技术状况变化的主要磨损形式有磨料磨损、分子—机械磨损和腐蚀磨损。

1）磨料磨损，指零件相互摩擦表面间由坚硬、锐利的微粒作用下产生的磨损。微粒有的来自外界，如尘埃、沙土等；有的是从零件工作表面上脱落下来的，如金属磨屑。在零件相互摩擦的过程中，磨料的作用将加速零件的磨损过程。

2）分子—机械磨损也称黏着磨损。它是当零件接触面承受大载荷、滑动速度高同时润滑又不良时，零件表面在摩擦过程中会产生大量的热，使材料强度降低并形成局部热点，易使零件局部表面金属黏结在一起。而黏结点在零件表面的相对运动中又被撕开，使一部分金属从一个零件表面转移到另一个零件表面，从而造成零件表面的损伤。产生黏着磨损的典型实例是气缸筒"拉缸"和曲轴

"烧瓦"。

3）腐蚀磨损，指摩擦表面在酸、碱等腐蚀物质作用下而产生的磨损。腐蚀物质对零件表面的腐蚀可使表面形成薄而脆的氧化层，在摩擦力作用下，氧化层脱落，腐蚀作用进一步向零件深部发展，再形成氧化层。如此，氧化层不断生成、脱落，从而造成零件表面的损伤。

（2）腐蚀损坏。腐蚀损坏产生于与腐蚀性物质接触的零件表面。容易产生腐蚀损坏的主要部件有燃料供给系和冷却系的管道、车身、车架等。在机动车运动中，车身外表要受到风沙的磨蚀，车辆使用环境中的空气湿度、尘埃等，对车身及裸露的金属零件也都有一定的腐蚀作用。

（3）疲劳损坏。疲劳损坏是由于零件承受超过材料疲劳极限的循环应力时而产生的损坏。通常，易于产生疲劳损坏的零件是承受交变载荷较大的零件，如钢板弹簧等。在零件内部交变载荷所产生的循环应力作用下，零件表面产生疲劳裂纹，裂纹不断积累、加深、扩展，从而产生零件的疲劳损坏。

（4）变形。零件所受载荷在内部产生的内应力超过零件材料的弹性极限，就会发生变形。零件在制造和加工过程中产生的残余内应力和零件受热不匀而产生的热应力足够大时，也会导致零件变形或加剧变形。

（5）老化。老化是零件材料在物理、化学和温度变化的影响下逐渐变质或损坏的故障形式。机动车上的橡胶零部件（如轮胎、油封、膜片等）和电器元件（如晶体管、电容器等），长期受环境和温度变化的影响，例如，温度的冷、热作用，油类及液体的化学作用，太阳光的辐射作用等，会逐渐老化而失去原有性能。在机动车使用过程中，润滑油等液体的性能也会因氧化、污染而逐渐变坏。

因机动车零件和运行材料性能的变化而使机动车技术状况逐渐变坏的现象，不仅发生于机动车使用过程中，也发生于储存过程中。例如，橡胶、塑料等非金属零件因老化而失去弹性，强度下降；燃料、润滑油、制动液等氧化变质及产生沉淀；金属零件产生锈蚀；车身表面漆层剥落等。

（6）损伤。损伤是指在超过技术文件规定的外因作用下，机动车或其零件的完好技术状况遭到破坏的现象。最常见的是机动车碰撞损伤。

1）按碰撞损伤程度不同，通常将机动车碰撞损伤分为一般损伤、严重损伤和机动车报废。一般损伤又称为轻微损伤，是指只需更换或修理少数零部件，通过喷漆即可修复的损伤。严重损伤是指通过更换、修理和校正较大的车身部件，然后再喷漆修复的损伤，有时甚至需要对损坏的零件进行切割，然后焊接新件。机动车报废是指碰撞程度十分严重，足够达到全损标准的损伤。

2）按机动车碰撞行为不同，机动车碰撞损伤可分为直接损伤（或一次损伤）和间接损伤（或二次损伤）。直接损伤是指机动车直接碰撞部位出现的损伤。直接碰撞点多为机动车左前方，推压前保险杠使机动车左前翼子板、散热器护栅、发动机罩、左车灯等变形损伤，为直接损伤。间接损伤是指二次损伤，并离碰撞点有一段距离的损伤，是因碰撞力传递而导致的变形，如车架横梁、行李舱底板、护板和车轮外壳等的弯曲变形和各种钣金件扭曲变形等。

3）按机动车碰撞后导致的损伤现象不同，机动车碰撞损伤可归纳为五大类，即侧弯、凹陷、褶皱或压溃、错位损伤、扭曲等。

（7）缺陷。缺陷是指机动车零件任一参数不符合技术文件要求的状况。机动车产品缺陷是指由于设计、制造、标识等原因导致的在同一批次、型号或者类别的机动车产品中普遍存在不符合保障人身、财产安全的国家标准、行业标准的情形，或者其他危及人身、财产安全的不合理的危险。机动车的缺陷形式多种多样，但比较常见的缺陷形式有：

1）转向、制动系统零部件突然失效，如助力泵或管路渗漏、ABS泵卡滞等，导致机动车部分或完全失去转向或制动能力。

2）燃油系统零部件失效，如燃油管路、燃油箱等连接不良或发生破裂，或者在碰撞事故中容易破损，可能导致燃油渗漏和机动车起火。

3）发动机零部件失效，如燃油泵突然停止工作、加速踏板或节气门突然卡住，可能导致机动车突然熄火或加速。

4）车轮开裂，轮胎出现裂纹或鼓包，可能导致爆胎或机动车失控。

5）发动机冷却风扇叶片突然断裂，可能导致维护人员受伤。

6）刮水器失效或电动机过热，导致驾驶员视线不好或机动车起火。

7）座椅或靠背在正常使用中突然失效，可能导致乘员受伤。

8）机动车上的关键零部件开裂、脱开或脱落，可能导致油液渗漏、机动车失控，或者可能导致车内或车外人员受伤。

9）机动车电器或电路出现短路或断路，可能导致机动车过热、起火或照明不好。

10）随车附带的举升器突然坍塌，可能导致操纵人员受伤。

11）气囊在应当膨开的情况下不膨开，或者在不该膨开的情况下膨开。

12）车身结构件腐蚀，导致车身强度受到影响，影响碰撞安全性。

三、机动车技术状况变化的影响因素与变化规律

1. 机动车技术状况变化的影响因素

在机动车的使用过程中，影响机动车技术状况变化的因素包括两个方面：一方面是机动车的结构设计和制造工艺水平，另一方面是使用因素。

（1）机动车结构因素。保证机动车结构设计合理，提高制造装配质量，合理选用材料，就能提高其使用性能和可靠性。反之，设计制造的缺陷或薄弱环节必将对机动车的技术性能和使用寿命造成不良的影响。

（2）机动车使用因素

1）机动车运行条件

①道路条件。机动车运行的道路条件对其技术状况有重要影响。机动车运行速度范围、发动机转速控制范围、机动车承受的载荷、操纵（换挡、转向、制动等）次数和强度等运行情况都取决于道路的质量，因此机动车总成、零件的磨损强度也取决于机动车运行的道路条件。

机动车在良好道路上行驶时，行驶阻力小，承受的冲击和动载荷小，机动车的速度性能得以发挥，燃油经济性好，零件磨损速率小，使用寿命就长。反之，在坏路面上行驶时，行驶阻力大，低挡使用的时间比例大，因而机动车的平均技术速度低，但发动机转速和负荷却很大，气缸内平均压力也很高，所以气缸—活塞组件磨损严重；机动车在崎岖不平的道路上行驶时，底盘各总成如车轮、悬架、车桥等受到的冲击载荷加大，有时甚至遭到直接破坏和损伤；机动车在不良道路上使用时，由于操作次数增加和使用时间增长，离合器、变速器、制动蹄和制动鼓等部件的磨损增大，这都使得机动车在坏路面上行驶时的使用寿命大大缩短。

②交通状况。交通状况的好坏对机动车技术状况的变化也有很大影响。在路面质量和交通状况良好的道路上行驶时，机动车能够经常采用高速挡、在经济工况下运行，操纵次数减少，因而机动车运行平稳，所承受的冲击载荷大大减轻。而在不良交通状况下运行时，如在城市混合交通状况下，常因车多路窄、交通流量大、交叉路口多而不能以最佳工况运行。

③气候条件。气候条件包括环境温度、湿度、风力和阳光辐射强度等。气候

条件通过影响机动车总成的工作温度，改变其技术性能和工作可靠性。

2）燃料和润滑油的品质。燃料和润滑油的规格和品质对保证机动车正常工作和技术状况变化的快慢具有重要影响。

车用汽油的蒸发性、馏分温度、辛烷值和含硫量是与机动车技术状况的变化有直接联系的指标。馏分温度高低表示车用汽油中所含重馏分的多少。馏分温度越高，说明车用汽油中不易挥发、雾化和燃烧的重馏分越多。重质馏分易以液滴状态进入气缸，冲刷缸壁润滑油膜，窜入曲轴箱稀释润滑油，从而使润滑条件变差，磨损加剧。若所用车用汽油的辛烷值与发动机的压缩比不相适应，容易发生爆燃，使发动机承受的机械负荷和热负荷增大，同时破坏缸壁上的润滑油膜，使磨损加剧，同时还会引起气门烧蚀、连杆变形、火花塞绝缘部分损坏等故障。燃料中的含硫量决定了发动机腐蚀磨损的强弱。

车用柴油的蒸发性、十六烷值、黏度、含硫量对发动机工作过程有很大影响。车用柴油中重馏分过多，会使燃烧不完全而形成炭粒，排放烟度增大，气缸磨损增加，还易堵塞喷油器喷孔。十六烷值高低对发动机工作的平稳性影响很大，车用柴油十六烷值选择不当，柴油发动机工作粗暴，所承受的载荷增大，或因其蒸发性差、低温流动性不良，发动机启动困难，从而加剧零件磨损。车用柴油的黏度应适宜，黏度大，则柴油的低温流动性和雾化性差，燃烧不完全，积炭和黑烟排放多；黏度小，则柴油对于喷油泵柱塞的润滑作用下降，磨损加剧。

润滑油的黏度和抗氧化稳定性是对机动车技术状况影响较大的性能指标。润滑油的黏度应与发动机转速、磨损状况和气候条件相适应。黏度大，则润滑油流动性差，低温时润滑条件差，磨损加剧；黏度小，则润滑油流动性好，但油性差，润滑油吸附金属表面的能力差，易使工作表面出现边界摩擦或半干摩擦状态，也会使发动机的磨损增加。如果润滑油的氧化稳定性不良，则易于在空气中的氧和热的作用下形成胶质沉淀物，使润滑油润滑性能下降；同时会因胶质物在油管、油道和机油滤清器中的沉积而影响润滑系统的正常工作，从而加剧零件的磨损。

3）机动车的合理运用

①驾驶技术。驾驶技术对机动车的使用寿命有直接影响。实践证明，相同型号和结构强度的机动车在运行条件相同或类似时，若驾驶员素质和驾驶技术有差别，则在机动车行驶一定的里程后，其技术状况也会产生很大差别。驾驶技术好

的驾驶员在驾驶操作过程中，一般均注意采用预热升温、平稳行驶、及时换挡、合理滑行、温度控制等一系列正确合理的操作方法，并注意根据道路情况合理选择行驶路线和车速、保证车辆经常处于最佳工作状态，从而使车辆技术状况变差的速度放慢，使用寿命延长。同时，驾驶员还应有一定的技术素质，能根据机动车使用说明书中所规定的各项使用要求合理使用车辆。

②超载。机动车装载量应按额定装载量进行控制。在超载状态下，机动车各总成承受的负荷增加，发动机工作不稳定，低速挡使用时间比例增大，冷却系和润滑系的工作温度升高，将导致发动机和其他总成的磨损增大，机动车的使用寿命缩短。

③车速。机动车行驶车速过高，发动机经常处于高转速下运转，活塞在气缸内平均移动速度增高，气缸磨损相应增大。高速行驶时，机动车底盘特别是行驶机构受到的冲击载荷增大，易使前、后桥发生永久变形；同时，高速行驶时，制动使用更为频繁，制动器磨损加剧。因此，机动车经常高速行驶对机动车使用寿命有一定影响。机动车行驶车速过低时，低速挡使用的时间比例增多，行驶相同里程发动机平均运转次数增多，同时由于润滑条件变差，其磨损强度较大。

2. 机动车技术状况变化的规律

机动车技术状况变化规律是指机动车技术状况与机动车行驶里程或行驶时间的关系。在使用过程中，机动车受到外部环境和内部条件多种因素的影响，其结构强度和使用条件的变化都存在两面性，包括平稳的一面和不确定的一面。因此，机动车技术状况变化规律上表现为渐发性和突发性两种。

（1）渐发性变化规律。它是指机动车技术状况的变化随行驶时间或行驶里程单调变化，从而可用计算分析表示的变化规律。渐发性变化规律又称为机动车技术状况随行驶里程的变化规律。

（2）突发性变化规律。它是指机动车或总成出现故障或达到极限状态的时间是随机的、偶发的，没有必然的变化规律，对其变化过程独立地进行观察所得结果呈现不确定性，但在大量重复观察中又具有一定的统计规律。突发性变化规律又称为机动车技术状况的随机变化规律。

培训单元 2　机动车的使用寿命

1. 掌握机动车使用寿命的分类和评价标准。
2. 熟悉我国机动车报废标准。

一、机动车的使用寿命

机动车在使用过程中由于磨损、老化等原因，其性能随着使用年限或行驶里程的增长会不断衰退，直至报废。机动车使用寿命指从技术和经济上分析机动车的使用极限，它可以用累计使用年数或累计行驶里程数表示。

1. 机动车使用寿命的分类

机动车使用寿命分为技术使用寿命、经济使用寿命和合理使用寿命。三者的关系可用下式表示：

$$技术使用寿命 > 合理使用寿命 \geqslant 经济使用寿命$$

（1）技术使用寿命。技术使用寿命也称自然使用寿命，是指机动车从开始使用，直至其主要机件到达技术极限状态而不能再继续修理时为止的总工作时间或总行驶里程。

1）结构上的表现：零部件的工作尺寸、工作间隙极度超出标准范围。

2）性能上的表现：车辆总体的动力性、使用经济性、使用安全性、可靠性极度下降。

技术使用寿命的影响因素包括机动车各总成的设计水平、制造质量和使用与维修情况。

（2）经济使用寿命。经济使用寿命是指机动车使用到一定里程和使用年限后，经全面经济分析，得出车辆已达到不经济合理、使用成本较高的时长。从机动车使用总成本出发,对车辆制造成本、使用与维修费用、使用者管理开支、车辆当前的折旧、市场价格的变化等一系列因素进行分析。

(3)合理使用寿命。合理使用寿命是以机动车经济使用寿命为基础,考虑整个国民经济的发展和能源节约等因素,所制定出的符合我国实际情况的使用期限。

2. 机动车经济使用寿命的评价标准

在机动车经济使用寿命内,机动车的经济效益最佳。使用者应在国家政策允许的情况下,以经济使用寿命为依据进行车辆更新。机动车经济使用寿命常用的评价指标如下。

(1)规定使用年限。将机动车从开始投入运行到报废的年数作为经济使用寿命的量标。这种方法的考虑因素包括运行时间和车辆停驶期间自然损耗。其优点是使用方法简单;缺点是不能真实反映车辆的使用强度和使用条件,容易造成同年限的车辆差异较大。

(2)行驶里程。将机动车从开始投入运行到报废期间的累计行驶里程数作为经济使用寿命的量标。其优点是能够反映车辆的真实使用强度;缺点是不能反映机动车的运行条件和停驶期间的自然损耗。

一些车辆虽然使用年限基本一样,但累计行驶里程相差很大,所以大多数运输企业选择使用行驶里程作为考核车辆各项技术性能指标的参数。

(3)使用年限。将机动车总的行驶里程与年平均行驶里程相比所得的折算年限作为经济使用寿命的量标。这种方法的考虑因素包括机动车的技术状况、完好率、平均技术速度和道路条件等。由于受到机动车的技术状况、平均技术速度和道路条件等因素的不同,机动车的年平均行驶里程差异较大,但机动车的年平均使用强度大致一样。我国地域辽阔,地理、气候、道路条件差异较大,管理水平有高有低。在有些省市,即使是相同的使用年限,机动车总行驶里程有长有短,车辆技术状况也大不相同。因此,采用使用年限作为主要考核指标更为合理、确切。

二、机动车报废标准

1. 营运载客车辆

营运载客车辆使用年限及行驶里程参考值见表 4-1-1。

表 4-1-1 营运载客车辆使用年限及行驶里程参考值

车辆类型与用途					使用年限/年	行驶里程参考值/万千米
汽车	载客	营运	出租客运	小、微型	8	60
				中型	10	50
				大型	12	60
			租赁		15	60
			教练	小型	10	50
				中型	12	50
				大型	15	60
			公交客运		13	40
			其他	小、微型	10	60
				中型	15	50
				大型	15	80

不同类型的营运载客汽车相互转换的,按照使用年限较严的规定报废。

2. 非营运载客车辆

非营运载客车辆使用年限及行驶里程参考值见表 4-1-2。

表 4-1-2 非营运载客车辆使用年限及行驶里程参考值

车辆类型与用途				使用年限/年	行驶里程参考值/万千米
汽车	载客	非营运	小、微型客车、大型轿车	不限	60
			中型客车	20	50
			大型客车	20	60

营运载客汽车与非营运载客汽车相互转换的,按照营运载客汽车的规定报废。但小、微型非营运载客汽车和大型非营运轿车转为营运载客汽车的,应按照《机动车强制报废标准规定》核算累计使用年限且不得超过 15 年,计算公式如下。

$$累计使用年限 = 原状态已使用年 + \left(1 - \frac{原状态已使用年}{原状态使用年限}\right) \times 状态改变后年限$$

3. 载货及其他车辆

载货及其他车辆使用年限及行驶里程参考值见表 4-1-3。

表 4-1-3　载货及其他车辆使用年限及行驶里程参考值

车辆类型与用途			使用年限/年	行驶里程参考值/万千米
汽车	载货	微型	12	50
		中、轻型	15	60
		重型	15	70
		危险品运输	10	40
		三轮汽车、装用单缸发动机的低速货车	9	无
		装用多缸发动机的低速货车	12	30
	专项作业	有载货功能	15	50
		无载货功能	30	50
挂车	半挂车	集装箱	20	无
		危险品运输	10	无
		其他	15	无
	全挂车		10	无
摩托车	正三轮		12	10
	其他		13	12
轮式专用机械车			无	50

危险品运输载货汽车、半挂车与其他载货汽车、半挂车相互转换的，按照危险品运输载货汽车、半挂车的规定报废。同时，《机动车强制报废标准规定》要求，使用年限1年以内（含1年）的机动车，不得变更使用性质、转移所有权或者转出登记地所属地市级行政区域。

培训单元3　机动车的使用性能与评价指标

1. 掌握机动车使用性能的内容。
2. 掌握评价机动车使用性能的各项指标。

机动车的使用性能主要包括动力性、燃油经济性、制动性、操纵稳定性、行驶平顺性、通过性等。

一、动力性

机动车动力性是指机动车在良好路面上直线行驶时由机动车受到的纵向外力决定的、所能达到的平均行驶速度。它表示机动车以最大可能的平均行驶速度运送货物或乘客的能力。机动车动力性是机动车各种使用性能中最重要、最基本的性能。

机动车动力性评价指标主要有最高车速、加速能力、最大爬坡度、平均技术速度、比功率与比转矩等。

1. 最高车速

机动车的最高车速是指机动车在风速不大于 3 m/s 的条件下,在水平良好的路面(混凝土或沥青路)上满载行驶能达到的最高行驶速度。随着机动车技术的提高,其最高车速有增加的趋势。

2. 加速能力

加速时间表示机动车的加速能力,对平均行驶速度有很大影响。常用原地起步加速时间和超车加速时间来表示机动车的加速能力。

(1)原地起步加速时间是指机动车由 1 挡或 2 挡起步,并以最大的加速度(包括选择恰当的换挡时机)逐步换至最高挡后达到某一预定的距离或车速所需要的时间。

(2)超车加速时间是指用最高挡或次高挡由某一较低车速全力加速至某一高

速所需的时间。因为超车时机动车与被超机动车并行,容易发生安全事故,所以超车加速能力强,并行行程短,行驶就安全。一般常用 0 至 400 m(0 至 0.25 mile)的秒数或用 0 至 100 km/h(0 至 60 m/h)所需的时间来表明原地起步加速能力。

3. 最大爬坡度

机动车的爬坡能力是用机动车最大爬坡度来表示的。最大爬坡度是指机动车在良好路面上满载等速行驶所能通过的最大坡度。显然,最大爬坡度是指 1 挡最大爬坡度。对于轿车,一般不强调它的爬坡能力;对于货车,一般最大爬坡度在 30%,即 16.5° 左右;越野车可达 60%,即 30° 左右或更高。

4. 平均技术速度

即机动车行驶时间内的平均速度,计算时不包括装卸物品、上下乘客、排除技术故障的停驶时间,但包括遵守交通法规必须停车的时间。

5. 比功率与比转矩

比功率是指机动车的发动机最大功率与机动车的总质量之比。比转矩是指机动车的发动机最大转矩与机动车的总质量之比。对于用途不同的机动车,比功率和比转矩的要求是不相同的,轿车比货车的要求高。

二、燃油经济性

燃油经济性是机动车的主要性能之一,是指机动车以最小的燃料消耗完成单位运输工作量的能力。燃油经济性的评价指标有百千米燃油消耗量、百吨千米燃油消耗量和 MPG。

1. 百千米燃油消耗量

百千米燃油消耗量是指机动车在一定运行工况下行驶 100 km 的燃油消耗量。一般情况下,燃油消耗量采用容积(L)计算,百千米油耗是最常采用的燃油经济性评价指标。

根据不同的测试条件,百千米燃油消耗量又分为等速行驶百千米燃油消耗量、多工况百千米燃油消耗量、一般道路平均百千米燃油消耗量等。

(1)等速百千米燃油消耗量指机动车在一定载荷下(我国标准规定轿车为半载,货车为满载),以最高挡在水平良好路面按某一车速等速行驶 100 km 的燃油消耗量。在试验时,测出每隔 10 km/h 或 20 km/h 速度间隔的等速百千米燃油消耗量,然后在图上连成曲线,即可得到机动车的等速行驶百千米燃油消耗量曲线。

等速百千米燃油消耗量不能全面反映机动车的实际运行情况,特别是在市区行驶中频繁使用的加速、减速、怠速、停车等行驶工况。因此，各国根据本国的道路、交通状况制定了一些典型的循环工况来模拟机动车的实际运行工况，并以其百千米燃油消耗量来评定相应工况的燃油经济性。

（2）多工况百千米燃油消耗量是按照规定的多工况循环试验得出的车辆百千米燃油消耗量。多工况循环行驶试验规定了车速—时间行驶规范，确定了何时换挡、何时制动及行车的速度、加速度等数值。多工况循环试验规定严格，大多是在室内机动车底盘测功机上进行，简单的循环工况也可在道路上完成。

2. 百吨千米燃油消耗量

百吨千米燃油消耗量指载货汽车完成每百吨千米货运周转量折算的燃油消耗量，单位为 L/（100 t·km）。百吨千米燃油消耗量可以用来比较不同车型、不同载质量货运汽车的燃油经济性，对于客运车辆可采用折算方法，以 10 人·千米客运量折算为 1 t·km，或以 L/（1 000 人·千米）作为计量单位。

3. MPG

MPG 是美国燃油经济性评价指标，指每加仑（美国加仑，1 gal=4.546 L）燃油可供机动车行驶的英里（1 mi=1.609 km）数，单位是 mi/gal。MPG 数值越大，机动车的燃油经济性就越好。

三、制动性

机动车的制动性是指行驶中的机动车能在短距离内停车且维持行驶方向稳定，以及在下长坡时能控制一定车速的能力。机动车的制动性是确保机动车行驶安全的重要性能，直接关系着行车安全。只有在保证行车安全的前提下才能充分利用机动车的其他使用性能，诸如提高行驶速度，提高机动性能等。

机动车的制动性主要由制动效能、制动效能稳定性和制动时的方向稳定性三个方面来评价。

1. 制动效能

制动效能是指机动车迅速降低行驶速度直至停车的能力。制动效能是制动性能最基本的评价指标，常用制动距离、制动减速度、制动力和制动时间来评价。

制动距离与行车安全有直接关系，而且最直观，因此管理部门通常按制动距离制定安全法规。

2. 制动效能稳定性

制动效能稳定性是指制动效能不因制动器摩擦条件的改变而恶化的性能，包括热稳定性和水稳定性。

（1）热稳定性（抗热衰退性），指制动器连续使用，温度升高后保持冷态时制动效能的能力。

（2）水稳定性，指制动效能不因制动器浸水而衰退的能力。

3. 制动时的方向稳定性

制动时的方向稳定性是指机动车在制动过程中，维持直线行驶或按预定弯道行驶的能力。各轮的制动力不均匀、比例不当是导致制动跑偏、侧滑，使机动车失去控制而离开原行驶方向的基本原因。通常规定制动稳定性试验时，车体任何部位不许超出 2.3～3.0 m 宽的车道。

制动时车轮先、后抱死的顺序对方向稳定性影响很大。如果后轮先抱死拖滑，则在轻微的侧向力作用下，就会产生后轴侧滑，特别是在急转弯和调头时更为明显。地面越滑，制动距离越长，后轴出现侧滑越剧烈。防抱死制动系统可根据制动时制动强度的动态变化，自动控制制动力而使侧滑减少。

四、操纵稳定性

操纵稳定性包括操纵性和稳定性两个互相联系的内容。操纵性是指机动车能够及时而准确地执行驾驶员的转向指令的能力；稳定性是指机动车受到外界扰动（路面扰动或突然阵风扰动）后，能自行尽快地恢复正常行驶状态和方向而不发生失控，以及抵抗倾覆、侧滑的能力。

操纵稳定性的评价方法有主观评价和客观评价两种。所谓主观评价就是感觉评价，其方法是让试验评价人员根据试验时自己的感觉来进行评价，并按规定的项目和评分办法进行评分。客观评价法则是通过测试仪器测出来表征操纵性能的物理量，如横摆角速度、侧向加速度、侧倾角及转向力等来评价操纵稳定性。

五、行驶平顺性

机动车行驶时，对路面不平度的隔振特性，称为机动车的行驶平顺性。机动车行驶时，路面的不平度会激起机动车的振动，当这种振动达到一定程度时，将使乘员感到不舒适和疲劳，或使运载的货物损坏。

振动引起的附加动载荷将加速有关零部件的磨损，缩短机动车的使用寿命。车轮载荷的波动会影响车轮与地面之间的附着性能，因而关系机动车的操纵稳定性。机动车的振动随行驶速度的提高而加剧。

在机动车的使用过程中，常因车身的强烈振动而限制了行驶速度的发挥。车身的固有频率可以作为平顺性评价指标之一。

六、通过性

机动车通过性是指机动车在一定的载质量下，能以足够高的平均车速通过各种坏路、无路地带及克服各种障碍物的能力。如通过松软的土路、雪路、沙漠、泥泞路面，坎坷不平地带，以及越过陡坡、侧坡、台阶、壕沟等。机动车通过性包括轮廓通过性和支撑通过性。

1. 轮廓通过性

轮廓通过性是指车辆通过坎坷不平路段、障碍（陡坡、侧坡、台阶、壕沟等）的运行能力。表征车辆轮廓通过性的指标有离地间隙、接近角、离去角、纵向通过半径、横向通过半径及车辆通过的最大侧坡等。

2. 支撑通过性

支撑通过性是指车辆在松软土壤、雪地、冰面、沙漠、滑溜路面上运行的能力。表征车辆支撑通过性的指标通常有附着质量、附着质量利用系数和接地比压。

培训项目 二

机动车安全技术与环保检测

培训单元1 机动车安全技术检测

1. 掌握机动车安全技术检测的项目。
2. 掌握机动车安全技术检测的基本方法。

一、动力性能检测

机动车动力性能的好坏直接影响机动车运输效率的高低,它是机动车最基本和最重要的性能。机动车在使用了一定的时间后,其技术状况会发生一定的变化,其动力性能也会随之变化。机动车技术状况不良,首先表现为动力性不足,并伴随着燃料消耗的增大。

检测机动车动力性能的方法主要有道路试验检测和室内台架试验检测。室内台架试验的优势在于不受客观条件影响,测试的条件易于控制,所以在机动车检测站得到了广泛的应用。

1. 机动车动力性检测项目与有关标准

机动车动力性检测项目主要有加速能力检测、最高车速检测、滑行能力检测、发动机输出功率检测、机动车底盘输出功率检测。

动力性检测可依据的标准有:《汽车动力性台架试验方法和评价指标》(GB/T 18276—2017)、《汽车大修竣工出厂技术条件》(GB/T 3798—2021)、《汽车维护、检测、诊断技术规范》(GB/T 18344—2016)等。

2. 机动车动力性室内台架试验

机动车动力性室内台架试验,主要是用无负荷测功仪检测发动机输出功率,用底盘测功机检测机动车的最大输出功率、最高车速和加速能力。室内台架试验不受气候、驾驶技术等客观条件的影响,只受仪器设备本身测试精度的影响。

(1)底盘输出功率检测。通过底盘测功机检测车辆的最大底盘驱动功率,用以评定车辆的技术状况等级。

(2)发动机输出功率检测。负荷测功法又被称为动态测功法,是指机动车发动机在低速运转时,突然将节气门完全打开或者将油门齿杆位置置于最大挡位,使发动机加速运转,用发动机的加速能力直接来反映发动机的最大功率。这种方法不加负荷,可在试验台上进行,也可就车进行。

(3)传动效率检测。将底盘测功机上测得的驱动轮输出功率与发动机输出功率进行对比,可计算出传动效率:

$$传动效率 = 驱动轮输出功率 \div 发动机输出功率$$

用机动车底盘传动系机械传动效率的正常值作为检验标准,传动效率正常值见表4-2-1。

表4-2-1 传动效率正常值

机动车类型		传动效率/(%)
轿车		0.9~0.92
载货汽车和公共汽车	单级主传动器	0.90
	双级主传动器	0.84
4×4越野汽车		0.85
6×4载重汽车		0.80

二、转向系统检测

转向系统是机动车底盘的主要组成部分之一,其技术状况的变化对机动车操纵稳定性和高速行驶的安全性有直接影响。利用仪器设备对方向盘的自由行程和转向力等参数进行检测，可诊断出转向系统技术状况的好坏。

1. 转向系统性能参数要求

《机动车运行安全技术条件》（GB 7258—2017）对转向力和方向盘自由转动量要求如下：

（1）机动车在平坦、硬实、干燥和清洁的水泥或沥青道路上行驶，以 10 km/h 的速度在 5 s 之内沿螺旋线从直线行驶过渡到外圆直径为 25 m 的车辆通道圆行驶，施加于方向盘外缘的最大切向力应小于或等于 245 N。

（2）机动车方向盘的最大自由转动量应小于或等于：最大设计车速大于或等于 100 km/h 的机动车是 15°；三轮汽车是 35°；其他机动车是 25°。

2. 方向盘转向力检测

操纵稳定性良好的机动车，必须有适度的转向轻便性。如果转向沉重，不仅增加驾驶员的驾驶强度，而且会因不能及时正确转向而影响行车安全。转向轻便性可用一定行驶条件下作用在方向盘上的转向力（即作用在方向盘外缘的最大切向力）来表示。使用转向参数测量仪，可以测得转向力及转角。

转向力的检测方法可按转向轻便性试验方法进行，一般有原地转向力试验、低速大转角（8字行驶）转向力试验、转弯转向力试验等。

3. 方向盘自由转动量检测

方向盘自由转动量是指机动车保持直线行驶位置不动时，左右晃动方向盘时的自由转动量（游动角度）。方向盘自由转动量是一个综合诊断参数，当其超过规定值时，说明从方向盘至转向轮的传动链中有一处或几处的配合松旷。方向盘自由转动量过大时，将会影响行车安全。转向参数测量仪或转向测力仪，一般都具有测量方向盘转角的功能，因此完全可以用其来检测方向盘的自由转动量。当方向盘自由转动量超过规定值时，可借助机动车悬架转向系统间隙检测仪进一步检查诊断，直至查出松旷、磨损部位。

三、发动机气缸密封性检测

发动机气缸密封性与气缸体、气缸盖、气缸垫、活塞、活塞环和进排气门等零件的技术状况有关。在发动机使用过程中，由于上述零件的磨损、烧蚀、结焦或积炭等，会导致气缸密封性下降，使发动机功率下降，燃油消耗率增加，使用寿命大大缩短。气缸密封性是衡量发动机技术状况的重要参数。

在不解体的条件下，检测气缸密封性的常用方法有测量气缸压缩压力、测量曲轴箱窜气量、测量气缸漏气量或气缸漏气率、测量进气管负压等。在就车检测时，只要进行其中的一项或两项，就能确定气缸密封性的好坏。

1. 气缸压缩压力测量

测量活塞到达压缩行程终了上止点时气缸压缩压力的大小，可以判断气缸的密封性。可以使用气缸压力表测量，也可以使用气缸压力测试仪测量。

2. 曲轴箱窜气量测量

测量曲轴箱的窜气量，也是检测发动机气缸密封性的方法之一。在发动机不解体的情况下，使用该方法诊断气缸活塞摩擦副的工作状况具有明显的作用。

3. 进气管负压测量

进气管负压也称进气管真空度，是指进气管内的压力与大气压力之间的差值。发动机进气管负压的大小随气缸活塞组零件的磨损而变化，并与气门组零件的技术状况、进气管的密封性及点火系和供油系的调整有关。因此，通过测量进气管负压，可以诊断发动机的多种故障。

四、燃油经济性能检测

对机动车燃油经济性的评价，一般是通过机动车燃油消耗量试验来进行的。汽车燃油消耗量常通过燃油消耗检测仪测定燃油消耗量的容积或质量。可在机动车检测站通过道路试验进行，也可在底盘测功机上模拟路试来进行。

1. 道路试验检测

机动车燃油消耗量与发动机类型、制造工艺、调整状况、道路条件、气候情况、海拔高度、驾驶技术等多种因素有关。应根据《汽车燃料消耗量试验方法 第1部分：乘用车燃料消耗量试验方法》（GB/T 12545.1—2008）的规定，进行机动车燃料消耗量的试验。

2. 台架试验检测

对机动车燃油经济性的检测，按照国标相关规定，应采取道路试验，但是采取道路试验的方法来评价机动车燃油经济性会受到条件限制，因此常以整车在底盘测功机上按照国标模拟道路试验检测其燃油经济性。

五、制动性能检测

机动车制动性能检测方法有台架试验检测和道路试验检测。根据《机动车运行安全技术条件》（GB 7258—2017）的规定，当机动车经台架试验后对其制动性能有质疑时，可用道路试验检验，并以满载路试的检验结果为准。

1. 台架试验检测

制动性能台架试验检测的主要检测项目有制动力、制动力平衡要求、车轮阻滞力、制动协调时间。制动性能道路试验检测的主要检测项目有制动距离、充分发出的平均减速度、制动稳定性、制动协调时间、驻车制动坡度。

2. 道路试验检测

制动性能道路试验检测应遵循《机动车运行安全技术条件》（GB 7258—2017）的规定。机动车行车制动性能检验应在平坦、硬实、清洁、干燥且轮胎与地面间的附着系数大于或等于0.7的混凝土或沥青路面上进行。在试验路面上应画出标准中规定的制动稳定性要求的相应宽度试车道的边线。被测车辆沿着试验车道的中线行驶至高于规定的初速度后，置变速器于空挡。当滑行到规定的初速度时急踩制动使车辆停住。用速度计或其他测试方法测量车辆的制动距离、车辆的平均减速度与制动协调时间。

六、车轮侧滑检测

为保证机动车转向车轮无横向滑移地直线滚动，要求车轮外倾角与车轮前束适当配合，否则车轮就可能在直线行驶过程中产生侧滑现象。当侧滑现象严重时，将破坏车轮的附着条件，使机动车丧失定向行驶能力，并导致轮胎异常磨损。

侧滑量是指机动车直线行驶位移量为1 km时转向轮的横向位移量，单位是m/km。《机动车运行安全技术条件》（GB 7258—2017）和《机动车安全技术检验项目和方法》（GB 38900—2020）对有关转向轮定位参数的检测做了相关规定：机动车转向轮转向后应能自动回正，以使机动车具有稳定的直线行驶能力。机动车前轮定位值应符合该车有关技术条件。用侧滑仪检测时，机动车转向轮的横向侧滑量不得超过5 m/km。

动态检测法是使机动车以一定的行驶速度通过侧滑试验台，测量转向轮的横向侧滑量。机动车前轮的横向侧滑量主要受转向轮外倾角及转向轮前束值的影响，侧滑试验台就是为检测机动车转向轮外倾角与前束值这两个参数配合是否恰当而设计的一种专门的室内检测设备。不同型号的侧滑试验台其使用方法有所区别，应根据使用说明书制定操作规程。侧滑试验的检测步骤如下：

（1）拔掉滑动板的锁止销钉，接通电源。

（2）车辆以3~5 km/h的速度垂直于侧滑板驶向侧滑试验台，使前轮平稳通过滑动板。

（3）当前轮完全通过滑动板后，从指示装置上观察侧滑方向并读取、打印最大侧滑量。

（4）检测结束后，切断电源并锁止滑动板。

当检测结果不符合侧滑量要求时，应分析其原因。当结果超出侧滑量要求较少时，一般可以通过调整排除；当结果超出侧滑量要求较多时，则要更换部分零件，甚至需要矫正车身。

七、前照灯技术状况检测

前照灯检测的主要参数是发光强度和光束照射位置。当发光强度不足或光束照射位置偏斜时，会造成夜间行车驾驶员视线不清，或使迎面来车的驾驶员眩目，将极大地影响行车安全。所以，应对前照灯的发光强度和光束照射位置进行检测、校正。

根据《机动车运行安全技术条件》（GB 7258—2017）的规定，机动车前照灯的检验指标为光束照射位置的偏移值和发光强度。

1. 前照灯远光光束发光强度

前照灯远光光束发光强度最小值要求见表4-2-2。

表4-2-2　前照灯远光光束发光强度最小值要求　　　　坎德拉

机动车类型		检查项目					
		新注册车			在用车		
		一灯制	二灯制	四灯制	一灯制	二灯制	四灯制
三轮汽车		8 000	6 000	—	6 000	5 000	—
最大设计车速小于 70 km/h 的汽车		—	10 000	8 000	—	8 000	6 000
其他汽车		—	18 000	15 000	—	15 000	12 000
普通摩托车		10 000	8 000	—	8 000	6 000	—
轻便摩托车		4 000	3 000	—	3 000	2 500	—
拖拉机运输机组	标定功率 >18 kW	—	8 000	—	—	6 000	—
	标定功率 ≤18 kW	6 000	6 000	—	5 000	5 000	—

2. 前照灯光束照射位置

（1）前照灯近光光束。前照灯近光光束照射在距离 10 m 的屏幕上，乘用车前照灯近光光束明暗截止线转角或中点的高度应为 (0.7~0.9)H（H 为前照灯近光光束透光面中心的高度，下同），其他机动车（拖拉机运输机组除外）应为（0.6~0.8）H。机动车（装用一只前照灯的机动车除外）前照灯近光光束明暗截止线转角或中点的水平方向位置，与近光光束透光面中心所在处置面相比，向左偏移应小于或等于 170 mm，向右偏移应小于或等于 350 mm。

（2）前照灯远光光束。前照灯远光光束照射在距离 10 m 的屏幕上时，要求在屏幕光束中心离地高度，对乘用车为（0.9~1.0）H，对其他车辆为（0.8~0.95）H。机动车（装用一只前照灯的机动车除外）前照灯远光光束的水平位置要求，左灯向左偏移应小于或等于 170 mm，向右偏移应小于或等于 350 mm；右灯向左或向右偏移均应小于或等于 350 mm。

八、四轮定位检测

车轮定位的检测有静态检测和动态检测两种。静态检测是在机动车停止的状态下，根据车轮旋转平面与各定位角间存在的直接或间接的几何关系，用专用的检测设备测量其是否符合规定。动态检测是在机动车以一定车速行驶的状态下，用测量仪器检测车轮定位产生的侧向力或由此引起的车轮侧滑量。

1. 四轮定位参数及四轮定位仪

四轮定位参数包括前轮前束、前轮外倾角、主销后倾角、主销内倾角、后轮前束、后轮外倾角等。目前常使用四轮定位仪进行参数检测。四轮定位仪有光学式和电脑式，它们的测量原理基本一致，但不同类型的四轮定位仪的使用方法有一定的差异，因此应严格按使用说明书的要求和方法进行操作。

2. 四轮定位检测

下面以电脑式四轮定位仪为例，说明四轮定位的检测方法。

电脑式四轮定位仪主要由电脑主机、显示器、打印机、前后车轮检测传感器、传感器支架、转盘、刹车锁、转向盘锁及导线等零部件组成。

为便于检测和调整，应将被检车辆放在地沟或举升平台上，地沟或举升平台应处于水平状态，四轮定位仪则安装在地沟两旁或举升平台上。

（1）检测前的准备

1）把机动车开上举升平台，托住车轮，把车辆举升 0.5 m（第一次举升）。

2）托住车身，把机动车举升至车轮能自由转动（第二次举升）。

3）检查各轮胎气压，应使其符合标准值。

4）拆下各车轮，检查轮胎磨损情况，要求各轮胎磨损基本一致。

5）进行车轮动平衡试验，动平衡试验完成后，将车轮装回车上。

6）检查车身高度、车身四个角的高度和减振器技术状况，如车身不平应先调平；同时检查转向系统和悬架是否松旷，如松旷则应先紧固或更换零件。

（2）检测步骤

1）把机动车安放在升降台上，传感器支架安装在轮辋上，再把传感器（定位校正头）安装到支架上，并按使用说明书的规定进行调整。

2）打开电脑主机进入测试程序，输入被检车辆的车型和生产年份。

3）进行轮辋变形补偿，转向盘位于直行位置，使每个车轮旋转一周，即可把轮辋变形误差输入电脑。

4）降下第二次举升量，使车轮落到平台上，把机动车前部和后部向下压动4~5次，使各部位落到实处。

5）用刹车锁压下制动踏板，使机动车处于制动状态。

6）将转向盘左转至电脑屏幕显示"OK"，输入左转角度数值；然后将转向盘右转至电脑屏幕显示"OK"，输入右转角度数值。

7）将转向盘回正，电脑屏幕显示出后轮的前束及外倾角数值。

8）调正转向盘，并用转向盘锁锁止转向盘，使之不能转动。

9）将安装在四个车轮上的定位校正头的水平仪调到水平线上，此时电脑屏幕显示出转向轮的主销后倾角、主销内倾角、转向轮外倾角和前束的数值。

10）电脑会比较各测量数值，得出"无偏差""在允许范围内"或"超出允许范围"的结论。若结论为"超出允许范围"，则按电脑提示的调整方法进行针对性调整。调整后仍不能解决问题的，则应更换有关零部件。

11）再次测试，将转向轮左右转动，观察屏幕上的数值有无变化，若有变化应重新调整。

12）拆下定位校正头和支架，进行路试，检查四轮定位调整的效果。

九、车速表检测

机动车行驶速度对交通安全有很大影响，尤其在限速路段，驾驶员必须按照车速表的指示值，准确地控制车速。因此，车速表一定要准确可靠。如果车速表的指示误差过大，驾驶员就难以正确控制车速，且极易因判断失误而造成交通事故。

车速表检测须采用滚筒式车速表试验台，将被测车辆车轮置于滚筒上旋转，模拟车辆在道路上的行驶状态。将机动车上与车速表有传动关系的车轮置于滚筒式车速表试验台的滚筒上由被测车轮驱动滚筒旋转或由滚筒驱动被测车轮旋转，滚筒式车速表试验台滚筒的端部装有测速发电机（即速度传感器），测速发电机的转速随滚筒转速的增加而增加，而滚筒的转速与车速成正比，因此测速发电机发出的电压也与车速成正比。

车速表试验台有三种类型，分别为无驱动装置的标准型，由被测车轮带动滚筒旋转；有驱动装置的驱动型，由电动机驱动滚筒旋转；把车速表试验台与制动试验台或底盘测功试验台组合在一起的综合型。

培训单元 2　机动车环保检测

1. 掌握机动车环保检测的主要内容。
2. 掌握机动车环保检测的技术方法。
3. 了解机动车排气污染物检测的内容。

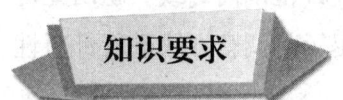

机动车公害是指由于机动车在路上行驶而在相当广泛的范围内产生的损害人体健康和人类生活环境的现象。机动车公害包括排气污染（即排气公害）、交通噪声（即噪声公害）、电波干扰。此外，制动蹄片、离合器从动片和轮胎的磨损物，以及车轮扬起的粉尘也会污染环境。

机动车排气污染对人类的生活环境影响最大（称为机动车的第一公害），机动车噪声直接危害人们身体健康，而电波公害对人身健康没有造成直接影响且是局部问题，所以没有前两者重要。

随着城市化进程的加快，机动车数量不断增加，对环境带来的污染问题越来越严重。为了保护环境，我国对机动车排放进行了严格的管理和监测，并制定了机动车环保检测标准。

一、排气检测

1. 机动车排放污染物

机动车所排放的污染物主要有 CO（一氧化碳）、HC（碳氢化合物）、NO_x（氮氧化合物）、微粒（由碳烟、铅氧化物等重金属氧化物和烟灰等组成）和硫化物等。污染物的排放途径为机动车发动机排气管、曲轴箱和燃油供给系统，分别称为排气污染物、曲轴箱污染物和燃油蒸发污染物。

（1）CO。CO 是一种无色无味的有毒气体，它进入人体后极易与血液中担负输运氧气的血红蛋白结合。CO 与血红蛋白的亲和力是氧的 300 倍，在肺里血红蛋白不与氧结合而与 CO 结合，造成人体各部分缺氧，引起头痛、头晕、呕吐等中毒症状，严重时甚至死亡。表 4-2-3 是不同浓度 CO 对人体健康的影响。

表 4-2-3　不同浓度 CO 对人体健康的影响

CO 含量（体积分数）(10^{-6}）	对人体健康的影响
5～10	对呼吸道患者有影响
30	人滞留 8 天，视力及神经机能出现障碍，血液中碳氧血红蛋白（COHb）达 5%
40	人滞留 8 h，出现气喘
120	人接触 1 h，中毒，血液中碳氧血红蛋白（COHb）>10%
250	人接触 2 h，头痛，血液中碳氧血红蛋白（COHb）达 40%
500	人接触 2 h，剧烈心痛、眼花、虚脱
3 000	30 min 即死亡

（2）HC。单独的 HC 只有在浓度相当高的情况下才会对人体产生影响，一般情况下作用不大。但它能引起光化学反应而生成光化学氧化剂，且生成甲醛，形成烟雾影响视线，刺激眼黏膜。

废气中的 HC 是发动机未燃尽的燃油分解所产生的气体。机动车排放污染物中，HC 的 20%～25% 来自曲轴箱窜气，20% 来自燃油箱中燃油的蒸发，其余则由发动机排气管排出。发动机冷启动或怠速工况下混合气较浓，且燃烧温度过低或化油器雾化不良时，发动机排出的废气中的 HC 含量增加。

（3）NO_x。NO 与血液中血红蛋白的亲合力比 CO 还强，通过呼吸道及肺进入血液，使其失去输氧能力，产生与 CO 相似的严重后果。NO_2 侵入肺脏深处的肺毛细血管，会引起肺水肿，同时还能刺激眼、鼻黏膜，麻痹嗅觉。不同含量的 NO_2 对人体健康的影响见表 4-2-4。

表 4-2-4 不同含量的 NO_2 对人体健康的影响

NO_2 含量（体积分数）（ $\times 10^{-6}$ ）	对人体健康的影响
1	闻到臭味
5	闻到强臭味
10～15	10 min 眼、鼻、呼吸道受到刺激
50	1 min 内人呼吸困难
80	3 min 感到胸痛、恶心
100～150	在 30～60 min 因肺气肿而死亡
250	很快死亡

NO_X 是空气中的 N_2 与 O_2 在高温高压条件下反应而生成的。机动车发动机所排出废气中的 NO_X 主要由 NO（一氧化氮）和 NO_2（二氧化氮）构成。汽油发动机排出的氮氧化物中，NO 占 99%，而柴油发动机排出的氮氧化物中 NO_2 的比例稍大。发动机的负荷和压缩比越高，发动机的燃烧温度越高，燃烧终了气缸内的压力越高，生成 NO_X 的条件也越充分。

（4）微粒。汽油机排出的浮游微粒主要有铅化物、硫酸盐、低分子物质。当汽油发动机使用含铅汽油时，燃烧废气中将会有铅化合物以微粒状从排气管排出。柴油发动机排出的微粒比汽油发动机多 30～60 倍，主要为含碳物质（碳烟）和高分子有机物（润滑油的氧化和裂解产物）。碳烟是柴油发动机燃烧不完全的产物，主要由直径为 0.1～1.0 μm 的多孔性碳粒构成。当机动车启动、加速、上坡时，由于混合气过浓，碳烟排放量增加；柴油喷雾质量不高、雾化不良时，也会增大碳烟的排放量。

（5）硫化物。发动机排出的硫化物主要为 SO_2（二氧化硫），由所用燃油中含有的硫与空气中的氧反应而生成。

SO_2 对人类健康有重要影响，它能刺激人的呼吸系统，尤以有肺部慢性病和心脏病的人最易受害，使呼吸道疾病等增多。当空气中 SO_2 年平均含量（体积分数）大于 0.04×10^{-6}、日平均含量（体积分数）大于 0.11×10^{-6} 时，即对人体产生危害。当 SO_2 与微粒物质在空气中共存时，其危害可增大 3～4 倍。

碳烟是柴油在高温（2 000～2 200 ℃）、局部缺氧的条件下，经过热裂解、脱氢，再经聚合、环构化和进一步脱氢形成的具有多环结构的不溶性碳烟晶核，然后经不断聚集、长大成为大的甚至肉眼能见的碳烟微粒。

碳烟微粒表面往往黏附有 SO_2 和致癌物质苯并芘等有机化合物和臭气，对人体和生物都有危害，且微粒越小，悬浮在空气中的时间越长，吸入人体后滞留在肺部和支气管中的比例越大，危害也就越大。小于 0.1 μm 的碳烟微粒能在空气中做随机运动，进入肺部并附在肺细胞的组织中，有些还会被血液吸收。0.1~0.5 μm 微粒能深入肺部并黏附在肺叶表面的黏液中，随后会被绒毛所清除。由于碳烟微粒的孔隙内黏附着 SO_2、未燃 HC、NO_2 等有毒物质或苯并芘等致癌物，因而对人体健康造成更大危害。

2．排放检测标准

根据不同排放物种类和排放量，国家制定了不同的排放标准。机动车排放标准是对从废气中排出的 CO（一氧化碳）、HC+NO_X（碳氢化合物和氮氧化物）、PM（微粒、碳烟）等有害物质含量的规定。我国根据实际情况，从 20 世纪 80 年代初期开始采取了先易后难分阶段实施的具体方案，从具体实施至今，已由国Ⅰ标准提高到国Ⅵ标准。

3．检测方法

机动车尾气排放检测的内容主要有 CO（一氧化碳）、HC（碳氢化合物）、NO_X（氮氧化物）、颗粒物、颗粒物浓度和氧化物。机动车尾气排放检测的方法有怠速法/双怠速法、工况法/简易工况法、自由加速法、遥感检测法等。

（1）怠速法/双怠速法。采用简易的便携式气体分析仪，检查汽油车在怠速工况下污染物排放的浓度。其缺点是只能检测一氧化碳和碳氢化合物的浓度。

（2）工况法/简易工况法。工况法是模拟车辆在道路上的实际运行工况（如怠速、加速、等速、减速），同时测量其污染物的排放量，测得的排放结果基本上可以反映该车辆的实际排放情况，被公认是评价汽车（或发动机）排放情况的最科学的检测方法。简易工况法是让车辆按规定车速在底盘测功机上"行驶"，同时测量其污染物的排放量的检测方法。其所采用的工况和测试设备都比工况法简单。常用于在用车污染物排放的检测。这两种方法不仅可以检测一氧化碳和碳氢化合物的浓度，还可检测氮氧化物的浓度。

（3）自由加速法。自由加速法分为滤纸式烟度计检测法、不透光式烟度计检测法。我国目前主要通过采用滤纸式烟度计测试柴油车在自由加速工况下排放的碳烟情况，来判定在用柴油车发动机燃烧状况是否正常，以及与排放有关的零部件是否需要维修或保养。

（4）遥感检测法。遥感检测法是利用红外光检测仪器的红外线测试原理，检测行驶中车辆排放污染物的浓度，识别出污染物排放严重超标的车辆，同时将车辆的牌照用摄像机拍摄下来。

二、噪声检测

1. 机动车噪声的来源

噪声是机动车的第二公害。按照噪声产生的过程，机动车噪声源大致可分为与发动机转速有关的噪声源和与车速有关的噪声源。与发动机转速有关的噪声源主要有进气噪声、排气噪声、冷却系风扇噪声和发动机表面辐射噪声。用发动机带动旋转的各种发动机附件（如空气压缩机、发电机等）的噪声，也属此类。与车速有关的噪声源包括传动噪声（变速器、传动轴等）、轮胎噪声、车体产生的空气动力噪声。

（1）发动机噪声。包括燃烧、机械、进气、排气、冷却风扇等及其他部位发出的噪声。

1）燃烧噪声和机械噪声。燃烧噪声是在可燃混合气燃烧时气缸压力急剧上升而产生的，它是柴油发动机噪声的主要来源。机械噪声是指气门的冲击和活塞与气缸之间的敲击声等，在汽油发动机的变速范围内（300 r/min 以上），这是产生噪声的主要因素。燃烧噪声和机械噪声在很大程度上取决于发动机转速。

2）进、排气噪声。进、排气噪声是发动机在进、排气过程中的气体流动和气体压力波动导致振动而产生的噪声，它随发动机转速和负荷状态的改变而改变。在进、排气噪声中，由于空气动力而产生的噪声可分为周期性的进、排气噪声（脉动声）和涡流声（气流声）。

周期性进、排气噪声，即基频噪声、管道气柱共振声、废气喷柱和冲击噪声。它是在进、排气门周期性地开闭时，因进、排气管内产生压力波动而引起的。同时，伴随着进、排气时的空气流动，高速气流经过气门等产生涡流的部位会形成二次噪声，即涡流声。这种气流声随着流速增大，噪声提高，噪声的频率成分也变宽。排气的漏气声就是典型的气流声。此外，由于排气温度高、流速大，排气的气流声要比进气的气流声所占的比例大。

除了周期性的进、排气噪声和涡流声外，还有表面辐射声。它是由构成进、排气系统的零件表面辐射出的噪声。进、排气系统薄壁管道及壳体的振动是产生表面辐射噪声的根本原因，这种振动是由于发动机进、排气管传来的机械振动和进、排气压力波所激发的。

降低进、排气噪声的主要措施是使用消声效果好的消声器。此外在使用过程中，要注意进、排气装置的紧固性和接头的密封性，以减小表面辐射噪声。

3）风扇噪声。风扇噪声是机动车最大噪声之一。由于车内普遍安装了空调系统和排气净化装置等，使发动机罩内的温度上升，冷却风扇负荷加大，噪声变得更为严重。风扇噪声与发动机转速有直接关系。

为了减小高速时发动机的风扇噪声和功率消耗，一些机动车使用了液力耦合器或变叶片扭角的风扇，也有的采用水温感应电动离合风扇。同时，改变风扇叶片形状和材料对降低噪声也有一定的效果。例如，铸铝的叶片比冲压钢板的叶片噪声小，一些有机合成材料（玻璃钢、高强度尼龙等）做成的叶片比金属叶片噪声小。

（2）传动机构噪声。它是在机动车行驶中，传动机构吸收来自路面的振动所引起的噪声，频率为400~2 000 Hz，其中齿轮传动的机械噪声是主要部分。产生齿轮噪声的原因包括齿轮啮合时产生的撞击声、随着轮齿之间滑动的变化和由于摩擦力造成的摩擦声及因齿轮误差与刚度的变化而引起的撞击声等。

齿轮噪声以声波向空间传出的仅是一小部分，而大部分则成了变速器、后桥的激振并经经轴、轴承、外壳使各部分产生振动变成噪声而传播。齿轮噪声将随机动车行驶状态（如速度、负荷）的变化而变化。

为了减少齿轮噪声，不仅要从设计、制造、加工方法等方面入手，把因啮合而引起的撞击声和激振声降低到最低限度，还应在使用过程中注意齿轮的安装精度和啮合印痕的调整。

（3）轮胎噪声。产生轮胎噪声最主要的原因是轮胎的胎面花纹。机动车在行驶时，因轮胎胎面花纹槽内的空气在接地时被挤压，并有规则地排出，引起周围压力变化而产生噪声。轮胎花纹不同，压缩、排气的难易程度不同，所以噪声也不同，如烟斗花纹轮胎就比普通花纹轮胎的噪声大。此外，车速、负荷、路面状况等使用因素对轮胎噪声的影响也很大。

机动车的噪声还有高速行驶时产生的车身干扰空气噪声、制动噪声、储气筒放气声、喇叭声及各种专用机动车上的动力装置噪声等。

2. 机动车噪声限值

汽车加速行驶车外噪声限值见表4-2-5。

表4-2-5 汽车加速行驶车外噪声限值（GB 1495—2020）

汽车分类		噪声限值/dB（A）	
		第三阶段	第四阶段
M₁	GVM ≤ 2 500 kg	72	71
	GVM>2 500 kg	73	72
M₂	GVM ≤ 3 500 kg	74	73
	GVM>3 500 kg	76	75
M₃	GVM ≤ 7 500 kg	78	77
	7 500 kg<GVM ≤ 12 000 kg	80	79
	GVM>12 000 kg	81	80
N₁	GVM ≤ 2 500 kg	73	72
	GVM>2 500 kg	74	73
N₂	GVM ≤ 7 500 kg	78	77
	GVM>7 500 kg	79	78
N₃	GVM ≤ 17 000 kg	81	80
	GVM>17 000 kg	82	81

注：对特殊车型的限值宽松说明，详见以下条款（可叠加）。

1. GVM ≤ 2 500 kg 的 M₁ 类车型：如属于越野车（G类），或采用中置（后置）发动机且后轴参与驱动时，其限值增加1 dB（A）。其中，采用中置发动机仅后轴驱动的车型如果其驾驶员座椅R点离地高度 ≥ 800 mm，其限值再增加1 dB（A）。

2. GVM ≤ 2 500 kg 的 M₁ 类车型：如PMR>120 kW/t，其限值增加1 dB（A）。其中，如PMR>160 kW/t，其限值再增加2 dB（A）。

3. GVM>2 500 kg 的 M₁ 类车型：如属于越野车（G类），或其驾驶员座椅R点离地高度 ≥ 850 mm，其限值增加1 dB（A）。

4. GVM>2 500 kg 的 M₁ 类车型：如PMR>160 kW/t，其限值增值2 dB（A）。

5. N₁ 类车型：如属于越野车（G类），或噪声测量时后轴参与驱动，其限值增加1 dB（A）。

6. M₂、M₃、N₂、N₃ 类车型：如噪声测量时采用多于两轴行驶，其限值增加1 dB（A）；如噪声测量时采用多轴驱动，其限值增加1 dB（A）。

7. GVM>17 000 kg 的 N₃ 类车型：如属于越野车（G类），其限值增加1 dB（A）。

其中，GVM（gross vehicle mass）指汽车最大总质量，为最大设计总质量。自2020年7月1日起，所有销售和注册登记的汽车应符合第三阶段要求，自2023年7月1日起，所有销售和注册登记的汽车应符合第四阶段要求。

三、电磁干扰检测

机动车电磁噪声分为机动车内部的电磁噪声和机动车外部的电磁噪声。机动车内部电磁噪声是指车用发电机、继电器、开关等部件工作时及开关触点断开瞬间所发生的噪声；机动车外部电磁噪声是指各种电气设备，如高压输电线、铁轨、广播电台设备所辐射出来的对机动车引起干扰的电磁辐射和雷电、静电等自然现象引起的噪声。

1. 机动车内部电磁噪声

（1）机动车内部电磁噪声的来源。机动车内部电磁噪声主要来源于具有触点的负荷装置、点火系统、发电机、电动机、电子控制系统等。

（2）机动车内部电磁噪声的类型

1）根据电磁噪声的发生机理不同，电磁噪声可分为由点火放电引起的噪声、由触点开关引起的噪声和车载电脑时钟引起的噪声三种，各种噪声的机理见表4-2-6。

表4-2-6 按噪声的发生机理分类的机动车内部电磁噪声

种类	发生机理	实例	特征
由点火放电引起的噪声	直流电流由于机械式触点的闭合与断开，发生电弧，形成高频电波；摩擦静电火花引起的火花放电	点火系、启动系、开关、继电器、制动蹄、刮水器面板等	高压强电流
由触点开关引起的噪声	由于直流电的闭合与断开，引起急速上下波动，形成高频电流	灯光控制、风扇控制、交流发电机的直流/直流转换器等	低压强电流
由车载电脑时钟引起的噪声	高速矩形波开关引起的高频电压	发动机控制、自动变速器控制、防抱死制动系统（ABS）、车载局域网（LAN）等	低压弱电流

2）根据电磁噪声的发生条件不同可分为传导电磁噪声和辐射噪声两种。

①传导电磁噪声，是由车上所有的电气电子装置所发生的传导电磁噪声。

②辐射噪声。首先，车用无线机发送时电磁辐射噪声对电子系统干扰最为严重。其次，机动车电器的电磁辐射产生对电子系统噪声，如车用声频装置、车用电视机、车载电话等通信系统，刮水器电动机，灯光控制开关的电磁辐射噪声。

2. 机动车外部电磁噪声

在机动车外部的电磁噪声中对电子系统有较大影响的是静电及社会环境中的电车、高压输电线与通信设备（包括广播电台设备）。

（1）由静电引起的电磁噪声。在机动车中，在下车时或在车椅上滑动时，以及在工厂组装车间检测、维修调整时，由静电引起的电磁噪声都必须加以考虑。

（2）社会环境中的电磁噪声。在社会电磁环境中必须考虑的是，在超高压输电线下的电磁噪声、电车轨道近旁的电磁噪声及广播电台放射的各种电波，通信设备的发射天线近旁的电磁噪声。

培训项目 三　机动车维修基本知识

培训单元 1　机动车维护知识

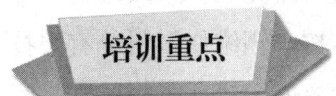

1. 掌握机动车维护的分级。
2. 掌握机动车维护的周期及作业内容。

机动车维修包括机动车维护与机动车修理。在进行机动车维修作业时，应贯彻"强制维护、定期检测、视情修理"的原则。

一、机动车维护的概念及分级

1. 机动车维护的概念

机动车维护是为了维持机动车完好技术状况或工作能力而进行的作业，旨在保持车容整洁、及早发现并解决潜在的问题。适时的维护不仅有助于避免车辆早期损坏，还能够降低车辆的故障率和小修频率。

2. 机动车维护的分级

机动车维护作业包括清洁、检查、补给、润滑、紧固、调整等，除主要总成发生故障必须解体时，不得对其进行解体。机动车的维护分为日常维护、一级维护、二级维护三个级别。

（1）日常维护。日常维护是日常性作业，由驾驶员负责执行，其作业中心内容是清洁、补给和安全性能检视。日常维护是保持车辆正常工作状况的经常性工作。

（2）一级维护。一级维护作业的内容除日常维护作业外，以润滑、紧固为主，并检查有关制动、操纵等系统中的安全部件的维护。

（3）二级维护。二级维护作业的中心内容除一级维护作业外，以检查、调整为主，包括调整制动系、转向操纵系、悬架等安全部件，并拆检轮胎，进行轮胎换位，检查调整发动机工作状况和机动车排放相关系统等。

二、机动车维护的周期及作业要求

1. 机动车维护的周期

日常维护由驾驶员负责在每天出车前、行车中和收车后完成。一级维护、二级维护周期的确定应以行驶里程间隔为基本依据，具体按车辆维修资料等有关技术文件的规定执行。对于不便用行驶里程间隔统计、考核的车辆，可用行驶时间间隔确定一级维护、二级维护周期。

对于道路运输车辆，推荐的一级、二级维护周期见表4-3-1。

表4-3-1 道路运输车辆一级维护、二级维护推荐周期

适用车型		维护周期	
		一级维护行驶里程间隔上限值或时间间隔上限值	二级维护行驶里程间隔上限值或时间间隔上限值
客车	小型客车（含乘用车）（车长≤6 m）	10 000 km 或 30 日	40 000 km 或 120 日
	中型及以上客车（车长>6 m）	15 000 km 或 30 日	50 000 km 或 120 日
货车	轻型货车（最大设计总质量≤3 500 kg）	10 000 km 或 30 日	40 000 km 或 120 日
	轻型以上货车（最大设计总质量>3 500 kg）	15 000 km 或 30 日	50 000 km 或 120 日
挂车		15 000 km 或 30 日	50 000 km 或 120 日

注：对于以山区、沙漠、炎热、寒冷等特殊运行环境为主的道路运输车辆，可适当缩短维护周期。

2. 机动车维护的作业要求

（1）日常维护。日常维护作业项目及技术要求见表4-3-2。

表 4-3-2 日常维护作业项目及技术要求

序号	作业项目	作业内容	技术要求	维护周期
1	车辆外观及附属设施	检查、清洁车身	车身外观及客车车厢内部整洁，车窗玻璃齐全、完好	出车前或收车后
		检查后视镜、调整后视镜角度	后视镜完好、无损毁，视野良好	出车前
		检查灭火器、客车安全锤	灭火器配备数量及放置位置符合规定，且在有效期内。客车安全锤配备数量及放置位置符合规定	出车前或收车后
		检查安全带	安全带固定可靠、功能有效	出车前或收车后
		检查风窗玻璃刮水器	风窗玻璃刮水器各挡位工作正常	出车前
2	发动机	检查发动机润滑油、冷却液液面高度，视情补给	油（液）面高度符合规定	出车前
3	制动系	制动系自检	自检正常，无制动报警灯闪亮	出车前
		检查制动液液面高度，视情补给	液面高度符合规定	出车前
		检查行车制动、驻车制动	行车制动、驻车制动功能正常	出车前
4	车轮及轮胎	检查轮胎外观、气压	轮胎表面无破裂、凸起、异物刺入及异常破损，轮胎气压符合规定	出车前，行车中
		检查车轮螺栓、螺母	齐全完好，无松动	
5	照明、信号指示装置及仪表	检查前照灯	前照灯完好、有效，表面清洁，远、近光变换正常	出车前
		检查信号指示装置	转向灯、制动灯、示廓灯、危险报警灯、雾灯、喇叭、标志灯及反射器等信号指示装置完好有效，表面清洁	出车前
		检查仪表	工作正常	出车前，行车中

注："符合规定"指符合车辆维修资料等有关技术文件的规定。

（2）一级维护。一级维护基本作业项目及技术要求，见表4-3-3。

表4-3-3 一级维护基本作业项目及技术要求

序号	作业项目		作业内容	技术要求
1	发动机	空气滤清器、润滑油滤清器和燃油滤清器	清洁或更换	按规定的里程或时间清洁或更换滤清器。滤清器应清洁，衬垫无残缺，滤芯无破损。滤清器安装牢固，密封良好
2		发动机润滑油及冷却液	检查液面高度，视情更换	按规定的里程或时间更换润滑油、冷却液，液面高度符合规定
3	转向系	部件连接	检查、校紧万向节、横直拉杆、球头销和转向节灯等部位连接螺栓、螺母	各部件连接可靠
4		转向器润滑油及转向助力油	检查液面高度，视情更换	按规定的里程或时间更换转向器润滑油及转向助力油，液面高度符合规定
5	制动系	制动管路、制动阀及接头	检查制动管路、制动阀及接头，校紧接头	制动管路、制动阀固定可靠，结构紧固，无漏气（油）现象
6		缓速器	检查、校紧缓速器连接螺栓、螺母，检查定子与转子间隙，清洁缓速器	缓速器连接紧固，定子与转子间隙符合规定，缓速器外表、定子与转子间清洁，各插件与接头连接可靠
7		储气筒	检查储气筒	无积水及油污
8		制动液	检查液面高度，视情更换	按规定的里程或时间更换制动液，液面高度符合规定
9	传动系	各连接部位	检查、校紧变速器、传动轴、驱动桥壳、传动轴支撑等部位连接螺栓、螺母	各部位连接可靠，密封良好
10		变速器、主减速器和差速器	清洁通气孔	通气孔通畅
11	车轮	车轮及半轴的螺栓、螺母	校紧车轮及半轴的螺栓、螺母	扭紧力矩符合规定
12		轮辋及压条挡圈	检查轮辋及压条挡圈	轮辋及压条挡圈无裂损及变形
13	其他	蓄电池	检查蓄电池	液面高度符合规定，通气孔畅通，电桩、夹头清洁、牢固，免维护蓄电池电量状况指示正常

续表

序号	作业项目	作业内容	技术要求
14	其他	防护装置	检查侧防护装置及后防护装置，校紧螺栓、螺母	完好有效，安装牢固
15		全车润滑	检查、润滑各润滑点	润滑嘴齐全有效，润滑良好。各润滑点防尘罩齐全完好。集中润滑装置工作正常，密封良好
16		整车密封	检查侧漏情况	全车不漏油、不漏液、不漏气

（3）二级维护

1）二级维护基本要求。二级维护作业包括基本作业项目和附加作业项目，作业时两者一并进行。二级维护前应进行进厂检测，依据进厂检测结果进行故障诊断并确定附加作业项目。二级维护作业过程中发现的需要维修的项目也应作为附加作业项目。二级维护过程中应进行过程检验，作业完成后应进行竣工检验，竣工检验合格的车辆，由维护企业签发维护竣工出厂合格证。二级维护检测使用的仪器设备应符合相关国家标准和行业标准的规定，计量器具及设备应计量检定或校准合格并在有效期内。

2）二级维护进厂检测。进厂检测包括规定的检测项目以及根据驾驶员反映的车辆技术状况确定的检测项目，二级维护的进厂检测项目见表4-3-4。检测项目的技术要求应符合国家有关的技术标准和车辆维修资料等相关规定。进厂检测时应记录检测数据或结果，并据此进行车辆故障诊断。

表4-3-4 二级维护规定的进厂检测项目

序号	检测项目	检测内容	技术要求
1	故障诊断	车载诊断系统（OBD）的故障信息	装有车载诊断系统的车辆，不应有故障信息
2	行车制动性能	行车制动性能	采用台架检验或路试检验，应符合GB 7258相关规定
3	排放	排气污染物	汽油车采用双怠速法，应符合GB 18285相关规定。柴油车采用自由加速法，应符合GB 3847相关规定

3）二级维护基本作业项目。二级维护基本作业项目及技术要求，见表4-3-5。

表 4-3-5 二级维护基本作业项目及技术要求

序号	作业项目		作业内容	技术要求
1	发动机	发动机工作状况	检查发动机启动性能和柴油发动机停机装置	启动性能良好，停机装置功能有效
			检查发动机运转情况	低速、中速、高速运转稳定，无异响
2		发动机排放机外净化装置	检查发动机排放机外净化装置	外观无损坏、安装牢固
3		燃油蒸发控制装置	检查外观，检查装置是否畅通，视情更换	碳罐及管路外观无损坏、密封良好、连接可靠，装置畅通无堵塞
4		曲轴箱通风装置	检查外观，检查装置是否畅通，视情更换	管路及阀体外观无损坏、密封良好、连接可靠，装置畅通无堵塞
5		增压器、中冷器	检查、清洁中冷器和增压器	中冷器散热片清洁，管路无老化，连接可靠，密封良好。增压器运转正常，无异响，无渗漏
6		发电机、启动机	检查、清洁发电机和启动机	发电机和启动机外表清洁，导线接头无松动，运转无异响，工作正常
7		发动机传动带（链）	检查空压机、水泵、发电机、空调机组和正时传动带（链）磨损及老化程度，视情调整传动带（链）松紧度	按规定里程或时间更换传动带（链）。传动带（链）无裂痕和过量磨损，表面无油污，松紧度符合规定
8		冷却装置	检查散热器、水箱及管路密封	散热器、水箱及管路固定可靠，无变形、堵塞、破损及渗漏。箱盖接合表面良好，胶垫不老化
			检查水泵和节温器工作状况	水泵不漏水、无异响，节温器工作正常
9		火花塞、高压线	检查火花塞间隙、积碳和烧蚀情况，按规定里程或时间更换火花塞	无积碳，无严重烧蚀现象，电极间隙符合规定
			检查高压线外观及连接情况，按规定里程或时间更换高压线	高压线外观无破损、连接可靠
10		进、排气歧管，消声器、排气管	检查进、排气歧管，消声器，排气管	外观无破损，无裂痕，消声器功能良好

续表

序号	作业项目		作业内容	技术要求
11	发动机	发动机总成	清洁发动机外部,检查隔热层	无油污、无灰尘,隔热层密封良好
			检查、校紧连接螺栓、螺母	油底壳,发动机支承,水泵,空压机,涡轮增压器,进排气歧管,消声器,排气管,输油泵和喷油泵等部位连接可靠
12		储气筒、干燥器	检查、紧固储气筒,检查干燥器功能,按规定里程或时间更换干燥剂	储气筒安装牢固,密封良好。干燥器功能正常,排水阀通畅
13		制动踏板	检查、调整制动踏板自由行程	制动踏板自由行程符合规定
14		驻车制动	检查驻车制动性能,调整操纵机构	功能正常,操纵机构齐全完好、灵活有效
15		防抱死制动装置	检查连接线路,清洁轮速传感器	各连接线及插接件无松动,轮速传感器清洁
16	制动系	鼓式制动器	检查制动间隙调整装置	功能正常
			拆卸制动鼓、轮毂、制动蹄,清洁轴承位、轴承、支承销和制动底板等零件	清洁,无油污,轮毂通气孔畅通
			检查制动底板、制动凸轮轴	制动底板安装牢固、无变形、无裂损。凸轮轴转动灵活,无卡滞和松旷现象
			检查轮毂内外轴承	滚柱保持架无断裂,滚柱无缺损、脱落,轴承内外圈无裂损和烧蚀
			检查制动摩擦片、制动蹄及支承销	摩擦片表面无油污、裂损,厚度符合规定。制动蹄无裂纹及明显变形,铆接可靠,铆钉沉入深度符合规定。支承销无过量磨损,与制动蹄轴承孔衬套配合无明显松旷
			检查制动蹄复位弹簧	复位弹簧不得有扭曲、钩环损坏、弹性损失和自由长度改变等现象
			检查轮毂、制动鼓	轮毂无裂损,制动鼓无裂痕、沟槽、油污及明显变形

续表

序号	作业项目	作业内容	技术要求
16	制动系	鼓式制动器	装复制动鼓、轮毂、制动蹄，调整轴承松紧度、调整制动间隙	润滑轴承，轴承位涂抹润滑脂后再装轴承。装复制动蹄时，轴承孔均应涂抹润滑脂，开口销或卡簧固定可靠。制动摩擦片与制动鼓摩擦面应清洁、无油污。制动摩擦片与制动鼓配合间隙符合规定。轮毂转动灵活且无轴向间隙。锁紧螺母、半轴螺母及车轮螺母齐全，扭紧力矩符合规定
17		盘式制动器	检查制动摩擦片和制动盘磨损量	制动摩擦片和制动盘磨损量应在标记规定或制造商要求的范围内，其摩擦工作面不得有油污、裂纹、失圆和沟槽等损伤
			检查制动摩擦片与制动盘间的间隙	制动摩擦片与制动盘之间的转动间隙符合规定
			检查密封件	密封件无裂纹或损坏
			检查制动钳	制动钳安装牢固、无油液泄漏。制动钳导向销无裂纹或损坏
18	转向系	转向器和转向传动机构	检查转向器和转向传动机构	转向轻便、灵活，转向无卡滞现象，锁止、限位功能正常
			检查部件技术状况	转向节臂、转向器摇臂及横直拉杆无变形、裂纹和拼焊现象，球销无裂纹、不松旷，转向器无裂损、无漏油现象
19		转向盘最大自由转动量	检查、调整转向盘最大自由转动量	最高设计车速不小于100 km/h的车辆，其转向盘的最大自由转动量不大于15°，其他车辆不大于25°
20	行驶系	车轮及轮胎	检查轮胎规格型号	轮胎规格型号符合规定，同轴轮胎的规格和花纹应相同，公路客车（客运班车）、旅游客车、校车和危险货物运输车的所有车轮及其他车辆的转向轮不得装用翻新的轮胎

续表

序号	作业项目	作业内容	技术要求
20	行驶系 / 车轮及轮胎	检查轮胎外观	轮胎的胎冠、胎壁不得有长度超过25 mm或深度足以暴露出帘布层的破裂和割伤以及凸起、异物刺入等影响使用的缺陷。具有磨损标志的轮胎，胎冠的磨损不得触及磨损标志；无磨损标志或标志不清的轮胎，乘用车和挂车胎冠花纹深度应不小于1.6 mm，其他车辆的转向轮的胎冠花纹深度应不小于3.2 mm，其余轮胎胎冠花纹深度应不小于1.6 mm
		轮胎换位	根据轮胎磨损情况或相关规定，视情进行轮胎换位
		检查、调整车轮前束	车轮前束值符合规定
21	悬架	检查悬架弹性元件，校紧连接螺栓、螺母	空气弹簧无泄漏、外观无损伤。钢板弹簧无断片、缺片、移位和变形，各部件连接可靠，U形螺栓螺母扭紧力矩符合规定
		减振器	减振器稳固有效，无漏油现象，橡胶垫无松动、变形和分层
22	车桥	检查车桥、车桥与悬架之间的拉杆和导杆	车桥无变形、表面无裂痕、油脂无泄漏，车桥与悬架之间的拉杆和导杆无松旷、移位和变形
23	离合器	检查离合器工作状况	离合器接合平稳，分离彻底，操作轻便，无异响、打滑、抖动及沉重等现象
		检查、调整离合器踏板自由行程	离合器踏板自由行程符合规定
24	传动系 / 变速器、主减速器、差速器	检查、调整变速器	变速器操纵轻便、挡位准确，无异响、打滑及乱挡等异常现象，主减速器、差速器工作无异响
		检查变速器、主减速器、差速器润滑油液面高度，视情更换	按规定的里程或时间更换润滑油，液面高度符合规定
25	传动轴	检查防尘罩	防尘罩无裂痕、损坏，卡箍连接可靠，支架无松动
		检查传动轴及万向节	传动轴无弯曲，运转无异响。传动轴及万向节无裂损、不松旷
		检查传动轴承及支架	轴承无松旷，支架无缺损和变形

续表

序号	作业项目		作业内容	技术要求
26	灯光导线	前照灯	检查远光灯发光强度，检查、调整前照灯光束照射位置	符合 GB 7258 规定
27		线束及导线	检查发动机舱及其他可视的线束及导线	插接件无松动、接触良好。导线布置整齐、固定牢靠，绝缘层无老化、破损，导线无外露。导线与蓄电池柱头连接牢固，并有绝缘套
28	车架车身	车架和车身	检查车架和车身	车架和车身无变形、断裂及开焊现象，连接可靠，车身周正。发动机罩锁扣锁紧有效。车厢铰链完好，锁扣锁紧可靠，固定集装箱体、货物的锁止机构工作正常
			检查车门、车窗启闭和锁止	车门和车窗应启闭正常，锁止可靠。客车动力启闭车门的车内应急开关及安全顶窗机件齐全、完好有效
29		支撑装置	检查、润滑支撑装置，校紧连接螺栓、螺母	完好有效，润滑良好，安装牢固
30		牵引车与挂车连接装置	检查牵引销及其连接装置	牵引销安装牢固，无损伤、裂纹等缺陷，牵引销颈部磨损量符合规定
			检查、润滑牵引座及牵引销锁止、释放机构，校紧连接螺栓、螺母	牵引座表面油脂均匀，安装牢固，牵引销锁止、释放机构工作可靠
			检查转盘与转盘架	转盘与转盘架贴合面无松旷、偏歪。转盘与牵引连接部件连接牢靠，转盘连接螺栓应紧固，定位销无松旷、无磨损，转盘润滑
			检查牵引钩	牵引钩无裂纹及损伤，锁止、释放机构工作可靠

4）二级维护过程检验。二级维护过程中应贯穿过程检验，并记录二级维护作业过程或检验结果，维护项目的技术要求应符合技术标准和车辆维修资料等相关技术文件规定。

5）二级维护竣工检验。二级维护竣工检验项目及技术要求见表4-3-6。二级维护竣工检验应填写二级维护竣工检验记录单，样例见表4-3-7。

表 4-3-6　二级维护竣工检验项目及技术要求

序号	检验部位	检验项目	技术要求	检验方法
1	整车	清洁	全车外部、车厢内部及各总成外部清洁	检视
2		紧固	各总成外部螺栓、螺母紧固,锁销齐全有效	检查
3		润滑	全车各个润滑部位的润滑装置齐全,润滑良好	检视
4		密封	全车密封良好,无漏油、无漏液和无漏气现象	检视
5		故障诊断	装有车载诊断系统（OBD）的车辆,无故障信息	检测
6		附属设施	后视镜、灭火器、客车安全锤、安全带、刮水器等齐全完好,功能正常	检视
7	发动机及其附件	发动机工作状况	在正常工作温度状态下,发动机启动三次成功启动次数不少于两次,柴油机三次停机均应有效,发动机低、中、高速运转稳定、无异响	路试或检视
8		发动机装备	齐全有效	检视
9	制动系	行车制动性能	符合 GB 7258 规定,道路运输车辆符合 GB 18565 规定	路试或检测
10		驻车制动性能	符合 GB 7258 规定	路试或检测
11	转向系	转向机构	转向机构各部件连接可靠,锁止、限位功能正常,转向时无运动干涉,转向轻便、灵活,转向无卡滞现象	检视
			转向节臂、转向器摇臂及横直拉杆无变形、裂纹和拼焊现象,球销无裂纹、不松旷,转向器无裂损、无漏油现象	
12		转向盘最大自由转动量	最高设计车速不小于 100 km/h 的车辆,其转向盘的最大自由转动量不大于 15°,其他车辆不大于 25°	检测
13	行驶系	轮胎	同轴轮胎应为相同的规格和花纹,公路客车（客运班车）、旅游客车、校车和危险品运输车的所有车轮及其他机动车的转向轮不得装用翻新的轮胎,轮胎花纹深度及气压符合规定,轮胎的胎冠、胎壁不得有长度超过 25 mm 或深度足以暴露出帘布层的破裂和割伤以及凸起、异物刺入等影响使用的缺陷	检查、检测

续表

序号	检验部位	检验项目	技术要求	检验方法
14	行驶系	转向轮横向侧滑量	符合 GB 7258 规定,道路运输车辆符合 GB 18565 规定	检测
15	行驶系	悬架	空气弹簧无泄漏、外观无损伤。钢板弹簧无断片、缺片、移位和变形,各部件连接可靠,U 形螺栓螺母扭紧力矩符合规定	检查
16	行驶系	减振器	减振器稳固有效,无漏油现象,橡胶垫无松动、变形及分层	检查
17	行驶系	车桥	无变形、表面无裂痕,密封良好	检视
18	传动系	离合器	离合器接合平稳,分离彻底,操作轻便,无异响、打滑、抖动和沉重等现象	路试
19	传动系	变速器、传动轴、主减速器	变速器操纵轻便,挡位准确,无异响、打滑及乱挡等异常现象,传动轴、主减速器工作无异响	路试
20	牵引连接装置	牵引连接装置和锁止机构	汽车与挂车牵引连接装置连接可靠,锁止、释放机构工作可靠	检查
21	照明、信号指示装置和仪表	前照灯	完好有效,工作正常,性能符合 GB 7258 规定	检视、检测
22	照明、信号指示装置和仪表	信号指示装置	转向灯、制动灯、示廓灯、危险报警灯、雾灯、喇叭、标志灯及反射器等信号指示装置完好有效	检视
23	照明、信号指示装置和仪表	仪表	各类仪表工作正常	检视
24	排放	排放污染物	汽油车采用双怠速法,应符合 GB 18285 规定。柴油车采用自由加速法,应符合 GB 3847 规定	检测

6)质量保证。机动车维护企业对竣工检验合格的车辆签发维护竣工出厂合格证。维护质量保证期自维护竣工出厂之日起计算,一级维护质量保证期为车辆行驶不少于 2 000 km 或者 10 日,二级维护质量保证期为车辆行驶不少于 5 000 km 或者 30 日,以先达到者为准。

表4-3-7　二级维护竣工检验记录单

合同编号

托修方				车牌号			车型		
		项目	评价		项目	评价		项目	评价
外观状况	清洁				发动机装备			离合器	
	紧固				转向机构			变速器、传动轴、主减速器	
	润滑				轮胎			牵引连接装置和锁止机构	
	密封				悬架			前照灯	
	附属设施				减振器			信号指示装置	
	发动机工作状况				车桥			仪表	
故障诊断	车载诊断系统（OBD）故障信息		□无　□有　故障信息描述：_____						
	转向盘最大自由转动量/（°）		评价：		转向轮横向侧滑量/（m/km）		评价：		
性能检测	制动性能	台架	车轴		一轴	二轴	三轴	四轴	五轴	六轴
			轴制动率/%	结果						
				评价						
			制动不平衡率/%	结果						
				评价						
			整车参数	项目	整车制动率/%				第一转向轴：	评价：
									第一转向轴：	评价：
				结果					驻车制动率/%	评价：
				评价						

续表

性能检测		参数				
制动性能	路试	初速度/(km/h)	制动距离/m		MFDD/(m/s²)	制动稳定性
			结果	评价	结果　评价	
前照灯性能		参数	灯高/mm	远光光强/cd	远光偏移/(mm/10 m)	近光偏移/(mm/10 m)
				结果/cd　评价	垂直　水平　评价	垂直　水平　评价
		左外				
		左内				
		右外				
		右内				
排气污染物	汽油车	怠速	CO/%：	HC/×10⁻⁶：	评价：① ② ③	
		高速怠速	CO/%：	HC/×10⁻⁶：	评价：① ② ③	
	柴油车	自由加速	光吸收系数/BSU：		平均/m⁻¹：	评价：
			烟度值/BSU：		平均/BSU：	评价：

检验结论：

检验员签字：　　　　　　　年　月　日

注：1. 检验数据在"结果"栏填写。合格在"评价"栏画"○"，不合格在"评价"栏画"×"，无此项目填"—"。

2. 制动性能检验选择"台架"或"路试"。路试制动性能采用"制动距离"或"充分发出的平均减速度 MFDD"评价。

培训单元 2　机动车修理知识

1. 掌握机动车修理的分类。
2. 掌握机动车修理作业的基本方法。
3. 掌握机动车修理工艺过程。
4. 了解机动车零件的修复方法。

一、机动车修理的概念和分类

1. 机动车修理的概念

机动车修理是为了恢复车辆完好技术状况或工作能力而进行的作业。通过机动车修理，可以及时解决车辆故障，恢复车辆的技术性能。及时的机动车修理，不仅能够节约车辆的运行消耗，还能够延长车辆的使用寿命，保障驾驶员的人身安全。

2. 机动车修理的分类

根据我国现行的维修制度规定，车辆修理按作业范围可分为车辆大修、总成大修、车辆小修、零件修理和视情修理。

（1）车辆大修。车辆大修是指新车或经过大修后的机动车在行驶一定里程或时间后，经过检测诊断和技术鉴定，用修理或更换车辆零部件的方法，完全或接近完全恢复车辆技术性能的恢复性修理。

因车辆产品质量、使用条件和平时维护状况的不同，车辆大修的期限存在很大的差别，车辆技术管理部门应对接近大修定额里程的车辆加强状态监控，结合维护进行定期检测，做好技术鉴定工作，根据机动车大修的送修条件及时送修。

（2）总成大修。总成大修是车辆的总成经过一定使用里程（或时间）后，用修理或更换总成任何零部件（包括基础件）的方法，恢复其完好技术状况、工作能力和寿命的恢复性修理。

车辆总成在使用一定期限后，其基础件和主要零部件出现破裂、磨损、老化等情况，需要拆散进行彻底修理，以还原其技术状况。主要总成包括发动机、车架、车身、变速器、后桥、前桥等。送修之前，需要完成技术鉴定，满足送修条件的根据规定送修。

（3）车辆小修。车辆小修是指通过修理或更换个别零件，保证或恢复车辆工作能力的运行性修理。其目的是消除机动车在行驶过程或维护过程中发生或发现的故障或安全隐患。

（4）零件修理。零件修理是对因磨损、变形、损伤等不能继续使用的零件进行修复，以恢复其性能和寿命。它是节省原材料、减少维修费用的重要举措之一，但零件修理前要考虑其有无修复价值和符合经济原则。

（5）视情修理。视情修理是指按技术文件规定对机动车技术状况进行检测或诊断后，决定作业内容和实施时间的修理。

二、机动车修理作业的基本方法

机动车修理作业的基本方法分为就车修理法和总成互换修理法。修理企业采用哪种修理方法，要根据企业自身条件决定。

1. 就车修理法

就车修理法是指在修理过程中，从车上拆下总成、组合件、零件后，除换用新零件外，原车的其他总成、组合件、零件经修理后仍装回原车，这种修理方法称为就车修理法。

由于各总成、组合件、零件的损坏程度不同，修理工作量和所需修复的时间也各不相同，因而经常影响修理装配工作的连续性，且修理周期较长。修理车型复杂、送修单位不一的小型修理厂大多采用这种方法。

2. 总成互换修理法

总成互换修理法是指在修理过程中，除车架或客车车身应原件修复外，其余需修总成（或组合件）都可用周转总成（或组合件）代用。也就是说，只要车架或车身修复后，就可用其他互换总成来装配车辆，换下的总成另行安排修理，修竣后补充到周转总成库，以备下次使用。这种修理方法由于利用了周转总成（或组合件），可以保证修理工作的连续性，缩短停厂车日，并可对总成组织专业化修理，提高修理质量。它适用于车型单一、送修单位较集中的大型修理厂。总成修理也可采用两种修理方法，即总成中零部件不互换代用和互换代用。

三、机动车修理工艺过程

机动车修理可分成许多工艺作业，按规定顺序完成这些作业的过程称为工艺过程。由于修理组织的方法不同，其工艺过程也不相同。

1. 采用就车修理法时的大修工艺过程

采用就车修理法时，机动车经验收并进行外部清洗后，拆成总成，然后再拆成零件，并加以清洗。零件经检验后区分为可用的、不可用的和需修的三类，可用的零件送去配套库；需修的零件送到零件修理车间，修复后再送到配套库。当一辆车的零部件配套齐全后，送总成装配车间进行总成装配和试验，最后将试验合格的总成，进行总装，并经路试调整消除缺陷后，进行外表喷漆等作业，最后进行交车。

2. 采用总成互换修理法时的大修工艺过程

采用总成互换修理法时，机动车大修时将验收并经外部清洗的机动车拆成总成，修理机动车的车架，然后用备用总成库的周转总成、部件和组合件装配成车辆，而拆下的总成经拆检和分类修理后，进行总成装配和试验，合格的修竣总成交备用总成库，以备其他车辆修理时使用。

四、机动车零件的修复方法

机动车在使用过程中，因磨损、疲劳、变形和腐蚀等原因，改变了零件的原始尺寸、形状、表面质量和零件间的配合性质，致使零件或总成丧失工作能力。为了恢复零件的工作能力和配合性质，可以用新的零件更换失效的零件，还可以修复失效的零件。在许多情况下，对失效的零件进行修复比更换新件有明显的优点。零件的常用修复方法有机械加工修复法、焊接修复法、粘接修复法、矫正修复法、电镀修复法、喷涂修复法等。

1. 机械加工修复法

机械加工是零件修复过程中最基本和最主要的方法。它既可以作为一种独立的手段直接修复零件，也可以是其他方法的准备或最后加工必不可少的工序。机动车零件机械加工修复法中，又主要采用修理尺寸法和镶套修复法。

（1）修理尺寸法。修理尺寸是指将零件磨损表面通过机械加工恢复其正确的几何形状，并与相配合零件恢复配合性质的一种加工方法。修理尺寸法主要用于配合副磨损后修复，机动车中有许多主要零件采用这种方法，其中包括缸筒、缸套、活塞、曲轴与轴承、转向节主销与主销承孔等。

修理尺寸法使各级修复尺寸标准化，便于加工和供应配件。但是它要求零件加工后有正确的几何形状和表面粗糙度，而且要按规定标准加工，这就使加工余量大，使修理次数减少。

修理尺寸法能大大地延长复杂零件和基础件的使用寿命，简便易行，经济性好，但为了保证零件有足够的强度，尺寸的增大（孔）或缩小（轴）应有一个限度。由于零件强度的限制，采用修理尺寸法到最后一级时，零件就要采用镶套、堆焊、喷涂电镀等方法才能恢复到基本尺寸。

（2）镶套修复法。镶套修复法是指零件在使用中，只发生局部的磨损或损坏，在其结构和强度容许条件下，可将其磨损部分切削小（对轴）或镗大（对孔），然后，再用静配合的方法镶套、加工，使零件恢复到基本尺寸的修复方法。

机动车发动机的气缸套、气门座圈、气门导管、飞轮齿圈及各种铜套的镶配都可采用这种修复方法。

镶套法可以恢复基础件的局部磨损，延长基础件的使用寿命；应用镶套法一次可以使磨损的零件恢复到基本尺寸，为以后的修理提供方便；镶套工艺简单，没有复杂的操作和加工；不需大型设备，成本低；质量容易保证；不需要高温，零件又不易变形（注意过盈量不要过大）和退火，但它的应用受到零件的结构和强度的限制。

2. 焊接修复法

焊接修复法就是用电弧或气体火焰的热量，将焊条（或丝、料）与零件金属熔化（钎焊则不熔化），以填补零件的磨损，使其恢复完整。机动车零件的磨损、破裂、断裂、凹坑、缺损等多种情况均可采用焊接修复法。由于焊修的零件可得到较高的强度，焊层容易控制，且一般焊接修复使用的设备简单、成本低、易掌握，因此，它已成为一种应用广泛的零件修复方法。

机动车零件的焊接修复方法很多，且各具特点。按焊接工艺和方法不同，机动车零件的焊接可分为补焊、堆焊、喷焊和钎焊。

3. 粘接修复法

粘接修复法是采用黏结剂把断裂或两个独立的零件进行粘补或连接的一种工艺方法。粘接是利用黏结剂渗入被粘零件表面粗糙不平的空隙中，固化产生机械镶嵌作用、黏结剂分子间的相互吸引与黏结剂分子对被粘零件的扩散作用和化学反应的化学键作用，实现对被粘零件的粘补和连接。

粘接修复具有以下的特点：

（1）粘接时温度低，不改变基体的金相组织，不产生热应力和变形，接头的应力均匀，不产生应力集中。

（2）不需要设备，成本低，几乎能粘接任何金属和非金属、相同的和不同的材料，适用范围广，对极硬、薄、小的零件采用粘接最为方便。

（3）黏结剂密封性好，耐酸、碱、油、水和腐蚀，不需进行防腐、防锈等处理。

（4）粘接强度较低，耐高温和耐冲击性能较差，黏结剂多易燃、有毒，某些黏结剂需自行配制，工艺要求严格。

在机动车修理中，粘接可用于缸体、水箱、蓄电池壳的堵漏、密封，制动蹄与摩擦衬片的连接。

4. 矫正修复法

零件在使用过程中常会发生弯曲、扭曲、翘曲等变形。利用外力或火焰使零件产生新的塑性变形，消除原有变形，恢复零件变形前的正确形状，称为矫正修复法。机动车零件修复中的常用矫正方法有压力矫正法、火焰矫正法和敲击矫正法。

（1）压力矫正法。压力矫正法是利用金属材料的塑性，通过外加的静载荷使零件产生反向变形，恢复零件正确形状的矫正方法。压力矫正多在室温下进行，如果零件的塑性较差或尺寸较大，也可以进行适当加热。压力矫正法应用很普遍，对一般金属零件均可采用，如轴类零件、车架、连杆等。

（2）火焰矫正法。火焰矫正法用氧气—乙炔对变形零件进行局部快速加热，并辅以浇注冷却水快速冷却，靠加热部位的冷缩应力作用来矫正零件。进行火焰矫正时，对变形零件弯曲凸起处的一点或几点进行加热和急剧冷却。加热时加热区的金属膨胀，膨胀的金属又受到周围冷金属的限制，随温度的提高，这部分金属逐渐达到塑性状态。由于金属在加热状态下的塑性变形在冷却过程中不会恢复原状，所以冷却后造成收缩量大于膨胀量，变形的零件得到矫正。

火焰矫正法具有矫正效果好、效率高，矫正后变形稳定，对零件的疲劳强度影响小等优点。一般用于平板和尺寸较大、形状复杂的零件。

火焰矫正能力和加热温度成正比。从提高效果来说，加热温度应高一些，但温度过高会使金属再结晶而晶粒粗大，改变金相组织结构，故偏高是不利的。一般加热温度在 200~800 ℃。加热时，加热点的温度上升要快，加热面积要小，如果加热时间拖长，加热面积过大，将使整个零件温度升高，减弱矫正能力。加热深度增大，矫正能力也增加。一般加热深度为零件厚度的 40% 时，矫正效果较好。加热深度继续增加，矫正效果反而降低，零件全部烧透则不起矫正作用。

（3）敲击矫正法。敲击矫正法是用锤子敲击零件，使其部分产生塑性变形被延展，恢复零件的几何形状。敲击矫正法的矫正精度容易控制，效果稳定，一般不需要进行热处理，且不降低零件的疲劳强度。但是，它不能矫正弯曲量太大的零件，通常零件的弯曲量不能超过零件长度的 0.03%~0.05%。

曲轴是复杂形状的零件，曲轴工作时在外力作用下，两曲柄臂间有并拢的趋势，使曲轴产生弯曲变形，弯曲部位在曲柄臂与轴颈的转角处。敲击矫正修复时用锤子敲击曲柄臂的内侧，使内侧金属扩张膨胀，由于曲柄臂的外侧不动，曲柄臂会产生向外扩张的趋势，使两曲柄臂恢复平行，从而使曲轴轴线的变形得到纠正。

5. 电镀修复法

机动车上许多重要的零件是用优质合金钢制造的，加工精度高，在使用过程中，只磨损 0.01~0.05 mm 就不能继续使用了。这种情况用电镀法修复最为方便。为了恢复零件的尺寸，只刷镀上薄薄一层快速镍，比原来淬火表面层还耐磨。例如，气缸套镀铬，可大大地延长大修间隔里程，并节约燃润料。各种铜套用缩小内径后外径加大镀铜法修复，可节约大量贵重金属铜。除上述耐磨镀层外，还包括装饰性镀层（镀金、银、镍）、防锈镀层（机动车保险杠、门把手及大灯罩的电镀）、特殊镀层（防渗碳镀铜、防氮化镀锡、提高导电性镀银）等。

总之，用电镀法不仅可以恢复零件的尺寸，而且能改善零件的表面性能。同时，因电镀过程温度不高，不会使零件变形，也不会影响零件原来的热处理结构。电镀可以采用有槽电镀和无槽电镀（如刷镀）等方式进行。

职业模块 5 机动车鉴定评估基础

培训项目一 机动车鉴定评估基本知识

培训单元1　资产评估知识

1. 了解资产评估的相关概念。
2. 了解资产评估的分类和特点。

一、资产评估的相关概念

1. 资产评估

资产评估是市场经济的产物,其业务涉及企业间的产权转让、资产重组、破产清算、资产抵押及财产保险、财产纳税等经济行为。

资产评估是专业机构和人员,按照国家法律、法规和资产评估准则,根据特定目的,遵循评估原则,依照相关程序,选择适当的价值类型,运用科学方法,对资产价值进行分析、估算并发表专业意见的行为和过程。

资产评估过程中会涉及下列基本的评估要素:

(1)评估主体,指从事资产评估的机构和人员,他们是资产评估工作的主导者。

(2)评估客体,指被评估的资产,它是资产评估的具体标的物,也称为评估对象。机动车评估客体不仅仅是车辆本身,有时还包括与车辆相关的无形资产,如评估长途客运车辆时，还包括线路营运权等。

（3）评估目的，指资产业务引发的经济行为对资产评估结果的要求或资产评估结果的具体用途。它直接或间接地决定和制约资产评估的条件，以及价值类型的选择。

（4）评估依据，指资产评估工作所遵循的法律、法规、经济行为文件、重大合同协议及收费标准和其他参考依据。

（5）评估原则，指资产评估的行为规范，是调节评估当事各方关系、处理评估业务的行为准则。

（6）评估程序，指资产评估工作从开始准备到最后结束的工作程序。

（7）评估价值类型，指对资产评估价值的规定，它对资产评估参数的选择具有约束性。

（8）评估方法，指资产评估所运用的特定技术，是分析和判断资产评估价值的手段和途径。

（9）评估假设，指资产评估得以进行的前提条件及假设等。

（10）资产评估基准日，指资产评估的时间基点和资产评估结论对应的时点。

2. 资产

经济学中的资产，泛指特定经济主体拥有或控制的，能够给特定经济主体带来经济利益的经济资源。会计学中的资产，是指过去的交易或事项形成并由企业拥有或控制的资源，该资源预期会给企业带来经济利益。在《国际评估准则》中，强调资产的权益——"评估工作的对象与其说是有形资产或无形资产，不如说是有形资产或无形资产的所有权或所有者的权益"。

（1）资产的基本特征

1）资产必须是经济主体拥有或控制的，依法取得财产权利是经济主体拥有并支配资产的前提条件。

2）资产是能够给经济主体带来经济利益的资源，即可能给经济主体带来现金流入的资源。也就是说，资产具有能够带来未来利益的潜在能力。

3）资产必须能以货币计量，也就是说资产价值能够运用货币进行计量，否则不能作为资产确认。

（2）资产的分类。资产作为资产评估的客体，存在多种多样的形式，为了科学地进行资产评估，可以对资产进行以下适当的分类。

1）按资产的存在形态分类，可以分为有形资产和无形资产。有形资产是指那些具有实物形态的资产，包括机器设备、房屋建筑物和流动资产等。这类资产具有不同的功能和特性，因此在评估时应分别进行。无形资产是指那些没有实物形态，但在很大程度上制约着企业物质产品生产能力和生产质量，直接影响企业经济效益的资产，主要包括专利权、商标权、非专利技术、土地使用权、商誉等。

2）按资产的构成和是否具有综合获利能力分类，可以分为单项资产和整体资产。单项资产是指单台、单件的资产。整体资产是指由一组单项资产组成的具有整体获利能力的资产综合体。

3）按资产能否独立存在分类，可以分为可确指的资产和不可确指的资产。可确指的资产是指能独立存在的资产，前面所列示的有形资产和无形资产，除商誉以外都是可确指的资产。不可确指的资产是指不能脱离企业有形资产而单独存在的资产，如商誉。商誉是指企业基于地理位置优越、信誉卓著、生产经营出色、劳动效率高、历史悠久、经验丰富、技术先进等原因，所获得的投资收益率高于一般正常投资收益率所形成的超额收益资本化的结果。

4）按资产与生产经营过程的关系分类，可以分为经营性资产和非经营性资产。经营性资产是指处于生产经营过程中的资产，如企业中的机器设备、生产用的厂房、交通工具等。经营性资产又可按是否对盈利产生贡献分为有效资产和无效资产。非经营性资产是指处于生产经营过程以外的资产。

5）按企业会计制度及其资产的流动性分类，可以分为流动资产、长期投资、固定资产和无形资产等。

3. 价格与价值

资产评估理论中的价格是指在特定的交易行为中，特定的买方或卖方对商品或服务的交换价值的认可，以及提供或支付的货币数额。资产评估理论中的价格是一个历史数据或事实，是特定的交易行为中特定买方和卖方对商品或服务实际支付或收到的货币数额。

资产评估理论中的价值属于交换价值范畴，它反映可供交易的商品、服务与其买方、卖方之间的货币数量关系。资产评估理论中的价值不是一个历史数据或事实，而是专业人士根据特定的价值定义在特定时间内对商品、服务价值的估计。

资产评估的目标是判断评估对象的价值，而不是评估对象的实际成交价格。

二、资产评估的分类和特点

1. 资产评估的分类

（1）根据资产评估对象的构成和获利能力不同，资产评估可进一步细分为单项资产评估和整体资产评估。

单项资产评估是指以单项可确指的资产为对象的评估，如机器设备评估、土地使用权评估、建筑物评估、无形资产评估等。

整体资产评估是指对若干单项资产组成的资产综合体所具有的整体生产能力或获利能力的评估，企业价值评估是最为典型的整体资产评估。在评估的复杂程度和需要考虑的相关因素等方面，单项资产评估和整体资产评估有较大区别，整体资产评估更加复杂，并且需要考虑的因素更为全面。

（2）根据引起资产评估的经济行为不同，资产评估可划分为资产转让评估、企业兼并评估、企业出售评估、企业改制评估、股权重组评估、中外合资/合作资产评估、企业清算评估、税基评估、抵押评估、资产担保评估、债务重组评估等。

（3）根据资产评估服务的对象、评估的内容和评估者承担的责任等方面的不同，资产评估可分为评估、评估复核和评估咨询。

（4）根据资产评估面临的条件、资产评估执业过程中遵循资产评估准则的程度及其对评估报告披露的要求的角度不同，资产评估可分为完全资产评估和限制性资产评估。

2. 资产评估的特点

（1）市场性。资产评估是适应市场经济要求的专业中介服务活动，市场性的表现是根据资产业务的不同性质，通过模拟市场条件对资产价值做出经得起市场检验的评定估算和报告。

（2）公正性。公正性是指资产评估行为服务于资产业务的需要，而不是服务于资产业务当事人的任何一方的需要。公正性的表现有两个方面：一是资产评估按公允、法定的准则和规程进行，公允的行为规范和业务规范是公正性的技术基础；二是评估人员是与资产业务没有利害关系的第三方，这是公正性的组织基础。

（3）专业性。资产评估是一种专业活动，从事资产评估业务的机构应由一定数量和不同类型的专家及专业人员组成。一方面，这些资产评估机构形成专业化分工，使得资产评估活动专业化；另一方面，评估机构及其评估人员对资产价值的估计判断也都是建立在专业技术知识和经验的基础上。

（4）咨询性。咨询性是指资产评估结论为资产业务提供专业化的评估意见，该意见本身并无强制执行的效力，评估人员只对结论本身是否符合职业规范要求负责，而不对资产业务定价决策负责。事实上，资产评估为资产交易提供的估价往往由当事人作为要价和出价的参考，最终的成交价取决于当事人的决策动机、谈判地位和谈判技巧等综合因素。

培训单元 2　机动车鉴定评估概述

1. 掌握机动车鉴定评估相关概念。
2. 掌握机动车鉴定评估的要素。

一、机动车鉴定评估相关概念

1. 机动车鉴定评估

机动车鉴定评估是指对机动车进行技术状况检测、鉴定，确定某一时点价值的过程。

具体来讲，机动车评估是指依法设立、具有执业资质的机动车评估机构和机动车评估人员，接受国家机关和各类市场主体的委托，按照特定的目的，遵循法定或公允的标准和程序，运用科学的方法，对经济社会活动中涉及的机动车所进行的技术鉴定，并根据鉴定结果对机动车在鉴定评估基准日的价值进行评定估算的过程。

2. 机动车技术状况鉴定

机动车技术状况鉴定是指对车辆技术状况进行缺陷描述、等级评定。

3. 机动车价值评估

机动车价值评估是根据机动车技术状况鉴定结果和鉴定评估目的，对目标车辆进行价值评估。价值评估方法主要包括现行市价法、重置成本法、收益现值法和清算价格法。

4. 二手车交易

二手车交易是指买卖双方在自愿的条件下，进行二手车商品的交换和产权更换。

5. 二手车市场

二手车市场是指二手车进行交易的场所。二手车市场具有中介服务商和商品经营者的双重属性。

二、机动车鉴定评估要素

1. 机动车鉴定评估的主体

机动车鉴定评估的主体是指机动车鉴定评估的承担者，即从事机动车鉴定评估的机构及专业评估人员。由于鉴定评估结果直接涉及当事人双方的权益，是一项政策性和专业性都很强的工作，所以无论是对专业评估机构，还是对专业评估人员都有较高的要求。

2. 机动车鉴定评估的客体

机动车鉴定评估的客体是指被评估的车辆，它是鉴定评估的具体对象。科学地对机动车进行分类，有利于在评估过程中进行信息资料的搜集和应用。同一种车型，由于其用途不同，车辆在用状态所需要的税费可能会有较大的差别，其重置成本的构成差异往往也较大。

机动车鉴定评估的一个主要目的，就是在机动车流通过程中，准确地确定其价值和价格，并以此作为流通过程中的参考底价。

3. 机动车鉴定评估的依据

机动车鉴定评估工作和其他工作一样，在评估时必须有正确科学的依据，这样才能得出较正确的结论。机动车鉴定评估的依据是指评估工作所遵循的法律、法规、经济行为文件及其他参考资料。一般包括行为依据、法律依据、产权依据和取价依据四部分。

（1）行为依据。行为依据是指实施机动车鉴定评估行业的依据。一般包括经济行为成立的有关决议文件以及评估当事方的评估业务委托书。

（2）法律依据。法律依据是指机动车鉴定评估所遵循的法律法规。

（3）产权依据。产权依据是指表明机动车权属证明的文件，主要包括机动车来历凭证、《机动车登记证书》《机动车行驶证》《出租车营运证》《道路营运证》等。

（4）取价依据。取价依据是指实施机动车鉴定评估的机构或人员，在评估工作中直接或间接取得或使用对机动车鉴定评估有借鉴或佐证作用的资料。主要包括价格资料和技术资料。

1）价格资料。包括新机动车辆整车销售价格，易损零部件价格，车辆精品装备价格，维修工时定额和维修价格，国家税费征收标准，车辆价格指数变化，各品牌车型残值率等资料。

2）技术资料。包括机动车的技术参数，新产品、新技术、新结构的变化，车辆故障的表面现象与差别，车辆维修工艺及国家有关技术标准等资料。

4. 机动车鉴定评估的目的

机动车鉴定评估的目的是正确反映机动车的价值及变动，为即将发生的经济行为提供公平的价值尺度。机动车鉴定评估的目的可分为两大类，一类为变动机动车产权，另一类为不变动机动车产权。

（1）变动机动车产权。变动机动车产权是指车辆所有权发生转移的经济行为，包括车辆交易、置换、转让、并购、拍卖、投资、抵债、捐赠等。

1）车辆交易。即二手车的买卖，是机动车业务中非常普遍的一种经济行为。在二手车交易过程中，买卖双方对交易价格的期望值是存在差异的，甚至相差很远。而机动车鉴定评估人员对被交易的二手车进行的鉴定估价，即为第三方估价，为买卖双方提供了一个公平、合理的议价基础，帮助买卖双方确定最终二手车交易成交价格，从而促进二手车交易的达成。因此，评估人员应当以公正、独立的立场来评估被交易车辆，并给出一个合理的评估价格，作为买卖双方成交的参考价格。

2）机动车的转籍、过户。其一般由于交易行为或其他行为而发生。例如，当单位或个人用车辆来偿还债务时，如果债务双方对车辆的价值存在分歧异议，则需要委托机动车鉴定评估机构对有关车辆的价值进行评定估算，否则车辆无法转籍和过户。

3）车辆置换。为保证车辆置换顺利进行，须对置换的车辆进行鉴定评估。机动车置换业务有两种情况，一种是以旧换新业务，另一种是以旧换旧业务。这两种情况都会涉及对置换车辆的鉴定评估，机动车鉴定评估结果的公平性直接影响置换双方的利益。

4）车辆拍卖。执法机关罚没车辆、企业清算车辆、海关获得的抵税和放弃车辆、抵押车辆、公车改革的公务用车等均须经过拍卖市场公开拍卖变现。拍卖前，必须对车辆进行鉴定评估，为拍卖活动提供拍卖底价。

5）其他。其他经济行为，如在企业发生联营、兼并、出售、股份经营时，也需要对企业所拥有的机动车进行鉴定评估，以充分保证企业的资产权益。

(2) 不变动机动车产权

1）车辆保险。出险车主因车辆损坏从保险公司所获得的赔付额最多不得超过出险前的车辆价值，所以必须对出险前的车辆进行评估。在对车辆进行投保时，所缴纳的保险费高低直接与车辆本身的价值大小有关。同样，当被保险车辆发生保险事故，保险公司需要对事故车辆进行理赔。为了保障保险双方的利益，也需要对保险理赔车辆进行公平的鉴定评估。

2）法律诉讼咨询服务。当事人遇到涉及车辆的诉讼时，委托机动车鉴定评估机构对车辆进行评估，有助于把握事实真相。同时，法院判决时，可以依据评估结果进行宣判，这种评估可由人民法院委托机动车鉴定评估机构进行。此外，机动车评估机构也可接受人民法院等司法机关或个人的委托鉴定和识别走私车、盗抢车、非法车辆。

3）抵押贷款。为了确保放贷安全，银行会要求贷款人以一定的资产作为抵押，例如，以在用车为抵押物，发给贷款人与车价相匹配的贷款。只有通过鉴定评估，才能明确抵押物的价值。评估值的多少直接关系贷款人申请贷款的额度。对银行而言，评估的准确性在一定程度上影响着贷款回收的安全性。

4）担保。担保是指车辆所有人以其拥有的机动车为其他单位或个人的经济行为提供担保，并承担连带责任的行为。

5）典当。当典当双方对当物车辆的估价有较大的差异时，为了保障典当业务的正常进行，可以委托机动车鉴定评估机构对当物车辆的价值进行评估，典当行以此可以作为放款的依据。当当物车辆发生绝当时，对绝当车辆的处理，同样也需要委托机动车鉴定机构为其提供鉴定评估服务。

6）价格评估。机动车修理厂应根据评估提供的查勘定损清单资料，确定更换部件的名称、数量、金额和修理部件的范围、工时费及附加费，从而控制事故车辆总的修理费用，防止修理范围任意扩大。

5. 机动车鉴定评估的原则

机动车鉴定评估的基本原则是对机动车鉴定评估行为的规范。正确理解和把握机动车鉴定评估的原则，对于选择科学、合理的机动车鉴定评估方法，提高评估效率和质量具有十分重要的意义。机动车鉴定评估的原则分为工作原则和经济原则两大类。

（1）工作原则。机构车鉴定评估的工作原则是评估机构与评估工作人员在评估工作中应遵循的基本原则，包括合法性原则、独立性原则、客观性原则、科学性原则、公平性原则、规范性原则、专业化原则和评估时点原则等。

1）合法性原则。机动车鉴定评估行为必须符合国家法律，法规，必须遵循国家对机动车户籍管理、报废标准、税费征收等政策要求，这是开展机动车鉴定评估的前提。

2）独立性原则。独立性原则要求机动车鉴定评估机构和工作人员应该依据国家的法规和规章制度及可靠的资料、数据，对被评估的机动车价格独立地做出评估结论，且不受外界干扰和委托者的意图影响，保持独立公正。此外，评估行为对于委托当事人应具有非利害和非利益关系。评估机构必须是独立的评估中介机构，评估人员必须与评估对象的利益涉及者没有任何利益关系。绝不能既从事交易服务经营，又从事交易评估。

3）客观性原则。客观性原则要求鉴定或评估结果应以充分的事实为依据，在鉴定评估过程中的预测推理和逻辑判断等，只能建立在市场和现实的基础资料以及现实的技术状态上。

4）科学性原则。科学性原则要求机动车鉴定评估机构和人员运用科学的方法、程序、技术标准和工作方案开展活动。即根据评估的基准日和特定目的，选择适用的方法和标准，遵循规定的程序实施操作。

5）公平性原则。公平、公正、公开是机动车鉴定评估机构和工作人员应遵守的一项最基本的道德规范，它要求鉴定评估人员的作风、态度应当公正无私，评估结果公道、合理，而绝不能偏向任何一方。

6）规范性原则。规范性原则要求鉴定评估机构建立完整、完善的管理制度和严谨的鉴定作业流程。管理上要建立回避制度、审复制度、监督制度；作业流程制度要科学、严谨。

7）专业化原则。专业化原则要求机动车鉴定评估工作尽量由专业的鉴定评估机构来承担。机动车鉴定评估行业内部存在专业技术竞争，以便为委托方提供广阔的选择余地。鉴定评估人员接受国家专门的职业培训，取得机动车鉴定评估职业技能等级证书，持证上岗。

8）评估时点原则。评估时点，又称评估基准日、评估期日、评估时日，是一个具体日期，通常用年、月、日表示，评估额是在该日期的价格。

评估时点原则是求取某一时点上的价值，所以在评估时，必须假定市场情况停止在评估时点上，同时评估对象即机动车的状况通常也是以其在该时点时的状况为准。评估时点并非总是与评估作业日期（进行评估的日期）相一致的。一般将评估人员进行实车勘察的日期定为评估时点，或因特殊需要将其他日期指定为评估时点。确立评估时点原则的意义在于评估时点是责任交代的界限和评估机动车时值的界限。

（2）经济原则。机动车鉴定评估的经济原则是指在机动车鉴定评估过程中，进行具体技术处理的原则。它是机动车鉴定评估原则的具体体现，是在总结机动车鉴定评估经验及市场能够接受的评估准则的基础上形成的。经济原则主要包括预期收益原则、替代原则、最佳效用原则。

1）预期收益原则。预期收益原则是指在对营运性车辆进行评估时，车辆的价值可以不按照其过去形成的成本或购置价格决定，但必须充分考虑它在未来可能为投资者带来的经济效益。车辆的市场价格主要取决于其未来的有用性或获利能力。未来效用越大，评估值越高。

预期收益原则要求在评估时必须合理预测车辆的未来获利能力及取得获利能力的有效期限。

2）替代原则。替代原则是商品交换的普遍规律，即价格最低的同质商品对其他同质商品具有替代性。据此原理，机动车鉴定评估的替代原则是指在评估中，面对几个相同或相似车辆的不同价格时，应取较低者为评估值，或者说评估值不应高于替代物的价格。这一原则要求评估人员从购买者角度进行机动车鉴定评估，因为评估值应是车辆潜在购买者愿意支付的价格。

3）最佳效用原则。最佳效用原则是指若一辆机动车同时具有多种用途，在公开市场条件下进行评估时，应按照其最佳用途来评估车辆价值。这样既可保证车辆出售方的利益，又有利于车辆的合理使用。

6. 机动车鉴定评估的流程

机动车鉴定评估作为一个重要的专业领域，情况复杂、作业量大，应分步骤、分阶段地实施相应的工作。

（1）受理鉴定评估。了解委托方及其车辆的基本情况，明确委托方要求，主要包括委托方要求的评估目的，评估基准日、期望完成评估的时间等。

（2）查验车辆可交易性。查验《机动车登记证》《机动车行驶证》、有效的机动车安全技术检验合格标志、车辆购置税完税证明、车船使用税缴付凭证、车辆保险单等法定证明和凭证是否齐全，并按照可交易车辆判别表（见表5-1-1）检查所列项目是否全部判定为"Y"。发现表中所述的法定证明、凭证不全或检查项目任何一项判别为"N"的车辆，应告知委托方无法继续进行技术鉴定和价值评估（司法机关委托等特殊要求的除外）。发现法定证明、凭证不全或者表5-1-1中第1项、第4～第8项任意一项判断为"N"的车辆，应及时报告公安机关等执法部门。

表 5-1-1　可交易车辆判别表

序号	检查项目	判别
1	是否达到国家强制报废标准	Y 否 N 是
2	是否为抵押期间或海关监管期间	Y 否 N 是
3	是否为人民法院、检察院、行政执法等部门依法查封、扣押期间的车辆	Y 否 N 是
4	是否为通过盗窃、抢劫、诈骗等违法犯罪手段获得的车辆	Y 否 N 是
5	发动机号与机动车登记证书登记号码是否一致，且无凿改痕迹	Y 否 N 是
6	车辆识别代号或车架号码与《机动车登记证》登记号码是否一致，且无凿改痕迹	Y 否 N 是
7	是否为走私、非法拼组装车辆	Y 否 N 是
8	是否为法律、法规禁止经营的车辆	Y 否 N 是

（3）签订委托书。对相关证照齐全、表5-1-1中的检查项目全部判别为"Y"的，或者司法机关委托等特殊要求的车辆，签署《机动车鉴定评估委托书》（合同）。

《机动车鉴定评估委托书》是鉴定评估机构与委托方对各自权力、责任和义务的约定，是一种经济合同性质的契约。《机动车鉴定评估委托书》中应写明委托方和鉴定评估机构的名称、地址、工商登记号、上级单位、鉴定评估资格类型及证书编号；评估目的、评估范围、被评估车辆的基本信息、评估工作起止时间、评估机构的其他具体工作任务；委托方须做好的基础工作和配合工作；评估收费方式和金额；反映评估业务委托方和评估机构各自的责任、权利、义务及违约责任的其他具体内容。《机动车鉴定评估委托书》必须符合国家法律法规和机动车鉴定评估行业管理规定，并做到内容全面、具体，含义清晰准确。

（4）登记基本信息。登记车辆使用性质信息，明确车辆是营运还是非营运；登记车辆基本情况信息，包括车辆类别、名称、型号、生产厂家、注册登记日期、表征里程等。如果表征里程与车辆实际状况不符，应该在《机动车鉴定评估报告》或《机动车技术状况表》中对有关技术缺陷描述时予以注明。

（5）鉴定车辆技术状况

1）车辆技术状况鉴定要达到的基本目的。为车辆的价值估算提供科学的评估证据；为期望使用者提供车辆技术状况的质量公证；为车辆发生的经济行为提供依据。

2）车辆技术状况鉴定要达到的基本事项。识别是否伪造、拼装、组装、盗抢、走私车辆；鉴别手续牌证的真伪；鉴别由碰撞事故造成的严重损伤；鉴别由自然灾害（水淹、火烧）造成的严重损伤；鉴别车辆内部和外部技术状况。

3）车辆技术状况鉴定应检查的项目。对被评估车辆的检查，主要有静态检查、动态检查、仪器检查等。

（6）评估车辆价值

1）市场调查和资料搜集。在评估车辆价值时，应先进行市场调查与资料搜集，其目的在于确定被评估车辆的现行市场价格。

2）确定估算方法。机动车鉴定评估应是熟知、理解并正确运用现行市价法、收益现值法、重置成本法、清算价格法及这些价值评估方法的综合。对同一被评估车辆应选用两种以上的价值评估方法进行评估。有条件选用市现行价法进行评估的，应以现行市价法为主要的评估方法。营运车辆的评估在评估资料可查并齐全的情况下，可选用收益现值法为其中的一种评估方法。

3）评价评估结果。对不同价值评估方法估算出来的结果，应进行比较分析。当这些结果差异较大时，应寻找并排除出现的原因。在确认所选用的价值评估方法估算的结果无误之后，应根据具体情况计算求出一个综合结果。在计算求出一个综合结果的基础上，考虑一些不可量化的价格影响因素，对结果进行适当的调整，取用或认定该结果作为最终的评估结果。当有调整时，应在评估报告中明确阐述理由。

（7）撰写并出具鉴定评估报告。根据车辆技术状况鉴定等级和价值评估结果等情况，按照要求撰写《机动车鉴定评估报告》，报告内容应完整、客观、准确。按委托书要求及时向委托方出具《机动车鉴定评估报告》，并由鉴定评估人与复核人签章、鉴定评估机构加盖公章。

（8）归档工作底稿。将《机动车鉴定评估报告》及其附件与工作底稿独立汇编成册，存档备查。档案的保存期限一般不低于5年；涉及财产纠纷的档案保存期限不少于 15 年，属于法定评估业务的，保存期限不少于 30 年。法律、法规另有规定的，从其规定。

7. 机动车鉴定评估的假设

机动车鉴定评估假设是与机动车鉴定评估标准有着密切联系的概念。机动车鉴定评估采用的理论和方法，都是建立在一定的假设条件上的。如果其假设前提不同，所适用的评估标准也就不同，评估结果也会大相径庭。机动车鉴定评估的假设有继续使用假设、公开市场假设和清偿假设三种。

（1）继续使用假设。继续使用假设是指机动车将按现行用途继续使用，或将转换用途继续使用。这一假设的核心是强调机动车对未来的有效性。

对于可继续使用的机动车的评估与不能继续使用的机动车的评估，所采用的价值类型是不同的。例如，对一辆可继续使用的处于在用状态的机动车进行评估时，一般采用重置成本法评估其处于在用状态的价值，其评估值包括车辆的购买价及运输费用等。但如果机动车无法继续使用，只能将其拆零出售，以现行市价法评估其零件的变现值，并且还需扣除拆零费用。两者的评估值显然不同。又如，一辆正在营运的机动车，以收益现值法评估其价值，设为 10 万元，但如果该机动车所属的企业因破产被强制清算拍卖，就只能以清算价格法评估其价值，其价格一定会大大低于 10 万元。

在采用继续使用假设时，需考虑以下几个条件：

1）车辆尚有显著的剩余使用寿命。这是继续使用假设的最基本的前提要求。

2）车辆能用其提供的服务或用途给所有者或占有使用者带来经营上期望的收益，这是投资者持有或购买车辆的前提条件。

3）车辆的所有权明确，能够在评估后满足机动车交易或抵押等业务需要。这同时也是转换用途的前提条件。

4）充分考虑车辆的使用功能，即无论车辆的现行用途还是转换用途，都是在法律许可的范围内，按车辆的最佳效用使用。

5）车辆从经济上和法律上允许转作他用。

（2）公开市场假设。公开市场假设是指被评估的车辆可以在完全竞争的交易市场上，按市场原则进行交易，其价格的高低取决于该机动车在公开市场上的行情。

不同类型的车辆，其性能、用途不同，市场活跃程度也不一样。一般情况下，用途广泛的车辆比用途狭窄的车辆市场活跃，因此也越容易通过市场交易实现其最佳效用。这里所谓的最佳效用是指车辆在法律许可的范围内，被用于最有利的用途，可取得最佳经济效果。在机动车鉴定评估时，对于具备在公开市场上进行交易条件的车辆，做公开市场假设，并根据车辆所在的地区、环境条件及市场的供求关系等因素确定其最佳用途。按车辆的最佳用途进行评估，有助于实现车辆的最佳效用。

（3）清偿假设。清偿假设是指车辆所有者由于种种原因，以拍卖的方式出售车辆。这种情况下的机动车交易，与公开市场下的交易具有两点显著区别：一是交易双方的地位不平等，卖方是非自愿地被迫出售；二是交易被限制在较短的时间内完成。因此，机动车的价格往往明显低于继续使用或公开市场假设下的价格。

培训项目 二

事故车辆损失鉴定评估基础

培训单元1 机动车事故概述

1. 熟悉机动车事故的形态。
2. 掌握事故车碰撞损伤的分类。
3. 能对不同碰撞损伤区进行判断,确定机动车损伤部位和损伤程度。

一、机动车事故形态

交通事故是指车辆在道路上因过错或者意外造成的人身伤亡或者财产损失的事件。

机动车事故形态是道路交通事故的外部表现形式,即机动车事故参与者之间发生冲突或自身失控肇事所表现出来的具体形态。一般可分为碰撞、碾压、刮擦、翻车、坠车、爆炸、失火、水淹等。

1. 碰撞

碰撞是指交通强者(相对而言)的正面部分与他方相互接触。根据碰撞时的运动形态,通常将碰撞分为正面相撞、侧面相撞和尾随相撞。正面相撞是指相向行驶的车辆正前部(包括机动车左右两角)碰撞。侧面相撞是指车辆的接触部分有一方是机动车侧面的碰撞。尾随相撞是指同方向同车道行驶的机动车，尾随机动车的前部与前车的尾部的碰撞。碰撞主要是发生在机动车之间、机动车和非机动车之间、非机动车之间、机动车与行人之间、非机动车与行人之间、机动车与其他物体之间。

2. 碾压

碾压是指机动车对自行车或行人等的推碾或压过的机动车事故形态。在发生碾压以前，大部分已发生机动车碰撞现象，同时有碰撞或刮擦的现象，在习惯上一般都称为碾压。当机动车将行人或骑车人等撞入车轮下，碾压的特征是机动车轮胎的胎面与对方（自行车或行人）有接触。

3. 刮擦

刮擦是指机动车的侧面部分与他方接触，造成自身或他方损坏。根据交通事故中机动车行驶方向的不同，机动车之间的刮擦可根据运动情况分为会车刮擦和超车刮擦。会车刮擦是指相向行驶的机动车在会车时发生的两车侧面刮擦。超车刮擦是指同向行驶的机动车在后车超越前车时发生的两车侧面刮擦。

刮擦主要表现为车刮车、车刮物、车刮人。对机动车乘员而言，发生刮擦事故的最大危险来自破碎的玻璃，但也有车门被刮开将车内乘员甩出车外的现象。

4. 翻车

翻车是指机动车在行驶过程中，因车身受侧向力的作用，部分或全部车轮悬空而车身着地的现象。翻车一般分为侧翻和滚翻两种，机动车的一侧轮胎离开地面称为侧翻，所有的车轮都离开地面称为滚翻。为了准确地描述翻车过程和最后的静止状态，也可用翻车的角度来定义翻车的状态，如 90°、180°、270°、360°、720° 翻车等概念。

5. 坠车

坠车通常指机动车整体跌落到与路面有一定高度差的路外，落于路面高度以下地点的交通事故形态。坠车分为直接坠落和间接坠落，直接坠落是机动车直接从公路上驶出和滑出路面；间接坠落是机动车先翻车后坠落，如坠落桥下、坠入山涧等。

6. 爆炸

爆炸是指将爆炸物品带入车内，机动车在行驶过程中由于震动等原因引起物品爆炸而造成机动车事故。若无违章行为，则不属于机动车事故。

7. 失火

失火是指机动车在行驶或发生事故的过程中，并且机动车在行驶过程中未发生违章行为，而是由于某种人为或技术原因而引起火灾，机动车起火造成损害的事故形态。常见的原因有乘员使用明火，违章直流供油，发动机回火，电路系统短路、漏电等现象。

机动车失火内在原因，主要是机动车使用的各种燃料及部分防冻液都是易燃物质。机动车失火常引起机动车本身的可燃物质，如轮胎、油漆、木制车厢、油封及所装载货物的燃烧甚至爆炸，这种火情燃烧突然、迅速，难以扑灭，许多机动车常由于失火而报废。因此，要加强防范机动车失火事故，基本原则是预防为主、扑救为辅，具体的预防措施是，除了在车库、车场和机动车上设有消防器材外，严格控制各种火源，加强燃料使用管理。

8. 撞固定物

撞固定物是指机动车在行驶过程中，与固定物（不包括机动车、非机动车及行人）相撞，如撞路边景观树、电线杆、防护栏等。

9. 撞静止的机动车

撞静止的机动车是指一方机动车速度为零的碰撞，如碰撞路边停放的机动车等。

二、机动车碰撞损伤分类

机动车事故千奇百怪，事故车的损伤情况也千差万别。机动车碰撞损伤可根据碰撞损伤的程度、行为、现象等因素进行大致分类。

1. 按机动车碰撞损伤程度分

按碰撞损伤程度不同，通常将机动车碰撞损伤分为一般损伤、严重损伤和报废。

（1）一般损伤。一般损伤又称为轻微损伤，是指只需更换或修理少数零部件，通过喷漆即可修复的损伤。可视为一般损伤的事故现象如下：

1）碰撞处周围产生弯曲变形。

2）碰撞处形成S形波浪状的弯曲变形。

3）碰撞处形成S形包卷状的弯曲变形。

4）局部收缩。

5）碰撞处被拉伸。

(2) 严重损伤。严重损伤是指通过更换、修理和校正较大的车身部件，然后再喷漆修复的损伤。有时甚至需要对损坏的零件进行切割，然后焊接新件。严重损伤的机动车虽然损伤严重，但是修理的费用仍低于换件的费用或是机动车本身的价值。可视为严重损伤的事故如下：

1）车身褶皱、撕裂。

2）连接件脱落开裂。

3）车架大梁变形。

4）车体、底盘、车架、转向轮定位失准。

(3) 报废。报废是指碰撞程度十分严重，足够达到全损标准的损伤。全损的标准还没有统一，各保险公司在确定全损时都有各自的原则和公式，但大多数公司都考虑下面三种情况：

1）当维修总费用等于或超过重置成本时。

2）当维修总费用等于或超过重置成本的某个百分点时，如 75% 或 80%。

3）当维修费用加上机动车的残值等于或超过重置成本，或重置成本的某个百分比时。

机动车在意外事故中，翻车、撞车、烧毁等，主要总成及零件、部件大部分损坏，无修复价值时；或挂车的车架、车身、前轴、后轴四个主要总成中，车架和其他任何一个主要总成严重损坏、无法修复时，均可由有关部门进行技术鉴定，并按规定程序报主管部门审批报废。

2. 按机动车碰撞行为分

按机动车碰撞行为分，机动车碰撞损伤可分为直接损伤（或一次损伤）和间接损伤（或二次损伤）。

(1) 直接损伤。直接损伤是指机动车直接碰撞部位出现的损伤。直接碰撞点多为机动车左前方，推压前保险杠使机动车左前翼子板、散热器护栅、发动机罩、左车灯等导致变形损伤。

(2) 间接损伤。间接损伤是指二次损伤，并离碰撞点有一段距离的损伤。间接损伤是因碰撞力传递而导致的变形如车架横梁、行李舱底板、护板和车轮外壳等，因弯曲变形和各种钣金件的扭曲变形等。

3. 按机动车碰撞损伤现象分

按机动车碰撞后导致的损伤现象不同，机动车碰撞损伤可归纳为五大类，即侧弯、凹陷、褶皱或压溃、扭曲、错位损伤或菱形损坏，如图 5-2-1 所示。

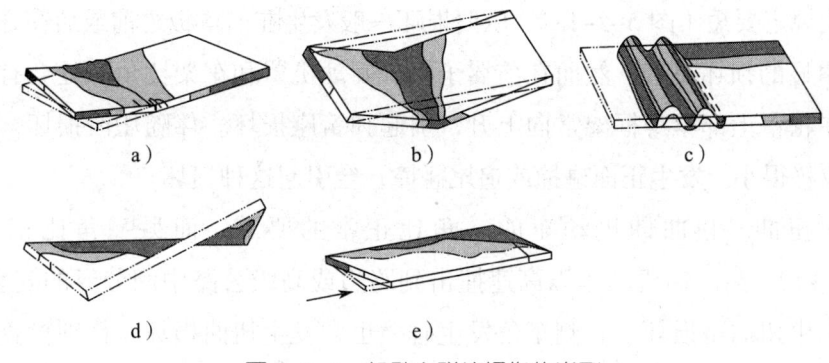

图 5-2-1　机动车碰撞损伤的类型
a）侧弯　b）凹陷　c）褶皱或压溃　d）扭曲　e）菱形损坏

（1）侧弯。机动车前部、中部或后部在冲击力的作用下，偏离原来的行驶方向发生的碰撞损坏称为侧弯。图 5-2-1a 所示为机动车的前部侧弯，冲击力使机动车的一边伸长、一边缩短。

侧弯也有可能在机动车中部和后部发生。侧弯可以通过视觉观察和对机动车侧面的检查判别出来，在机动车的伸长侧面留下一条刮痕，而在另一缩短侧面会有折皱。发动机罩不能正常的开启等情况都是侧面损坏的明显特征。

对于非承载式车身的机动车，折皱式侧面损坏一般发生在机动车车架横梁的内部和相反方向的外部。承载式车身的机动车也可能发生侧面损坏。

（2）凹陷。凹陷就是出现机动车的前罩区域比正常规定低的情况。损坏的车身或车架背部呈现凹陷形状。凹陷一般是由于正面碰撞或追尾碰撞引起的。有可能发生在机动车的一侧或两侧（图 5-2-1b）。当发生凹陷时，可以看到在机动车翼子板和车门之间的顶部变窄、底部变宽，车门闩眼处过低。凹陷是一种普通碰撞损坏类型，大量存在于交通事故中。尽管褶皱或扭结在车架本身并不明显，但是一定的凹陷将破坏车身的钣金件的结合。

（3）褶皱或压溃。褶皱就是在车架上（非承载式车身的机动车）或侧梁上（承载式车身的机动车）的微小弯曲。如果仅仅考虑车架或侧梁上的褶皱位置，常常是另一种类型损坏。

例如，在车架或在车架边纵梁内侧有褶皱，表明有向内的侧面损坏；褶皱在车架或在车架边梁外侧，表明有向外的侧面损坏；在车架或在车架边梁的上表面有褶皱，一般表明是向上凹陷类型；如果褶皱在相反的方向即位于车架的下表面，则一般为向下凹陷类型。

压溃是一种简单、具有广泛性的褶皱损坏。这种损坏使得机动车框架的任何部分都比规定要短（图5-2-1c）。压溃损坏一般发生在前罩板之前或后窗之后，车门没有明显的损坏痕迹，然而在前翼子板、发动机罩和车架棱角等处会有褶皱和变形，在轮罩上部车身框架常向上升，引起弹簧座损坏。伴随压溃损坏，保险杠的垂直位移很小。发生正面碰撞或追尾碰撞，会引起这种损坏。

（4）扭曲。扭曲即机动车的一角比正常的要高，而另一角比正常的低（图5-2-1d）。当一辆机动车以高速撞击到路边或高级公路中间分界的安全岛时，有可能发生扭曲型损坏。后侧车角发生碰撞也常发生扭曲损坏，仔细检查能发现板件不明显的损坏，然而真正的损坏一般隐藏在下部。由于碰撞，车辆的一角向上扭曲，同样，相应的另一角向下扭曲。由于弹簧弹性弱，所以如果机动车的一角凹陷到接近地面的程度，应该检查是否有扭曲损坏。当机动车发生滚翻时，也会有扭曲。

只有非承载式车身才能真正发生扭曲。车架的一端垂直向上变形，而另一端垂直向下变形。从一侧观察，看到两侧纵梁在中间处交叉。

承载式车身前后横梁并没有连接，因此并不存在真正意义上的扭曲，与扭曲相似的是前部和后部元件发生相反的凹陷。例如，右前侧向上凹陷而左后侧向下凹陷，左前侧向下凹陷而右后侧向上凹陷。

（5）菱形损坏。菱形损坏就是一辆机动车的一侧向前或向后发生位移，使车架或车身不再是方形。机动车的形状类似一个平行四边形（图5-2-1e），这是由于机动车碰撞发生在前部或尾部的一角或偏离质心方向所造成的。明显的迹象就是发动机罩和车尾行李舱盖发生了位移。在后驾驶室后侧围板的后轮罩附近或在后侧围板与车顶盖交接处可能会出现褶皱。褶皱也可能出现在乘客室或行李舱地板上。通常，压溃和凹陷会带有菱形损坏。菱形损坏经常发生在非承载式车身的机动车上。车架的一边梁相对于另一边梁向前或向后运动。可以通过量规交差测量方法来验证菱形损坏。

三、碰撞力对机动车损伤的影响

1. 碰撞力

在碰撞事故中，机动车的直接损坏是由碰撞力引起的。碰撞力的大小和方向不同，对事故车造成的损坏也不同。碰撞力越大，对机动车的损坏就越大。机动车与被撞物体的相对速度越大、被撞物的刚度越大、接触面积越小，产生的碰撞力就越大，对事故车造成的损坏就越大。

碰撞力的方向对事故车的损坏程度也有很大的影响。在实际事故中，因为驾驶员在碰撞前的本能反应是躲让被撞物体和紧急制动，所以碰撞力的方向一般不会与车身的 X 轴（纵向）、Y 轴（横向）和 Z 轴（竖向）平行，而是有一个偏角。但是，为了分析碰撞力对机动车变形的影响，可以将碰撞力沿着 X 轴、Y 轴和 Z 轴三个方向分解成三个分力，如图 5-2-2 所示。

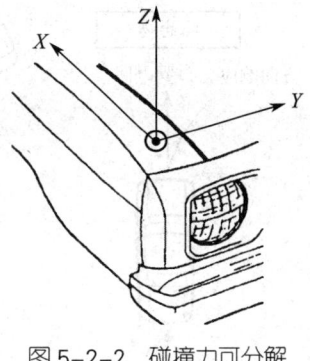

图 5-2-2　碰撞力可分解示意图

X 轴方向的分力使机动车纵向产生挤压变形，Y 轴方向的分力使机动车横向产生挤压和弯曲变形，Z 轴方向的分力使机动车产生向上或向下的拱曲或凹陷变形。各个方向的损坏情况取决于分力大小，而分力大小与碰撞力的大小和作用方向有关。

碰撞力造成大面积的损坏也同样取决于碰撞力与机动车质心相对应的方向。假设碰撞力的方向并不是沿着机动车的质心方向，一部分碰撞力将形成使机动车绕着质心旋转的力矩，该力矩使机动车旋转，从而减少碰撞力对机动车零部件的损坏（图 5-2-3a）。另一部分碰撞力指向机动车的质心，车辆不会旋转，大部分能量将被机动车零件所吸收，造成的损坏是非常严重的（图 5-2-3b）。

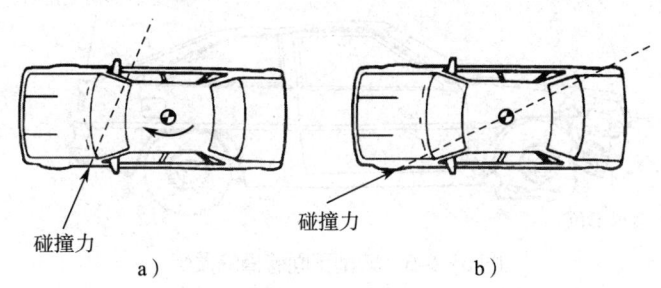

图 5-2-3　碰撞方向与机动车质心的关系
a）偏心碰撞　b）对心碰撞

驾驶员的反应经常影响碰撞力的方向。尤其对于正面碰撞，当驾驶员意识到碰撞不可避免时，其第一反应就是旋转转向盘以避免正面碰撞，如图 5-2-4a 所示。这种反应所导致的机动车碰撞被称为侧面损坏。

驾驶员的第二反应就是试图制动，机动车进入制动状态，使车辆从前沿向下俯冲。这种类型的碰撞一般发生在机动车的前沿，比正常接触位置低，如图 5-2-4b 所示。由这种反应所导致的类型为凹陷，经常在侧向损坏后立即发生。

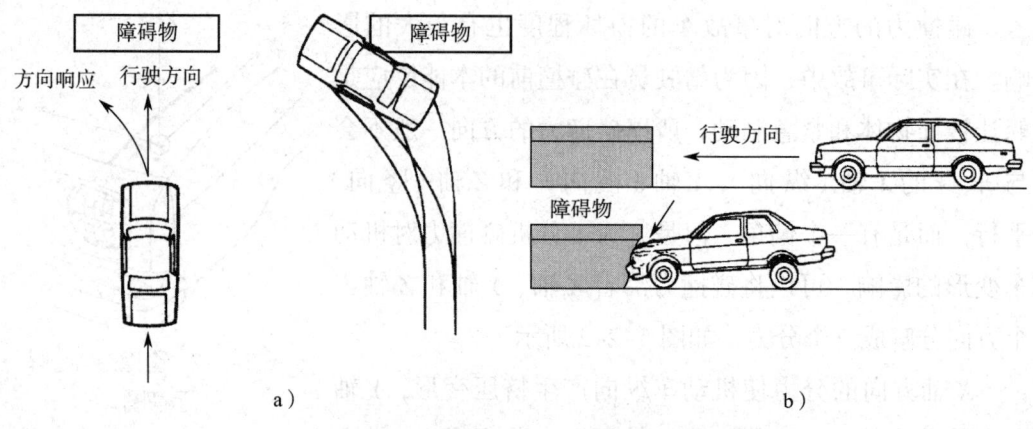

图 5-2-4 驾驶员反应对碰撞方向的影响
a）第一反应——避让 b）第二反应——制动

正面碰撞中的凹陷能导致碰撞点高于机动车的前沿，这将引起前罩板件和车顶盖向后移动及机动车尾部向下移动。如果碰撞点的位置低于机动车的前沿，机动车的车身质量将引起机动车的尾部向上变形，迫使车顶盖向前移动，这就是为什么在车门的前上部和车顶盖之间形成一个大缝隙的原因（图 5-2-5）。

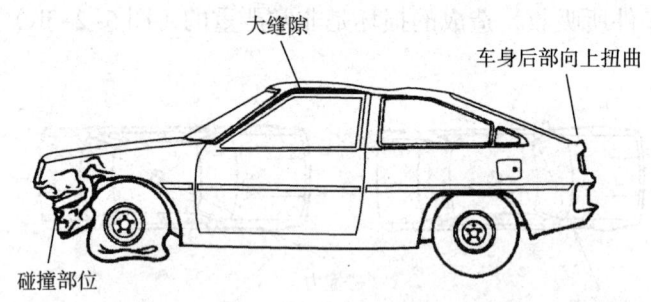

图 5-2-5 典型正面碰撞的损伤

2. 碰撞接触面积

碰撞力与碰撞面积成反比关系。同样的作用力撞击面积大时，单位面积所受碰撞力变小，即损伤范围大但变形量小。相反，若撞击面积小时，单位面积所受的碰撞力变大。

假设机动车以相同的速度和相近的载货量行驶，碰撞的类型不同，损坏的程度也就不同。如果撞击的面积较大，损坏程度就较小，如撞击墙面（图 5-2-6a）。接触面积越小，损坏就越严重，在图 5-2-6b 中，撞击电线杆，则保险杠、发动机罩、散热器等都发生严重的变形。发动机向后移动，碰撞所带来的影响甚至扩展到后悬架。

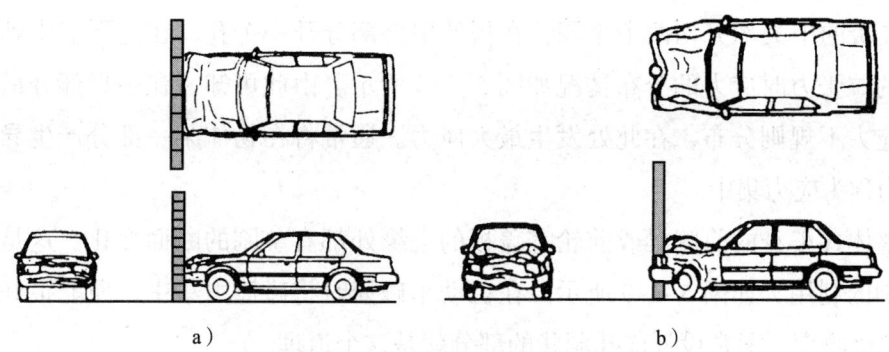

图 5-2-6 不同的碰撞接触面积产生的损伤
a）碰撞接触面积大 b）碰撞接触面积小

另一种情况是，一辆机动车撞击另一辆正在运动的机动车。如图 5-2-7 所示，假设机动车 1 向正在运动的机动车 2 侧面撞击。机动车 1 的运动使车辆前端向后运动，机动车 2 的运动将机动车 1 向侧面"拖动"。尽管这仅是一次碰撞，但是碰撞损失却是两个方向的。此外，在一个方向也可能出现二次碰撞，在高速公路连环相撞是一种普遍存在的现象。一辆轿车撞击另一辆轿车，然后冲向路边的立柱或栏杆，这是两种完全不同类型的碰撞。

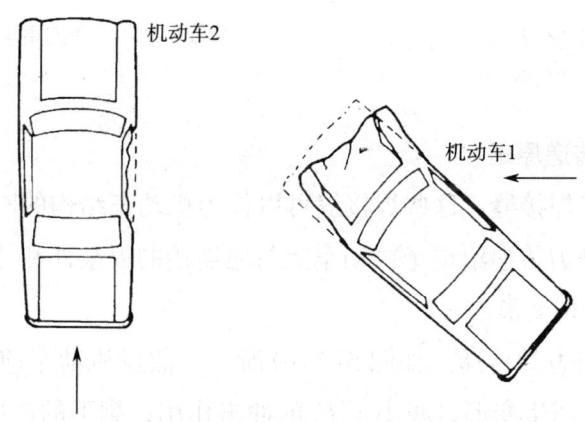

图 5-2-7 典型侧面碰撞的损伤（箭头方向为碰撞前机动车行驶方向）

还有许多其他类型的碰撞和混合碰撞的类型，要做出精确的损失评估，需要重点弄清楚车辆碰撞是如何发生的。须获取大量的交通事故资料，并将它们同物理测量相结合，判定机动车碰撞的类型及车身和零件的变形。

3. 应力集中

物体受拉张、压缩等外力作用时，在物体断面上的任一处皆存在一样的应力。但是在某处断面有急剧变化时，就会产生不一样的应力。

在板的中央部分切两个半圆,在板的中央部分开一个孔,在上下端受到同样大小的拉张力时应力的分布情况如图 5-2-8 所示。由此可知,在中央部分最小断面处应力不规则分布,在此处发生最大应力。通常将在物体某一部分产生异常大的应力称为应力集中。

整体式车身的前侧梁或前轮室盖板的上缘处都有急剧的断面变化。这是对应力集中的利用,如图 5-2-9 所示。在机动车碰撞时将碰撞力集中,便能很好地提高能量吸收率,通常设计成孔洞状的部分就是这个道理。

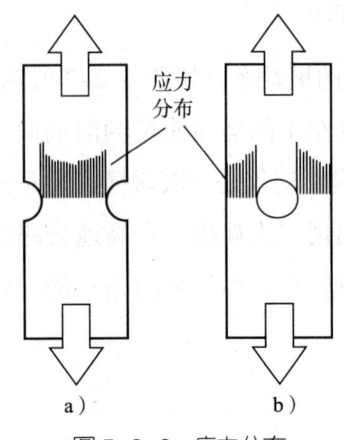

图 5-2-8 应力分布
a)两侧半圆形 b)中间圆孔形

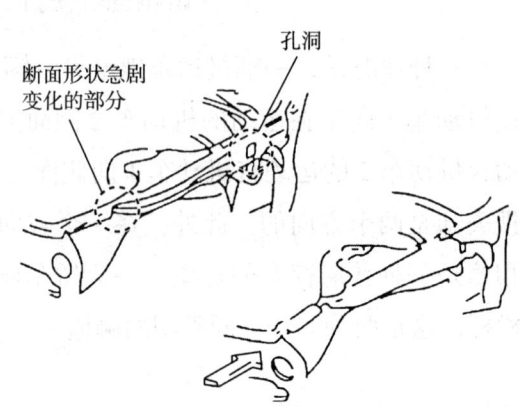

图 5-2-9 应力集中的例子

4. 碰撞力的传递原理

车身上有许多焊接缝,这些焊接缝可以作为机动车结构的刚性连接点。这些刚性连接点将碰撞力传递给整个机动车上与之连接的钣金件和零部件,因此大大降低了机动车的结构变形。

(1)正面碰撞力的传递。如图 5-2-10 所示,假设机动车前角受到一个力 F_0 作用,B 区域将会产生变形,减小了 F_1 的冲击作用;剩下的碰撞力传递到 C 点,该区域金属将发生变形,能量继续减小到 F_2;F_2 分解成两个方向传递到 D 点,碰撞力继续减弱到 F_3,碰撞力继续改变方向并冲击车身的支柱和车顶盖,到达 E 点的碰撞力继续减小到 F_4,机动车车顶盖金属只产生轻微变形,在 F 点几乎不再有碰撞力,也不再发生变形。碰撞能量大部分都被机动车零部件所吸收。刚性连接点、结构件、钣金件都可以吸收能量。不仅这些部分可以直接吸收碰撞能量,而且与这些部分相连的零件也会发生变形,甚至在该部分的对面的零部件也发生变形或偏离原来位置。

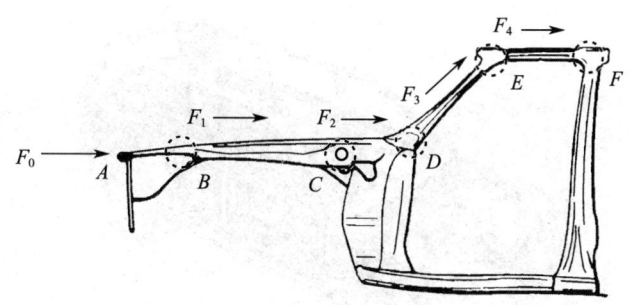

图 5-2-10　碰撞力传递原理

通常,乘员舱用于向后传递纵向力的主要路径有两条,如图 5-2-11 所示。一条是通过乘员舱底部纵梁和门槛梁向后传递,这条路径承受纵向力的能力最大。因此,通常在其前端布置主要的吸能部件,如前纵梁。在碰撞中,纵向力经前纵梁、门槛梁和乘员舱底部纵梁向后传递。当前部结构的压缩变形较大时,前轮参与碰撞,纵向力经前轮、铰链柱下部结构和门槛梁向后传递,这样可以防止前部结构继续变形而使动力传动总成撞向乘员舱。另一条路径是纵向力经前纵梁和铰链柱、A 柱、车门及其抗侧撞梁和门槛梁而向后传递。此路径上较大的载荷会导致前门框的较大变形,使碰撞后车门开启困难,因此该路径前部结构的吸能能力通常较小。

图 5-2-11　正面碰撞载荷在车身结构中的传递路径

(2) 侧面碰撞力的传递原理。当机动车侧面受到撞击时,车门在侧向撞击力的作用下,产生向车内运动的趋势,这种趋势受到车门框的阻挠,同时,车门框受到车门传递来的侧向力的作用。如果车门内布置了抗侧撞梁,前门受到的侧向撞击力将主要被传递到铰链柱和 B 柱,后门受到的侧向撞击力将主要被传递到 B 柱和 C 柱(图 5-2-12)。

图 5-2-12　侧面碰撞载荷在车身结构中的传递路径

铰链柱在侧向力的作用下也有向车内运动的趋势，对于这种运动趋势的抵抗，在铰链柱上端主要由前风窗下横梁和仪表板安装横梁的轴向刚度提供，在铰链柱下端主要由该处车身底部横向结构的刚度提供。C柱受到侧向力时，情况与此类似。

车门受到侧向撞击后，其向车内运动的趋势使B柱受到向车内弯曲的弯矩的作用。对B柱向车内变形的抵抗，主要来自其弯曲刚度和B柱上、下接头的刚度。通过B柱上接头，作用在B柱上的部分力通过车顶边梁、车顶横梁和相关的接头结构向非撞击侧传递。B柱上接头对B柱向车内运动的抵抗由车顶结构提供，主要是车顶横梁的轴向刚度、车顶边梁的弯曲刚度、A柱和C柱的弯曲刚度，还有在以上情况下各接头结构相应的刚度。通过B柱下接头，作用在B柱上的部分力被传递给门槛梁。

作用在门槛梁上的侧向力，一方面来自外部的直接撞击，另一方面来自B柱的作用。当B柱受到弯矩作用后，通过B柱下接头，门槛梁受到向车身内侧的推力、弯矩和绕门槛梁中心线的扭矩的作用。在这些载荷的作用下，门槛梁将产生向车内侧的弯曲变形。对这种变形的抵抗来自两个方面，一方面是门槛梁的弯曲刚度和其与铰链柱、C柱接头结构的弯曲刚度，另一方面是车身底部横向结构对门槛梁向车内运动的抵抗。最终，门槛梁受到的侧向力通过车身底部的横向结构被传递到非撞击侧。

（3）后面碰撞力的传递原理。在机动车受到后面碰撞时，撞击力向车前方传递的路径通常有两条，如图5-2-13所示。第一条由后保险杠，经后纵梁传递给门槛梁；第二条由后车轮后部结构，经后车轮传递给门槛梁。对于第二条载荷路径，由于当轮胎参与碰撞后与其前面轴向刚度较大的门槛梁接触，导致对撞击的抵抗明显增加，所以碰撞吸能区通常被布置在后车轮后部，而将后轮作为变形限制器加以利用。通常后纵梁是后部结构的主要吸能部件。在以上情况中还要考虑备胎的影响。

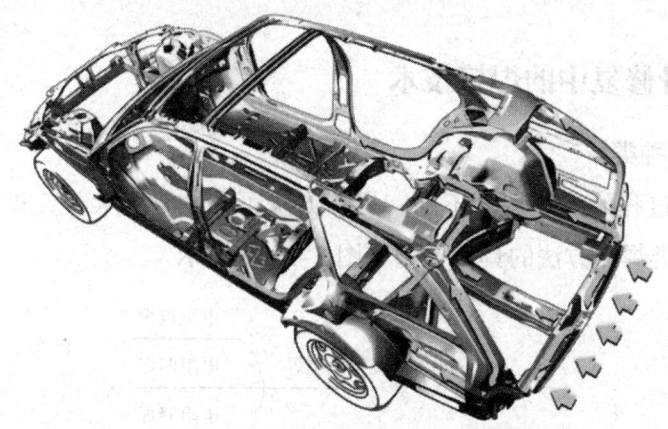

图 5-2-13　后面碰撞载荷在车身结构中的传递路径

如图 5-2-14 所示是表示机动车前、后部分受碰撞时碰撞力的波延途径，用圆圈圈注的部位表示在波延途径上承受大量碰撞力的车身部位。

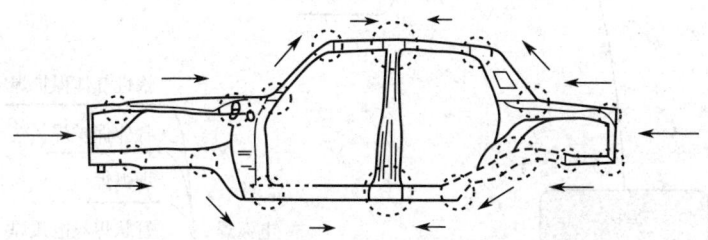

图 5-2-14　碰撞力波延路线和碰撞能量吸收部位

培训单元 2　机动车损伤修复技术

1. 熟悉车身修复中的焊接方法，能判断事故车的焊接方式。
2. 熟悉机动车钣金件的修复方法，能判断事故车的钣金修复方式。
3. 掌握事故车车身的校正方法。
4. 掌握车身涂装方法，能判断事故车修复喷涂中的缺陷。

一、车身修复中的焊接技术

1. 焊接的种类

按照焊接过程的物理特性不同,焊接方法可归纳为三大类,即压力焊、熔化焊和钎焊。各类焊接方法的具体类型如图 5-2-15 所示。

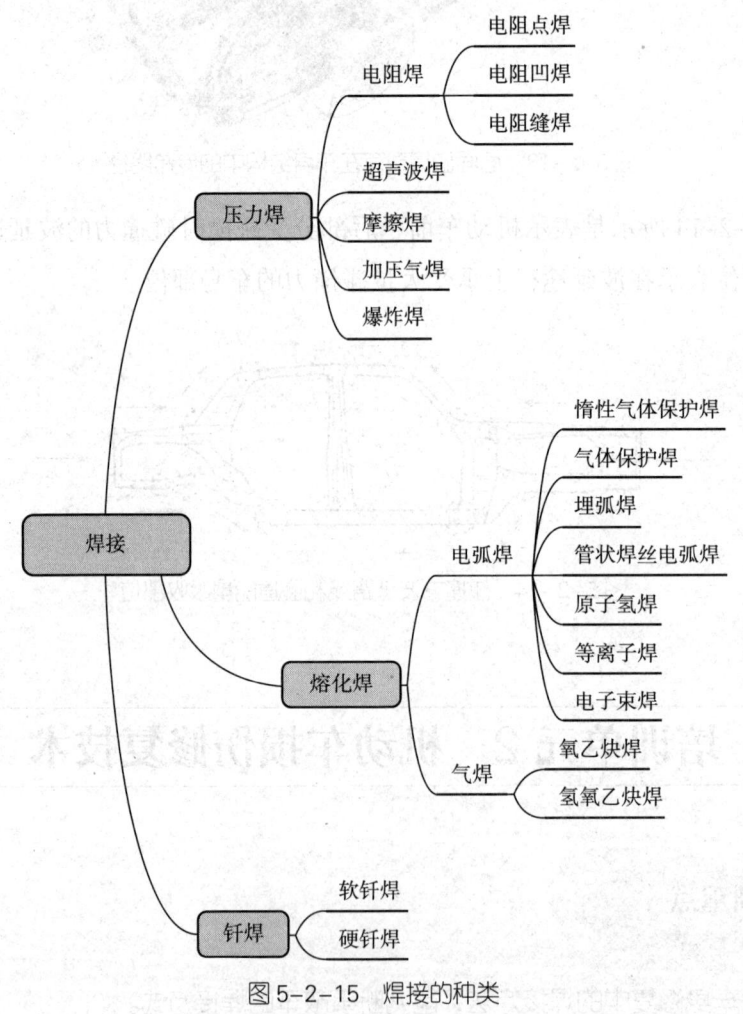

图 5-2-15 焊接的种类

(1)压力焊。用电极对金属焊接点加热使其熔化并施加压力,使之焊接在一起的方法称为压力焊。在各种压力焊中,电阻焊的点焊方法在机动车制造业中是不可缺少的(如车身点焊)。因为电阻点焊不会使焊件产生变形,所以在机动车修理中应用广泛。

（2）熔化焊。熔化焊是将被焊金属在焊接部位加热到熔化状态，并向焊接部位加入熔化状态的金属（焊条），待冷凝以后两块被焊件即形成整体的焊接方法。根据熔化方式不同，熔化焊可分成气焊、电弧焊、电渣焊、等离子焊等六种方法。其中气焊、电弧焊在机动车修理中使用最多。

（3）钎焊。钎焊是采用熔点低于母材的钎料（钎焊填充材料）加热熔化滴在焊接区域，将工件焊接成一体的焊接方法，如铜焊、锡焊。由于钎焊时，工件受热的温度低于工件材料的熔点，不影响工件的整体形状，被广泛应用于对水箱、油箱等的修理作业中。

其中，电阻点焊、熔极惰性气体保护焊（MIG 焊）、管状焊丝电弧焊（FCAW 焊）、钨极惰性气体保护焊（TIG 焊）、等离子焊、氧乙炔焊、软钎焊、硬钎焊等被广泛应用于机动车钣金焊接修复中。

2. 电阻点焊

（1）电阻点焊的焊接原理。电阻点焊是利用电流通过接触点加热，并在外加压力作用下使接触点附近的金属熔化，经冷凝后形成焊点的一种焊接方法。电阻点焊机的结构如图 5-2-16 所示，图中有两个电极接杆，通过上面的手柄即可获得所需的压力。将两块金属板夹持在电极之间，通电，加压一段时间即可形成电阻焊点。

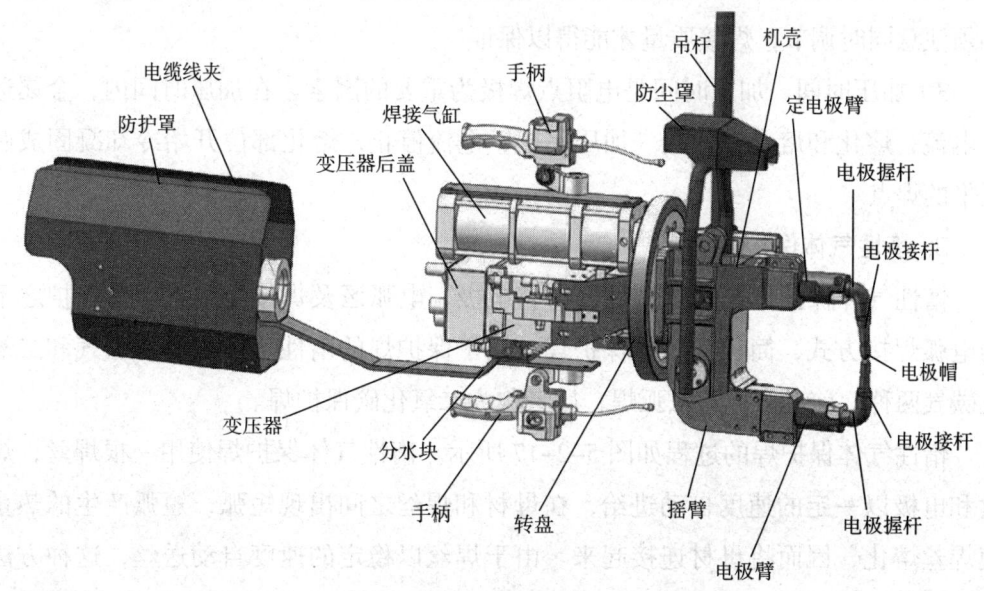

图 5-2-16 电阻点焊机的结构

（2）应用。电阻点焊是机动车制造厂在流水线上对整体式车身进行焊接时最常用的一种方法。据估计，在各机动车制造厂对整体式车身进行的焊接中，有90%～95%都采用电阻点焊。

电阻点焊适用于焊接整体式车身上要求焊接强度好、不变形的薄型零部件，如车顶、窗洞和门洞、门槛板及许多外部壁板。电阻点焊还广泛应用于机动车遮阳顶的安装和机动车的改装。

（3）电阻点焊的优点

1）焊接成本低。不消耗焊丝、焊条和气体。

2）清洁。焊接时不产生烟或蒸汽。

3）焊接部位灵活，且对镀锌板的焊接有效。

4）焊接质量高，速度快。在1s内便可焊接高强度钢、高强度低合金钢或低碳钢工件，焊接强度高、受热范围小，工件不易变形。

（4）电阻点焊的三要素

1）压力。电阻点焊的焊接强度与电极施加在金属件上的压力有直接的关系。压力太小，会产生焊接溅出物；压力太大，会使焊点过小，降低焊接强度。

2）电流强度。给金属件加压后通电，一股很强的电流流经两金属接触区，利用电阻作用发热，使温度上升、金属熔化并且熔合在一起。如果电流强度太大或压力太小，将会产生内部溅出物。减小电流强度或增加压力，可以使焊接溅出物降低到最低程度，形成良好的焊点。电阻点焊时电流与压力之间是相互关联的，必须注意同时调节，焊接质量才能得以保证。

3）加压时间。加压时间是电阻点焊极为重要的因素。在加压时间内，金属通过电流，熔化和熔合在一起。加压完毕，电流停止，熔化部位开始冷却凝固成圆且平的焊点。

3. 惰性气体保护焊

惰性气体保护焊是利用惰性气体将电极、电弧区及焊接熔池置于其保护之下的电弧焊接方式，简称为气体保护焊。用于保护焊的惰性气体主要有氩气和二氧化碳气两种。前者俗称为氩弧焊，后者称为二氧化碳保护焊。

惰性气体保护焊的过程如图5-2-17所示。惰性气体保护焊使用一根焊丝，焊丝和电极以一定的速度自动进给，在母材和焊丝之间出现短弧，短弧产生的热量使焊丝熔化，因而将母材连接起来。由于焊丝以稳定的速度自动送丝，这种方法又可称为半自动电弧焊接法。在焊接过程中，用惰性气体对焊接部位进行保护，以免母材受到空气的氧化，所使用的惰性气体的种类由需要焊接的母材决定。大多数钢材都用二氧化碳进行气体保护。对于铝材，则根据铝合金的种类和材料的厚度，分别采用氩气或氩、氮混合气体进行保护。在氩气中加入4%~5%的氧气，用这种气体进行保护时，甚至可以焊接不锈钢。

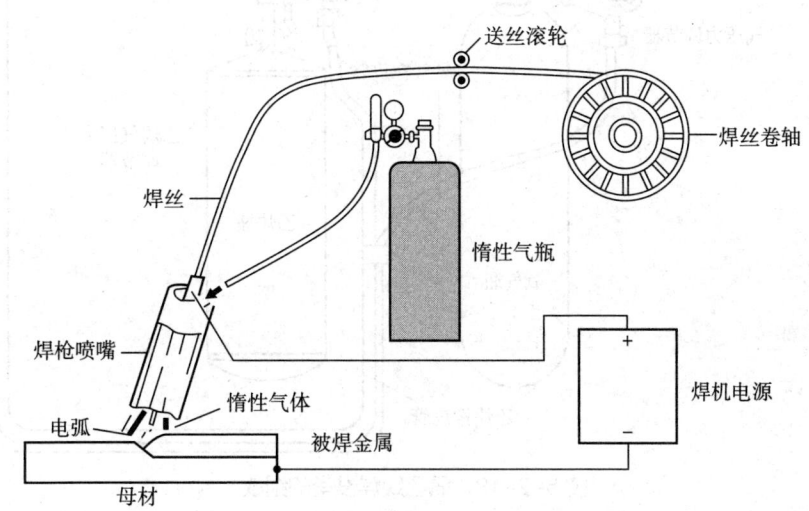

图5-2-17 惰性气体保护焊的过程示意图

4. 氧乙炔焊

氧乙炔焊俗称为气焊，是熔化焊的一种形式。气焊是利用乙炔和氧气在一个腔内混合，通过喷嘴点燃产生高温，将焊条和母材金属熔化焊接在一起的。尽管采用气焊难免会使被焊钣金件产生变形，就目前多数机动车修理而言，气焊仍然是一种通用的焊接方法。对某些特殊的钣金工艺，气焊还是必不可少的。氧乙炔焊设备主要由气瓶、减压阀、气管、焰炬等组成，如图5-2-18所示。

（1）气瓶，用来盛装氧气和乙炔气。

（2）减压阀（调节器），用来将从储气罐来的气压降至所需压力和保持气流量稳定。每个减压阀上有一个气瓶压力表和工作压力表。

（3）气管，用来连接焰炬与气瓶上的减压阀。

（4）焰炬，把来自气瓶的氧气和乙炔气按适当比例混合起来，并产生熔化钢的火焰。焰炬主要有焊炬和割炬两种。

5. 钎焊

（1）钎焊的原理。钎焊的目的只有一个，即密封。气焊和电焊都是要将焊件材料加热到熔化状态，然后将焊丝（条）熔化滴入熔池，待冷却后形成焊缝，将

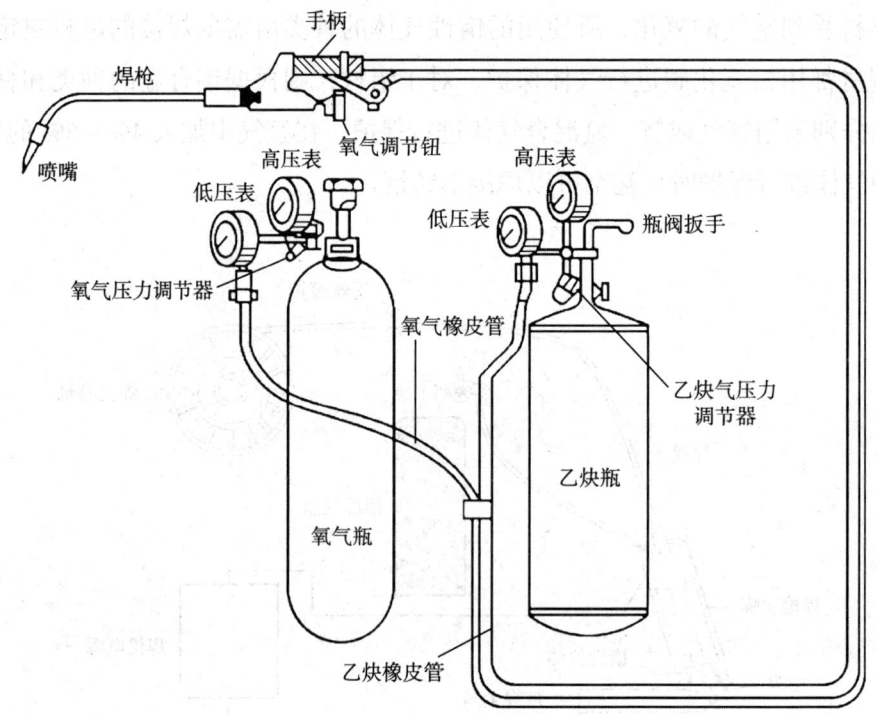

图 5-2-18 氧乙炔焊设备的组成

被焊接件焊牢。钎焊则与此不同,它只将焊件材料(母材)加热而不熔化,利用低熔点的钎料填充在焊件衔接处,使被焊材料焊接在一起。

(2)钎焊的类型。钎焊分为软钎焊和硬钎焊。用熔点低于427 ℃的有色金属合金为钎料的焊接称为软钎焊。软钎料熔化流进两个连接面之间的空隙,黏附这两个表面并凝固在一起,如锡焊。用熔点高于427 ℃的金属钎料进行钎焊称为硬钎焊,如铜焊。

机动车钣金修理中如散热器、汽油箱、装饰钣金、车身缺陷等修理都离不开钎焊。钎焊必须借助于焊剂,否则无法焊接成功。

(3)钎焊设备的组成。钎焊设备与氧化乙炔焊的设备相同,主要有氧化乙炔焊炬、钎焊条、焊接护目镜、手套、焊炬点燃器等。

电弧钎焊的原理与气体保护焊相同。不过电弧钎焊使用氩气和钎焊金属来代替惰性气体保护焊接中的 CO_2 或 Ar、CO_2 混合气,还需要专用的钎焊丝。电弧钎焊施加在母材金属上的热量很少,所以过热很小,很少发生母材的变形或弯曲。与将黄铜熔敷在母材金属上的方法相比,电弧钎焊缩短了焊接和抛光的时间。另外,电弧钎焊不会产生有毒物质。

为了提高钎焊的质量,例如流动性、熔化温度、与母材的相容性和强度等,钎焊材料都由两种或两种以上金属的合金构成。机动车车身所用的钎焊条的主要成分为铜和锌。

二、机动车钣金件修复技术

1. 敲去修理法

对小范围的局部凸起、凹陷，可采用敲去修理法修复小而浅的凸痕及凹痕，使金属产生延伸变形而恢复到原来的形状，如图 5-2-19 所示。

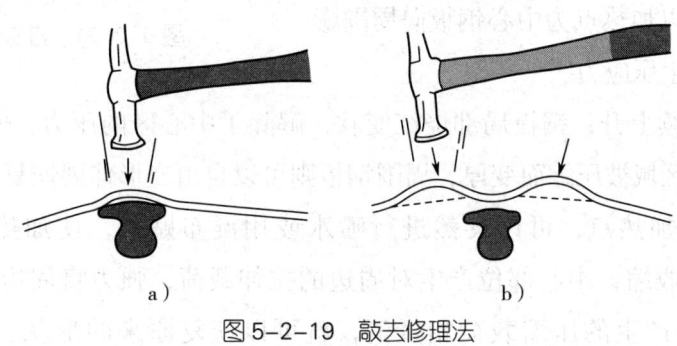

图 5-2-19 敲去修理法
a）局部凸起 b）局部凹陷

2. 撬顶修理法

用修平刀（或匙形板）、尖头工具（如各种撬镐）撬顶凹陷部位，使凹陷逐渐恢复原来形状，如图 5-2-20 所示。

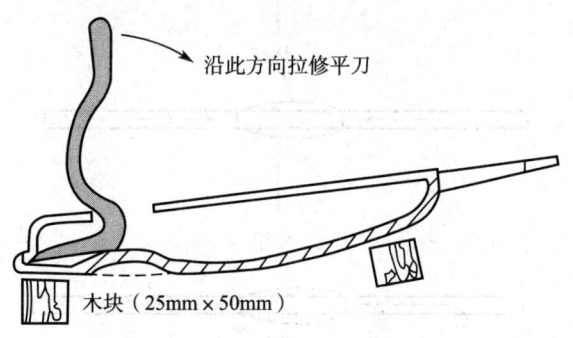

图 5-2-20 撬顶修理法

3. 拉伸修理法

采用拉出装置将凹陷拉出，也是常用的凹陷整形方法之一。拉出装置包括吸杯、拉杆、专用拉出器。气动凹陷拉出器如图 5-2-21 所示，其端部有一个吸杯产生真空，惯性锤施加的力将金属凹陷部位拉回到原来形状。

将拉杆式拉出器一端的螺钉拧入凹陷部位事先打通的孔中，握住手柄，反复拉动即可将凹陷消除，然后用填料将通孔堵住。为了避免打孔带来的不便，也可以在凹陷部位点焊销钉代替拧入螺钉，待拉出之后再用刀具切除焊点，从而保持原金属表面的完整性。

4. 加热收缩法

对钣金凹陷处中点局部快速加热，在温度升高过程中以加热点为中心钢板向周围膨胀，对周边产生压应力。

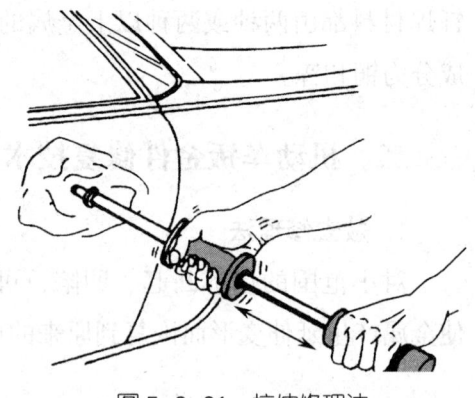

图 5-2-21 拉伸修理法

当温度继续上升，钢板局部烧红变软，解除了中心区的压力，使周围钢板恢复变形。烧红区域被压缩而变厚，周围钢板则可以自由变形伸展恢复形状。

对于局部加热点，可以突然进行喷水或用湿布贴敷，使加热部位突然冷却，钢板立即收缩，中心部位产生对周边的拉伸载荷，强力将周边向中心拉伸，与变形过程中产生的压缩载荷相抵消，就可以恢复原来的形状，如图 5-2-22 所示。

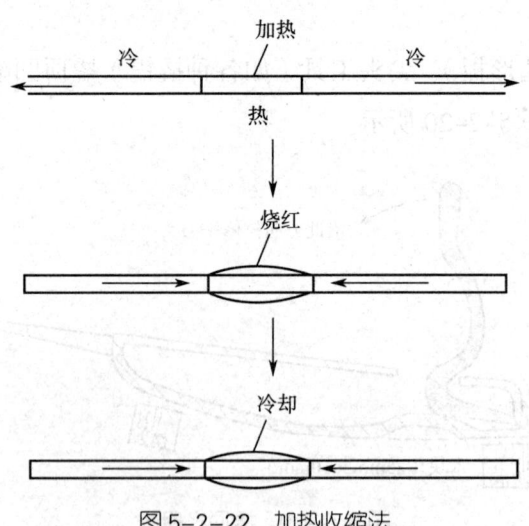

图 5-2-22 加热收缩法

5. 起褶法

起褶法是处理拉伸变形的一种方法，如图 5-2-23 所示，它并不使金属发生加热收缩变形，而是用锤子和砧铁在拉伸变形部位做出一些褶来。操作时，使锤砧错位，用鹤嘴锤轻轻敲击而使拉伸部位起褶。起褶的地方会比其他部位略低。在填实填满后，再用锉刀或砂纸将这一部分打磨得与其他部分齐平。

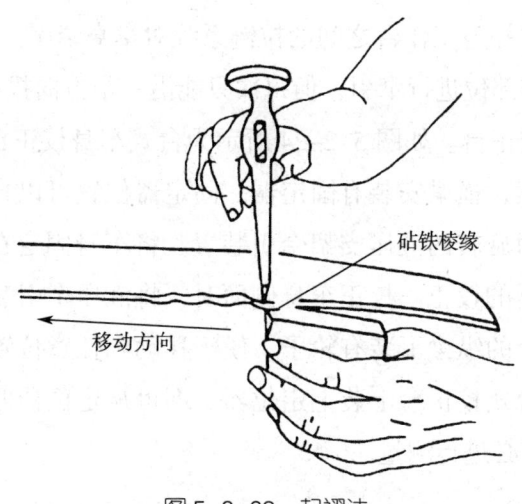

图 5-2-23 起褶法

6. 更换法

整体式车身的高强度钢板区域的钣金件受损后，绝对不允许用加热的方法来矫直高强度钢板，必须切除更换。

使用各种金属加工方法可以消除金属表面的鼓起、凹坑和皱褶，但有些钣金件损坏严重，无法就车修理，必须更换新件，就需要从车身上将这些钣金件拆卸下来。

三、车身校正技术

1. 车身校正的目的

通过外力的牵拉，使车身表面几何形状和尺寸恢复到原有状态的工艺过程称为校正。伴随着校正的进程，有时还对局部进行必要的修整，使之更好地复原。

车身校正的目的：一是消除表面缺陷，二是使车身校直恢复机动车动力性能，三是消除碰撞造成的车架及车身的应力和应变。

2. 车身校正设备

（1）车身固定设备。对于车身的拔拉牵引校正，必须保证车身固定，否则，在拉力作用下会产生整体位移，达不到牵引校正的目的（液压顶杆在车身内部两点之间的顶推不受此限）。

车身固定器主要是用来夹持车身某一部位，且其底座又能用螺栓固定在地板导轨上，使整个车身处于固定位置的装置。车辆固定好后，就可以沿任意方向、绕车身360°进行牵拉。

（2）简易式车身牵引器。简易式车身牵引器牵拉时，先将车身用固定器固定在工作台上，利用立柱与工作台之间的拉链系统对车身牵引。这种装置便于移动，可以安放在任何损伤部位进行牵引，但每次只能沿一个方向拔拉。

（3）台式车身校正台。如图 5-2-24 所示为台式车身校正台。校正台纵梁上有两根可以移动的横梁，横梁安装有固定器。固定器位置可以自由调节。校正台上装有若干套可以自由旋转的液压支架牵引装置。将车身固定在校正台后，利用液压牵引即可进行所需的校正。校正车身侧面时，将液压牵引装置移装到纵梁上即可。可移动式校正台的纵梁下装有轮子，便于移动到任意位置，是一种实用性很强的校正设备。在台式校正台上装上定位器，即可从定位器匹配的情况判断牵引校正是否完成，而不必进行测量。

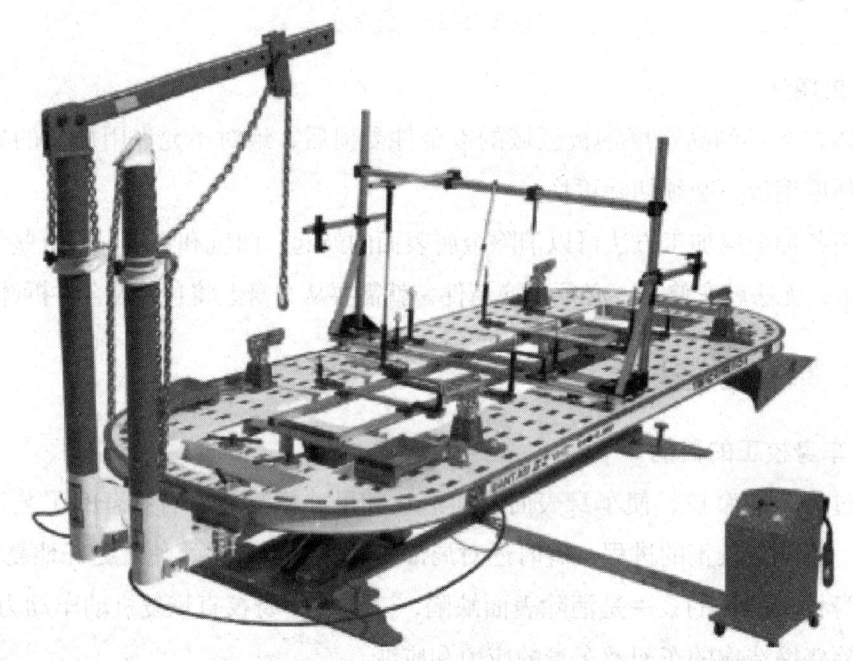

图 5-2-24 台式车身校正台

（4）轻便液压杆系统。利用手摇液压泵提供压力能，通过液压驱动（各种用途的液压缸），实现推、拉、顶、扩等动作的装置统称为轻便液压系统。在液压杆两端装上适当的端头，可以满足车身内部两点间校正尺寸的需要，适用于推压、展宽、夹紧、拉拔、延伸等各种情形，其端头的形式是不相同的。

3. 车身校正方法

（1）校正方法

1）牵引法校正。牵引法校正车身变形，如图 5-2-25～图 5-2-29 所示。

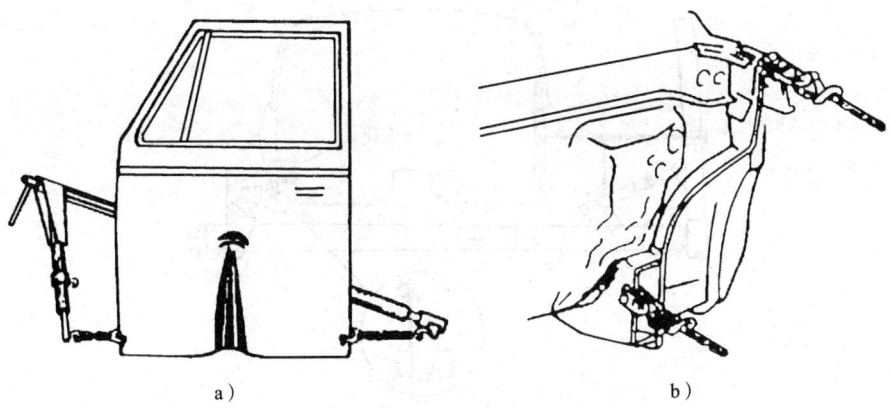

图 5-2-25 牵引法校正车身变形
a) 车门的牵引 b) 车身的牵引

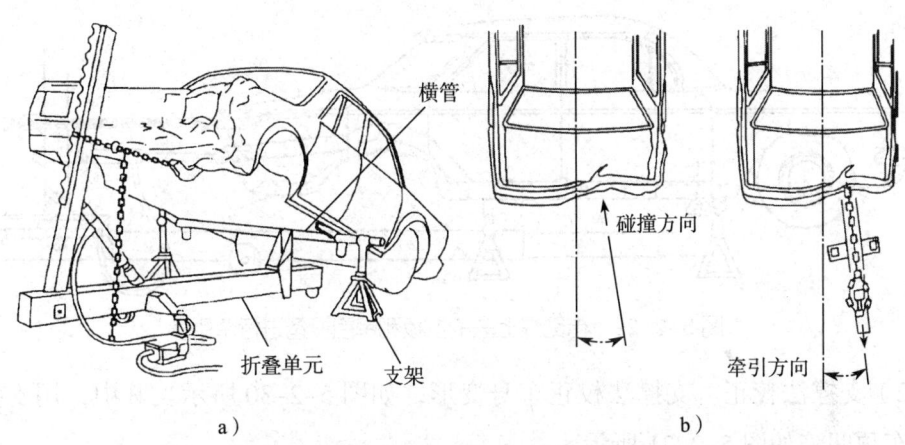

图 5-2-26 用移动设备进行牵引
a) 支撑方法 b) 碰撞力与牵引力的方向

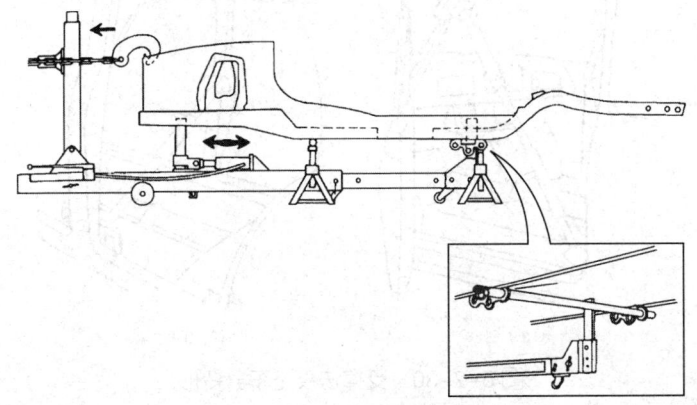

图 5-2-27 用支架进行牵引

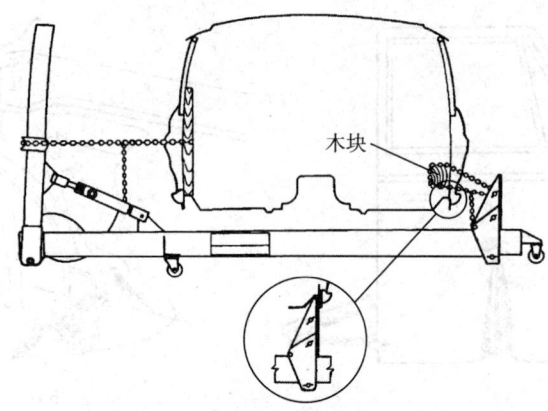

图 5-2-28 借助木块和牵引设备进行牵引

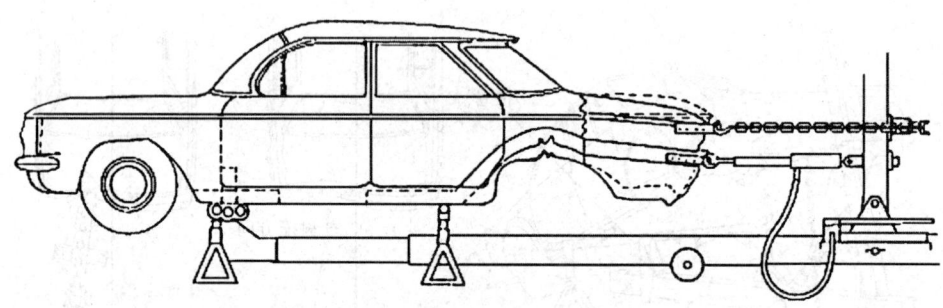

图 5-2-29 借助焊上去的拉板和牵引设备进行牵引

2）支撑法校正。支撑法校正车身变形，如图 5-2-30 所示。其中，用支撑法校正车顶凹陷如图 5-2-31 所示。

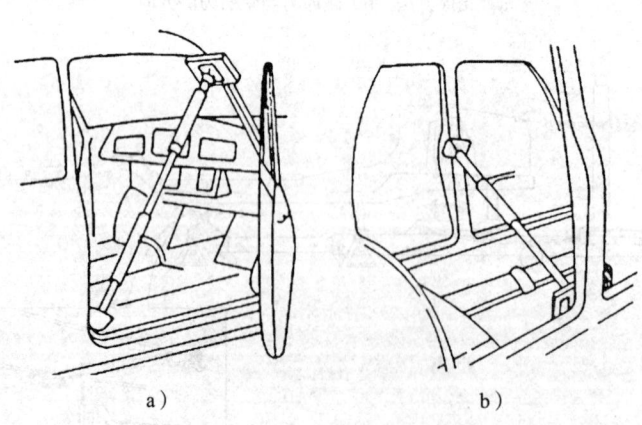

图 5-2-30 支撑法校正车身变形
a）前窗柱的校正　b）侧窗柱的校正

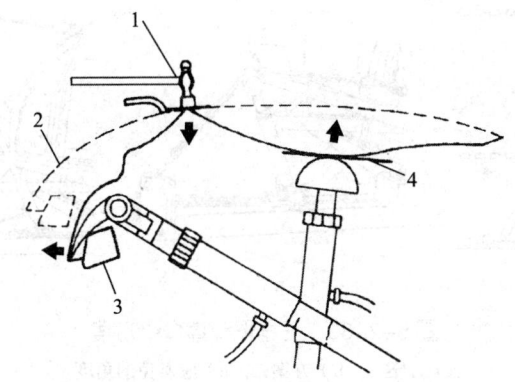

图 5-2-31　支撑法校正车顶凹陷
1—钣金锤　2—修复后的曲面　3—变形后的曲线　4—钣金托模

3）牵引法与支撑法配合校正，如图 5-2-32 所示。

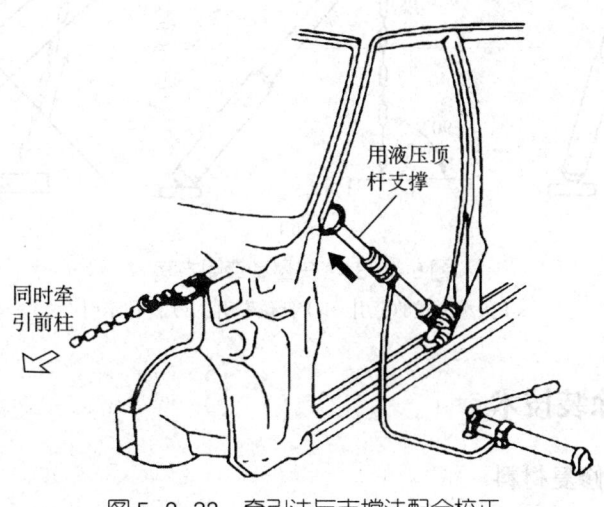

图 5-2-32　牵引法与支撑法配合校正

（2）设计牵拉程序的基本原则

1）拉拔力不得大于固定力的合力。

2）按与发生碰撞变形相反的顺序进行修复。牵拉顺序为先重后轻、先强后弱、先中间后两边、先长度后侧向、先低后高。

（3）牵引力与支撑力方向的设计。利用力的性质，如合成、分解、可移性和平行四边形法等，以及根据车身碰撞力大致相反的方向进行拉伸或顶压变形部位修复受损构件。牵引力与支撑力方向的正确设计直接影响校正的效果和安全性。

1）三角形支撑牵引方案，如图 5-2-33 所示。

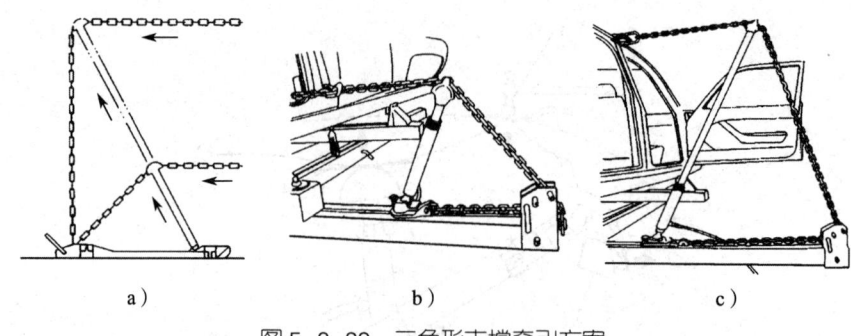

图 5-2-33 三角形支撑牵引方案
a) 方案一 b) 方案二 c) 应避免的角度

2) 矢量型牵引方案,如图 5-2-34 所示。

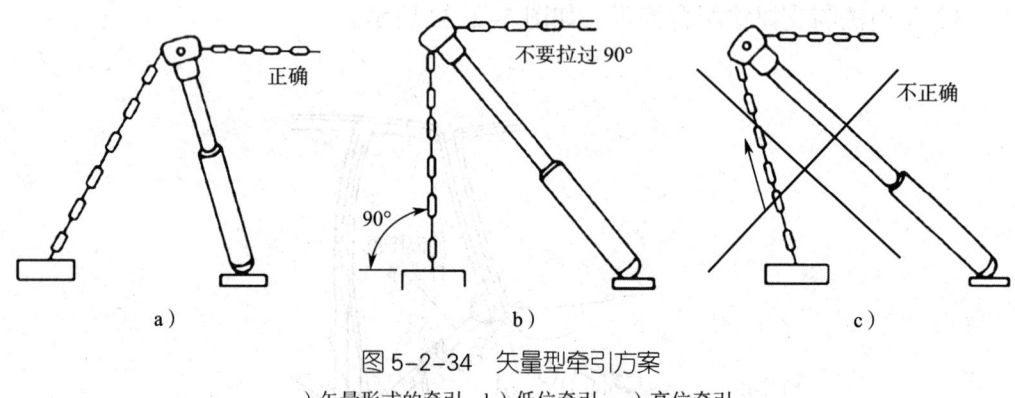

图 5-2-34 矢量型牵引方案
a) 矢量形式的牵引 b) 低位牵引 c) 高位牵引

四、车身涂装技术

1. 车身涂膜修复材料

车身涂膜修复材料主要有底漆、腻子、中涂层涂料、面漆、辅料等。

(1) 底漆。底漆是车身表面的基础涂料,它的作用有:一是防止金属表面的氧化腐蚀;二是增强金属表面与腻子(或面漆)、腻子与面漆之间的附着力。因此,对底漆的要求是:防锈能力和附着能力强;作为两涂层之间的媒介层,要使两者紧密的结合而不发生"咬底""揭皮"现象,底漆还应有合理的配套;后二道底漆还应具有微填充作用。附着力和底漆漆面的强度,除了与成膜物质有关,在施工中还与涂膜的厚度、均匀度、干燥程度、漏涂、稀释剂的正确使用及施工环境、表面清洁处理(如去锈、去油)有关。

(2) 中间层涂料。中间涂层是介于底漆与面漆之间的涂层,所用的涂料简称中涂。中涂的主要作用是提高被涂物表面的平整和光滑度,封闭底漆层的缺陷,以提高面漆涂层的鲜映性和丰满度，提高装饰性，增加涂膜厚度，提高耐水性。对于表面平整度好、装饰性要求不太高的载重车和轻型车，几乎不喷中涂，以降低涂装成本。对于装饰性要求高的中、高级轿车，则需采用中涂。中间涂层涂料一般分为通用底漆、腻子、二道浆、封闭底漆。

1）通用底漆。又称底漆二道浆，它可直接涂布在金属表面，具有底漆的功能，又具有一定的填平能力。一般采用"湿碰湿"工艺涂布两道，以代替底漆和二道浆，达到简化工艺的目的。

2）腻子。俗称填密。它是一种专供填平表面用的含颜料、填料较多的涂料，刮涂在底涂层上。刮腻子仅能提高工件表面的平整度和装饰性，而对整个涂膜则害多利少，因为腻子涂层易老化、开裂，再加上手工涂刮和打磨的劳动强度大，所以机动车生产厂早就通过提高加工技术和管理水平来确保零件表面的平整度，流水线生产的车辆已不再使用腻子。市售腻子主要供机动车修补用。

3）二道浆。又称喷涂腻子。它的作用介于通用底漆和腻子之间，对被涂工件表面的微小缺陷（不平之处）有一定的填平能力，颜料和填料含量比底漆多，比腻子少，颜色一般为灰色。采用手工喷涂和自动静电喷涂，具有良好的湿打磨性，打磨后可得到非常平滑的表面。

4）封闭底漆。它是涂面漆前的最后一道中间层涂料。其漆基含量介于底漆和面漆之间，涂膜光亮。漆基一般是由底面漆所用的树脂配成。

（3）面漆。机动车基材不仅要有底漆的防腐、防锈，在机动车修补中用腻子填平凹凸表面，更重要的是要用面漆来涂装，提高对金属的保护。因此面漆不但要有优良的装饰性、漆面色彩鲜艳、光亮丰满等特点，而且需有良好的保护性，漆面须有耐热、耐水、耐油、耐磨、耐化学腐蚀性能。

面漆的好坏，取决于本身性能的好坏，但如果底漆涂面不清洁，凹陷没填好，研磨不平滑，在面漆涂装后，这些漆面的缺陷就完全暴露无遗了。所以在面漆涂装前，对各前道工序必须严格检查，对所使用的喷枪及涂料的种类、特性和施工方法，必须完全了解。特别是对保证施工质量的问题，必须严格控制，保证提高美观性和良好的保护性。

面漆的品种繁多，性能各异，面漆的主要类别见表 5-2-1。

表 5-2-1　面漆的主要类别

类别名称	主要组成
溶剂挥发型	（1）硝基纤维素涂料 （2）热塑性丙烯酸树脂涂料 （3）各类改性丙烯酸树脂涂料，如硝基纤维素改性、醋酸丁酸纤维素改性等
氧化固化型	（1）醇酸树脂涂料 （2）丙烯酸改性醇酸树脂涂料
双组分添加固化剂固化型	（1）丙烯酸—聚氨酯树脂涂料 （2）聚酯—聚氨酯树脂涂料 （3）丙烯酸—环氧树脂涂料
热固化型	（1）氨基醇酸树脂涂料 （2）氨基丙烯酸树脂涂料
催化固化型	（1）湿固型有机硅改性、丙烯酸树脂涂料 （2）过氧化物引发固化丙烯酸树脂涂料 （3）胺蒸气固化聚氨酯树脂涂料

（4）辅料。在机动车的喷涂施工中常用的辅助材料有稀释剂、助剂、防潮剂、催干剂、脱漆剂、上光剂等。

1）稀释剂。稀释剂是机动车喷漆主要的辅助材料，其作用是调稀喷漆黏度，使其有利于喷涂施工。

2）助剂。机动车喷漆常用助剂有增塑剂、增稠剂、防沉淀剂及防结皮剂等。

①增塑剂又称增韧剂，主要用于硝基漆中，以提高漆面的弹性和抗张强度，防止漆面发脆或龟裂。

②增稠剂主要用于醇酸类漆中，以防止漆面产生流挂。

③防沉淀剂主要用于磁漆、底漆中，以防止在储存中颜料沉淀。常用品种有硬脂酸铝、滑石粉等。

④防结皮剂主要用于氧化固化型清漆和色漆中，以防止表面产生结皮或干皮。常用品种有丙酮肟等。

3）防潮剂。防潮剂主要用于硝基漆和过氧乙烯漆及挥发干燥型漆中。其作用是防止漆面在潮湿环境中吸潮泛白。

4）催干剂。催干剂是醇酸漆、酚醛漆、酯胶漆及调制油性腻子等不可缺少的一种辅助材料。

5）脱漆剂。脱漆剂主要用于对旧漆的清除。

2. 涂料的选配、调色和调制

（1）选配。搞清楚所需要修补车辆原来的涂装系统及每一道涂层所采用的涂料，是做好车辆修补涂装非常重要的一步。这要从机动车总装厂得到有关信息。机动车涂装系统由当初最原始的 2C2B 发展到现在的最高达 7C5B，即二涂二烘和七涂五烘，涂膜的总厚度也由原来的 30～40 μm 增加到 130～150 μm，逐步实现了由低级到高级的过渡，能够初步满足汽车工业对不同档次车辆涂装的要求。机动车总装厂通常所采用的涂装系统大体上可归纳为以下几类：

1）底漆—腻子—本色面漆。我国的一些低档车辆如载货车、农用车、公共汽车等仍然在用。

2）底漆—腻子—中间涂料—本色面漆。

3）底漆—腻子—中间涂料—单层金属闪光漆。第2、3类在国外被用于大型车辆，如巴士、卡车等中档车上，国内则用于小型面包车、各种微型车等中、高档车上。

4）底漆—腻子—中间涂料—金属闪光底色漆—罩光清漆。

5）底漆—腻子—中间涂料—本色底色漆—罩光清漆。第4、5类常用于轿车的涂装中。

6）底漆—腻子—防石击中间涂料—中间涂料—金属闪光底漆—罩光清漆。

7）底漆—腻子—中间涂料—金属闪光底漆—底色漆—罩光清漆。第6、7类是最近几年发展成功的一种新型的涂装系统，其中的金属闪光底漆不同于以往的金属闪光底色漆。在这一道涂层中不含着色的透明颜料，只有铝粉、珠光粉之类的闪光颜料，在底色漆中则仅仅含有某些透明的着色颜料，不含闪光颜料。采用这类涂装系统，涂膜装饰性更为优越，外观显得更加美观、豪华、别致；铝粉和珠光粉的排列更为规整、闪烁均匀、立体感强。观察这类涂膜时，明显地感受到它不同寻常的丰满度、深度，其艺术感染力更为强烈。

8）底漆—腻子—防石击中间涂料—中间涂料—金属闪光底漆—底色漆—罩光清漆。

如果只能得到涂装系统的有关信息，但无法了解到配套涂料的品种，就要根据各类涂料各自不同的特性和匹配要求进行选配。一般应根据被涂物的材料、使用环境、施工条件及经济效果等进行合理的选配。尤其注意底漆、腻子、面漆三者的合理配套，一般来说，涂层之间采用同类涂料配套是最简单切合实际的办法，但有时候不同品种之间的合理搭配，反而可以使整个涂装系统显示出更为优异的性能。但如果三者调配不当，会产生涂膜间附着力差、起层、脱落、咬底、泛色等现象，严重影响施工质量。

（2）调色。调色实际上就是把两种或两种以上的色母均匀混合，调出所需要颜色的过程。

调色的方法包括：经验性的手工调色和借助调色设备进行调色。经验性的手工调色就是凭经验，按照调色原理进行。一些小型机动车修理厂没有调漆设备，采取的办法是拿着所需喷漆的车身样板，到调色中心调制购买所需涂料（调色中心就是某种涂料品牌的专卖店，可向机动车修理厂提供调好颜色的机动车修补漆）。科技的发展给现代生活注入了新的活力，目前车身涂装修理的调色工作基本上借助于调色设备进行，既省时又准确，提高了喷涂的效益和质量。目前国内有胶片调色和计算机调色。

（3）调制。调色工作完成后，对于双组分涂料下一步的工作就是加入固化剂，然后根据涂料使用说明书的要求及环境温度的不同加入稀释剂进行稀释，以达到要求的施工黏度；对于其他涂料则直接加入稀释剂进行稀释。

涂料黏度的大小直接影响施工质量。黏度过高将会使表面粗糙不均匀、产生针孔和气孔等缺陷；黏度过低则会造成流挂、失光，使涂膜形成得不丰满。不同的涂膜对涂料的黏度要求也有所不同，所以，车身涂装作业中应根据技术要求调整黏度，并养成使用黏度计进行测量的习惯。

3. 涂装前表面预处理

机动车涂装前表面预处理是涂装施工前必须进行的工作，它关系到涂膜的附着力和使用寿命，直接影响涂装质量。

表面预处理的方法很多，具体采用哪种，应根据被涂物的用途、要求、施工方法及涂料品种等具体条件决定。表面预处理的大致程序是清洗、除油、除锈，根据使用要求，还可进行化学处理和机械加工等。

（1）清洗。彻底清洗车上的泥土、污垢和其他异物。清洗一般是使用纯净水冲，再用中性肥皂水或车辆清洗剂清洗，然后用水彻底漂净，以清除水溶性污染物。清洗时尤其注意门边框、行李箱、发动机罩缝隙和轮罩处的污垢，如果不清除干净，新涂装的涂膜上就可能会沾上很多污点。

（2）除油。该方法是用洁净的干抹布浸上表面清洁剂清除表面涂膜的油溶性污染物，如沥青、蜡、硅酮抛光剂、润滑油及其他油性污垢。

（3）清除旧涂膜。机动车清洗好后，要仔细检查车身表面，寻找涂膜破损迹象,如气泡、龟裂、脱落、锈蚀,以及在烤补、气焊等修理过程中引起的部分损坏。对于上述破损,必须将旧涂膜清涂掉,清除程度可根据旧涂膜的损坏程度和重新涂装后的质量要求,进行全部和部分清除;对部分清除的,可将损坏部位及四周损伤的旧涂膜用铲刀除去,旧涂膜豁口四周要铲成坡口,有利于刮涂腻子时接口过渡方便。常用的清除旧涂膜的方法有以下几种。

1)手工清除旧涂膜法。

2)机械清除旧涂膜法。

3)喷砂、喷丸清除旧涂膜法。

4)化学清除旧涂膜法。

5)火焰烤铲清除旧涂膜法。

6)烧碱(氢氧化钠)清除旧涂膜法。

(4)除锈。机动车在使用过程中,不断受到大气等多种方式的腐蚀而被锈蚀,锈蚀可表现为表面锈蚀、锈坑及大面积锈蚀等形式。发现锈蚀后,应及时采取相应措施,进行除锈处理。除锈的方法主要有手工除锈、机械除锈、喷射法除锈、化学除锈和电化学除锈等。

(5)磷化处理。机动车车身经表面处理后,一般可直接涂头道底漆。对经过酸洗的金属表面,在粗糙处理后,要进行磷化处理,即涂刷一层磷化底漆,使金属表面与底漆之间增加附着力。

4. 底漆层的喷涂

合适的底漆层是面漆耐久、美观的前提,如果底漆层不好,面漆的外观就会受影响,甚至出现裂纹或剥落。底漆层包括底漆、中间涂料和腻子。

(1)底漆喷涂。车身经过涂装前表面处理后,一般可以直接喷涂头道底漆,对经过酸洗除锈的金属表面,在粗糙处理后,可涂一层底漆,使金属表面与底漆之间增加附着力。头道底漆的作用在于金属表面的防锈和防腐,增加腻子与车身金属表面的黏着作用。

当只用底漆不足以填平磨痕及其他伤痕时,采用底漆二道浆可以进一步完成打底和填充工作。涂封闭底漆,是为了阻止面漆中溶剂被疏松的底漆二道浆吸收。这三种底涂层可同时使用,也可分开单独使用,或者以不同的方式组合使用。具体用法应根据被涂物表面状况和工件大小而定。如果旧面漆是喷漆,而新面漆是磁漆,为了得到较好的附着力,就必须使用封闭剂。

涂装完第一道底漆之后,要按照底漆的使用要求,留出闪干时间,然后喷涂二至三道涂层，以增加涂膜厚度，每道之间都应留出闪干时间。如果是局部维修喷涂，后底漆涂层应比前涂层稍宽几厘米。

当底漆干透之后，用磨块或打磨机打磨至平整光滑，最好用 320 号砂纸打磨。如果还留有很细小的磨痕，可再按上述方法喷涂 1~2 道底漆就可填平。

底漆的施工要求：施工应以喷涂为主，要求涂刷均匀无漏涂，无流痕。

（2）打磨腻子。打磨腻子也叫填密。是将腻子刮涂在凸凹不平的工件表面上并打磨，为涂装提供一个平整、光滑的喷涂表面。

刮涂腻子常用工具有钢制刀、橡胶刮板、嵌刀（脚刀）、腻子盘、腻子托板等。可用手工打磨，也可用机械打磨；可干磨，也可湿磨。

（3）中涂层漆的喷涂。根据配套性原则选用，中涂层漆可选用单组分快干中涂漆或双组分中涂漆。使用中涂层涂料时，应添加特殊干硬化剂，按 2∶1 的体积比调配混合后，再用稀释剂调整黏度，使之达到喷涂黏度约 20 s，喷涂气压为 392~490 kPa，喷涂两道，涂膜厚度约 50 μm，在 60 ℃环境温度下烘烤 20~30 min 或在 20 ℃环境中，空气干燥 12 h 左右。

喷涂中涂层漆后，为了消除表面缺陷，可用填眼灰填补细小砂眼和微小缺陷，自然干燥 30~60 min 后，用 400~500 号水砂纸打磨，磨光后再用水冲洗干净，使表面清洁、干燥后，可进行面漆喷涂。

5. 面漆喷涂

（1）工艺流程。面漆喷涂的工艺流程为：选定面漆涂装工艺→施工环境准备→遮盖不应喷涂的车身部位→面漆配比→调节喷枪→喷漆→干燥→打蜡抛光→拆除遮盖→质量检查→修饰。

（2）喷涂方法。喷涂方法有纵行重叠法、横行重叠法、纵横交替喷涂法。喷涂路线应按从高到低、从左到右、从上到下、先里后外顺序进行。在行程终点关闭喷枪，喷枪第二次单方向移动的行程与第一次相反，喷嘴与第一次行程的边缘平齐，雾型的上半部与第一次雾型的下半部重叠，重叠幅度为第二层与上一层重叠 1/3 或 1/2。

6. 喷涂中的安全保护

在喷涂施工场所，因为涂料和溶剂会挥发出各种有毒气体并充斥整个场所，所以对于操作者进行安全防护是非常必要和不可缺少的。各种操作人员在涂装施工时，应穿戴防护用品。

在施工过程中，应防止涂料和溶剂触及皮肤，否则会造成皮肤干燥、开裂、发红，严重时将引发皮肤病；外露的皮肤应擦上医用凡士林或其他护肤品。浓度超标的挥发性有毒气体吸入肺部，将对人体的神经系统造成严重的刺激和危害，可导致抽筋、头晕、昏迷、瞳孔放大等症状。

为此，在选择涂料时，除了应满足涂装质量要求外，应尽量选用无毒或低毒的涂料，以避免或减轻对涂装施工人员的危害。

职业模块 6
安全生产与环境保护知识

培训项目 一

安全生产知识

培训单元 1　劳动保护知识

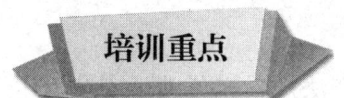

1. 了解劳动保护知识。
2. 掌握高压防护工具的使用方法。
3. 了解车辆高压防护措施。

一、劳动保护基本知识

1. 劳动保护的概念

劳动保护，就是保护劳动者在生产劳动过程中的安全与健康。危及劳动者安全与健康的因素分为直接因素和间接因素两大类。直接因素，如机械加工中可能发生的机器绞碾、电击电伤；有毒有害作业中可能发生的职业病危害等。间接因素，如劳动者工作时间过长或劳动强度过大，造成过度疲劳，容易发生事故或积劳成疾；女性劳动者从事过于繁重的劳动或有害特殊生理的作业，造成危害等。

为了消除这些不安全和不卫生因素所采取的各种技术措施和组织措施都属于劳动保护范畴。

属于组织措施的有：制定劳动保护方针政策；进行劳动保护立法，制定劳动保护法律、法规、规章和各项政策；建立劳动保护管理机构；总结劳动保护工作经验，交流劳动保护情报和信息，开展劳动保护宣传教育；实行劳动保护监察，依法强制企业重视劳动保护工作。

属于技术措施的有：开展劳动保护科学研究，逐步实现生产过程的机械化、自动化、电气化和封闭化，达到本质安全；应用安全技术和劳动卫生技术，消除生产劳动过程中出现的各种不安全和不卫生因素；供给职工劳动防护用品和保健食品，提高预防能力，补偿特殊损害，以减轻危害程度等。

2. 劳动保护工作的指导方针

劳动保护工作的指导方针是"安全第一，预防为主"。

（1）"安全第一"，主要包括以下内容。

1）确立保护人的安全和健康是第一位的原则，尽最大努力避免人员伤亡和职业病的发生。

2）劳动者在各自的工作岗位上，应把贯彻安全生产法规、充分满足安全卫生需要摆在第一位，绝不做有损于安全生产的事情。

3）当生产任务同安全发生矛盾时，贯彻"生产服从安全"的原则，排除不安全因素后再进行生产。

4）在衡量企业工作时，把安全生产作为一个重要内容来考核。安全生产不到位的企业，不能评为先进企业，也不能升级。安全指标有"否决权"。

5）进行新建、扩建、改建工程时，确保安全设施的投入，实行同时设计、同时施工、同时投产，在尽可能的条件下，实现本质安全。

（2）"预防为主"，主要包括以下内容。

1）对事故的预防。

2）对职业危害的预防。

3. 劳动保护工作的任务和方法

（1）劳动保护工作的任务。采取积极有效的组织管理措施和工程技术措施，保护劳动者在生产过程中的安全与健康，促进社会主义建设事业的顺利发展。具体可分为安全技术、劳动卫生、劳动条件、工作时间与休假、女职工和未成年工的保护。

（2）劳动保护工作的方法。在劳动保护工作中普遍推行技术对策、教育对策和法制对策，这三个对策被公认为是防止事故的三根支柱。我国现在劳动保护工

作的主要方法是:

1) 贯彻"安全第一,预防为主"的方针,完善劳动保护工作体制。
2) 健全劳动保护法制,完善劳动保护法律体系。
3) 不断采用新技术,改善劳动条件。
4) 广泛开展劳动保护宣传教育。
5) 积极开展劳动保护科学研究工作。

二、劳动防护的基本知识

1. 防护用品

个人防护用品指为防止一种或多种有害因素对自身的直接危害所穿用或佩戴的器具的总称。劳动防护用品的正确使用,可以保证劳动者在生产过程中不受直接危害,对劳动者的身体健康及生命安全都起着重要的作用。

2. 身体防护用品

防护服分特殊作业防护服和一般作业防护服,都应能有效地保护作业人员,并不给工作场所、操作对象产生不良影响。机动车鉴定评估工作中常用的身体防护用品有帆布工作服、胶布雨衣、防机械外伤和脏污工作服。

(1) 帆布工作服。用天然植物纤维织物(如纯棉白帆布、麻白帆布)制作,约 0.6 mm 厚,具有隔热、易弹掉飞溅火星及熔融物、耐磨、扯断强度大、透气的特点。

(2) 胶布雨衣。防雨,适用于雨天露天作业。

(3) 防机械外伤和脏污工作服。可预防机械设备运转及使用材料工具时可能发生的机械伤害,或防止脏物污染。具有一定强度且耐磨。

3. 头部防护用品

头部防护用品指用于保护作业人员头部,以减缓撞击等伤害的护具。机动车鉴定评估工作中常用的头部防护用品为安全帽。安全帽可保护作业人员的头部,以消除或减缓坠落物、硬质物件的撞击、挤压伤害。

每次使用前,要对安全帽进行检查,检查其是否有裂痕、碰伤和凸凹不平及影响性能的各种缺陷等,若有,则不能使用;检查帽顶与衬之间的距离是否为 25~50 mm;使用时,安全帽要戴牢、戴正,不可随意在帽顶上开气孔,不可随意碰摔安全帽,不可当坐垫使用,以免降低帽壳强度。使用后,应将安全帽存放在无腐蚀、干燥的库房。已受过一次冲击的安全帽要报废。

4. 眼部、面部防护用品

眼部、面部防护用品是指防御电磁辐射、紫外线及有害光线、烟雾、化学物质、金属火花和飞屑、尘粒、抗机械和运动冲击等伤害眼睛、面部和颈部的防护装备，如护目镜、防毒面具等。除作业环境需要外，在机动车鉴定评估过程中，一般不使用眼部、面部防护用品。

5. 手部、足部防护用品

手部防护是指作业人员根据作业环境中的有害因素戴用特制手套，以防止手部受到伤害。机动车鉴定评估工作中，检查传统燃油车时一般使用棉线手套，检查新能源车机舱时，则需要使用专用绝缘手套。

足部防护是指作业人员根据作业环境中的有害因素穿用特制的靴（鞋），以防止可能发生的足部伤害或其他事故。在机动车鉴定评估工作中，检查新能源车机舱与底盘时，需使用绝缘鞋（靴），以防止在一定电压范围内的触电事故。绝缘鞋只能作为辅助安全防护用品，要求机械性能良好。

三、高压个人防护用具

带电作业或使用电气工器具时，为防止作业人员触电，必须使用绝缘用具。常用的绝缘用具见表 6-1-1。

表 6-1-1　常见的绝缘用具

工具名称	用途描述	工具名称	用途描述
绝缘手套（绝缘等级为 1 000 V/300 A 以上）	拆除及安装高压部件使用	安全帽	拆除及安装高压部件使用
防护眼镜	拆除及安装高压部件使用	绝缘鞋	拆除及安装高压部件使用

1. 绝缘手套

绝缘手套是使作业人员的手部与带电物体绝缘，免受电流伤害的手部防护用品。区别于一般劳动保护用的安全防护手套，绝缘手套要求具有良好的电气性能（至少应该能防 1 kV 以上的高压），较高的机械性能及良好的耐老化和耐热性能。在现有的绝缘安全用具中，绝缘手套使用范围最广，用量最多。其按所用的原料不同可分为天然橡胶绝缘手套和合成橡胶绝缘手套。

（1）绝缘手套标记。根据国标规定，绝缘手套的每只手套上必须有明显且持久的标记，内容包括：象征符号（双三角形）、使用电压等级、制造厂名或商标、型号、制造年份、月份等信息，如图 6-1-1 所示。

图 6-1-1 绝缘手套标记

（2）绝缘手套等级。绝缘手套按照不同电压等级可分为多个级别，各级别绝缘手套的电气绝缘性能要求见表 6-1-2。在进行新能源车维修作业时选用级别为 0 的绝缘手套即可满足需求。

表 6-1-2 带电作业用绝缘手套等级分类

级别	交流试验						直流试验	
	验证试验电压/kV	最低耐受电压/kV	验证电压下泄漏电流/mA				验证试验电压/kV	最低耐受电压/kV
			手套长度/mm					
			280	360	410	≥460		
0	5	10	12	14	16	18	10	20
1	10	20	N/a	16	18	20	20	40
2	20	30	N/a	18	20	22	30	60
3	30	40	N/a	20	22	24	40	70
4	40	50	N/a	N/a	24	26	60	90

注：1. N/a 表示无适用值。

2. 在正常使用时，其泄漏电流值会比试验值要小，因为试验时试品与水的接触面积比在进行带电作业时的接触面积大，并且验证试验电压比最大使用电压要高。

3. 对于预防性试验（手套没有经过预湿处理），泄漏电流规定值应相应降低 2 mA。

（3）绝缘手套的使用要求

1）使用经检验合格的绝缘手套。绝缘手套的试验每6个月检查一次，高压绝缘手套的试验电压（交流）是8 kV，泄漏电流不大于9 mA；低压绝缘手套的试验电压是2.5 kV，泄漏电流不大于2.5 mA。如不符合要求时，应立即停止使用。

2）佩戴前需要对绝缘手套进行气密性检查，具体方法：将绝缘手套从口部向上卷，稍用力将空气压至手掌及指头部位，检查上述部位有无漏气，如有破损、漏气则不能使用。

3）使用前应进行外观检查，如发现有发黏、裂纹、破口（漏气）、气泡、发脆等损坏时禁止使用。

4）使用绝缘手套时应将上衣袖口套入手套筒口内，注意防止被尖锐物体刺破手套。

5）使用后应将绝缘手套存放在干燥处，且不得接触油类及腐蚀性药品等。

2. 防护眼镜

在新能源车维修工作中，由于高压部件接触时会发出电弧光，热度高，亮度大，若直接照射到眼睛上，会造成眼球表面细胞组织损伤，使表皮细胞脱落，损害眼球表层的保护膜，眼睛会感到像刀割一样疼痛，进而会有流眼泪、睁不开眼、怕光的症状，且晚上疼痛会更严重。因此，佩戴防护眼镜是必不可少的一种防护措施。佩戴防护眼镜的注意事项如下。

（1）应根据脸型选择防护眼镜的规格。

（2）调节头带可调整防护眼镜与面部的合适程度。

（3）要选用经产品检验机构检验合格的产品。

（4）镜片磨损粗糙、镜架损坏、会影响其可视性，应及时调换。

（5）防护眼镜要专人使用，防止传染眼疾。

（6）焊接防护眼镜的滤光片和保护片要按规定作业需要选用和更换。

（7）防止重摔重压，防止坚硬的物体摩擦镜片和面罩。

3. 安全帽

（1）使用要求。佩戴安全帽前应将帽后调整带按头型调整到适合的位置，然后将帽内弹性带系牢。缓冲衬垫的松紧由带子调节，人的头顶与帽体内顶部的空间垂直距离一般为25～50 mm，不小于32 mm为好。这样才能保证当遭受到冲击时，帽体有足够的空间可供缓冲，平时也有利于头部和帽体间的通风。安全帽的下颌带必须扣在颌下并系牢，松紧要适度。这样不致于被大风吹掉，或者是被其他障碍物碰掉，或者由于头部的摆动，使安全帽脱落。

由于安全帽在使用过程中，会逐渐损坏。所以要定期检查，检查有没有龟裂、下凹、裂痕和磨损等情况，发现异常现象要立即更换，不准再继续使用。任何受过重击的安全帽，不论有无损坏现象，均应报废。

（2）注意事项

1）使用新的安全帽前，应先检查是否有劳动部门允许生产的证明及产品合格证，再检查是否有破损、薄厚不均，以及缓冲层、调整带和弹性带是否齐全有效，不符合规定的立即调换。

2）在室内带电作业时，要认真戴好安全帽。因为安全帽不但可以防碰撞，还能起到绝缘的作用。

3）严禁使用只有下颌带与帽壳连接的安全帽，以及帽内无缓冲层的安全帽。

4）不要把安全帽歪戴，也不要把帽檐戴在脑后方。否则，会降低安全帽的防护作用。

5）作业人员在现场作业中，不得将安全帽摘下搁置一旁，或当坐垫使用。

6）由于安全帽大部分是使用高密度低压聚乙烯塑料制成，具有硬化和变脆的性质，所以不易长时间在阳光下曝晒。

7）安全帽应保持整洁，不能接触火源，不要任意涂刷油漆。

4. 绝缘鞋

绝缘鞋（靴）的作用是使人体与地面绝缘，防止电流通过人体与大地之间构成通路，对人体造成电击伤害，把触电时的危险降低到最低程度。此外，它还可以防止试验电压范围内的跨步电压对人体的危害，因此电气作业时不仅要戴绝缘手套，还要穿绝缘鞋。

（1）使用要求。须根据作业范围选择绝缘鞋。绝缘鞋不应使用金属材料的部件或配件，帮底结合不应采用上下穿通线缝。绝缘鞋使用前进行电绝缘性能耐电压测试，以工频电压值施加于被测鞋内、外电极，在规定的测试时间内，测试鞋如未被击穿，则毫安表指示的数值（mA）即为泄漏电流值，电压表指示的数值（kV）即为耐电压值。绝缘鞋的电绝缘性能要求见表6-1-3。

表 6-1-3 绝缘鞋的电绝缘性能要求

要求	I 类			II 类						
	皮鞋	布面胶鞋								
测试电压（工频）/kV	6	5	15	6	10	15	20	25	30	35
泄漏电流/mA	≤ 1.8	≤ 1.5	≤ 4.5	≤ 2.4	≤ 4	≤ 6	≤ 8	≤ 9	≤ 10	≤ 14

（2）注意事项

1）绝缘鞋应符合《足部防护 安全鞋》（GB 21148—2020）标准。

2）6 kV 牛革面绝缘鞋，适用于工作环境 1 kV 以下穿着，工作时作为辅助安全用具和劳动保护用品鞋使用。

3）穿用电绝缘鞋时，应保持鞋面干燥（电绝缘鞋有时又称为电工鞋）。

4）应严禁与锐器、高温、酸碱类或其他腐蚀性物品接触，凡帮底有腐蚀、破损的，均不能再以电绝缘鞋使用。

5）在储存时，应存放在干燥通风的仓库内，防止霉变；堆放应距离地面、墙壁 0.2 m 以上。储存期为 24 个月，超过 24 个月的绝缘鞋须进行预防性电性能检验。

四、绝缘工具

1. 绝缘万用表

新能源车维修与燃油车维修有很大的区别，新能源车维修更多地需要测试控制器和执行器的运行数据，根据数据来判断车辆故障原因。新能源车的高压线束必须具备一定的绝缘阻值才能保证用户及维修人员的人身安全。测量高压线束绝缘阻值是否达到标准，需要使用绝缘万用表，如图 6-1-2 所示。与传统的万用表相比，绝缘万用表将数字绝缘测试仪和数字万用表合二为一，不仅功能齐全，而且精度高，同时还具有外形精巧、手持方便的特点。

2. 绝缘维修工具

新能源车维修需要使用绝缘工具，以保障检修过程中的人身和设备安全。常用的绝缘维修工具如图 6-1-3 所示。

图 6-1-2 绝缘万用表

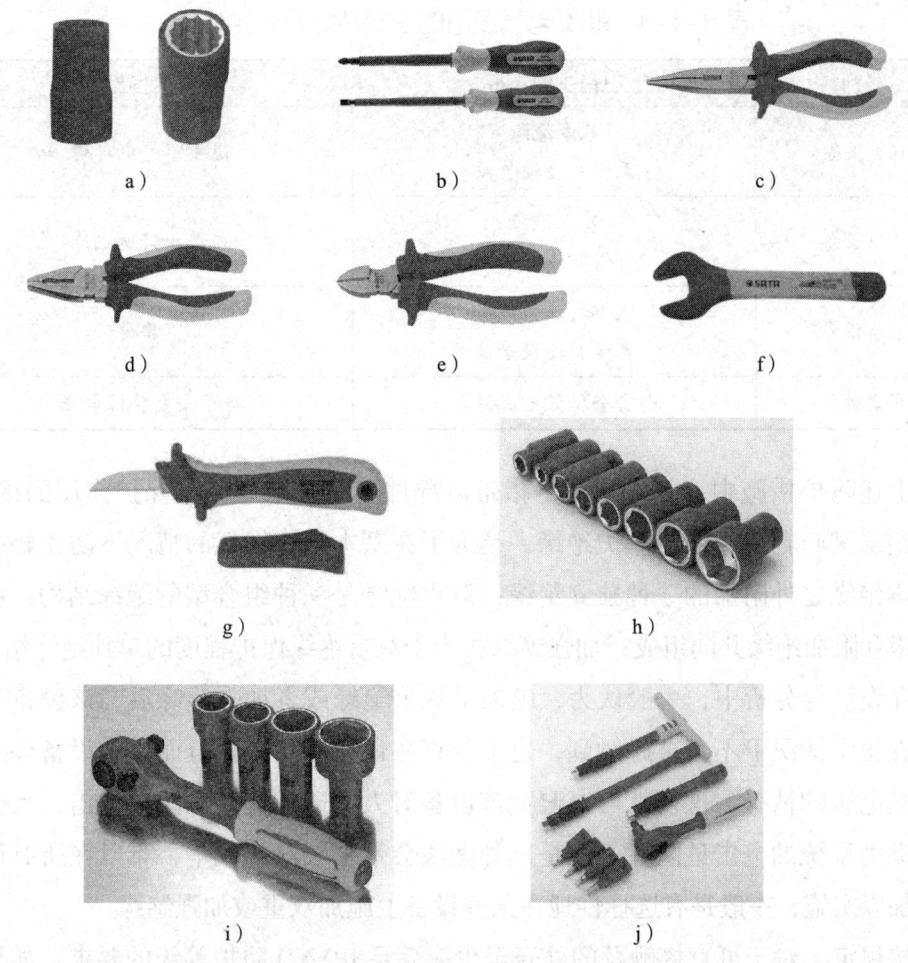

图 6-1-3 常用的绝缘维修工具
a）防爆绝缘套筒头 b）防爆绝缘螺丝刀 c）绝缘浸塑尖嘴钳
d）绝缘耐压钢丝钳 e）绝缘耐压斜嘴钢丝钳 f）绝缘开口扳手
g）直刃绝缘电缆刀 h）8 件 10mm 六角套筒
i）六角旋具及套筒（4、5、6、8mm）
j）T形手柄、接杆、快速脱落棘轮扳手

五、高压防护措施

1. 维修设备的高压防护措施

在电气安全标准中，按基本绝缘失败后电击防护方式的不同将电气设备划分为 4 类，分别是 0 类设备、Ⅰ类设备、Ⅱ类设备、Ⅲ类设备。各类电气设备的主要特征及安全防护措施见表 6-1-4。

表 6-1-4　四类电气设备的主要特征及安全措施

类别	设备主要特征	安全措施
0 类设备	基本绝缘 无保护连接手段	用于不导电环境
Ⅰ 类设备	基本绝缘 有保护连接手段	与保护接地相连
Ⅱ 类设备	双重或加强绝缘 无保护连接手段	不需要
Ⅲ 类设备	由安全特低电压供电	接于安全特低电压

上述防护措施中,基本绝缘是指带电部件上对触电起基本保护作用的绝缘;附加绝缘又叫辅助绝缘或保护绝缘,是为了在基本绝缘损坏的情况下防止触电而在基本绝缘之外附加的一种独立绝缘;双重绝缘是一种组合型的绝缘结构,由基本绝缘和附加绝缘共同组成;加强绝缘相当于双重绝缘保护程度的单独绝缘结构。

在设计与分析中,一般认为,施加了双重绝缘或者加强绝缘后,该设备带电部件在正常情况下不会被碰触到,也不会存在任何对外壳漏电而导致设备外壳带上危险电压的情况。这样就可以避免该设备对人员造成直接和间接电击,大大降低了动力系统的电击危险性。但是这种做法会带来较高的成本,难以在所有设备上都加以实施,一般是有选择性地在某些设备上施加双重或加强绝缘。

按规定,对于可直接触及的外壳至少应满足 IPXXD 防护等级的要求。如果车辆地板与地面距离小于 30 cm,安装在车下与地面接近的设备,外壳需满足 IPXXB 防护等级的要求。而对于只有当拆除或打开附加防护罩后才可触及的外壳(有 S0、S1 和 S2 三种类型),应根据外壳的型号(S0、S1、S2)、位置和外壳打开的方法,对外壳进行相关要求。

外壳防护不仅是电击防护的措施,它既有保护人身安全的目的,又有保护设备自身安全(包括机械和电气两方面)的目的,还有保护环境安全的作用。因此,外壳防护具有直接电击防护功能,但并非仅为电击防护而设置。

2. 车辆自身高压防护措施

对于电击防护来说,仅仅采取基于设备自身的防护措施是远远不够充分的,还应该采取一些施加在高压电气系统上的防护措施。

(1)等电位联结。在新能源车动力系统中,可以使用将电气设备的外露可导电部件直接或通过保护导体与车辆底盘相连接的方法来进行等电位联结。

采用等电位联结的作用示例如图 6-1-4 所示，该方法将直流电气设备外壳与车辆底盘直接连接。采用等电位联结后，该设备外壳和车身地为相同电位，当该设备正极发生对外壳漏电故障时，即使人员接触到该设备带电的外壳，由于人体被等电位连接线短路，也不会有危险的电流流过，从而避免了电击。

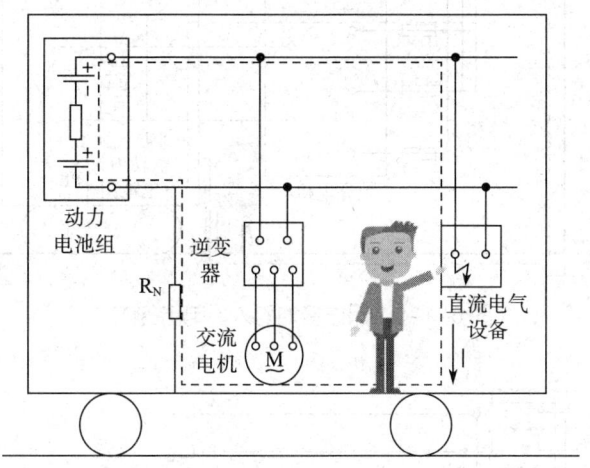

图 6-1-4　等电位联结的作用示例

按标准，等电位联结所用的保护导体的电阻值应满足下面的导电性试验要求：用一个不超过 60 V_{DC} 的电压，动力电路最大电流的 1.5 倍或 25 A 的电流（取二者中较大值）通过任何两个进行等电位联结的外露可导电部件，持续时间至少 5 s，测量其电压降。根据电流和电压降计算得到的保护导体的电阻值不应超过 0.1 Ω。

（2）保护接地。保护接地是将电气设备的外露可导电部分用保护线与大地直接连接的防护措施。保护接地一般可作为一种电击防护措施应用在新能源车充电系统中。如图 6-1-5 所示，对新能源车车身采用保护接地措施，即利用 PE 线直接接地，系统形式实际为 TT 形式。此时如果人员站在地面上接触到带有危险电压的设备外壳（如图 6-1-5 中的新能源车车身外壳），由于保护线 PE 的电阻很小，故人体两端承受的电压也很小，通过人体的漏电流也就会很小（大部分漏电流都由 PE 线经过大地流回电网，如图 6-1-5 中虚线所示），从而使人员的间接电击危险性大大降低。

（3）保护接零。保护接零一般可作为一种电击防护措施应用在新能源车充电系统中，如图 6-1-6 所示为一种应用示例。对充电机外壳采用保护接零，利用 PE 线将外壳与供电电网的保护零线连接起来，实际构成了 TN 系统（图 6-1-6 中所示的为 TN-S 系统）。

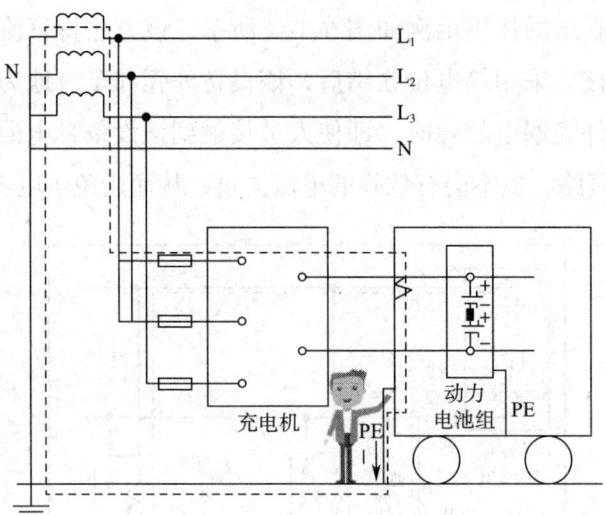

图 6-1-5 保护接地对人员电击的防护

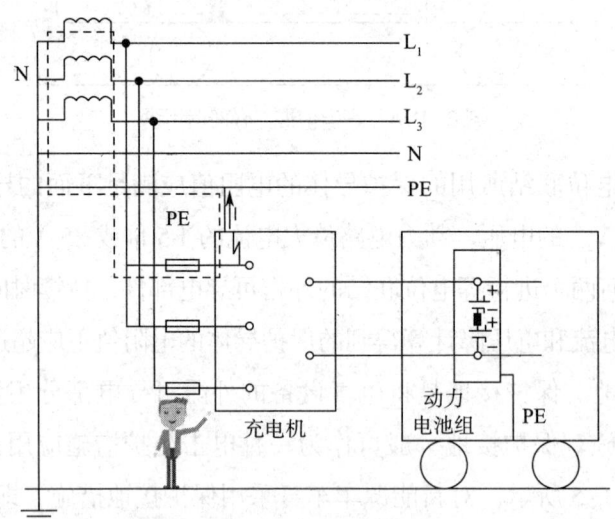

图 6-1-6 保护接零的作用示例

采用保护接零时，一方面，由于设备外壳通过保护导体连接到电网保护零线，设备对外壳绝缘故障时漏电流会流回电网电源中性点，即此时会造成故障相线对零线的单相短路故障，巨大的短路电流会促使线路上的过电流及短路保护装置或者熔断器动作，切断电源，消除电击危险；另一方面，同保护接地类似，保护线 PE 电阻很小，能够降低人员间接接触时两端承受的电压，从而降低电击危险性。

（4）电气隔离。电气隔离主要用在新能源车充电系统中，采用交、直流隔离的充电机是目前进行电气隔离时最常用的方法。

（5）自动断路。当存在某些特殊事件（如碰撞、绝缘不良、高压电气回路不连续、过电流及短路等）输入时，自动断路功能可以在没有使用者干预的情况下，通过断路器等装置将高压电气回路切断，从而达到保护人员和电气设备安全的目的。自动断路装置要具备人工复位的功能。

1）碰撞监测及保护。当新能源车发生碰撞事故时，碰撞传感器向主控装置发送信号，主控装置接到信号后迅速切断动力电路，从而实现新能源车发生碰撞事故时的自动断开。另外，还有一种方法是不经过主控装置，直接由碰撞传感器信号触发高压电气系统断路器工作，切断高压电源。

2）漏电监测及保护。在新能源车中，由于直流高压系统实质上也属于不接地的电气系统，所以也较多地使用对地电压型漏电监测装置，通过检测动力系统正、负极母线对车身地的电压来判断是否存在绝缘故障。该类装置通过一定的方法改进后，还能够检测出动力系统正、负极母线对车身地的绝缘电阻，即为绝缘电阻监控装置。

采用漏电监测及保护的新能源车高压系统如图6-1-7所示，交流输入端使用RCD、保护接地（或保护接零）组合；直流端有漏电监测装置，以监测车内直流母线对车身地的绝缘状况。这种方案同样可以有效地降低非车载充电系统的电击危险性。

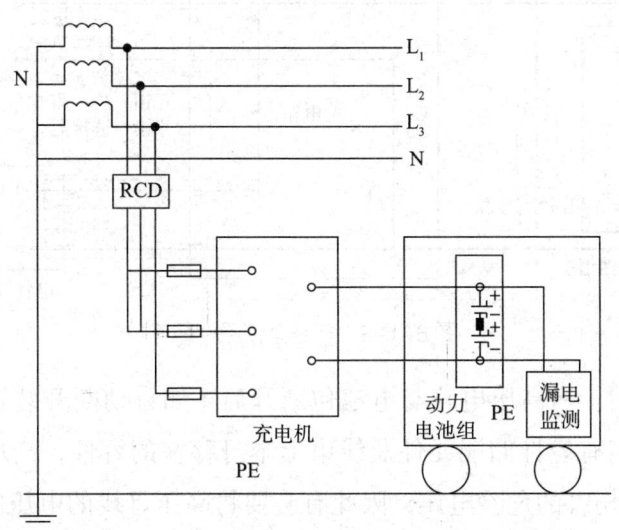

图6-1-7 采用漏电检测及保护的新能源车高压系统

（6）互锁监测及保护。根据互锁防护设计角度的不同，将新能源车的互锁分为两大类：环路互锁和功能互锁。环路互锁主要是从电气回路连续性（完整性）的角度而设计的，用来监测电气回路上是否存在断路的情况。功能互锁主要是从系统功能的角度来进行防护的，如充电时新能源车就不能意外地启动等。

1）环路互锁。在打开高压电气设备防护罩或断开高压回路的连接器时，人员可能会接触到高电压，因此，有必要对高压回路的连续性（完整性）进行监测。高压互锁回路（hazardous voltage interlock loop，HVIL，即环路互锁）可以很好地完成这个任务。

高压互锁回路是一种互锁系统，指首尾连接在自动断开装置上，通过在一个存在危险电压的回路中发送一个微弱的（安全的）电流信号以对电气回路的连续性（完整性）进行检查的电路。一旦出现电气回路的不连续（不完整），自动断开装置就会启动，切断电源，以清除该处的危险电压。在充电操作中，为了保证充电接口、充电线束及新能源车之间的可靠连接，也需要在充电系统高压回路中设计互锁回路。另外，所有在被移开后就会使人体直接暴露在危险电压中的盖子（如高压电气设备的防护盖），也必须进行互锁或采取其他保护措施。可以将防护盖的互锁设计成HVIL的一部分。

一般来说，当HVIL出现不连续（不完整）的情况（如断路或打开设备防护盖等）时，就应该启动自动断开装置。环路互锁原理如图6-1-8所示。

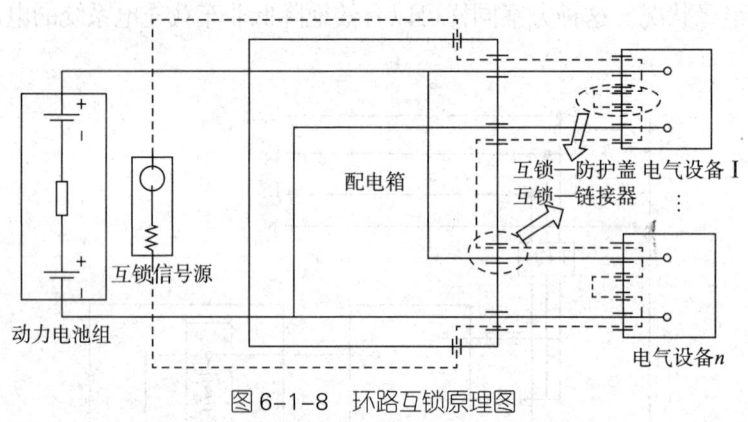

图6-1-8　环路互锁原理图

2）功能互锁。当高压电路与电池包断开后（如自动断开装置或手动断开装置启动时），由于有容性储能元件及线束上本身存在的容性，高压母线仍会残留对人体造成电击伤害的危险电压，因此有必要将高压母线的电压释放到安全范围内。根据电压和能量的情况，以及电压衰减所需要的时间，不同的制造商可能有不同的方案和设计。某些新能源车高压系统断电后采用电阻放电就是其中的一种方案。

另外，出于安全考虑，新能源车要带有充电互锁的功能，即在充电时新能源车动力系统要处在断开的状态，以防止新能源车连接在充电电源上时被意外地启动。

（7）过电流及短路保护。除上述功能外，自动断开装置还可以用来进行过电流及短路防护。如果使用其他装置（如熔断器等）进行过电流防护，在出现过电流时，为加强防护效果，也可以启动自动断开装置，起到双保险的作用。过电流及短路保护主要是为了保证新能源车高压电气系统安全运行而采用的一种防护措施。

（8）手动断开。在新能源车的装配、保养和维修的操作中，需要有手动断开电气回路的功能，确保在操作过程中人员可能接触到的电气设备上面不带有危险电压，从而保护人员免受电击伤害。

手动断开一般放置于动力电池组中。如果只使用一个单极（刀）型手动断开装置，则应位于动力电池组的电气中点，即中间分断的位置。如果使用双极（刀）型手动断开装置，则应能够同时切断动力电池组的正、负极。两种方法如图 6-1-9 所示。无论何种方法，当高压系统维护时，均可以使高压输出端不带危险电压，从而防止人员误接触导致的触电。

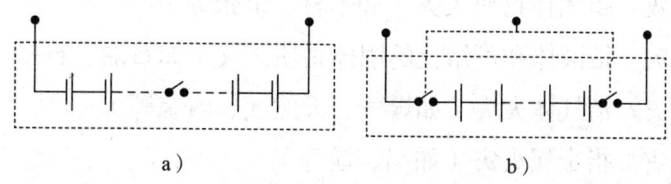

图 6-1-9　手动断开装置的应用

a）单极型手动断开　b）双极型手动断开

手动断开装置的断开操作或拆卸不需要任何工具，并且操作人员可以很容易地提供所需要的力。手动断开装置对操作人员应该是绝缘的。

（9）熔断。熔断功能通常使用熔断器来完成，是一种电气系统过电流保护及短路保护的手段。熔断主要是为了保证新能源车高压电气系统安全运行而采用的一种防护措施。

培训单元 2　消防安全知识

了解机动车鉴定评估过程中涉及的消防安全知识。

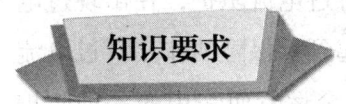

一、火灾与爆炸基本知识

火灾会危害到人们的生命和财产安全。加强全民消防意识,掌握逃生及自救技巧并加以推广,可远离火灾危害。

1. 火灾的基本知识

燃烧的必备条件是可燃物、助燃物(氧化剂和温度)、点火源,三者相互作用。燃烧的类型主要是闪燃、着火、自燃和爆炸。火灾的发展过程分为初起、发展、猛烈、下降和熄灭五个阶段。

(1)火灾的分类

1)A 类火灾。指固体物质火灾(如木材、纸张等)。

2)B 类火灾。指液体和可熔化的固体物质火灾(如石油、石蜡、沥青等)。

3)C 类火灾。指气体火灾(如煤气、天然气、丙烷等)。

4)D 类火灾。指金属火灾(如铝、镁等)。

5)E 类火灾。指电器火灾。物体带电燃烧的火灾。

6)F 类火灾。烹饪器具内的烹饪物(如动植物油脂)火灾。

(2)报火警方法。发生火灾时,应立即拨打"119"火警电话,说明下列情况:

1)起火单位的名称、地址、附近的典型标志。

2)燃烧物质,火势情况,是否有人员被困。

3)报警人的姓名及联系电话。

4)若未被困,应到主要路口迎候消防车、救护车、警车到场。

2. 爆炸的概念

爆炸是物质由一种状态迅速转变成为另一种状态,并在瞬间以声、光、热、机械功等形式放出能量的现象。

3. 液体石油气使用及检查常识

(1)凡进入液化气库(站)的人员及车辆禁带火种,发动机排气管应戴上安全帽,进入现场的车辆须熄火。

(2)液化石油气泄漏的现场处理方法。切断气源(关阀门);迅速报警(不能在泄漏范围内拨打电话或手机);打开门窗通风,降低浓度;把泄漏到地面的液化气打出去，但外面不能有火源；不要启动电器开关，已开的不能关，已关的不能开，着火时可用干粉灭火器或二氧化碳灭火；可用肥皂检查是否有漏气现场，检查时严禁使用明火。

4. 机动车火灾

（1）机动车火灾的原因

1）机动车电器部分引起火灾。如导线绝缘层破损；违章操作或失误操作；配线连接部位接触电阻过大，长时间缺乏维修保养；机动车配线绝缘层起火等。

2）机动车高温部分引起火灾。如可燃物接触机动车高温表面着火；摩擦产生高温着火；机动车排气管喷火等。

3）直接向汽化器灌油引起火灾。

4）使用明火引起火灾。

5）油货混装引发火灾。

6）运输化学危险品引发火灾。

7）乘客乱扔烟头、火柴梗引起火灾。

8）交通事故、纵火等引起火灾。

（2）机动车火灾的预防

1）选择合适截面的导线，不得随意接线或增加负荷。

2）合理安装电器配线，远离车体高温表面，油路或高温表面附近的线束，需使用保护套或耐温、耐腐蚀材料加以保护；电器配线要安设牢固，防止振动、摩擦造成绝缘层损伤。电器连接处需保持洁净，油污、尘垢需及时清理；及时更换烧损的连接点。

3）定期检查电器开关。发现问题后第一时间更换、处理有问题的电器开关，养成电器开关定期维护的习惯。开关输入和输出端头不可随意拆下，禁止用双线直接搭接的方法接通电源发动或用锡箔纸、金属线间接搭接电源的方法发动。

4）发动机无法启动时，不得长时间送电强行启动，容易导致线路高温。

5）机动车进入储存易燃物的场所时，必须给排气管加装防火帽。

6）易燃化学危险品运输车，必须遵守《化学危险物品安全管理条例》的有关规定。通过市区时，应当按所在地公安机关规定的行车时间和路线行驶，中途不得随意停车。运输过程中，车辆应设置明显的标志，并佩戴防火帽；路况较差时，需缓慢行驶，避免车内危险物品相互碰撞造成容器破坏，引起其他危险；轻缓制动，禁止搭乘无关人员。对运输易燃液体的油罐车还需加装接地部件，采取防静电接地措施。

（3）驻车燃烧的原因及防止驻车燃烧的措施

1）驻车燃烧的原因。在人们的认识中，机动车在停稳驻车时，几乎没什么危险。但据相关数据显示，停车后发生的机动车火灾占有很高的比例。原因主要如下：

①车上货物受摩擦、撞击、挤压等影响，发生阴燃现象，行驶时无法第一时间发现，停车后逐渐蔓延燃烧。

②机动车的燃油系统发生漏油，停车后漏出的油料积聚在车下，遇明火燃烧。

③驾驶人停车后对车辆发动机进行保养时，将抹布等可燃物遗忘在发动机附近，高温导致可燃物燃烧，引起火灾。

2）防止驻车燃烧的措施

①车辆油路定期检查。车辆行驶前检查车下地面有无聚集的油污痕迹，排除燃油系统故障，避免油路液体滴漏。

②车辆电路定期检查。定期对车辆电路系统进行检查，排除电路系统故障。

③停车后及时关闭发动机。

④车内不留易燃易爆物品。气体打火机、空气清新剂、香水、摩丝等易燃易爆物品在必须放车内时应避免阳光照射；汽油、柴油等危险油品不得存放在车内。

二、车辆消防安全处置方法

1. 机动车发生火情时的应急处置

（1）当机动车在行驶途中发动机舱起火时，驾驶人应立即停车熄火切断电源，驾乘人员尽快下车，拿取车载灭火器或寻求灭火器材，对起火部位正面猛喷灭火。

（2）当机动车在维修中发生火灾时，修理人员应迅速上车或钻出检修地沟，立即切断电源，根据车辆动力源类型选用干粉、水基、二氧化碳灭火器或其他灭火器材扑灭火源。

（3）当机动车在加油过程中发生火灾时，驾驶人不要惊慌，应立即停止加油，迅速将车驶离加油站（库），拿取车载灭火器或加油站的灭火器材及衣物等将油箱上的火焰扑灭，如果地面有流散的燃料时，应用库区灭火器或沙土将地面火扑灭。

（4）当公共汽车发生火灾时，由于车上乘客多，容易发生骚乱，此时应冷静果断，优先考虑救人及报警，视起火具体部位确定逃生和扑救方法。如果着火的部位在公共汽车的发动机部位，驾驶人应开启所有车门，令乘客从车门下车，再组织扑救火灾。如果着火部位在公共汽车的中间，驾驶人开启车门后，乘客应从两边车门下车，然后扑救火灾，控制火势。如果车上线路被烧坏，车门无法打开，乘客可从就近的窗户下车。如果火焰封住了车门，人多不易从车窗下车，可用衣物蒙住头部从车门处冲出去。

（5）当驾乘人员衣服被火烧着时，切忌奔跑。在时间允许的情况下，可迅速脱下，用脚踩灭火；如火势过旺，就地打滚或由其他人员帮助用衣物覆盖火苗以窒息法灭火。

（6）当停车场发生火灾时，一般应视着火车辆位置，采取扑救措施和疏散措施。如果着火车辆在停车场的中间，应在扑救火灾的同时，组织人员疏散周围停放的车辆。如果着火车辆在停车场的一侧时，应在扑救火灾的同时，组织疏散与着火车辆相连和相近的车辆。

（7）当车辆被撞后起火时，通常事故车辆变形严重，极易出现驾乘人员伤亡的情况，此时应优先考虑救人再处理火灾。如若车门可开启，应尽快打开车门帮助驾乘人员撤离；如若车门变形严重，无法开启，则应破窗施救。人员撤离后应组织可用力量扑救火灾，同时拨打"119"消防救援电话。

（8）油罐车或装运其他可燃、易燃液体的车辆发生火灾时，可用沙土围堵扑盖，阻止带火的液体四处漫流，同时用泡沫或干粉灭火器扑救。如果地面有流出的燃料燃烧，应设法将着火车辆拖离危险区，然后将地面和车上的火焰扑灭。如果火势已蔓延整个车身，应先扑灭油箱所在部位的火焰，防止油箱爆炸。

2. 机动车发生火情时的逃生方法

（1）如果没有车载灭火器或火势较大无法自救时，应迅速跑出车外，站在车后面，向后方车辆示意，同时拨打"119"消防救援电话等待救援。

（2）应随车携带便携破窗器、救援锤或裁纸刀。破窗器能在车门无法开启时打通第二救援通道，救援锤或裁纸刀能有效割断安全带，防止安全带变"杀手带"。

（3）车辆起火或车内冒出大量浓烟后，不能冒险返回车内拿取物品，因为车内烟雾通常伴有大量毒气，微量吸入也可危及性命。

三、消防器材及其使用方法

1. 常见灭火器的种类

灭火器是火灾扑救中常用的灭火工具。在火灾初起之时，由于范围小，火势弱，是扑救火灾的最佳时间，正确、及时地使用灭火器，可以挽回巨大的损失。

灭火器结构简单，轻便灵活，稍经学习和训练就能掌握其操作方法。目前，常用的灭火器有泡沫灭火器、二氧化碳灭火器、干粉灭火器等。

（1）泡沫灭火器（图6-1-10）。用于扑救木材、棉、麻、纸张等的火灾，也能扑救石油制品、油脂等的火灾；不能扑救水溶性可燃、易燃液体的火灾，如醇、酯、醚、酮等物质的火灾。

（2）干粉灭火器（图6-1-11）。用于扑救可燃液体、气体及带电设备的初起火灾，以及不宜用水扑救的火灾。ABC干粉灭火器可以扑救带电物质火灾。

（3）二氧化碳灭火器（图6-1-12）。用于扑救600 V以下电气设备、精密仪器、图书、档案的火灾，以及范围不大的油类、气体和一些不能用水扑救的物质的火灾。

图6-1-10 泡沫灭火器

图6-1-11 干粉灭火器　　图6-1-12 二氧化碳灭火器

2. 灭火器的压力范围

灭火器的压力表上有三种颜色，当指针在绿色区域时表示正常；指针在红色区域时表示压力不足，需到消防器材维修单位加压；指针在黄色区域时表示压力过大，可以正常使用，但有爆破、爆炸的危险。

3. 干粉灭火器的使用方法

用一只手拖着压把，另一只手拖着灭火器底部，轻轻取下灭火器。提着灭火器到火灾现场。除掉铅封，拔掉保险销。一只手握着喷管，另一只手提着压把。在距离火焰2 m的上风向，用一只手用力压下压把，另一只手拿着喷管对准火焰底部左右摆动，使喷射的干粉覆盖整个燃烧区，直至火焰扑灭。

培训单元 3　安全管理知识

1. 了解机动车鉴定评估过程中涉及的安全生产管理知识。
2. 掌握机动车鉴定评估过程中的电力安全规程。

一、安全生产与安全生产管理

1. 安全生产

安全生产，一般意义上讲，是指在社会生产活动中，通过人、机、物料、环境的和谐运作，使生产过程中潜在的各种事故风险和伤害因素始终处于有效控制状态，切实保护劳动者的生命安全和身体健康。

2. 安全生产管理

安全生产管理是针对人们在生产过程中的安全问题，运用有效的资源，发挥人们的智慧，通过人们的努力，进行的计划、组织和控制等活动，实现生产过程中人与机器设备、物料、环境的和谐，达到安全生产的目标。

安全生产管理的目标是减少和控制伤害，减少和控制事故，尽量避免生产过程中由于事故造成的人身伤害、财产损失、环境污染及其他损失。

安全生产管理包括安全生产法制管理、行政管理、监督检查、工艺技术管理、设备设施管理、作业环境和条件管理等方面。

安全生产管理的基本对象是企业的员工，涉及企业中所有的人员、设备设施、物料、环境、财务、信息等各个方面。

安全生产管理的内容是安全生产管理机构和安全生产管理人员、安全生产责任制、安全生产管理规章制度、安全生产策划、安全培训教育、安全生产档案等。

二、安全与本质安全

1. 安全

安全，泛指没有危险、不出事故的状态。生产过程中的安全，即安全生产，是指不发生工伤事故、职业病、设备或财产损失。系统工程中的安全概念，认为世界上没有绝对安全的事物，任何事物都包含有不安全因素，具有一定的危险性。

安全是一个相对的概念，危险性是对安全性的隶属度；当危险性低于某种程度时，人们认为是安全的。

2. 本质安全

本质安全，是指通过设计等手段使生产设备或生产系统本身具有安全性，即使在误操作或发生故障的情况下也不会造成事故。具体包括如下两个方面：

（1）失误——安全功能。指操作者即使是操作失误，也不会发生事故或伤害，或者说设备、设施和技术工艺本身具有自动防止人的不安全行为的功能。

（2）故障——安全功能。设备、设施或生产工艺发生故障或损坏时，还能暂时正常维持工作或变为安全状态。

本质安全是生产中"预防为主"的根本体现，是安全生产的最高境界。实际上，由于技术、资金和人们对事故的认识等原因，目前还很难做到本质安全，只能作为追求的目标。

三、机动车鉴定评估过程中的电力安全规程

1. 高压安全操作注意事项

（1）严禁非专业人员对高压部件进行移除及安装。

（2）未经过高压安全培训的维修人员，不允许对高压部件进行维护。

（3）机动车在充电过程中，不允许对机动车的高压部件进行移除、维护等工作。

（4）对高压部件进行作业前，必须确认车辆钥匙处于 lock 挡位并将 12 V 电源断开。

（5）高压部件打开后或插头断开后，须使用万用表对其电压进行测量，电压在 36 V 以下才可以进行下一步操作。

2. 新能源车作业十不准

（1）非持证电工不准装接新能源车高压电气设备。

（2）不准玩、弄电气设备和开关。

（3）破损的电气设备应及时调换，不准使用绝缘损坏的电气设备。

（4）不准利用车身电源对新能源车外部的用电设备供电。

（5）设备检修切断电源时，任何人不准启动挂有警告牌的电气设备，或合上拔去的熔断器。

（6）不准用水冲洗、擦拭电气设备。

（7）熔断丝熔断时，不准调换容量不符的熔丝。

（8）不经技术部门或主管部门审批，不准私自改动和加装。

（9）发现有人触电，应立即切断电源进行抢救，未脱离电源前不准直接接触触电者。

（10）雷雨天气，禁止室外对车辆进行充电和维修维护作业。

培训项目 二

环境保护知识

培训单元　环境保护基本知识

了解机动车鉴定评估过程中涉及的环境保护知识。

一、环境

环境是指影响人类生存和发展的各种天然和经过人工改造的自然因素的总体，包括大气、水、海洋、土地、矿藏、森林、草原、野生生物、自然遗迹、人文遗迹、自然保护区、风景名胜区、城市和乡村等。

二、环境污染和污染源

环境污染是指有害物质对大气、水体、土壤和生物的污染，包括大气污染、水体污染、土壤污染、生物污染等物质因素引起的污染和噪声污染、热污染、放射性污染等由物理性因素引起的污染。现在人们主要关注的环境污染包括大气污染、水体污染、固体废弃物污染等。

向环境排放污染物或对环境产生有害影响的场所、设备装置，统称为污染源。污染源可以有多种划分方式：按其存在形式分，可分为固定污染源和流动污染源；

按人类社会活动功能分，可分为工业污染源、农业污染源和生活污染源等；按排放时间分，可分为连续源、间断源和瞬时源；目前最常用的分类方式是按排放污染物的空间分布方式分，可分为点源、面源和线源。

三、企业的环保权利

企业环保权利指企业依法应享有的环境权力和利益。企业在环境保护法律关系中应享有的权利主要有：

（1）环境资源开发和利用权。环境资源开发和利用权是对环境资源的经济价值进行开发和利用的权利，产生于开发利用者对环境资源的占有和支配的权利。权利的获得、权利的范围、权利的期限、权利行使的方式都受到法律的规制。它是企业发展的基本权利。

（2）排污权。企业的排污权是对环境容量的占有等权利，是企业从事生产经营活动的基础性权利。

（3）监督和检举权（监督、揭发、投诉、举报、控告）。企业有权对污染或破坏环境的单位或个人，以及对环保监管人员滥用职权、玩忽职守等违纪和违法犯罪行为进行监督、投诉、检举或揭发；所谓控告，是指单位或者个人因他人破坏环境而使自己遭受损害，要求国家机关保护自己的合法权益。

（4）索赔权。当环保部门作出的处罚决定等具体行政行为给当事人的合法权益造成侵害时，可以依法要求行政赔偿。

（5）请求权。有要求行政执法人员出示行政执法证件的权利，有要求回避等的权利；有要求检查部门为其保守商业秘密和个人隐私（主要包括技术信息、经营信息和主要投资人及经营者不愿公开的个人事项）等的权利。

（6）知情权和参与权。有权了解国家环保法律法规和办理环保行政事项的时间、方式、步骤及需要提交的资料；应纳各种费用计算和核定方法及其他环保行政处理决定的法律依据、事实依据等。

（7）辩解权。对环保部门作出的处罚等决定，享有陈述权、申辩权或申请听证的权利。

（8）救助权（行政复议和行政诉讼）。企业有对环保部门的行政处罚或许可、审批、征收等具体行政行为不服的，可以在收到处罚通知书之日起60日内，依法提起行政复议的权利；也可以在收到处罚通知书之日起3个月内，依法提起行政诉讼的权利。

(9) 环境法律法规规定的其他权利。

四、企业的环保义务

企业环保义务指法律规定的、企业必须做的保护环境方面的义务（行为）或不得作出一定行为的约束，还包括企业在生态文明、可持续发展方面应尽的义务。企业在环保法律关系中应尽到的义务主要有：

（1）企业有科学开发和合理利用环境资源、整治恢复生态环境的义务。企业要应用科学方法开发自然资源，使用先进技术合理利用环境资源，尽量降低资源成本和环境代价，减少生态破坏和环境污染。资源的合理利用包括生产过程中的资源合理利用和废弃物的回收利用两个环节。

（2）企业有防治污染、依法排污和缴纳排污费的义务。依照法律法规的规定设置排污口，治理污染物，做到达标排污；按时、如实申报环境污染排放登记事项和缴纳排污费。

（3）企业有防范污染事故，保证环境安全的义务。

（4）企业有遵守国家有关建设项目环境保护管理规定的义务。

（5）企业有按要求规范处置废弃物的义务。

（6）企业有配合环保监管和行政执法的义务。接受并配合环保部门监督管理，如实反映环保情况，按有关规定提供报表和资料，不得阻挠、刁难监督检查。

（7）企业有执行环保行政命令和处罚决定等具体行政行为的义务。

（8）企业有承担环保刑事、民事法律后果和环保社会、经济责任的义务。

（9）企业有履行环保法律、法规、规章和规范性文件及国家环保政策规定的其他保护环境的义务。

五、企业环境保护的责任

企业环境保护责任可以分为法律责任（包括刑事责任、民事责任和行政责任，是责任的底线或最低层次的责任，是必须做的问题）、社会责任（道德层次，是应该做的问题）和发展责任（战略层次，是如何做的问题）三个层次。

1. 法律责任

（1）刑事责任。环保刑事责任是指实施刑法所禁止的严重污染和破坏环境、构成犯罪的行为所必须承担的刑罚。

（2）民事责任。环保民事责任是指因污染和破坏环境而导致他人环境权益的损害而应承担的法律后果，其主要形式有财产责任（赔偿损失）和非财产内容的责任（如停止侵害、排除妨碍、消除危害等）。

（3）行政责任。环保行政责任是指依照环保法律、法规和规章，对环境违法违纪行为所采取的一种行政惩处措施。它可以分为惩罚性和补救性两种责任形式。惩罚性的行政责任包括行政处分和行政处罚等；补救性的行政责任包括消除危害、履行职责、恢复原状、纠正不当、支付治理费用、限期治理等。

2. 社会责任

消费者权益、劳工利益和环境保护是企业社会责任的三大核心。企业的环保社会责任，指企业按照社会公德、商业道德的要求所应该承担的保护环境和合理利用资源的责任。

（1）承担明礼诚信确保产品货真价实的责任。

（2）承担科学发展与交纳税款的责任。

（3）承担可持续发展与节约资源的责任。

（4）承担保护环境和维护自然和谐的责任。

（5）承担公共产品与文化建设的责任。

（6）承担扶贫济困和发展慈善事业的责任。

（7）承担保护职工健康和确保职工待遇的责任。

（8）承担发展科技和创自主知识产权的责任。

3. 发展责任

环保发展责任是指企业按照可持续发展的要求和长远发展的需要而应该承担的环境保护责任。不承担环保发展责任的主要后果有贸易壁垒、贷款受限、融资困难、赔偿风险、销售受限等。